ALTE ABENTEUERLICHE REISEBERICHTE

Felix Fabri

Galeere und Karawane

Pilgerreise ins Heilige Land, zum Sinai und nach Ägypten 1483

Bearbeitet und mit einem Nachwort versehen
von Herbert Wiegandt

Mit 20 Abbildungen

EDITION ERDMANN

Fabri, Felix:
Galeere und Karawane : Pilgerreise ins Heilige Land, zum Sinai und nach
Ägypten 1483 / Felix Fabri. Bearb. und mit einem Nachw. versehen
von Herbert Wiegandt. – Stuttgart ; Wien ; Bern : Ed. Erdmann, 1996
Einheitssacht.: Eigentliche Beschreibung der hin und wider Fahrth zu
dem Heyligen Landt gen Jerusalem und furter durch die grosse
Wüsteney zu dem Heiligen Berge Horeb Sinay
ISBN 3-522-61310-4
NE: Wiegandt, Herbert [Bearb.]

Das lateinische Original des »Evagatorium in Terrae Sanctae, Arabiae et
Egypti Peregrinationem« von Felix Fabri wurde erstmals 1843/49
von Konrad Dieterich Haßler in Druck gegeben. Die vorliegende,
in der Edition Erdmann erschienene gekürzte Fassung beruht
auf der ersten Ausgabe, die Übersetzung besorgten Herbert Wiegandt
und Herbert Kraus.

© 1996 by Edition Erdmann in
K. Thienemanns Verlag Stuttgart – Wien – Bern.
Alle Rechte vorbehalten.
Die Umschlaggestaltung besorgte Atelier Rainer Simon, Böblingen.
Reproduktion des Umschlags: DIE REPRO, Tamm.
Gesetzt in der Stempel Garamond.
Satz: KCS GmbH, Hamburg/Buchholz.
Druck und Bindung: Friedrich Pustet, Regensburg.
Printed in Germany.
5 4 3 2

Bruder Felixs Lesemeisters und Predigers zu Ulm
Pilgerschafft oder Beschreibung der hin und her
Reise in die Heyligen Landt gen Jerusalem und in
die große Wüsteney zu dem Heiligen Berg Synay /
darauß zuuernemen was wunders hin und wieder
auff Land und wasser zu erfahren wir gehabt haben /
Über die maß kurzweilig und fein zu lesen / sonder=
lich denen so der Heiligen schrifft ettwas erfahrn
sein / Vormals im Druck nie dergleichen außge=
gangen.[1]

ANNO DOMINI MCMXCVI

INHALT

Vorbemerkung

Eurem Begehren, geliebte Brüder, versuchte ich, so gut ich konnte, nachzukommen, da ihr mich, als ich von euch nach Osten in die Länder jenseits des Meeres reiste, aufs ernsthafteste anhieltet und dringend von mir fordertet, ich möchte jene fernen Länder, vor allem freilich die Stätten des Heiligen Landes, sorgfältigst und genauestens besichtigen und beschreiben und euch, wenn Gott mich zurückkehren ließe, treulich davon Bericht geben.

Und so habe ich auf der Reise die einzelnen Orte, die zu besuchen mir beschieden war, eingehend in Augenschein genommen, habe ihre Lage und Beschaffenheit schriftlich festgehalten, alle die Gegenden im Heiligen Land wie in den übrigen Ländern, alles, was ich in den drei Hauptteilen der Erde, in Europa, in Asien und in Afrika, gesehen habe, weil ja diese Pilgerreise mich in diese drei Erdteile geführt hat. Überdies habe ich, was mir und meinen Pilgergefährten an Gutem und Bösem, Widerwärtigem und Freundlichem, sei es wegen unseres Vorhabens selbst, sei es aus Zufall, widerfuhr, dazu manches Nebensächliche wie auch vielerlei Einzelheiten im Gedenken an eure Zuwendung festgehalten und bin dabei in einigen Stücken so weit gegangen, daß ich wohl zuweilen das dem Erzählen gesetzte Maß vergaß und sogar gelegentlich eine Geschichte, die verlegen machen könnte, einbrachte.

Die Entfernung zwischen den einzelnen Orten, die Längen der Wegstrecken wie die Meilenzahlen zu Wasser und zu Land ließ ich allenthalben unerwähnt wegen der großen Unterschiede, die ich darüber in den Notizen der Ritter fand, wegen der Unsicherheit solcher Messungen überhaupt und auch wegen der Ungleichheit der gebräuchlichen Maßeinheiten. Auch könnte man auf dem Meer Sicherheit über die Zahl der Meilen nur gewinnen, wenn immer gleichmäßig derselbe Wind wehen würde, weil unter dem einen ein Schiff sein Ziel in drei Tagen erreichen kann, unter einem anderen nicht in drei Wochen, wie es einem der Verstand sagt.

Ferner machte ich keine Angaben über die Höhe der Ausgaben, weil auch sie nicht allezeit gleichbleiben, die Abgaben und Wegzölle, die Kosten für Mahlzeiten und Unterkunft sich immer ändern, man einmal mehr, einmal weniger verlangt, und auch die Schiffspatrone einmal höheres, dann wieder geringeres Fahrgeld fordern. Soviel aber steht für mich, was die Ausgaben anbelangt, als immer gültig fest: Eine wohlgefüllte Börse und eine freigebig offene Hand tragen auf der Pilgerreise sehr zur Ruhe des Gemüts bei.

Gedrängte Beschreibung der ersten Pilgerfahrt ins Heilige Land (1480)

Es fiel mir schwer, die Erlaubnis zu einer so ungewöhnlichen und langen Reise zu erbitten, und sie zu erhalten, schien fast unmöglich zu sein. Auch hatte ich keine Ahnung, wie ich derart hohe Aufwendungen bestreiten sollte. Doch ich konnte mich nicht beruhigen, holte vielerlei Ratschläge ein, aber ein Heilmittel, das mich zum Dableiben gebracht hätte, fand ich nicht. Endlich wandte ich mich an den erlauchten Fürsten, den Grafen Eberhard den Älteren von Württemberg, der schon einmal an den heiligen Stätten gewesen war und beim Heiligen Grab in Jerusalem feierlich die ritterlichen Insignien empfangen hatte, und bat Seine Hoheit um Rat, ob ich die geplante Pilgerfahrt ausführen solle. Denn ich war auch ängstlich und fürchtete um mein Leben, es schreckten mich das Meer, das ich noch nie gesehen, von dem ich aber schon viel gehört hatte, wie die sonstigen Gefahren auf der Pilgerfahrt, von denen mannigfach zu lesen war. Darum fragte ich um Rat hier und dort viel mehr, als nötig war.

Als der edelmütige Graf mich angehört hatte, gab er mir, leutselig und freundlich, zur Antwort: »Drei Taten gibt es für den Menschen, bei denen ihm keiner zu- noch abraten soll. Die erste ist, eine Ehe zu schließen, die zweite, einen Krieg anzufangen, die dritte ist, ins Heilige Land zu fahren. Diese drei nenne ich zwar gut, aber leicht können sie ein böses Ende nehmen. Wer da um Rat fragt, ist wie ein Angeklagter, der freigesprochen werden sollte und mit dem es doch schlecht ausgehen kann.«

Doch fügte der kluge Graf hinzu, die Pilgerfahrt, um die ich ihn angehe, sei in jedem Fall gottgefällig, lobenswürdig und von hohem Gewinn für den, der sie in frommer Andacht unternehme, allzu riskant freilich für solche, die sie nur aus Leichtfertigkeit oder neugierig, zu weltlichem Glanz oder

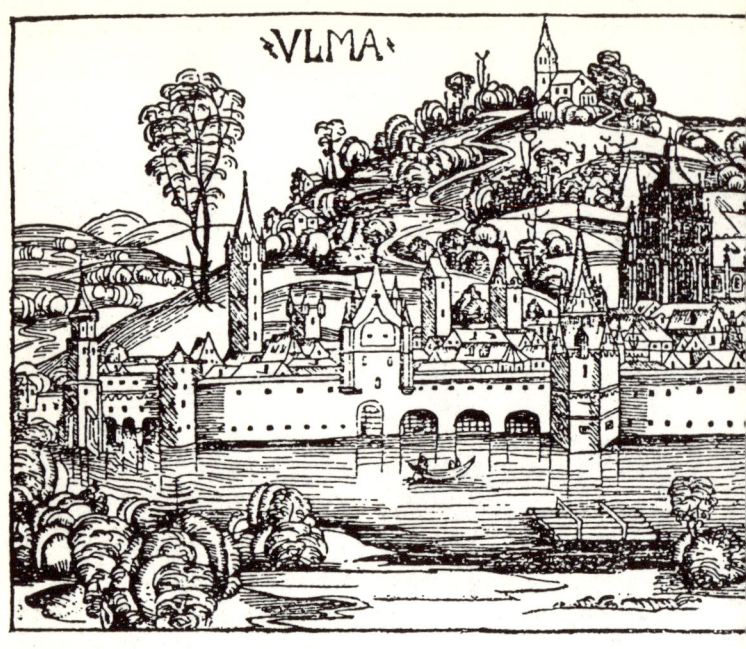

Stadtansicht von Ulm 1493[2]

aus anderen niederen und vergänglichen Beweggründen
begännen. Diese Worte des hochherzigen Grafen bestärkten
mich nur noch in meinem Vorhaben.

Zu dieser Zeit hielt sich ein Frater aus unserer Ordens-
provinz in Rom im Kloster Sopra Minerva auf, der mir
bekannt und befreundet war. Ihm schrieb ich von meinem
Vorhaben und bat ihn, mir die Erlaubnis vom Heiligen Vater,
Papst Sixtus IV., zu erwirken und ebenso von unserem verehrungswürdigen Ordensgeneral, dem Magister Pater Leon-
hardus de Mansuetutis de Perusia. Ohne deren Zustimmung
hätte mich niemand in unserer Provinz beurlaubt. Jener Frater gab als guter Freund ohne Zaudern schnellstens meine
Bitte weiter und schickte mir den Bestätigungsbrief des
Ordensgenerals mit der Vorschrift, daß keiner niederen Ran-
ges mich an der Pilgerfahrt hindern dürfe. Als ich diesen
Brief in Händen hatte, begab ich mich zu unserem hochwür-

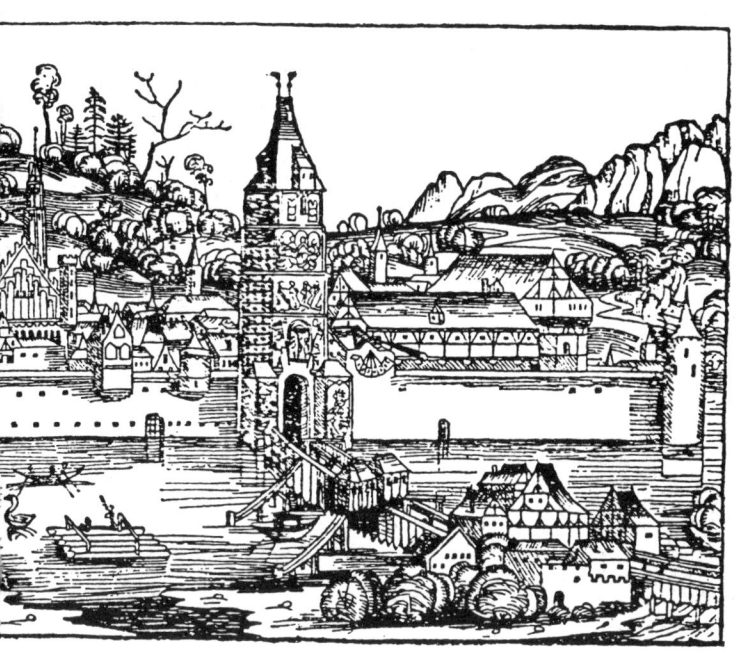

digen Pater Provinzial und dann zum verehrten Ulmer Prior,
dem Magister der Theologie Ludwig Fuchs, und bat auch sie
um ihr wohlwollendes Einverständnis. Als diese mein heißes
Verlangen sahen, erhielt ich nicht nur ihre Erlaubnis, sondern darüber hinaus alle Hilfe und Förderung, und so kam
es, daß ich schon nach wenigen Tagen mit allem, was ich für
eine so große Reise nötig hatte, versehen und zum Aufbruch
bereit war.

Als davon ein Edelmann und tatkräftiger Ritter, Herr
Hypolithus Appolinaris Pupillus vom Stein, hörte, der zu
der Zeit Vogt von Oberbayern war und in der Stadt Gundel-
fingen residierte, lud er mich zu sich, um mir seinen Sohn
Domicellus Georgius vom Stein, den er nach Jerusalem zur
Erlangung der Ritterschaft vom Heiligen Grab zu schicken
beschlossen hatte, anzuvertrauen. Er sicherte mir Kostener-
satz zu und stellte spätere Vergütungen in Aussicht, wenn ich

ihn als Reisegefährten anzunehmen bereit sei. Ich war gern einverstanden und gab dem Domicellus Georgius den Tag an, an dem er mich in Memmingen treffen sollte, wo wir unsere gemeinsame Reise beginnen wollten. Nach dieser Vereinbarung kehrte ich nach Ulm zurück.

Die Abreise

Am 9. April 1480, dem Sonntag nach dem Osterfest, an dem auch alljährlich die Weihe der Kirche der Prediger in Ulm gefeiert wird, stieg ich wie gewöhnlich nach dem Frühmahl auf die Kanzel und predigte dem Volk, das sowohl deshalb wie auch wegen des Ablasses in großer Menge gekommen war. Am Ende meiner Predigt und noch vor der allgemeinen Confessio verkündete ich den Versammelten, ich stünde nun unmittelbar davor, zur Pilgerreise aufzubrechen, und bat inständig um ihre Fürbitten vor Gott um meine gesunde Wiederkehr und darum, nach dem Gesang der Auferstehung des Herrn, den man wie gewohnt anstimmte, gemeinsam mit mir freudig das Lied zur Meerfahrt zu singen.

Danach begann ich mit starker Stimme das *Christ ist erstanden* und intonierte anschließend: »In Gottes Namen fahren wir, seiner Gnaden ...« Alle folgten mir mit lauten und fröhlichen Stimmen und im wiederholten Wechselgesang. Aber es mischten sich auch Tränen und manches Schluchzen darunter. Denn viele, Männer wie Frauen, waren tief bewegt und nicht ohne Furcht wie auch ich selber, ich könnte in den bevorstehenden Gefahren umkommen. Als der Gesang zu Ende war, erteilte ich ihnen den Segen der Generalabsolution, vertraute sie Gott an, nahm mit dem Segenszeichen des Kreuzes Abschied und stieg herab.

So brachen nun Herr Georg vom Stein mit seinem Diener, den ihm die Familie mitgegeben hatte, und ich nach Memmingen auf, und nach wenigen Stunden begannen wir uns immer besser kennenzulernen, und es entstand ein gutes Einvernehmen zwischen uns und unserer Wesensart, was auf einer solchen Reise eine große Wohltat ist. Denn wehe, wenn man dabei einen Genossen hat, der einem zuwider ist. So zogen wir in guter Eintracht durch die Alpen bis Innsbruck und ritten eilig dahin, um so rasch wie möglich nach Venedig zu kommen.

Einmal passierte uns im Gebirge etwas, das ich nicht verschweigen will. Als wir das Dorf Scala erreicht hatten, kamen wir nach ihm von der richtigen Staatsstraße ab. Wir hätten bergauf zu einer Burg, die hoch oben lag, reiten müssen. Statt dessen ließen wir den Berg links liegen und zogen abwärts durch ein Tal auf einer ausgefahrenen und ziemlich langen Straße. Als wir am Rand des Gebirges von oben in die Ebene hinaus sahen, lag vor uns eine recht große Stadt. Wir wunderten uns, weil wir nichts davon gehört hatten, daß wir an diesem Tag in eine Stadt kommen sollten. Als wir dann dort waren, entdeckten wir, daß es Bassuna (Bassano) war, und merkten, daß wir den Weg verfehlt hatten. Wir blieben dort über Nacht und tranken miteinander von dem Rotwein, der in der Gegend ganz vortrefflich wächst, bis wir schwankten. Es war uns nur lästig, daß niemand in dem Gasthof deutsch mit uns sprechen konnte und man nur italienisch redete, so daß wir alles mit Zeichensprache bestellen mußten.

Anderntags ritten wir nach Castelfranco und weiter nach Tarvisium (Treviso) und, nachdem wir dort unsere Pferde verkauft hatten, auf Maultieren nach Mestre und Margerum (Marghera). Hier sagten wir dem Land Lebewohl und bestiegen eine Barke, in der wir nach Venedig und zum *Fonticus*[3], zum Handelshof der Deutschen, fuhren. Dort fragten wir nach einem Gasthof für Pilger und Ritter, und man führte uns zu einem deutschen namens »St. Georg«, der groß und anständig war. Da trafen wir viele Adlige aus verschiedenen Weltgegenden, die alle wie wir das Gelübde abgelegt hatten, über das Meer zu fahren und das Grab unseres Herrn Jesus zu besuchen. Auch in anderen Gasthöfen waren viele Grabpilger, Geistliche und Mönche sowie Weltleute, Adlige und

Nichtadlige, aus Deutschland, noch mehr aus Frankreich, vor allem aber zwei Bischöfe, der Dominus von Genf und der Dominus von Sens, die mit zahlreichen Begleitern und Dienern auf das Schiff warteten.

Selbst einige Frauen, schon hochbetagte fromme und reiche Matronen, sechs an der Zahl, wollten mit uns zu den heiligen Stätten fahren. Ich bewunderte ihren Mut, da sie sich vor Alter kaum aufrecht halten konnten, aber, ohne ihre Gebrechlichkeit zu achten, sich aus Sehnsucht nach dem Heiligen Land in die Gesellschaft jugendlicher Ritter einreihten und Anstrengungen wie kräftige Männer auf sich nahmen.

Dies aber verdroß einige hochmütige Adlige, und sie beschlossen, das Schiff, auf dem diese Frauen fahren würden, nicht zu betreten, weil es ihnen als eine Schande erschien, in Begleitung alter Weiber zum Ritterschlag zu ziehen. Und hochfahrend wollten sie auch uns übrige dazu bringen, nicht auf einem Schiff mit diesen Alten zu reisen. Andere, klügere und hochherzigere Standesgenossen jedoch widersetzten sich diesem Dünkel, freuten sich vielmehr daran, was diese Matronen bußfertig auf sich nahmen, ja hofften sogar, daß dank ihrer Frömmigkeit unsere Seereise sicherer verlaufen würde. Aus diesem Anlaß brach unter den Adligen unversöhnliche Feindschaft aus, die anhielt, bis es Gott gefiel, uns von jenen eingebildeten Leuten zu befreien. Die frommen Damen aber blieben bei uns auf der Hin- wie auf der Rückfahrt.

Und dann fand sich der Herr Agostino Contarini, ein venezianischer Adliger, bereit, Pilger zu befördern. Wir vereinbarten mit ihm die Fahrtkosten und mieteten sein Schiff, auf dem er uns die Kojen, das heißt, den Schlafplatz für einen jeden, zuwies. Wir wünschten, nun rasch die Reise anzutreten, doch mußten wir viele Tage warten, bis das Schiff fertig ausgerüstet war. Als schließlich alles vorbereitet war und nichts mehr dem Aufbruch im Wege stand, da lief ein Schiff ein, das uns neuen Verdruß brachte: Der Türkenkaiser Mahomet der Große belagere die Insel Rhodos zur See mit einer großen Flotte und vom Land her mit einem Heer von Reitern und Fußvolk; das ganze Ägäische, Karpathische und Maleische Meer wimmle von Türken, so daß es nicht möglich sei, in diesem Jahr Pilger ins Heilige Land zu befördern.

Was für ein Jammer die Pilger bei diesen Neuigkeiten überfiel, vermag ich kaum zu beschreiben, und es widerstrebt mir zu berichten, wieviel an Verwirrung, Zwietracht und Zank daraus unter ihnen entstand. Schließlich taten wir deutschen Pilger uns zusammen und begaben uns zum Vorsitzenden des Rats von Venedig, um diesen zu ersuchen, unser Schiff mit einem sicheren Geleit zu schützen, damit es nicht von den Türken aufgebracht werden könne. Wir erhielten zur Antwort, das Schiff selber sei zwar frei und könne wegen des Bündnisses zwischen Venedig und den Türken, ohne von diesen weggenommen zu werden, passieren, doch für die Freiheit der Pilger auf dem Schiff könnten sie keine Garantie übernehmen und uns nicht raten, in diesem Jahre zu reisen. Sollten wir aber auf keinen Fall geneigt sein, lange hierzubleiben, so könnten wir bis zur Insel Korkyra (Korfu) fahren, wo eine venezianische Flotte liege. Was deren Befehlshaber uns empfehle, könnten wir getrost befolgen, da dieser alle Aktionen der Türken kenne. Als wir damit einverstanden waren, erhielten wir ein Schreiben für den Flottenbefehlshaber und die Erlaubnis zur Abreise, und auch der Schiffspatron, dem sie zunächst verboten hatten, uns irgendwohin zu befördern, wurde nun dazu ermächtigt.

Türkengefahr auf hoher See

So bestiegen wir denn alle, die Pilger wie die übrigen, das Schiff, Pilger waren wir 110, im ganzen befanden sich an Bord 330 Personen. Die Anker wurden gelichtet, die Segel gesetzt, und im Namen Gottes begannen wir die Fahrt unter einem recht günstigen Wind, so daß uns schon nach zwei Stunden das Land gänzlich aus dem Blick entschwand und wir uns auf hoher See befanden. Doch hielt der erwünschte Wind nicht lange an, und erst am dritten Tag erreichten wir Parenzo (Parentium), eine Stadt in Istrien, welches ein Teil des Landes Dalmatien ist. Hier nun versetzten uns die Leute in Schrecken, indem sie fürchterliche Dinge über die Türken erzählten. Wir blieben darum ein paar Tage dort, denn sie behaupteten, daß wir unmöglich ungeschoren nach Korfu gelangen würden, da die Türken durch das ganze Adriatische Meer schwärmten und alles, was ihnen begegnete, nähmen und ausplünderten.

Desungeachtet verließen wir diesen Hafen und gelangten langsam segelnd in einigen Tagen nach Zara (Jadra), einer dalmatinischen Stadt. Als wir aber hörten, daß in ihr die Pest herrsche, verließen wir sie rasch wieder und fuhren in verdrießlicher Langsamkeit weiter bis Lesina. Gerade als wir in den Hafen einlaufen wollten, kam guter Wind auf, in den wir unsere Segel setzen konnten, und wir fuhren weiter und kamen einige Stunden lang in kräftiger Fahrt voran. Aber dann schlug er in eine für uns ganz verkehrte Richtung um, und durch einen Sund lavierend gelangten wir an ein unwirtliches und wildes Stück der kroatischen Küste und waren gezwungen, einen einsamen Landeplatz anzulaufen und zwischen hochragenden, steil abfallenden Felsen die Segel einzuziehen. Um unsere schlechte Laune zu verbessern, fuhren wir in Booten an Land. Aber, o weh, da lag ein Toter im Sand, den das Meer ausgeworfen hatte, schon in Verwesung und stinkend. Die Seeleute, abergläubisch wie sie sind, waren durch diese Entdeckung tief erschrocken, fingen an, uns schlimme Dinge zu prophezeien, und hielten uns weit weg von dem Leichnam, so daß niemand sich seiner erbarmte und ihm ein Begräbnis gewährte – während vielleicht gerade dadurch dieser Tote etwas Gutes für unsere Zukunft bedeutet hätte.

Danach wurden die widrigen Winde stärker und stärker, drei Tage und Nächte verblieben wir zwischen diesen Felsen, und sooft wir hinausfahren wollten, sooft wurden wir durch den Sturmwind wieder zurückgeworfen, zu unser aller größter Beschwernis. In Wahrheit aber war sie uns zum Heil.

Denn als nach diesen drei Tagen endlich günstiger Wind aufkam und wir ins offene Meer hinausgelangten, begegnete uns ein venezianisches Kriegsschiff, und wie es neben uns war, fragten seine Steuerleute, ob uns gestern oder vorgestern auf dem Meer etwas Schlimmes widerfahren sei. Als wir erwiderten: »Nichts außer dem Gegenwind, der uns in die Felsen trieb«, riefen sie: »Gesegnet sei dieser Wind, der euch in eurem Versteck hielt! Denn wäret ihr gestern auf dem freien Meer gewesen, so wärt ihr in die türkische Flotte hineingeraten, die eben auf Apulien zuläuft, um die dortigen Christen auszuplündern.«

Als wir das vernahmen, priesen wir Gott, der uns auf diese Weise vor den Händen der Türken gerettet hat. Wir setzten unseren Weg fort und kamen nach einigen Tagen nach Curzola (Kursula) in Illyrien und hörten, nachdem wir frühmorgens in den Hafen dieser Stadt eingelaufen waren, dort die Messe. Curzola führt auch den Namen »Prepo auf der Höhe« (*Prepo in alto*). Diese illyrische Stadt liegt günstig oben auf einem felsigen Berg, sie ist klein, aber volkreich und mit Mauern und Türmen wohl geschützt, steht unter venezianischer Herrschaft und ist auch Sitz eines Bischofs.

Unter ihren Einwohnern herrschte große Furcht, daß die Türken, die sie Tag für Tag auf dem Meer beutegierig vorbeifahren sahen, auch sie angreifen würden, und sie staunten über uns, die wir unter solcher Gefahr die Seereise wagten. Die klugen Leute rieten uns umzukehren, doch daran dachten wir nicht im mindesten, vielmehr bestiegen wir wieder unser Schiff, nachdem wir Wein, Brot und andere notwendige Dinge eingekauft hatten. Als sie aber das Besansegel nach oben zogen, stürzte es wegen der Unachtsamkeit eines Matrosen wieder herab, traf einen anderen und tötete ihn auf der Stelle. Der Bischof von Sens stand unmittelbar neben diesem gefährlichen Absturz, zusammen mit mir und mehreren anderen, und es hätte wenig gefehlt, daß wir alle erdrückt und totgeschlagen worden wären. Den toten jungen Mann hüllten sie in ein Leintuch, hängten einen Sack mit Steinen an seine Füße und warfen ihn so ins Meer.

Wir kamen dann in rascher Fahrt etwa um Mitternacht von Curzola her nach Epidaurus, dessen gebräuchlicher Name nun Ragusa (Dubrovnik) ist. Wir warfen im Hafen Anker und schliefen im still liegenden Schiff bis zum Sonnenaufgang. Dann betraten wir die Stadt, fanden allerdings keine Gasthäuser wie bei uns zulande. Ich ging darum mit meinem Herrn Georg vom Stein und einigen anderen Adligen zum Kloster der Predigermönche. Wir baten dort um etwas zu essen gegen Bezahlung und bekamen gute Speisen und einen ganz vortrefflichen slawonischen Wein und wurden auch sonst bestens versorgt. Dann erschien der Prior und brachte zwei Brüder, Franz von Catoro und Dominikus, die er mir als Reisegenossen vorstellte und mir anempfahl, da sie mit uns nach Jerusalem fahren wollten. Darüber war ich hoch erfreut, denn ich reiste bisher ohne einen Ordensbruder, und ihre Gesellschaft war mir erwünschter als Gold.

Als wir uns gestärkt und das Kloster angesehen hatten, spazierten wir durch die Stadt, wie es auch andere Pilger taten. Wir besichtigten ihre erstaunliche Befestigung, die Türme und die sehr tiefen Gräben, an denen noch viele Menschen mit weiterem Ausheben beschäftigt waren. Wir wunderten uns darüber und fragten sie, ob auch sie Furcht vor dem Türken hätten, wo sie ihm doch Tribut zahlten. Sie antworteten: »Allerdings fürchten wir ihn und verschanzen uns gegen ihn, denn wenn er auch heute unser Freund ist, so kann er leicht morgen unser Feind sein.«

Auch suchten sie uns klarzumachen, wie töricht wir seien, zu diesem gefährlichen Zeitpunkt eine Seereise zu wagen, wo selbst sie nicht den Mut hätten, sich auf dem Meer blicken zu lassen, und empfahlen uns, hierzubleiben, bis bessere Nachrichten kämen.

Als es Abend wurde, gingen wir wieder an Bord unseres Schiffes und liefen mit gutem Wind aus dem Hafen von Ragusa aus. Während der Nacht legten wir ein gutes Stück Weges zurück. Aber als der Tag anbrach, erhob sich ein heftiger Seitenwind, der uns vom Kurs weg- und auf Apulien zutrieb, das wir vor uns auftauchen sahen. Und hätte es die

Kunst unserer Seeleute nicht vermocht das Schiff anzuhalten, so wären wir dort aufgelaufen. Nach langem Navigieren gelangten wir zu den Inseln von Gazapolis, der Wind war eingeschlafen, und nur durch träges Rudern der *Galeoten*[4], der Ruderknechte, kamen wir langsam vom Fleck.

Wir erreichten die Insel Korfu und liefen nach Sonnenuntergang in den Hafen der Stadt ein, der voll war von Kriegsschiffen, da ja, wie uns die venezianischen Ratsherren gesagt hatten, von hier aus ein Admiral mit seiner Flotte das Meer überwachte. Danach schliefen wir bis in den Morgen. Anderntags brachten uns Boote in die Stadt, die wir voller Menschen fanden. Zwischen den Christen sahen wir auch viele Türken herumgehen. Nach der Messe mieteten wir schwäbischen und bayrischen Pilger uns in der Vorstadt ein kleines Häuschen, wo wir kochten, aßen, tranken und schliefen. Das Holz, aus dem das kleine Haus bestand, war sehr alt und trocken. Und da geschah es, daß es in der Tat von dem hochflammenden Feuer, das wir zum Kochen angezündet hatten, zweimal zu brennen begann. Wir konnten es immer wieder löschen, und zuerst gab es auch keinen Lärm. Als aber beim zweiten Mal die Nachbarn das Dach brennen sahen, liefen sie mit Geheul und Geschrei herbei, doch waren wir schon mit Leitern hinaufgestiegen und hatten den Flammen die Nahrung entzogen. Da waren wir freilich in nicht geringer Gefahr, denn wenn das Feuer sich ausgebreitet hätte, wäre der ganze Stadtteil niedergebrannt, und die griechischen Bewohner von Korfu hätten uns den Verlust ihrer Häuser mit unserem Leben bezahlen lassen. Sie sind ohnehin den Deutschen wenig freundlich gesinnt und leicht gegen sie aufzubringen.

Als wir mit dem Essen fertig waren, nahmen wir das Schreiben, das uns der Rat von Venedig mitgegeben hatte, und überreichten es ehrerbietig dem Admiral mit der Bitte um Rat und Hilfe in der Angelegenheit unserer Pilgerfahrt. Nachdem er gelesen hatte, empfahl er uns, mitsamt dem Schiff nach Venedig zurückzukehren. Als er bemerkte, wie schwer wir dies nahmen, sprach er gereizt: »Welche Dummheit steckt in euch, daß ihr euch solcher Gefahr für Leib und Seele, Leben und Habe aussetzen wollt? Begreift doch, daß das Meer voll ist von erbarmungslosen Türken, deren Händen ihr keinesfalls entkommen könnt. Fahrt nach Venedig oder bleibt in einem anderen Hafen, bis bessere Nachrichten eintreffen. Wenn ihr aber jetzt unter allen Umständen nach Osten fahren wollt, so schaut euch selbst nach einer Gelegenheit um. Das Schiff, in dem ihr kamt, werde ich nicht freigeben, denn es gehört St. Markus.«

Als wir dies vernommen hatten, verließen wir den Mann sehr verstört und baten um Bedenkzeit. Doch waren durch die Worte des Admirals viele mutlos geworden, vor allem die Bischöfe, die mit ihrem ganzen Gefolge nach Venedig zurückzufahren beschlossen. Auch einige von unseren Rittern waren ängstlich geworden und zur Rückkehr bereit, andere aber behielten ihren Mut und blieben unerschrocken. Zu diesen gesellte auch ich mich, und ich ermunterte und bestärkte die Kleinmütigen, so gut ich konnte, indem ich sie ermahnte und ihnen aus der Heiligen Schrift Stellen auslegte, die sie in der Hoffnung auf die Hilfe Gottes aufrichten konnten. Es geschah aber eines Tages, daß die Ritter meiner Gesellschaft, als ich nicht dabei war, über unsere gefährliche Pilgerfahrt sprachen und die einen sie fortsetzen wollten, die anderen aber ängstlich abrieten. Von denen sagte einer: »Man braucht auf die Worte und Ermunterungen des Fraters Felix nicht zu achten. Denn was bedeutet ihm Leben oder Tod? Er gehört einem strengen Orden an, er hat weder Besitz noch Freunde noch Rang und Würden noch sonst etwas auf der Welt wie wir. Für ihn ist es etwas Leichteres, rasch durch ein türkisches Schwert umzukommen, als in seinem Kloster langsam hinsterbend alt zu werden.«

Und er brachte noch vieles andere vor, um die Herren davon abzubringen, auf mich zu hören. All dies wurde mir berichtet. Aber darauf habe ich das Blatt gewendet, indem ich gerade diesen Ritter derart ermutigte, daß nun er nicht mehr zur Umkehr überredet werden konnte.

Acht Tage hielt uns der Befehlshaber in Korfu zurück, und

täglich stellte er uns noch etwas Schrecklicheres vor Augen. Aber wir Deutschen hatten uns nun unverbrüchlich so weit geeinigt, nicht umzukehren, sondern im Namen Gottes die Fahrt nach Jerusalem fortzusetzen. Als er schließlich erkennen mußte, daß wir entschlossen an unserem Vorhaben festhielten, mischte er sich nicht weiter in unsere Pilgerfahrt ein. Und so machten wir uns zur Abreise fertig und brachten aufs Schiff, was wir dazu eingekauft hatten. Und als wir nun alle, die zum Fahren gewillt waren, schon an Bord in fröhlichem Gespräch oben neben dem Mastbaum standen, bat einer von den Vernünftigsten unter uns um Schweigen und sprach: »Meine Herren und Brüder auf der Pilgerfahrt, eine hohe, schwierige und mühselige Sache ist es, die wir nun mit der Seereise beginnen. Und ich versichere euch, daß, rein menschlich gesprochen, wir töricht handeln, wenn wir uns so großer Gefahr aussetzen gegen den Rat und die Überzeugung des Admirals und aller übrigen. Darum haben die Bischöfe und unsere edleren, mächtigeren, würdigeren und vielleicht auch klügeren Mitbrüder es aufgegeben und beabsichtigen, jenen folgend, nach Hause zurückzukehren. Wir aber versuchen das Gegenteil. Und damit nun dieser Versuch nicht eine dumme und sündhafte Kühnheit ist, wird es notwendig sein, daß wir auf dem Schiff unser Leben ändern und immer wieder den allmächtigen Gott und seine Heiligen anrufen um die himmlische Hilfe, mit der allein wir die Schlachtreihen der Feinde Christi und ihrer Flotten zu durchdringen vermögen.«

Auf diese Worte beschlossen wir einstimmig, daß es fürderhin auf dem Schiff weder Würfel- noch Kartenspiel noch Zank, Schwören und Fluchen mehr geben sollte und daß die Geistlichen und Priester den gewohnten Offizien der jeweiligen Tage weitere Gebete hinzufügen möchten. Denn in den genannten Dingen hatte es vor dieser Regelung vielerlei Auswüchse gegeben. Fortgesetzt, morgens, mittags und abends, spielte man, besonders der Bischof von Genf mit seinen Leuten, und dabei fluchten sie aufs abscheulichste, fortgesetzt gab es Händel, die Franzosen und wir Deutsche lagen in beständigem Streit. So durchbohrte einmal einer der Diener des Bischofs von Genf einen frommen Priester von den Unseren und verfiel der Exkommunikation. Die Franzosen sind eben hochmütig und heißblütig, und ich halte es für eine Fügung Gottes, daß sie sich von uns trennten und das Schiff von ihnen gereinigt wurde. Denn wir wären kaum ohne Blutvergießen oder Totschlag mit ihnen nach Jerusalem gekommen.

Noch eine Nacht blieben wir in Korfu und schliefen auf dem Schiff. Dabei gab es einen großen Schrecken. Als es am Abend eben dunkel wurde und wir uns noch beim Mast oben unterhielten, bemerkten wir ein fremdes Boot längsseits unserer Galeere, in dem Türken saßen, Spione, die belauschen wollten, was wir sprachen. Sogleich rannten wir und ergriffen Steine, die wir den Flüchtenden nachwarfen. Das Boot aber glitt rasch weg hinaus auf die See und entkam.

Als es Tag wurde, ließen unsere Musikanten ihre Hörner und Trompeten erschallen, um unseren Aufbruch anzuzeigen. Das Schiff legte ab, und mit fröhlichem Gesang kehrten wir dem Hafen den Rücken. Die Pilger, die zurückblieben, standen da, lachten uns aus und hießen uns desperate Leute und *Waghels*, Waghälse. Allgemein ging in Korfu die Rede, wir würden gefangen, noch bevor wir Metone erreichten. So verloren wir die Insel aus den Augen und fuhren dahin in einer Mischung von Freude und Furcht. Jene 40 Pilger, die in Korfu geblieben waren, kehrten auf einem gemieteten Schiff nach Venedig zurück, wo sie bei ihrer Ankunft als Tatsache ausstreuten, wir seien bereits von den Türken gefangengenommen. Dies verbreiteten sie dazu an anderen Orten in Italien, Frankreich und Deutschland und wollten damit ihre eigene Feigheit mit unserem Unglück verdecken. So wurde an mehreren Orten in Schwaben für mich das Requiem gefeiert, denn auch dort und in Bayern streuten sie ihre Lügen aus.

Wir aber kamen inzwischen auf gutem Kurs nach Metone und erblickten dabei auf dem Meer nicht das kleinste Schiff, zum großen Staunen der Metoner. Denn überall am Meer

Die Türken bei der Belagerung von Rhodos

waren die Menschen in heller Furcht, und auch die hier ansässigen Deutschen warnten uns sehr ernsthaft vor der Weiterfahrt und sagten uns Schreckliches voraus. Aber wie bisher ließen wir uns nicht einschüchtern, setzten die Reise fort und gelangten unter der Führung Gottes in Frieden und ohne Schrecken nach Kreta, wo wir fröhlich in den Hafen von Kandia einliefen. Da rannte fast die ganze Stadt zusammen, um uns zu sehen, denn es erschien wie ein unglaubliches Wunder, daß eine christliche Galeere der Grausamkeit der Türken entronnen war, deren dreirudrige Kriegsschiffe sie täglich beutegierig auf dem Meer vorbeifahren sahen.

Wir traten bei einem Deutschen ein, obwohl er der Wirt eines schändlichen Hauses war, er reinigte es aber bei unserer Ankunft und entfernte seine Dirnen. Doch gab es keine andere Unterkunft für uns Pilger. Neben diesem stand ein weiteres Haus, das eine Herberge für türkische Kaufleute war und in dem viele reiche Konstantinopolitaner ihren Geschäften nachgingen, die, wie man uns berichtete, über uns sagten: »Wenn diese Leute weiterfahren, sind sie verloren.« Ein paar von ihnen kamen zu uns herüber und machten uns Vorstellungen: So, wie die Dinge lägen, sei unsere Gefangennahme unvermeidlich. Schließlich sandten uns der Duca von Kandia und seine Ratsherren, um uns ihre Anteilnahme zu bekunden, einen Redner, der in einer Ansprache in schönstem Latein zwar unsere Pilgerfahrt pries, aber mit vielen Gründen von der Weiterfahrt abriet, da sie noch gefährlicher als die bisherige Reise würde. Denn die mitten zwischen Kreta und Zypern liegende Insel Rhodos sei von einer türkischen Belagerungsflotte umschlossen, und in jenem Bereich sei es ausgeschlossen, diesen Piraten zu entkommen.

Fünf Tage blieben wir dort, und an jedem kamen schlimmere Neuigkeiten. Trotzdem ließen wir uns nicht beirren und brachen auf, freilich in der Angst, es könnte ein Wind aufkommen, der uns in die türkische Blockade hineintreiben würde. Doch sobald wir aus dem Hafen aufs hohe Meer gelangt waren, erhob sich ein starker, aber erwünschter Wind, der uns weit von den Kykladeninseln, deren erste Rhodos ist, wegführte. Wir liefen rasch unter ihm dahin, er wurde stärker und stärker und steigerte sich bis zum Sturm, das Meer brauste, die Wellen schwollen an und überfluteten das ganze Schiffsdeck. Dennoch war dieser Sturm sehr zu unserem Heil, da er uns eilig zum nächsten Hafen und weg von den Türken in Sicherheit führte. Und es wäre unmöglich gewesen, unser Schiff in seinem schnellen Lauf zu kapern. Darum verstauten wir auch das ganze Kriegsgerät, die Bombarden, Wurfspieße, Lanzen, Rund- und Langschilde, Wurfgeräte und Bogen, Steine und Pfeile, die wir in Korfu gegen einen türkischen Angriff vorbereitet hatten, als wir nun sahen, daß wir den Feinden des Kreuzes Christi entkommen waren.

Im Heiligen Land

Nach zwei Tagen erreichten wir Zypern, lichteten aber bald wieder den Anker und sehnten uns sehr danach, möglichst schnell zum nächsten Hafen zu gelangen, denn nun lag keiner mehr vor dem Heiligen Land. Und endlich, nach drei Tagen, erblickten wir es, richteten den Bug auf Joppe, gewöhnlich Jaffa genannt, und legten dort beim Felsen der Andromeda das Schiff vor Anker. Sieben Tage noch blieben wir an Bord, dann kamen die Esel, die wir bestiegen. Von Sarazenen begleitet, gelangten wir in die Stadt Ramleh (Rama), wo wir wieder ein paar Tage blieben – dann endlich betraten wir Jerusalem. Dort wurden wir nicht in einem Hospiz, sondern in einem Haus in Mello[5] untergebracht, wo wir aßen und schliefen.

Es blieben uns aber nur neun Tage zum Aufenthalt. Während dieser Zeit besuchten wir alle wichtigen heiligen Stätten in größter Eile, Tag und Nacht von den Pilgerpflichten in Anspruch genommen, kaum gab es Zeit, auch nur ein wenig auszuruhen. Nachdem wir oberflächlich alles besichtigt hatten und mein Herr Georg vom Stein samt den anderen Adligen beim Grab des Herrn mit den Insignien der Ritterschaft ausgezeichnet worden war, führte man uns aus der Stadt auf dem Weg, auf dem wir gekommen waren, zum Meer und zu unserem Schiff zurück. Keiner von den Pilgern blieb in Jerusalem mit Ausnahme von zwei Engländern, die zum Katharinenkloster weiterreisen wollten. Mit denen wäre ich gerne dageblieben, wenn sie nur deutsch oder lateinisch gesprochen hätten, aber da ich mich mit ihnen nicht verständigen konnte, schienen sie mir als Gesellschaft wenig geeignet.

Trotzdem wäre ich wohl mit ihnen gereist und hätte die Sprachschwierigkeiten auf mich genommen, wenn ich nicht bereits den festen Vorsatz gefaßt hätte, noch einmal nach Jerusalem zurückzukehren. Denn zu der Stunde, in der die Zeit der Abreise aus der Heiligen Stadt gekommen war, beschloß ich und schwor es mir, sie so bald wie möglich wiederzusehen, und faßte diese jetzige Pilgerreise nur als das Vorspiel für eine künftige auf. So wie ein Schüler, der sich eine Lektion ins Gedächtnis einprägen will, sie zuerst als Ganzes überliest und dann gründlich nach und nach im einzelnen wiederholt, langsam und gemächlich sich Zeit nehmend, so wollte ich es nun auch in dem, was ich vorhatte, halten. In keiner Weise war ich zufrieden mit dem, was ich bisher gesehen, noch hatte ich das Gesehene richtig meinem Gedächtnis einverleibt, vielmehr sparte ich dies mir nun für die künftige Reise auf.

Heimreise auf dem Meer

Als wir ans Meer gekommen waren, waren wir fast alle krank von den Anstrengungen, der Hitze, den Nachtwachen, dem Mangel, und so wurden wir auf das Schiff gebracht, das nun wie ein Spital voll von elenden und schwachen Menschen war. Nach vielen Tagen kamen wir in glücklicher Fahrt wieder nach Zypern und in den Hafen von Salina (Larnaka). Dort brachten wir die stärker Erkrankten in einem Landhaus unter, die Gesünderen brachen mit dem Patron auf gemieteten Pferden nach Nikosia auf, der Hauptstadt von Zypern und Residenz des Königs, sechs deutsche Meilen vom Meer entfernt. Es ist nämlich ein alter Brauch, daß die Ritter vom Heiligen Grab sich dem König von Zypern vorstellen und eine Art von Bündnis mit ihm schließen: Er nennt sie seine Genossen, verzeichnet ihre Namen in einem Buch und überreicht ihnen einen silbernen Dolch in einer Scheide und an einem Gehenk. An seinem Ende befindet sich eine kleine Blume aus Silber in der Form eines Veilchens als Symbol ihres Bundes. Zu diesem Zweck begaben sich mein Herr Georg vom Stein, mit dem ich immer zusammen war, und die anderen Adligen nach Nikosia, drei Tage blieben wir dort. Da Zypern zu der Zeit keinen König hatte, baten sie darum, von der Königin[6] in den Orden der Könige von Zypern aufgenommen zu werden. Sie berief sie in den großen Saal und verkündete ihnen durch einen Dolmetscher das Gesetz dieses Bundes: daß sie das Königreich Zypern in jeder Not zu schützen bereit seien, da es mitten zwischen Sarazenen, Türken und Tartaren liegt. Nachdem sie dies der Königin in die Hand gelobt hatten, überreichte sie ihnen die Dolche und entließ sie.

Als wir wieder auf das Schiff kamen, hörten wir, daß zwei Pilger gestorben seien, einer war ein Priester vom Franziskanerorden, tapfer und gelehrt, der andere ein picardischer Schneider, ein ehrlicher und anständiger Mann. Andere lagen im Sterben. Aber auch wir, die wir in Nikosia gewesen waren, legten uns mit starkem Unwohlsein ins Bett, die Zahl der Kranken wurde so groß, daß nicht mehr genügend Leute da waren, um ihnen nur die notwendigste Pflege angedeihen zu lassen. Als nun die alten Frauen diese Not sahen, da übernahmen sie voll Mitleid die Pflege, denn von ihnen war keine krank geworden. Und Gott verlieh diesen Greisinnen die Kraft und Stärke jener Ritter, die sie in Venedig verachtet und sich geweigert hatten, mit ihnen zu fahren. So eilten sie durch das Schiff von einem Kranken zum andern und pflegten auch die, die sie geschmäht und ausgelacht hatten und nun im Bett lagen.

Voll Überdruß trieben wir so viele Tage dahin, wir strebten nach einem Hafen auf Kreta und möglichst weit weg von Rhodos, kamen aber kaum vom Fleck. Da sahen wir mit einemmall in der Ferne ein Kriegsschiff, das über die Wasserfläche rasch auf uns zukam. Wir gerieten in heftige Angst, daß es Türken seien, aber als es näher heran war, erkannten wir eine venezianische Galeere, verstauten die Waffen wieder, die wir auf Befehl des Patrons zur Verteidigung fertiggemacht hatten, und harrten des Schiffes und der Neuigkeiten, die es bringen würde. Und als es neben uns war, erfuhren wir, daß die Türken vor Rhodos geschlagen seien und sich besiegt zurückgezogen hätten. Diese Kunde erfüllte uns mit unaussprechlicher Freude, wir änderten den Kurs und wandten den Bug unseres Schiffes in Richtung auf Rhodos, dem wir jedoch der Wetterlage halber in vielen Tagen nicht näher rückten.

Aber endlich kam Wind auf, der uns erlöste und rasch auf die Insel Rhodos zutrieb, wo wir freilich noch weit von der Stadt der Kolosser an der bergigen Küste entlangfuhren. Da kamen wir an eine Stelle, wo am Fuß eines Berges eine lebendige Quelle sprudelte, ein Boot wurde zu Wasser gelassen, und die Matrosen brachten in Fässern frisches Wasser aufs Schiff. Als sie zurück waren, rannten alle von ihren Plätzen und Betten herbei mit Trinkschalen, Krügen, Schüsseln, Feldflaschen, Gläsern und Bechern und bettelten um Wasser bei den Matrosen und Ruderern. Es war ein solches Gedränge um Wasser, wie ich es um Wein oder Brot nie gesehen habe. Aber willig und fröhlich teilten sie einem jeden aus. Durch den Genuß dieses frischen Wassers waren wir erquickt, und wir lebten wieder auf wie von der Sonne verbrannte Gräser und Sträucher, die vom Regen begossen und vom Tau benetzt werden. Das ganze Schiff wurde, vom Wasser gelabt, vergnügt, und wer vorher kaum mehr schnaufen konnte, begann jetzt zu singen. Denn nach langer Durstzeit genossenes Wasser macht so fröhlich wie ein guter, mit Maßen getrunkener Wein.

Welche Qualen und Entbehrungen wir von Joppe im Heiligen Land bis hierher zu ertragen gehabt hatten, kann ich nicht beschreiben. In diesen Tagen des Mangels habe ich mich oft gewundert, wie ein Mensch auf der Erde so verwöhnt sein kann, daß er beinahe das ganze Jahr lang sich ärgert über die 40 Tage der Fastenzeit und über das Wasser-und-Brot-Essen am Karfreitag. O hätten wir in diesen Tagen nur einmal täglich, ich sage nicht, den Überfluß der Fastenspeisen, sondern nur das Karfreitagsessen nach Gewicht und Menge gehabt, wir hätten mit Wonne gefastet! Denn am Karfreitag bekommt man doch frisches und gutes Weißbrot und klares Wasser, frisch, süß und wohlschmeckend. Wenn wir nur dies gehabt hätten, wir hätten uns glücklich gepriesen. Denn bisher gab es nur fauliges und übelriechendes Wasser.

Darum wurde dem Kellermeister verboten, damit die Tiere, die zum Schlachten in den Käfigen gehalten wurden, zu tränken, sondern er sollte es den Menschen vorbehalten, für die vor Durst zu sterben noch grausamer wäre als für die Tiere. So standen die Schafe, Ziegen, Maultiere und Schweine ein paar Tage ungetränkt trocken und durstig da. Ich sah oft, wie sie morgens die Bretter und Stangen ableckten, um den Tau, der nachts gefallen war, einzusaugen.

Oft war ich so vom Durst und der Begierde nach frischem Wasser geplagt, daß ich mir ausdachte, wie ich, sollte es mir vergönnt sein, nach Ulm zurückzukehren, sogleich nach Blaubeuren eilen und mich an den aus der Tiefe aufquellenden Blautopf setzen würde, um da mein Verlangen zu stillen. An Wein war kein Mangel auf dem Schiff, man konnte guten reichlich und leicht bekommen. Aber ohne Mischung mit Wasser wollte er uns, stark und lau, wie er war, nicht schmecken. Und soviel zu diesem Thema.

Von der Stelle, an der wir das Wasser an Bord geholt und getrunken hatten, fuhren wir nun unter gutem Wind rasch zum Hafen der Kolosser vor der Stadt Rhodos. Es war Nacht, etwa drei Stunden vor Mitternacht, und im hellen Mondschein konnten wir gut sehen, wie wir zu steuern hatten. Als wir nun dabei waren, in den Hafen einzulaufen, und unsere Matrosen mit ihrem üblichen Geschrei die Segel einholten, gingen Lichter auf den Türmen an, und auf den Mauern rannte man mit großem Tumult, denn man hielt uns für feindliche Türken, und zu unserem Schrecken wurde eine große Bombarde mit ungeheurem Krachen abgefeuert. Voller Angst zündeten wir, so viel wir konnten, Lichter an. Wir standen oben auf dem Deck und riefen ihnen zu, sie sollten uns nichts tun, wir trügen das Kreuz Christi und seien Freunde des Gekreuzigten, dessen Feinde, wie wir wohl wüßten, kurz zuvor eben an dieser Stelle niedergeworfen worden seien. Als die Wachen dies hörten, wandten sie die auf uns gerichteten schußbereiten Wurfmaschinen ab und legten die schon gespannten Bogen weg. Und nun liefen von überall in der Stadt die Leute mit brennenden Fackeln auf die

Mauern, um Christen als Gäste ankommen zu sehen. Denn seit sie die türkische Flotte in die Flucht geschlagen hatten, war noch kein christliches Schiff aufgetaucht.

Dann rief uns ein Wächter vom Turm herab an und fragte, wer wir seien und woher wir kämen. Als einer von den Matrosen wenig vorsichtig antwortete: »Wir sind Venezianer, und das Schiff gehört St. Markus«, schrie der Patron, man solle ihm mit Fäusten das Maul stopfen, und hieß einen anderen rufen: »Dieses Schiff kommt von Joppe, und auf ihm sind Ritter, die von einer Pilgerfahrt aus Jerusalem zurückkehren, und wir wollen nach Italien fahren.« Er fürchtete nämlich, daß er als Venezianer ein unwillkommener Gast sei, dem die Rhodier wegen des Bündnisses von Venedig mit den Türken wenig gewogen sein mußten. Als die auf den Türmen gehört hatten, wir seien Pilger, entboten sie uns den Friedensgruß und gestatteten uns, außen am Hafen anzulegen, freilich nicht, in ihn einzulaufen, um nicht etwa durch eine List sich täuschen zu lassen. Als das Schiff festgemacht hatte, legten wir uns in die Betten und schliefen bis zum Morgen. Noch bevor wir in der Frühe uns erhoben hatten, kamen schon einige Herren aus Rhodos herangefahren, um unser Schiff zu visitieren und die Pilger zu sehen. Mit ihnen fuhren wir dann in die Stadt, vorbei an Leichen getöteter und vom Meer herangespülter Türken, die in Mengen am Ufer lagen. Als wir die Stadt betraten, fanden wir sie mit schweren Zerstörungen und voll von größeren und kleineren Steinkugeln, welche die Türken mit ihren Wurfmaschinen hereingeschossen hatten. Es hieß, es seien mehr als 8 000 über die Gassen, Plätze und Häuser niedergegangen.

Vier Tage blieben wir in Rhodos und gaben viel Geld aus, weil nach den Verwüstungen und Plünderungen der Insel durch die Türken alles auf dem Markt sehr teuer geworden war. Ich kaufte für meinen Herrn Georg zwei Hennen für einen Dukaten, weil er, wie auch ich, sehr geschwächt war. Ich litt an Durchfall und verzweifelte fast am Leben.

Der Zeitpunkt kam, an dem wir abfahren mußten. Ins Schiff stiegen zu uns einige Johanniter, die zum Teil lange

Jahre in türkischer Gefangenschaft gewesen waren, und, nachdem sie mit gegen Rhodos zu ziehen gezwungen worden waren, während der Belagerung in die Stadt hatten flüchten können. Auch einige Juden, die tapfer mitgekämpft hatten, reisten mit uns. Unter denen, die aus der Gefangenschaft entkommen waren, befand sich ein österreichischer Adliger. Mein Herr nahm sich seiner an und brachte ihn nach Deutschland, da er in erbärmlichem Zustand war.

Durch diesen Zuwachs wurde es eng und unruhig auf dem Schiff, unguter Wind trieb uns ab, und wir hatten wieder viel auszustehen, bis wir endlich nach Kreta kamen. Da blieben wir ein paar Tage in einem Hafen namens Kandia, dann bestiegen wir mit den Sachen, die wir eingekauft hatten, am Abend das Schiff, um dort die Nacht zu verbringen. Als man darauf in der Frühe das Schiff losband und es allzu ungestüm in den Wind drehte, stieß das Steuerruder an einen Felsen und brach unter Wasser ab. Wenig fehlte, und das Schiff wäre mit seinem Bug auf die am Ufer herausragenden Klippen aufgelaufen und dabei gänzlich zerbrochen und zersplittert, wobei wir alle umgekommen wären. Auf unser lautes Schreien hin liefen Leute aus der Stadt herbei, um uns in dieser gefährlichen Lage zu helfen.

Mit dem gebrochenen Ruder konnten wir nicht weiter, und so brachten wir das Schiff wieder in den Hafen und an die Stelle zurück, wo es zuvor gelegen hatte. Nun machte sich ein im Tauchen erfahrener Mann, nachdem er sein Gerät zurechtgelegt hatte, zur Reparatur des Steuers bereit: Er entledigte sich seiner Kleider bis auf die Unterhose, nahm Nägel, Hammer und Zange, ließ sich ins Wasser gleiten und tauchte in die Tiefe bis zu der Bruchstelle des Steuers und arbeitete da, indem er Nägel herauszog, andere einschlug. Nach langer Zeit kam er wieder aus der Tiefe nach oben und stieg an der Schiffsseite zu uns herauf. Das sahen wir zwar alles, aber wie dieser Meister unter Wasser geatmet hat und wie er dort hämmern und derart lange im salzigen Wasser verbleiben konnte, das ist mir ganz und gar rätselhaft. Als nun das Steuer wiederhergestellt war, nachdem wir schon geglaubt hatten, nicht mehr fahren zu können, da erhob sich ein so starker Gegenwind, daß das Schiff nicht aus dem Hafen herausgebracht werden konnte. Also kehrten wir in die Stadt und in die Unterkünfte zurück, von denen wir aufgebrochen waren, und aßen und tranken.

Denn dieser erstklassige und üppige Meerhafen ist voll von allem Guten dieser Erde, alles gibt es auf dem Markt trefflich zu kaufen, in erster Linie aber den kretischen Wein, den wir *Malphaticum* (Malvasier) nennen und der auf der ganzen Welt berühmt ist. Darum war es uns nicht lästig, noch dazubleiben, vielmehr sehr willkommen. Als wir dann gegen Abend aufs Schiff gerufen wurden, stellten sich die einen rasch, andere aber recht langsam ein. Ich war allerdings unter den ersten und stellte mich auf das hohe Heck, um zu beobachten, ob außer denen, die in Zypern und auf Rhodos zugestiegen waren, noch weitere zu uns kämen, und ich sah neben mehreren anderen zwei griechische Bischöfe.

Während ich dastand und den Ankommenden zusah, fielen mir mehrere Pilger auf, die sichtlich schwankend oben auf der Kaimauer herumtappten und ängstlich waren, ins Boot hinabzusteigen. Der süße und heiter stimmende Kreterwein verursacht nämlich, wenn man ihn reichlich trinkt, Schwindel im Kopf. Es waren aber an der Hafenmauer steinerne Stufen, über die man in ein kleines Boot hinabsteigen mußte, das einen zum Schiff hinausbrachte, wo man ausstieg und wieder auf Sprossen an Bord kletterte. Das war an jenem Abend für viele ein so schwieriges Unternehmen, daß man sie von der Mauer ins Boot und dann aufs Schiff und schließlich bis in ihre Betten tragen mußte.

Da kam auch ein Pilger, der Diener einiger bürgerlicher Herren, der trug deren Gepäck, dazu Weinflaschen, einen Sack mit frischem Brot und war gebeugt unter seiner Last und dazu noch schwer vom Wein. Als er nun zu der Treppe kam und die Stufen zum Boot hinabgehen wollte, da fiel er plötzlich mit allem, was er trug, kopfüber ins Meer. Rasch kamen auf das Geschrei der Umstehenden Bootsleute herangerudert und zogen ihn heraus, als er wieder auftauchte, das

Brot aber und alles, was er noch getragen hatte, schwamm weg, versank und war verloren.

Ein anderer Pilger, ein dalmatinischer Priester, mit dem ich gut befreundet war, hatte ebenfalls etwas zuviel des süßen Weines getrunken, kam aber mit Mühe an Bord und zum Mastbaum, wo er stehenblieb und sich endlos mit einem anderen Dalmatiner unterhielt, bis es dunkel geworden war. Er stand dabei neben einem Abstieg in den Schiffsraum, den man nur am Tag benutzen kann, während nachts die Leiter weggestellt wird, damit die, welche unten auf dieser Seite schlafen, nicht gestört werden. Als nun dieser wackere Pilger seine Reden beendet hatte und wir schon alle unten in unseren Betten lagen und noch miteinander redeten, wollte auch er sein Lager aufsuchen und durch die nächste Öffnung hinabsteigen, setzte aber seinen Fuß ins Leere und stürzte rücklings hinunter auf den Boden des Zwischendecks. Das ganze Schiff erdröhnte davon, denn er war ein großer und dicker Mann. Wir verstummten alle vor Schreck, als wir den Laut vernahmen.

Er aber stand sofort unverletzt auf und begann voller Wut mit lallender Stimme zu schimpfen: »Drei Stufen bin ich auf der Leiter herabgestiegen, da zog sie mir einer unter den Füßen weg, und ich fiel herunter!« Als ihm einer entgegnete, die Leiter sei schon vor einer Stunde weggebracht worden, widersprach er: »Das ist falsch! Ich war schon auf der dritten Stufe, und man zog sie mir weg!«

Darauf brach ein allgemeines Gelächter aus, denn wir wußten ja, daß sie seit einer Stunde nicht mehr da war. Ich selber war höchst vergnügt, besonders auch, weil ich mich für meinen Genossen freute, daß ihm bei diesem tiefen, gefährlichen Sturz nichts Schlimmes passiert war, und lachte schallend. Als er das hörte, schrie er mich bösartig an: »Jetzt weiß ich genau, daß du, Frater Felix, es warst, der mir die Leiter genommen hat. Aber du kannst sicher ein, daß du nicht vom Schiff kommst, bevor ich Rache genommen habe!«

Als ich mich entschuldigen wollte, wurde er nur noch wütender, verfluchte mich und schwor, am folgenden Tag sich an mir zu rächen. Jedoch der Schlaf machte dann alle die Benommenen und Gestörten, die der kretische Wein verwirrt hatte, wieder gesund, und am anderen Morgen hatten sie alles vergessen. Hätte jener Pilger ohne Wein und nüchtern seinen Fall getan, so hätte er sich vielleicht seine Knochen oder gar das Genick gebrochen. Gewöhnlich haben ja die Betrunkenen in gefährlichen Situationen mehr Glück als andere, mehr Verstand freilich nicht.

Im Morgengrauen nach dieser Nacht legten wir ab, und der Wind führte uns aus dem Hafen hinaus. Wir kamen in sausender Fahrt eine große Strecke weit bis nahe an Metone heran. Von Metone ging es dann rasch weiter nach Korfu (Korkyra), wo sich damals die anderen Pilger von uns getrennt hatten, und am Abend von da zu den Gazapolis-Inseln. Die Nacht war stockfinster, kein Stern leuchtete, und nachdem wir die Meerenge durchfahren hatten, brach das schrecklichste Unwetter aus mit einem ungeheuren Aufruhr von Wind und Wellen, die uns auf- und niederwarfen. Blitze zuckten und fuhren herab, schreckliche Donnerschläge krachten, es schien, als stehe die See an vielen Stellen in Flammen. Dann stürzten maßlose Regengüsse herunter, als wollten die Wolken zerbrechen und sich ganz in Wasser auflösen. Dazu stoben die anlaufenden Wellen voll Ungestüm auf das Schiff, deckten es immer wieder zu und schlugen so heftig an seine Seiten, als würden große Steine von einem Berg herab gegen die Planken geworfen.

Ich habe mich bei Stürmen auf dem Meer oft gewundert, daß das Wasser, das doch leicht, dünn und weich ist, so harte Schläge führen kann gegen Dinge, die ihm entgegenstehen. Es dröhnt gegen das Schiff, als kämen Mühlsteine herabgerollt, und es wäre kein Wunder, wenn selbst ein Schiff aus Eisen darunter zerbräche. Ich selber empfand stets eine mächtige Freude, wenn ich im Sturm oben saß oder stand und die ungeheuren Stöße der Winde und den schrecklichen Ansturm der Wellen erlebte. Am Tag ist ein Sturm noch erträglich, bei Nacht aber wird er grauenvoll, zumal wenn er so wütend ist wie der, von dem ich hier erzähle. Und derart war es in der Tat während dieser tiefen Finsternis, wo es nur das Licht der ständig zuckenden Blitze gab.

Der Sturm hob das Schiff auf und drückte es wieder nieder, neigte und schüttelte es bald auf die eine, bald auf die andere Seite. Keiner konnte auf seinem Lager liegenbleiben, noch weniger aber konnte einer sitzen und am wenigsten stehen, man mußte sich in der Mitte an die Stützbalken klammern oder über die Kisten legen und sich an sie mit Armen und Händen klammernd festhalten. Und immer wieder stürzten selbst große und schwere Kisten samt den daran Hängenden um. Denn das Schiff machte so unregelmäßige und heftige Bewegungen, daß alles, was aufrecht stand, umfiel und daß das – es klingt unglaublich, ist aber die volle Wahrheit –, was an den Wänden an Haken hing, sich losmachte und herabfiel.

Und obwohl das Schiff überall mit Pech und anderen Schutzmitteln gegen das Eindringen von Wasser verschmiert war, kam es in diesem Sturm überall durch verborgene Ritzen herein, so daß im ganzen Unterdeck nichts trocken blieb. Unsere Betten und alle unsere Sachen waren durchweicht und Brot und Schiffszwieback durch das Meerwasser verdorben. Unten im Schiff herrschten Schrecken und Jammern, oben an Deck Plackerei und Durcheinander.

Der Sturm hatte das Großsegel in Fetzen gerissen, darum ließen die Matrosen die Rah herab und befestigten daran ein anderes, das sie *Papafigo* nennen und das für solche Situationen geeignet ist. Doch nachdem sie die Rah mit dem neuen Segel hinaufgezogen und die Matrosen, die oben saßen, die Bindeseile gelöst hatten und das Segel herabgefallen war und während noch die unten auf dem Deck das *Polistrelum*, ein Seil, mit dem die unteren Enden des Segels befestigt werden, in den Händen hielten, da füllte ein plötzlicher Windstoß ungestüm das Segel, riß das Seil mitsamt dem Segel den Matrosen aus den Händen und ließ es hoch über die Mastspitze und den Korb fliegen. Es flatterte so wild, daß sich die Rah wie ein Bogen krümmte und selbst der starke und feste Mast, der aus vielen Hölzern und Balken zusammengefügt war, krachte, als sei er schon geborsten und in der Mitte abgebrochen. Das bedeutete die allergrößte Gefahr, denn wenn er bei einem derartigen Sturm gebrochen wäre, hätten uns bald die Wellen überrollt, und wir wären mit dem Schiff untergegangen.

Der Mast also ließ ein schreckliches Geräusch ertönen, die Rahen taten es ihm gleich, und das ganze Schiff schien sich aus allen seinen Verzahnungen zu lösen. Nichts hat mich in den Stürmen mehr erschreckt als dieses Krachen des Holzes auf den Schiffen, weil man immer schon irgendwo einen Bruch zu hören meint. Bei diesem gräßlichen, jähen Laut kann keiner einen Schrei unterdrücken. Es war ein trauriges, jammerwürdiges und gefährliches Schauspiel um uns. Als das Segel derart in der Luft herumflog, rannten die Ruder-knechte und die Matrosen mit solchem Geschrei und Geheul durcheinander, als habe man sie schon mit Schwertern durchbohrt. Einige aber kletterten über die Wanten zu der Rah hinauf und versuchten, das Segel zu sich herabzuziehen, andere an Deck liefen an die Seiten, um das untere Halteseil wieder zu fassen und festzumachen, und wanden passende Taue um die Blöcke. Die Pilger aber und die übrigen, die hier nicht helfen konnten, flehten zu Gott und riefen die Heili-gen an.

Aber mitten im Wüten dieses Unwetters, siehe, da kam plötzlich und unverhofft Hilfe vom Himmel. Zwischen den herabzuckenden Blitzen erschien ein Licht und stand eine Zeitlang unbeweglich über dem Bug in der Luft. Darauf bewegte es sich langsam über die ganze Länge des Schiffs bis zum Heck, worauf es verschwand. Dieses Licht war ein feu-riger Strahl von der Länge einer Elle. Als die Offiziere, die Ruderknechte und Matrosen wie die Pilger, die oben an Deck waren, dies sahen, stellten sie alle Arbeit ein und hör-ten auf mit allem Lärmen und Schreien, fielen auf die Knie und beteten mit zum Himmel erhobenen Händen und leiser Stimme: »Sanctus, Sanctus, Sanctus.«

Die unten aber, die nichts von dem Wunder wußten, erschraken heftig über die plötzliche Stille, das Schweigen und das ungewohnte Beten und dachten, jene hätten aus Verzweiflung mit der Arbeit aufgehört und riefen »Sanctus« angesichts des Todes, und standen wie betäubt und warteten, wie dies enden würde. Aber da öffnete einer den Eingang, durch den es von dem Deck in den Schiffsraum geht, erschien oben auf der Treppe und rief auf italienisch hinab: »*O signori pelegrini, non habeate paura que questo note non averete fortuna*«, was heißt: »O ihr Herren Pilger, fürchtet euch nicht, in dieser Nacht und in diesem Unwetter geschieht uns nichts Böses, denn wir erfuhren himmlischen Trost!« Und dann kehrten, obwohl der Seesturm anhielt, die Matrosen zurück zu ihren gewohnten Verrichtungen, aber nun heulten sie nicht mehr dabei wie zuvor, sondern erhoben fröhlich und jubelnd ihre Stimmen, denn ohne Gesang arbeiten sie nie.

Niemand aber soll das, was ich von dem Licht berichtet habe, für erfunden oder für ein Märchen halten, es ist die volle Wahrheit, die ich durch die Aussage von mehr als 200 heute noch lebenden Zeugen bestätigen lassen könnte.

Wir legten in jenem Sturm eine große Wegstrecke auf dem richtigen Kurs zurück, da er uns nun auf die erstrebten Häfen zutrieb und darin die ganze Nacht und den folgenden Tag gleich blieb. So hielten wir, obwohl er nicht nachließ, in Geduld aus ohne Speise und Trank. Es gab kein Feuer mehr auf dem Schiff, die Küche auf dem Deck stand voll Wasser, und außerdem waren wir alle seekrank und verabscheuten, weil sich uns der Magen umdrehte, Essen und Trinken. Hätte einer dennoch etwas zu sich genommen, hätte er es nicht bei sich behalten, sondern sogleich wieder ausgespien. Im Sturm ist ein leerer Magen das beste. Ohnehin war das ganze Brot vom Salzwasser verdorben und ungenießbar, schon dadurch waren wir zum Fasten gezwungen.

Anderntags passierten wir Ragusa zur Rechten und Curzola (Kursula) zur Linken und kamen in die Stadt Lesina, wo wir anlegten, uns erholten und von der Seekrankheit befreiten. Wir blieben dort drei Tage, weil draußen auf dem Meer immer noch rauher Wind herrschte, den wir fürchteten, obwohl er in der Richtung für uns günstig war. Schließlich verließen wir Lesina mit gutem Wind.

In der Morgenfrühe fuhren wir weiter links vorbei an der dalmatinischen Stadt Zara (Jadra). Aber gegen Abend wurde der Wind wieder stärker und die See rauh, wir gerieten in eine felsige Durchfahrt, in der wir uns, gleichsam zwischen Scylla und Charybdis, nicht ans Ufer wagten. Als sie sich zu einem breiteren Kanal öffnete, versuchten wir bei starkem Wind, das Schiff in seiner Mitte vor Anker zu legen. Doch ergab das ausgeworfene Lot, daß das Wasser hier außerordentlich tief war. Wir fuhren weiter, aber als die Sonne sank und die Dunkelheit kam, wurde es zu gefährlich. Mit dem Lot erreichten wir nun Grund, der allerdings sehr uneben war. Dennoch ließ man den großen Anker hinab, dessen scharfer Zahn jedoch weder an Felsen noch in Steinen oder Sand einen Halt fand, sondern hinter dem fahrenden Schiff herschleifte, zu unserem größten Verdruß. Mit äußerster Mühe wurde er wieder heraufgezogen und an einer anderen Stelle aufs neue gesenkt, aber wieder folgte er uns wie der Pflug den Zugpferden. Schließlich verfing er sich beim dritten Versuch an einem Felsen. Als das Schiff an seinem Tau hängend zum Stehen kam, sich jedoch noch seitlich hin und her bewegte, riß sich die Ankerspitze noch einmal los, bis sie endlich Halt fand und wir die Nacht über hierbleiben konnten.

Wir Pilger zogen uns zu unseren Schlafplätzen zurück, der Patron aber und die Offiziere und Matrosen blieben schlaflos die ganze Nacht, da sie ständig Unheil für uns alle befürchteten. Der starke Wind hielt das Schiff in ständiger Bewegung, so daß sich jederzeit der Anker wieder losmachen oder das Seil reißen oder sonst etwas sich ereignen konnte, was unser Verderben gewesen wäre. Denn wir waren ja nicht in einem schützenden Hafen, sondern in dem höchst gefährlichen Golf von Carnero (Quarnaro), wo das Meer ungestüm gegen den Hafen von Ancona hinströmt. Angesichts dieser Gefahr versprach der Patron, er wolle, wenn der Hafen von Parenzo (Parentium) erreicht sei, sogleich mit allen Pilgern zur Insel St. Nicolaus fahren und dort eine feierliche Dankmesse halten, wie es dann auch geschah. Als wir in der Frühe den Anker gelichtet hatten, kamen wir an mehreren dalmatinischen Städten vorbei nach Parentium in Istrien, und am folgenden Morgen lösten wir festlich mit dem Patron sein Gelübde ein. Dort blieben wir noch fünf Tage, und dann fuhren wir in einer einzigen Nacht hinüber zum Hafen von Venedig, und hier trennten wir uns voneinander. Jeder machte sich auf in seine Heimat.

Über die Alpen nach Ulm

Ich allerdings war krank geworden, mußte zwar nicht das Bett hüten, konnte aber weder gehen noch reiten, bis ich wiederhergestellt war. So kehrte mein Herr Georg vom Stein mit anderen Adligen heim, während ich noch fast zwei Wochen in Venedig in der Obhut der Ärzte blieb. Gesundet, reiste ich in Begleitung eines Kaufmanns ab, kaufte in Tarvisium (Treviso) ein Pferd und ritt mit jenem bis Trient und von da allein weiter nach Nassereit.

Als ich dort am Nachmittag ankam, traf ich im Gasthof vier Heilige-Land-Pilger, Confratres von mir aus England, und wir begrüßten uns freudig. Sie machten sich eben zum Aufbruch fertig, denn sie wollten an diesem Tag noch über den Fernpaß kommen. Ich fragte sie, ob sie nicht noch bis zum anderen Morgen bleiben würden, damit wir dann zusammen bis Ulm die Reise machen könnten, denn ich war zu müde, um am selben Tag noch weiterzureiten. Zwar baten sie mich darum, aber ich mußte ablehnen. Vielmehr wiederholte ich meinen Vorschlag im Hinblick auf unsere Ordensgemeinschaft und die sichtlich freundlichen Gefühle. Aber sie wollten nicht, mit der Begründung, sie hätten als sicher gehört, daß noch an diesem Tag eine starke Abteilung bewaffneter Reiter des Herzogs von Österreich hierher in das Dorf und das Gasthaus kommen würden. Denen aber wollten sie entgehen, da es eine unsichere Sache sei, sich unter Kriegsleuten aufzuhalten. So trennten wir uns, sie brachen auf, und ich blieb da.

Tatsächlich trafen am Abend zahlreiche gerüstete Adlige mit ihren Gefolgsleuten im Gasthof ein, die der Herzog von Österreich ausgeschickt hatte, um die Burg Kregen zu verteidigen, die der Graf Eberhard der Ältere von Württemberg belagerte und zu schleifen beabsichtigte. So war der Gasthof voll von rauhem Kriegsvolk. Als sie aber hörten, daß ich eben aus dem Heiligen Land gekommen sei, behandelten sie mich mit Respekt als Priester und Mönch, gerade so, als sei ich ein Ritter des Heiligen Grabes, und baten mich, ihnen am Morgen die Messe zu lesen und dann mit ihnen weiterzuziehen. Nachdem ich in der Frühe zelebriert und mit ihnen gefrühstückt hatte, wobei sie beim Aufbruch meine Rechnung bezahlten, geleiteten sie mich mitten in ihrer Schar vergnügt und sicher.

Als wir nach Kempten gekommen waren, fand ich dort im Gasthof zur Krone jene vier englischen Pilger, verwundet, zerschlagen und all ihrer Habe beraubt, elend, traurig und verwirrt. Nicht weit von Kempten waren im Wald Räuber über sie hergefallen, hatten sie mit gezogenen Schwertern von den Pferden geworfen und diese, als sie Gewalt mit Gewalt beantworten und sich wehren wollten, mit Schwerthieben verwundet, gefesselt und von der Verkehrsstraße weg tiefer in den Wald hinein an eine dunkle, einsame Stelle geschleppt. Dort plünderten sie die Pilger unter Beschimpfungen aus, durchwühlten die Reisesäcke, leerten ihre Börsen und Ranzen und zogen sie nackt aus, um nach Geld zu suchen, das sie vielleicht in ihren Kleidern eingenäht hatten. Nachdem sie ihnen schließlich die wertlosen Kleidungsstücke zurückgegeben hatten, zwangen sie die Engländer zu schwören, daß sie in den nächsten drei Tagen niemandem erzählen würden, was ihnen widerfahren war.

Ich empfand großes Mitleid mit meinen Brüdern, mich selbst aber beglückwünschte ich, daß ich nicht mit ihnen

geritten war, denn dann wäre ich ebenfalls in die Hände dieser Wegelagerer gefallen. Am anderen Morgen zog ich noch
mit meinen Kriegsleuten bis nach Memmingen, blieb den
Tag über dort und kam am folgenden, dem St.-Otmars-Tag,
mit einem anderen Priester vollends nach Ulm. Wie ich das
Kloster betrat, wurde ich herzlich und fröhlich empfangen,
und dann zog ich mich wieder in meine Zelle zurück zu meiner gewohnten Tätigkeit.

AUSFÜHRLICHE BESCHREIBUNG DER ZWEITEN PILGERFAHRT INS HEILIGE LAND (1483/84)

Nach Beendigung meiner ersten Reise, die ich teilweise beschrieben habe, war ich zwar gesund nach Ulm zurückgekehrt und dem Anschein nach froh und heiter. In Wirklichkeit aber war ich im Sinn und Herzen traurig und bedrückt, denn mich erfüllte eine unstillbare Unruhe, sobald ich an eine zweite Reise und die Rückkehr nach Jerusalem dachte, wie ich sie beim Verlassen der Heiligen Stadt fest beschlossen hatte, was ich freilich noch keinem Menschen gestand. Keineswegs hatte mich ja jene erste Pilgerfahrt befriedigt, da sie viel zu rasch und kurz war und wir durch die heiligen Stätten rannten ohne Sinn und Verstand. Einige von ihnen in Jerusalem und außerhalb durften wir überhaupt nicht sehen, es war uns nicht erlaubt gewesen, mehr als einmal über den Ölberg und seine Heiligtümer zu gehen, und auch Bethlehem und Bethanien sahen wir nur einmal und dazu noch bei Nacht.

Oft, wenn ich, um mich aufzumuntern, meine Gedanken auf Jerusalem und die heiligen Stätten richtete und doch nur ein unklares Bild vor mir hatte, sprach ich voller Ärger zu mir selbst: »Ich bitte dich, hör auf, daran zu denken, du bildest dir nur ein, dort gewesen zu sein.« Daraus aber entstand eine brennende Sehnsucht, zurückzukehren und die Wirklichkeit zu erfahren.

Als ich nun ein Jahr in solcher Stimmung lesend und Aufzeichnungen machend verbracht hatte, kam in unsere Provinz der Generalobere des gesamten Predigerordens, der von Papst Sixtus IV. gesandt war, um dem Erzbischof Andreas von Krain entgegenzutreten, der, ich weiß nicht, von welchem Geist getrieben, versuchte, ein allgemeines Konzil nach Basel einzuberufen, und sich dort unter dem Schutz des Kaisers Friedrich III. aufhielt. Damit der Ordensgeneral wirkungsvoller gegen den Erzbischof vorgehen konnte, berief er die angesehensten Predigermönche aus unserer Provinz im Kloster von Colmar zusammen. Unter diesen Abgesandten war auch ich, um seine Anweisungen zu vernehmen und ihnen zu folgen. Und bei diesem Zusammensein mit dem Oberen hatte ich Gelegenheit, neben anderem, was ich mit Seiner Väterlichkeit zu besprechen hatte, mit ihm auch über meinen heißen Wunsch zu reden, noch einmal ins Heilige Land und nach Jerusalem zurückzukehren. Und ohne daß ich viel bitten mußte, bekam ich seine Erlaubnis und ein Beglaubigungsschreiben mit dem Ordenssiegel, in dem jedem Niederen untersagt wurde, mir zu der Pilgerfahrt irgendein Hindernis in den Weg zu legen.

Mit dieser Genehmigung kehrte ich frohgemut nach Ulm zurück, hielt sie allerdings noch verborgen und wartete auf eine günstige Gelegenheit, daß ich vielleicht von selbst, ohne viel bitten zu müssen, zu meinem Ziel käme. Und so kam es auch. Denn zu dieser Zeit war in Ulm Konrad Locher Stadtammann, ein kluger Mann, der mit vielen Adligen bekannt war. Diesem, der mir ein verläßlicher Freund war, eröffnete ich als erstem meinen Plan und bat ihn, er möge, falls er von einem hiesigen Adligen wisse, der ins Heilige Land fahren wolle und einen Kaplan brauche, mich diesem empfehlen, da ich ja mit meinen Erfahrungen auf dieser Reise hilfreich sein und ihm in weltlichen wie in geistlichen Dingen dienen könne. Locher hörte sich um und erfuhr, daß der Truchseß Johannes von Waldburg sich mit einigen anderen Herren auf die Seereise vorbereite. Er suchte ihn auf und wies in freundschaftlichster Weise auf mich hin, wie der Erfolg bewies.

Denn bald darauf, am St.-Gertrudis-Tag, kam der Truchseß mit mehreren befreundeten Adligen nach Ulm und schickte gleich einen Diener nach mir ins Kloster. Nachdem ich zu ihm in seinen Gasthof gekommen war, befragte er mich, als wolle er von mir Ratschläge haben, wie man, wenn man übers Meer nach Jerusalem zu fahren vorhabe, dies am besten anstelle.

»Ich habe gehört«, sagte er, »daß Ihr in den Ländern jenseits des Meeres gewesen seid, ich bitte Euch, gebt mir Euren

Rat. Was muß ich tun, daß ich wohlbehalten von der Reise zurückkehre? Ich habe vor, das Heilige Land und die hochberühmte Stadt Jerusalem zu besuchen, die geliebte Krippe des Herrn und sein glorreiches Grab, nennt mir die Schwierigkeiten, ich bitte Euch, und wie sie zu überwinden sind.«

Als ich dabei war, ihm bis ins einzelne darauf zu antworten, schaute er mich ernst an, unterbrach die Erkundigungen, mit denen er begonnen hatte, und stellte mir die Frage, ob ich noch einmal nach Jerusalem zurückkehren wolle. Ich erwiderte, es gebe gegenwärtig nichts auf der Welt, was ich brennender wünschte, als die heiligen Stätten ein zweites Mal zu erblicken. Wie er mich so zum Reisen gewillt sah, entließ mich der edle Mann in mein Kloster, nachdem er mir bestimmt versichert hatte, ich würde in seiner und seiner Gefährten Begleitung nach Jerusalem gehen. Es hatten sich nämlich zu einer Verbrüderung zusammengeschlossen die Freiherren Johann Werner von Zimmern und Heinrich von Stoffeln, der Ritter Ursus von Rechberg auf Hohenrechberg und eben der Truchseß Johannes von Waldburg, gewissermaßen der Vater des Unternehmens, von dem der Vorschlag und Antrieb zu der Pilgerfahrt ausgegangen war. Und noch in derselben Stunde, als ich gerade ins Kloster zurückgekommen war, schickte er schon einen redegewandten Mann mit einigen Dienern aus seinem Gefolge, der den Herrn Prior im Namen der genannten adligen Herren bat, jenen Bruder, der schon einmal jenseits des Meeres gewesen sei und den sie einmütig zu ihrem Kaplan und Seelsorger erwählt hätten, gnädig zu beurlauben und ihm zu gestatten, mit ihnen zu reisen. Gerade aus diesem Grund, so ließ der Truchseß sagen, sei er mit seinen Freunden in die Stadt gekommen.

Als der Prior dies gehört hatte, machte er zunächst große Schwierigkeiten und erbat sich Bedenkzeit, bis er eine Antwort geben könne. Da der Truchseß daraufhin befürchtete, daß längere Überlegungen seinem Wunsch wahrscheinlich nur ungünstig sein könnten, rief er gleich am folgenden Tag seine Freunde und die Gräfinnen von Kirchberg, die mit ihnen gekommen waren, zusammen, und sie begaben sich gemeinsam ins Rathaus, wo eben die Ratsherren und die ganze Stadtregierung versammelt waren, und verlangten, angehört zu werden. Als ihnen dies gewährt worden war, bat der Truchseß die Ratsherren, sie möchten ihren Einfluß bei dem Prior der Predigermönche geltend machen, daß er den Frater Felix, den er und seine Gefährten zu ihrem Kaplan erkoren hätten, nicht daran hindere, mit ihnen die Pilgerreise übers Meer anzutreten, zumal sie wüßten, daß Felix dazu bereit sei. Daraufhin machten sich ein Bürgermeister und einer vom Magistrat auf ins Kloster und ersuchten den Prior, er möge mit Rücksicht auf den Rat der Stadt die Bitte jener Adelsherren erfüllen. Als dieser erwiderte, er habe gar nicht die Macht, mich zu beurlauben, dies läge allein in der Hand des Papstes und des Ordensgenerals, da legte ich sogleich die Schriftstücke vor. Bei ihrem Anblick gab er ohne weiteres Zögern in Gottes Namen seine Zustimmung.

Ich suchte dann den Truchseß Johannes auf und verabredete Zeit und Ort meines Zusammentreffens mit ihm und den anderen Herren.

Die Reise nach Venedig

Am 13. April 1483, dem Sonntag Misericordiae Domini, kam gegen Abend ein Bote des edlen Grafen Philipp von Kirchberg zu mir, um mich zu fragen, ob ich ohne Verzug am folgenden Morgen zu diesem kommen könnte, um etwas Wichtiges zu erledigen. Denn ich war dort in der Familie etwas wie ein Hausvater, dem der Graf und die Gräfin alles anvertrauten, und immer, wenn es etwas gab, wobei ich hilfreich sein konnte, schickten sie nach mir. So antwortete ich dem Diener, ich würde am anderen Morgen mit ihm gehen.

Am 14. April, dem Tag Tiburtius und Valerius, eröffnete ich nach Messe und Frühstück meinen um mich gesellten Brüdern, ich wolle nun endgültig aufbrechen, und ich bat

48

den verehrungswürdigen Vater Magister Ludwig um den Reisesegen. Er führte mich in den Chor, wo der ganze Konvent zusammengerufen wurde, und auf den Knien empfing ich angesichts des heiligen Altarsakraments den Segen unter vielen Tränen von Vater Prior und allen Brüdern.

Dann zog ich mit dem Diener zum Kloster hinaus, und heimlich und unbemerkt ritten wir durch die Stadt, das Herdbruckertor und über die Donau. Zufällig hatte sich etwas Gemeinsames mit der vorigen Reise ergeben, denn auch diese hatte ich am Tag der Heiligen Tiburtius und Valerius angetreten, nun tat ich es nach genau drei Jahren zur selben Stunde am selben Tag. Hurtig ritten wir nach Illertissen und hinauf in die Burg, in der der Graf wohnte. Die Sache aber, wegen der er mich gerufen hatte, war folgende: In dem nahen Dorf Jedensheim oder Iheidemsheim war eine Jungfrau von Sinnen gekommen, und viele hielten sie von einem Dämon besessen. Diese mußte ich ansehen und prüfen, um raten zu können, was mit ihr geschehen solle, ob man sie exorzieren solle oder nicht. Mein Urteil aber war, sie sei im Kopfe gestört, und es sei besser, sie der Sorge von Ärzten als von Geistlichen zu übergeben. Als dies abgeschlossen war, eröffnete ich dem Herrn Grafen, daß ich meinen Aufbruch schon begonnen hätte, und ich bat ihn, mir einen Knecht bis zu den Alpen hin mitzugeben, denn die Gegend hier ist ziemlich unsicher, und ich fürchtete mich, allein zu reiten. Ich erhielt ihn, und noch an diesem Tag ritten wir zusammen von Illertissen nach Memmingen und blieben dort über Nacht.

Am 15. April ging es nach Kempten, und nachdem wir zu Mittag gegessen hatten, entließ ich den Knecht und hieß ihn zu seinem Herrn zurückkehren. Ich aber ritt in größter Eile weiter bis zum Fuß des Gebirges, denn ich befürchtete, daß meine Herren vor meiner Ankunft vielleicht Innsbruck schon verlassen hätten, und übernachtete in Reutte am Licus oder Lech.

Als ich gerade auf der Brücke in die Stadt Innsbruck hineinritt, begegneten mir fünf bewaffnete Knechte meiner

Herren, die sie nach Hause entlassen hatten. Sie selbst waren
an diesem Morgen von Innsbruck weitergereist. Mehrere
Tage hatten sie am Hof des Herzogs in schlechter Laune
zugebracht, so daß sie so schnell wie möglich ihre Angele-
genheiten erledigten und einen Tag früher abreisten, als mir
der Herr Truchseß Johannes für unser Treffen angegeben
hatte. Ihr Anliegen beim Herzog war gewesen, ihm alles, was
sie während der Reise zurückließen, anzuvertrauen, ihre
Gemahlinnen und Kinder, ihre Ländereien, Dörfer, Städte
und Burgen, Gebiet und Herrschaft. Außerdem erhielten sie
vom Herzog Empfehlungsschreiben an den Dogen und den
Rat von Venedig. Als dies endlich geregelt war, brachen sie
sogleich auf. Da ich sie deshalb nicht mehr in der Stadt vorfand, folgte ich ihnen eilig, stieg hinauf ins Gebirge und kam
über viele Windungen der Bergstraße in das große Dorf
Matra (Matrei), wo ich übernachtete.

Am 18. April stieg ich von Matra weiter hinauf und über-
schritt das Joch des Brenners, wo mir die Kälte heftig
zusetzte. Denn dort gibt es selbst im Sommer noch Schnee,
Reif und Eis. Auf der anderen Seite des Joches ging es auf
einer langen Straße hinab in die Stadt Stertzingen (Sterzing),
und hier traf ich im Gasthof meine Herren mit ihrer ganzen
Begleitung, es waren dies:

Freiherr Johann Werner von Zimmern, ein stattlicher und
gescheiter Mann, elegant, des Lateinischen mächtig.

Reichsfreiherr Heinrich von Stoffeln, tatkräftig und
unternehmungslustig, mannhaft kernig, ein echter schwäbi-
scher Edelmann.

Truchseß Johannes von Waldburg, von schlanker Gestalt
und vornehmer Lebensart, ein ernster, um sein Seelenheil
besorgter Mann.

Ritter Bär (Ursus) von Rechberg auf Hohenrechberg, der
Jüngste von allen, aber auch der Beherzteste, Tapferste, Hoch-
gewachsenste, Heiterste, Verträglichste und Freigebigste.

Diese vier Herren hatten bei sich folgende Diener, nach
ihren Namen und Aufgaben:

Balthasar Büchler, ein schon älterer, gereifter und vielerfahrener Mann, der den vieren mit seinem Einfluß und Rat wie ein Vater war.

Arthur, ihr Bartscherer, verstand auch auf Musikinstrumenten so wohlklingend und mit solcher Fertigkeit zu spielen, daß ihm keiner gleichkam.

Johannes genannt Schmidhans, der Waffenträger, der schon an mehreren Kriegen teilgenommen hatte und nun auf der Pilgerreise den Herren Dienst leistete.

Konrad Beck, ein ehrenwerter und vorsorglicher Mann, Bürger aus Merengen, plante und erledigte alles Geschäftliche für die Herren.

Einer namens Peter, ein einfacher und gutmütiger Kumpan aus Waldsee, gelassen auch bei Mißgeschicken, war der Koch für die ganze Gesellschaft.

Ulrich aus Ravensburg, der früher Galeerensklave gewesen war und schon vielerlei durchgemacht hatte, ein geschickter Handelsmann, diente den Herren auch als Dolmetscher.

Johannes, ein friedfertiger Mann, war unermüdlich um die Herren besorgt, er ist Schulmeister und Magister in Babenhausen.

Frater Felix, Priester im Predigerkloster in Ulm, zum zweiten Mal auf der Pilgerfahrt ins Heilige Land, war der Kaplan der Herren und der anderen Vorgenannten.

Diese zwölf hielten unzertrennlich zusammen und lebten gemeinsam aus der Kasse der vier Herren, die mit den Wirten Unterkunft, Mahlzeiten und auch das sonst Notwendige für alle regelten. Freiherr Johann Werner von Zimmern war vorausgeritten, um in Venedig in einem passenden Gasthof für uns alle Quartier zu machen.

Als wir Brixen im Rücken hatten, kamen wir gut voran aufwärts auf der Via Conteri (Kuntersweg). Der Herzog von Österreich hatte die Straße so gut einebnen lassen, daß nun alle Wagen auf ihr hinauf- und hinabfahren, und die anderen Wege verlassen daliegen. Daher hat dieser Herzog jetzt auf ihrem höchsten Punkt ein sehr hohes und prächtiges Haus gebaut, um dort eine Zollstation einzurichten. Es ist noch nicht zwei Jahre her, da war diese Straße noch so schlecht und gefahrvoll, daß man sie nur unter größten Schwierigkeiten, das Pferd am Zügel hinter sich herziehend, begehen konnte. Ich weiß noch gut, mit welcher Angst ich bei meiner ersten Pilgerfahrt diese Strecke zurücklegte. Denn auf der rechten Seite geht es steil in den Abgrund hinab, während unmittelbar links die hohen Felswände aufsteigen. So schlimm und gefährlich war dieser Weg, daß man im Volk Lieder über ihn sang. Aber nun hat, wie gesagt, der Herzog kunstvoll mit Feuer und Schießpulver die Felsen gesprengt, die Schroffen eingeebnet und mächtige Wacken bewegt und mit großen Kosten den rauhen Pfad in eine gute Straße verwandelt. Aber dies geschah auf sein Geheiß nicht nur hier, sondern an mehreren Stellen seines Machtbereichs in den Rätischen Alpen.

Die genannte Straße ist zwei deutsche Meilen lang. An ihrem Ende kamen wir in die Stadt Bozen hinab, die wir in einem elenden Zustand, vor kurzem fast gänzlich abgebrannt, vorfanden. Noch war das Feuer nicht gelöscht, wir sahen noch Flammen und rochen den Rauch aus den Ruinen. Wie durch ein Wunder waren Kirchen und Klöster unversehrt geblieben. Unser Predigerkloster hatte schon an manchen Stellen zu brennen begonnen, war aber durch die Wachsamkeit und Anstrengung der Brüder, die auf die Dächer stiegen, gerettet worden. Aber das Feuer war auch bei uns so heftig, daß die Brüder ohne Hilfe von oben seiner nicht Herr geworden wären. Schon züngelten Flammen oben auf dem First des Dormitoriums, da warf sich der ehrwürdige Prior, Pater Nicolaus Münchberger, wie mir zuverlässig berichtet wurde, auf die Knie und flehte die Heilige Jungfrau um Hilfe an, und sie wurde ihm gewährt.

Vor mehreren Jahren war schon einmal ein Feuer vor aller Augen durch das Stadttor eingedrungen, hatte sich rasch durch die Gassen ausgebreitet und die ganze Stadt niedergebrannt.

In Bozen blieben wir über Nacht und sahen viel Elend, weil viele in den Ruinen ihrer Häuser herumirrten und kein

Obdach mehr hatten. Nicht wenige wanderten als arme Leute aus, die vor dem Brand reich gewesen waren. Anderntags ritten wir zügig weiter nach Neumarkt und von dort durch das Tal nach Trient. In Ospedaletto fing es an zu regnen, wir saßen aber trotzdem auf und ritten ab. Aber der Regen wurde stärker und stärker, so daß wir bis auf die Haut durchnäßt und triefend nach Feltre kamen, wo wir, da es weiter goß, in ein Gasthaus eintraten. Wir wollten zuerst nur eine oder zwei Stunden warten, bis der Regen aufhörte, aber da er nur noch heftiger wurde, waren wir gezwungen, diesen Tag vollends dort zu bleiben, was uns wenig behagte, denn das Wirtshaus war eng und voll von italienischen Bauern.

Am 24. April regnete es wie den vorigen Tag und die ganze Nacht hindurch, so daß die Bäche anschwollen. Aber als der Himmel sich aufheiterte, gingen auch die Gewässer allmählich zurück, und wir ritten weiter.

Gegen Abend erreichten wir einen großen Fluß, an dem wir eine venezianische Wachstation passierten, und kamen dann zum Übernachten nach Ower. Hier lag unser Gasthof wie der ganze Ort am Fuße eines hübschen grasbewachsenen Berges. Während das Essen zubereitet wurde, trat ich mit den Herren in den Hof hinaus, und als ich hinaufschaute, sagte ich: »Seht, wenn man oben auf diesem Berg wäre, so müßte man das Meer erblicken können!«

Als sie das hörten, riefen sie: »Laßt uns hinaufsteigen und nach dem Meer schauen, das vielleicht unser künftiges Grab ist!« Und sogleich machten sich drei von den Herren, zwei der Diener und ich daran, den Berg zu ersteigen, der viel höher war, als es uns zunächst erschienen war. Oben richteten wir unsere Blicke nach Süden der Küste zu, und da sahen wir unter uns die italienische Ebene und an ihrem Rande das Mittelmeer. Bei diesem Anblick standen meine Herren, jugendlich und verwöhnt, wie sie waren, doch ein bißchen erschrocken da, und mit dem Meer traten ihnen auch die kommenden Gefahren vor Augen. Und in der Tat, auch mir selbst wurde wieder etwas ängstlich zumute, der ich ja deren Bitternisse schon reichlich geschmeckt hatte. So grauste es uns ein wenig bei diesem Blick von dem Berg hinab. Das Meer schien uns ganz nahe zu sein, die sinkende Sonne ließ es zu uns her erglänzen, während weiter draußen, wo man keine Grenze mehr sehen konnte, dichter und dunkler Nebel aufstieg und der Himmel sich schwärzlich verfärbte.

Am 25. April war das Fest des heiligen Markus. Wir hätten gewünscht, schon in Venedig zu sein, wo es mit höchstem Aufwand und Glanz begangen wird. Wir hörten die Markus-Messe, frühstückten und brachen auf. Es ging nun aus den Bergen hinaus, wir zogen durch bebautes Land, das sehr fruchtbar war, voll von Saatfeldern, Obstbäumen und Reben bis in die Stadt Tarvisium (Treviso), um dort einige Tage zu bleiben, bis wir unsere Pferde verkauft hatten. Denn wir brauchten sie jetzt nicht mehr, da es nur noch ein kurzer Weg zum Meer war.

Am 27. April, dem Sonntag Cantate, nahmen wir nach Messe und Frühstück Mietpferde, die man »Märtyrer« nennt, um uns und unser Gepäck ans Meer zu bringen, zu dem hin wir nun aufbrachen. Von Masters (Mestre) wollten wir weiter nach Margerum (Marghera) ziehen, das an der Meeresküste liegt. Da kam uns ein Deutscher nachgelaufen und fragte uns, ob wir zu der Gesellschaft des Freiherrn Johannes von Zimmern gehörten? Und als wir bejahten, holte er uns in den Gasthof zurück, wo auf dem Tisch schon Speise und Trank bereitstanden, wie es der Freiherr angeordnet hatte. Zuerst führte er uns in den Wirtshausgarten und zeigte uns auf dem Fluß, der vom Gebirge zum Meer fließt, eine große Barke, die der Freiherr von Venedig nach Mestre hergeschickt hatte, damit wir zu Schiff ans Meer kommen könnten. Darüber höchst vergnügt, setzten wir uns und aßen und tranken, was für uns angerichtet war. Danach verstauten wir das ganze Gepäck der Herren und stiegen alle in das Schiff, das schwer beladen war, weil wir ja eine große Gruppe waren und Herren wie Diener nicht wenig bei uns hatten. So sagten wir nun dem Land Lebewohl und vertrauten uns dem Wasser an und fuhren auf dem Fluß etwa eine Meile bis zum Meer.

Ankunft in Venedig und
Wahl des Schiffes

Als wir an der Burg von Marghera mit ihrem Turm vorbei-
fuhren, kam uns ein Boot entgegen, das von kräftigen jungen
Leuten mit starken Ruderschlägen in Richtung Marghera
bewegt wurde und das mit seiner Spitze mit dem unsrigen
zusammenstieß. Durch den Aufprall wurden wir aus der
Bahn und auf einen aus dem Wasser ragenden Pfahl geworfen, und zu unserem Schrecken wären wir beinahe samt allen
Insassen und Gepäckstücken gekentert. Die Bootsleute
beschimpften und verfluchten sich gegenseitig, aber dann
konnten wir doch weiterfahren. Nach einer Weile trafen wir
ein anderes Boot. Einer von der Besatzung fragte uns darauf,
in welchem Gasthof in Venedig wir absteigen wollten. Als
wir den zu St. Georg nannten, wo Johannes von Zimmern
für uns bestellt hatte, begann er ihn schlechtzumachen und,
vorn auf der Bootsspitze stehend, erging er sich in üblen Ver-
leumdungen gegen den Wirt und pries uns statt dessen einen
anderen Gasthof an. Wie er uns so lauthals überreden wollte,
trat er plötzlich fehl und stürzte vom Boot ins Meer. Mit
Mühe zogen ihn seine Genossen heraus und retteten ihn vor
dem Ertrinken. Er hatte aber neue seidene Kleider an, die
nun mit ihm getauft worden waren, worüber auf unserer
Seite ein Riesengelächter ausbrach.

Immer deutlicher hatten wir nun die hochgepriesene Stadt
vor Augen, das große, einzigartige und edle Venedig, die Herrin des weiten Meeres, wunderbar aus den Fluten ragend, mit
hohen Türmen und glanzvollen Kirchen, großartigen Häusern und Palästen. Mit Staunen sahen wir, wie schweres Mauerwerk und hochragende Bauten im Wasser standen.

Endlich kamen wir hinein und fuhren auf dem Canale
Grande zur Rialtobrücke, beiderseits die hohen und prächtigen Gebäude bewundernd. Bei der Brücke bogen wir ab in einen anderen Kanal, an dem zur Rechten der Fonticus der
Deutschen[7] liegt, und weiter zwischen den Häusern hin bis

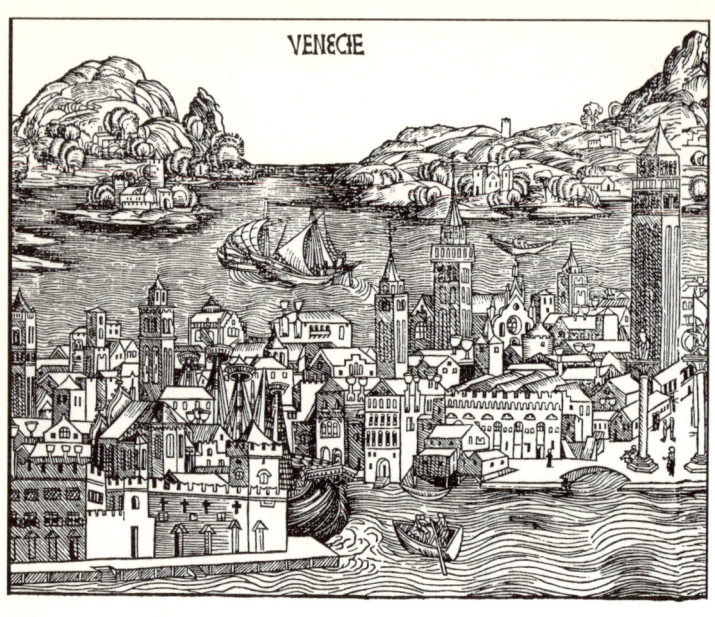

Venedig

ans Tor unseres Gasthofes »Zum heiligen Georg«, auf deutsch
auch »Zu der Fleuten« genannt. Hier stiegen wir aus dem Boot
und auf einer Steintreppe etwa 60 Stufen hinauf zu unseren
schon gerichteten Zimmern, in die wir unsere Sachen trugen.
Der Wirt, Magister Johannes, und die Wirtin, Frau Margareta,
hießen uns freundlich willkommen, besonders herzlich
begrüßten sie mich, den sie als einzigen schon kannten. Denn
bei meiner ersten Pilgerreise hatte ich viele Tage lang bei ihnen
in diesem Gasthof gewohnt. Auch die übrige Familie erschien
zu unserem Empfang, bereit, uns aufs zuvorkommendste zu
bedienen. Dieses ganze Haus, Wirt, Wirtin, Knechte und
Mägde, alle sprachen Deutsch, man hörte nie ein italienisches
Wort. Das war uns eine besondere Beruhigung, denn es ist
höchst mühsam, mit Menschen zusammenzusein, mit denen
man sich nicht sprachlich verständigen kann.

Wir trafen in dem Gasthof auch noch andere Adlige aus
verschiedenen Teilen Deutschlands, weitere aus Ungarn, die

alle wie wir das Gelübde abgelegt hatten, übers Meer zum Heiligen Grab unseres Herrn Jesus nach Jerusalem zu fahren. In anderen Gasthöfen waren noch andere Deutsche, die sich ebenfalls zu größeren oder kleineren Reisegruppen zusammengeschlossen hatten.

Am 28. April zogen wir morgens durch die Gassen der Kaufleute bis zur Markuskirche zum Hochamt und gingen danach auf dem Platz vor dem Dogenpalast spazieren. Beim Hauptportal von St. Markus waren zwei schöne Fahnen an hohen Masten aufgezogen, weiß mit rotem Kreuz, dem Zeichen der Pilger ins Heilige Land. Das zeigte uns an, daß zwei Galeeren zur Überfahrt bereit waren. Denn als die Regierung von Venedig erkannte, daß wieder eine größere Anzahl von Pilgern sich angesammelt hatte, bestellte sie zwei adlige Mitglieder des Großen Rats und beauftragte sie mit deren weiterer Betreuung. Der eine war Pietro Lando, der andere Agostino Contarini. Beider Diener standen bei den Fahnen und warben jeweils für ihren Herrn um die Pilger, wobei die einen sie zum Schiff des Agostino, die anderen zu dem des Pietro führen wollten, und dabei priesen sie den einen und schimpften auf den anderen.

Und das deshalb, weil diese beiden Herren nun zu Todfeinden geworden waren, jeder den anderen diffamierte und versuchte, bei den Pilgern Ruf und Ehre des Gegners herabzusetzen und ihn hassenswert erscheinen zu lassen, und sie ihre Leute angehalten hatten, entsprechend zu verfahren. Daraus entstand als weiteres Übel, daß nun auch die Pilger sich in zwei Lager teilten und jeder für den Patron eiferte, den er sich erwählt hatte. Meine Herren standen unschlüssig und wußten nicht, wer von beiden nun vertrauenswürdig sei, da sie von jedem das Gegenteil hörten. Ich zwar schätzte den Agostino Contarini, denn ich war bei meiner ersten Reise mit ihm gefahren und wußte daher, daß er ein ernster und zuverlässiger Mann war. Andere aber beschimpften ihn und priesen den anderen. So mischte ich mich um des lieben Friedens willen nicht ein.

Später bestiegen wir ein Boot und fuhren durch die verschiedenen Quartiere. Beim Dogenpalast bogen wir in den Canale Grande, wo die Galeeren der beiden Schiffsherren lagen, die wir nun besichtigten. Zuerst fuhren wir zu der des Pietro Lando und stiegen hinauf. Sie gefiel gleich auf den ersten Blick den Herren und mir, sie war ein großer und breiter Dreiruderer, außerdem neu und gepflegt. Als wir auf dem Schiff herumgingen, kam Lando herbei, begrüßte uns zuvorkommend und bot uns im Kastell (dem hinteren Aufbau) eine delikate Erfrischung an mit kretischem Wein und alexandrinischem Konfekt. Sichtlich war es sein Wunsch, daß wir mit ihm reisten. Dann führte er uns eine Treppe hinab ins Unterdeck, der Unterkunft für die Pilger, und stellte uns frei, die Seite zu wählen, auf der wir zwölf unsere Plätze haben wollten. Nachdem wir die ganze Galeasse besichtigt hatten, sagten wir dem Schiffsherrn, wir würden ihm am folgenden Tag Bescheid geben, ob wir mit ihm reisen wollten oder mit dem anderen, und fuhren mit unserem Boot zum Schiff des Agostino, der dort saß und uns aufs höflichste willkommen hieß.

Auch er führte uns herum, stellte uns die Wahl der zwölf Plätze frei und bot ebenfalls Wein und Konfekt an. Er betonte, daß wir uns auf seine Zuverlässigkeit verlassen könnten. Mich kannte er noch gut und rief mich zum Zeugen seiner Tüchtigkeit und Vertrauenswürdigkeit an: »Sieh da, euer Kaplan ist Felix! Er weiß, wie sehr ich um die Pilger besorgt bin, ich bitte ihn, es euch genau zu berichten, dann werdet ihr euch gewiß für mich entscheiden.«

Wir sahen das Schiff an, doch gefiel es uns nicht so gut wie das andere. Dann setzten wir zwölf uns zusammen und berieten, welchen von den beiden Schiffsherren wir nehmen und mit welchem den Vertrag schließen wollten. Die Herren waren für Pietro Lando und seinen Dreiruderer. Mir hätte zwar Agostino besser gefallen, doch gegen seinen Zweiruderer empfand ich erhebliche Abneigung nach allem, was ich auf ihm Widerwärtiges durchgemacht hatte. So beschlossen wir, den Pietro zu wählen, und setzten eine Abmachung mit 20 Punkten auf, zu der sich der Schiffsherr ausdrücklich verpflichten sollte.

Nachdem wir diese Punkte aufgesetzt und niedergeschrieben hatten, baten wir den Schiffsherrn Pietro zu uns in den Gasthof und legten sie ihm vor. Wir eröffneten ihm, daß, falls er sich diesem Text entsprechend uns gegenüber verhalten und dies eidlich bekräftigen wolle, wir unsererseits bereit seien, mit ihm diesen Vertrag zu schließen. Mit allen wichtigen Punkten war der Schiffsherr einverstanden, und nach langem Verhandeln schlossen wir den Vertrag ab. Danach führte er uns alle in den Dogenpalast und stellte uns den staatlichen Protonotaren vor. Als diese unser Anliegen angehört hatten, trugen sie unsere Namen, den jeweiligen Stand und Beruf in ein großes Buch ein, in das ich auch damals bei meiner ersten Pilgerfahrt aufgenommen worden war. Damit waren der Vertrag und die Vereinbarungen gültig.

Nun fuhren wir mit dem Schiffsherrn zum Schiff und wählten auf der linken Seite den Platz für zwölf Personen aus, den dann jener in zwölf Schlaf- und Aufenthaltsplätze einteilte, indem er auf jeden mit Kreide die einzelnen Namen schrieb, damit niemand anderer mehr sie sich aneignen konnte. Ich zog dabei ein gutes Los, da mir der beste Platz unserer ganzen Gesellschaft zufiel. Jeder »Kahn«, wie er genannt wird, hat die Länge eines Mannes vom Kopf bis zu den Füßen und dient ihm zum Aufenthalt beim Schlafen oder Sitzen, in Gesundheit und Krankheit.

Danach kehrten wir mit dem Boot in den Gasthof zurück. Mit allem waren wir wohl zufrieden, nur daß wir nun noch vier Wochen in Venedig bleiben mußten, fiel uns recht schwer.

Ein Monat in der Stadt des Dogen

Der liebliche und erfreuende Monat Mai brachte uns an seinem ersten Tag die fromme und feierliche Verehrung der Apostel Philippus und Jacobus. Am frühen Morgen, als die Herren und die übrigen Gefährten aufgestanden waren und sich zum Besuch eines Gottesdienstes fertigmachten, fragten sie mich, in welcher Kirche wir heute die Messe besuchen sollten.

Ich antwortete: »Höret, meine Herren, wir befinden uns auf der Pilgerfahrt, und es ziemt sich für uns Pilger nicht, müßigzugehen. Aber wir müssen nun den ganzen Monat über in dieser Stadt bleiben. Und da wir hier rings vom Wasser umgeben sind und es daher für uns zum Zeitvertreib weder Blumengärten oder liebliche Felder oder schattige Wälder noch grüne Wiesen oder ergötzliche Anlagen mit Obstbäumen, Blumen, Rosen und Lilien gibt, wir uns auch nicht der Jagd widmen können und es sich nicht für uns schickt, an Turnieren oder Tanzvergnügungen teilzunehmen, so ist mein Vorschlag, daß wir jeden Tag, den wir hier sind, zu einer Kirche pilgern und die Leiber und Reliquien der Heiligen besichtigen, von denen es in dieser Stadt eine große Anzahl gibt, und daß wir derart in diesem Mai die Blumen, Rosen und Lilien der Tugend, Gnade und Ablässe pflücken.«

Dieser Vorschlag gefiel allen wohl, und einstimmig wurde beschlossen, jeden Tag zu einer der Kirchen entweder mit dem Boot zu fahren oder zu gehen und, falls wir nicht jedesmal alle zusammen gingen, sollten doch immer einige von unserer Gesellschaft dies unternehmen, die dann nachher den übrigen berichten würden, was sie gesehen hatten.

Am jenem 1. Mai nun nahmen wir ein Boot und ließen uns zur Kirche der Apostel Philippus und Jacobus rudern und wohnten dort dem Hochamt bei. Dann gingen wir zum Altar und küßten das Haupt des heiligen Philippus, das sich dort befindet, und den Arm von St. Jacob. Es drängte sich eine große Menschenmenge um diese heiligen Reliquien.

Am 2. Mai betraten wir den Palast des Dogen von Venedig, um diesen selbst mit dem Schriftstück aufzusuchen, das der Erzherzog Sigismund von Österreich meinen Herren ausgestellt hatte, wovon ich bereits am 15. April berichtet habe. Wir stiegen vom Hof über die steinerne Treppe zum Portal hinauf und ersuchten die davor Stehenden, zur Audienz beim Rat vorgelassen zu werden. Sogleich wurden wir in den Saal vor den Dogen und die Ratsherren geführt. Der Freiherr Johannes von Zimmern hielt in seiner Hand das Schreiben des Erzherzogs empor, trat in höfischer Haltung in die Mitte des Saales und dann vor den Dogen, überreichte es ihm mit ehrfürchtiger Verneigung und trat wieder einen Schritt zurück. Der Doge schaute auf das Siegel, und als er es erkannte, küßte er es und reichte es den zu seinen Seiten sitzenden Ratsherren weiter, die es nacheinander ebenfalls küßten. Dann ließ er das Schreiben laut vor allen Anwesenden verlesen. Danach erhob er sich, und durch einen Dolmetscher versicherte er die adligen Herren Pilger seines Wohlwollens, bat jeden einzeln zu sich, reichte ihm die Hand, zog ihn an sich und küßte ihn nach italienischer Sitte. Danach erbaten sich meine Herren Empfehlungsschreiben an den Generalkapitän der Meere sowie an die Gouverneure der Inseln, damit sie, wenn es not täte, deren Hilfe in Anspruch nehmen könnten. Dieses wurde sogleich gewährt, und als dann die Schreiben ausgestellt waren, wurden sie uns überbracht.

Am 3. Mai, dem Fest der Kreuzauffindung, fuhren wir zur Kirche Santa Croce, und nach dem Essen begaben wir uns zum großen Franziskanerkloster und besichtigten diesen prächtigen Bau. In einer Kapelle der Kirche stand ein mit wunderbarer Kunst verfertigtes Pferd. Denn die Venezianer wünschten, hierin die heidnischen Völker nachahmend, einem Feldherrn, der tapfer für die Republik gekämpft und sie mit seiner Tüchtigkeit mächtiger gemacht hatte, ein bleibendes Gedächtnis zu stiften und ihm ein Reiterstandbild aus Erz auf einer Straße oder einem Platz aufzustellen. Damit dies so vortrefflich wie möglich geschehe, suchten sie überall in ihren Ländern Bildhauer und beauftragten sie, ein Pferd, aus welchem Material auch immer, herzustellen. So waren drei Skulptoren nach Venedig gekommen, und einer von ihnen schuf ein Pferd aus Holz, mit schwarzem Leder überzogen. Dieses stand hier in der Kapelle und war so lebensecht, daß der Betrachter es für ein wirkliches Pferd hätte halten können, hätte nicht die ungewöhnliche Größe und Unbeweglichkeit verraten, daß es sich um ein Kunstgebilde handelte.

Am 8. Mai, dem Himmelfahrtstag, gingen wir nach St. Markus, um am Hochamt wie an den großen Feierlichkeiten dieses Tages teilzunehmen. Unzähliges Volk strömte zusammen. Wenn dann alles versammelt ist, ziehen der Patriarch mit dem Klerus und den Mönchen aus allen Klöstern und der Doge mit allen Ratsherren und Schöffenkollegien, jeder nach seinem Rang und in seinem Ornat, mit Fahnen, Fackeln, Reliquiaren, Kreuzen, aus der Markuskirche ans Meer, wo sie die bereitliegenden Schiffe besteigen, der Patriarch mit dem Dogen und dem Rat den *Bucintoro (Buzatorium)* – lateinisch für Bucefalus, nach dem Pferd Alexanders des Großen. Ein großes Schiff, wie ein Tabernakel geformt, mit Gold bedeckt und mit seidenen Tüchern behängt. Alles geschieht mit gewaltigem Pomp, mit dem Geläut sämtlicher Glocken, dem Schall der Trompeten und den vielfältigen Gesängen der Geistlichen. Und wenn der Bucintoro, von mehr als 300 Rudern bewegt, vom Land ablegt, begleiten ihn über 5 000 Boote.

Sie fahren zu den Kastellen am Hafen, und wenn die ganze Flotte aus diesem hinaus aufs Meer gelangt ist, segnet der Patriarch dasselbe, wie es ja vielerorts an diesem Tage der Brauch ist, das Wasser zu weihen. Nach diesem Segen aber zieht der Doge seinen goldenen Ring vom Finger und wirft ihn ins Meer, und so vermählt er Venedig mit dem Meer. Nachdem er ihn geworfen hat, ziehen viele sich aus und tauchen in die Tiefe, um den Ring zu suchen. Der aber, der ihn findet, darf ihn behalten, und er bleibt darüber hinaus für das ganze Jahr frei von allen Steuern und Lasten, denen die Bürger der Stadt unterliegen. Während dies sich ereignet, liegen ringsum alle Schiffe in dichtem Gedränge, und es herrscht ein solcher Lärm von den Bombarden, die sie abschießen, von den Trompeten, Pauken, dem Schreien und dem Gesang, daß das Meer davon zu wallen scheint.

Diesem Schauspiel wohnten wir auf einer eigenen gemieteten Barke bei. Nach der Segnung und der Vermählung mit dem Meer wird der Bucintoro zum Kloster San Nicolo auf dem Lido gerudert, und wenn sie dort am Ufer angelangt sind, steigen alle aus ihren Schiffen aus und strömen zu der Kirche, die trotz ihrer Größe nicht ein Hundertstel des Volkes fassen kann. In dieser ganzen Menge befindet sich übrigens keine einzige Frau, diese ganze Feierlichkeit ist ausschließlich eine Sache der Männer.

Wenn der Patriarch in seinen geistlichen Gewändern und der Doge in seinem Ornat zur Kirche ziehen, tritt der Abt des Klosters unter der Mitra, umgeben von seinen Mönchen in Chorkleidern, ihnen und der Menge entgegen, nimmt den Patriarchen und den Dogen bei der Hand und führt sie in den Chor, wo nun das Himmelfahrtsamt beginnt und mit größter Feierlichkeit begangen wird. Sobald es zu Ende ist, kehrt alles zu den Schiffen zurück, und jeder fährt nach Hause zum Mittagsmahl. Die ganze Woche nach Himmelfahrt wird gefeiert, und es gibt auf dem Markt Wunderbares zu sehen.

Am 10. Mai, einem Samstag, fuhren wir zur Kirche Santa Maria delle Grazie zur Messe und darauf nach Santa Maria dei Miracoli, wo eine wunderschöne Kirche und ein ebensolches Kloster im Bau ist. Zu der Zeit meiner ersten Reise begann eben das Volk an diesen Ort zu strömen, an dem sich damals noch keine Kapelle, sondern nur ein Gnadenbild der Heiligen Jungfrau an einer Mauer befand, das wundertätig sein sollte.

Am 16. Mai hörten wir, noch zu Bett, die Familie im Hause laut jammern, denn der Wirt, unser Magister Johannes, war in dieser Nacht gestorben, und man bereitete sein Begräbnis vor. Darauf nahmen einige von uns, die glaubten, er sei von einer Seuche befallen gewesen, Schiffe und reisten nach Padua, wo sie einige Tage blieben. Ich aber fuhr mit den anderen, die blieben, zur Kirche des heiligen Rochus (San Rocco), und wir beteten, damit wir nicht angesteckt würden, zu diesem Heiligen, der ja der besondere Helfer derer ist, welche die Pest fürchten.

Am 20. Mai gingen wir früh am Morgen, bevor die Sonne heiß zu werden begann, zur Kirche Santa Maria Formosa, und wahrlich, diese Kirche ist wie ihr Name schön und groß. Aber nach der Messe kehrten wir in den Gasthof zurück, den wir wegen der schrecklichen Hitze den ganzen Tag nicht mehr verließen. Es war seit Menschengedenken nicht mehr so heiß in Venedig gewesen. Die Brunnen trockneten aus, und das Süßwasser begann sehr teuer zu werden, es gab nur noch Trinkwasser, das auf Schiffen von der Brenta gebracht und um viel Geld verkauft wurde. Man goß es rings um die Brunnen aus, damit es durch die Erde sickernd, sich in ihnen sammle.

Am 29. Mai, dem Fronleichnamsfest *(festum sanctissimi corporis Christi),* nahmen wir an der feierlichen Prozession in St. Markus teil. Noch nie hatten wir diesen Tag mit solcher Pracht erlebt wie hier. Die Prozession war wunderbar mit der gewaltigen Menge der Mönche aus allen Orden und der Priester in ihren Chorgewändern, welche mannigfaltige und kostbare Reliquiare trugen. Sie zogen in strenger Ordnung rings um den Markusplatz, der auf dem ganzen langen Umgang von einem Tor des Domes und zurück zum anderen mit linnenen Tüchern bedeckt war. Der Patriarch trug das eucharistische Sakrament, an seiner Seite schritt der Doge mit seiner kostbaren Kopfbedeckung, es folgten die infulierten Äbte unter ihren Mitren mit dem gesamten Rat von Venedig.

Neben dem kirchlichen Gepränge war besonders erhebend der Anblick der würdevollen Ratsherren in ihren feierlichen Gewändern. Nach ihnen kamen die vielen Bruderschaften und alles übrige Volk. Die Ordens-, Stifts- und Weltgeistlichen zogen singend einher mit allen Arten von Musikinstrumenten, zeigten mannigfache Zwischenspiele und Darstellungen. Jedes Kollegium, Kloster und jede Bruderschaft hatte etwas Eigenes zum allgemeinen Staunen und Vergnügen beigetragen. Die Predigermönche von San Giovanni e Paolo verschönten die ganze Prozession mit ihrem Aufzug und ihren spaßigen Darbietungen. Wir sahen so viel Gold und Silber, so viele Edelsteine und kostbare Gewänder, daß der Wert überhaupt nicht zu schätzen war. Und ringsum gab es nichts als das rücksichtslose Laufen, Schieben und Drängen der zusammengeströmten Menge.

Nach dem Essen fuhren wir zum Corpus-Christi-Kloster, wo die vornehmsten und reichsten Nonnen der Stadt unter der Predigerregel leben. Fast ganz Venedig kommt zu dieser Stunde mit dem Schiff zu dieser Kirche zur Prozession, und es gab ein ungeheures Gedränge der vielen Barken. Denn nun kamen die Predigermönche aus ihren drei Klöstern – San Giovanni e Paolo, San Domenico und San Pietro Martiro – und formierten sich zu einem prächtigen Umzug mit dem Leib des Herrn, der sich lang über den Canale Grande hinzog und bei dem viele Schaustellungen zu sehen waren. Aber wie viele Nichtigkeiten sieht man doch auch bei diesen geistlichen Feierlichkeiten, wieviel an unziemlicher weiblicher Kleidung und zügellosem Benehmen der Weltlichen und an Hemmungslosigkeit bei Mönchen und Geistlichen – man kann es verstehen, angesichts des Zusammenkommens solcher Massen. Ob freilich dem allerheiligsten göttlichen Sakrament mit so weltlichem Treiben Ehre erwiesen wird, das weiß allein Gott, der alles kennt. Nachdem all dies zu Ende gegangen war, fuhren wir heim zum Abendessen.

Am 31. Mai, dem letzten Tag des Monats, nahmen wir eine Barke und ließen uns zu Kirchen fahren, deren Schutzpatrone besonders wichtig sind für diejenigen, die sich auf eine Pilgerfahrt begeben. Wir wollten sie um Hilfe bitten, da nun unsere Abfahrt bevorstand. Doch hatten wir uns in der Stadt nicht vom Umherschweifen zurückhalten können. Aufgezeichnet habe ich aber nur unsere ehrsamen und geistlichen Ausflüge, die wir in Venedig unternahmen. Solche, die wir aus Neugier oder weniger erbaulichen Gründen antraten, lasse ich weg, obwohl sie oft vorkamen. Und so ging nun die venezianische Wanderzeit zu Ende. Den ganzen Tag noch waren wir beschäftigt damit, uns zum Umzug aufs Schiff für den anderen Morgen fertigzumachen. Wir bezahlten den Arzt, der uns Arzneien mitgegeben hatte, beglichen die Rechnung bei unserer Wirtin, der Frau Margareta, vertrauten die Sachen, die wir auf dem Meer nicht brauchen konnten, dem Keller- und Küchenmeister unseres Gasthofs, Nikolaus Frigg, einem Deutschen, an und harrten darauf, daß der Morgen käme.

Über Seereisen und die Zustände auf einem Pilgerschiff

Bevor ich mit der Seereise beginne, halte ich es für gut, einiges Notwendige vorauszuschicken, um viele Fragen zu klären, die sich bei der Beschreibung einer Fahrt übers Meer stellen können. Denn die Pilgerreise ins Heilige Land erfolgt ja zum größten Teil auf dem Meer und beansprucht die längste Zeit. So setze ich einiges voran: etwas über die vielfältigen Eigenschaften des Meeres und die damit verbundenen Gefahren, über die dreirudrige Galeere und ihre Einrichtungen, über die Ordnung und Lebensweise auf den Schiffen. Wer über diese Punkte Bescheid weiß, kann in Ruhe meinem Bericht folgen, auch wenn er selber nie das Meer gesehen hat.

Das Reisen auf dem Meer unterliegt vielen Beschwernissen. Das Meer selbst ist höchst schädlich für diejenigen, die es nicht gewohnt sind, und aus verschiedenen Gründen sehr gefährlich: Es gibt Anlaß zur Angst, es bereitet Kopfschmerzen, es ruft Erbrechen und Übelkeit hervor, es nimmt den Appetit auf Essen und Trinken, es reizt den menschlichen Körper, es regt die Leidenschaften auf, es weckt fremdartige Eigenschaften, es ist der Ursprung tödlicher und extremer Gefahren, und schließlich führt es oft in den bittersten Tod.

Letzteres stellt natürlich die schrecklichste Bedrohung dar und wird von den Klugen vor allem anderen gefürchtet, während die Dummen sich freilich wenig darum bekümmern.

Alle Galeeren von gleicher Größe sind sich in allem so ähnlich, daß ein Mann, der von seiner auf eine zweite hinüberwechselte, nur insofern einen Unterschied feststellen könnte, als er auf der zweiten andere Matrosen vorfände als auf der ersten. So, wie sich Schwalbennester gleichen, so tun es die venezianischen Galeeren.

Sie sind aus den festesten Hölzern gebaut und mit Nägeln, Ketten und vielen Eisenstücken zusammengefügt. Der vorderste Teil des Schiffes, den man den Bug nennt, ist gegen das Meer hin zugespitzt und besitzt einen harten Schnabel in der Form eines eisernen Drachenkopfs mit offenem Maul, der in ein gegnerisches Schiff eindringen kann. Auf beiden Seiten des Schnabels sind Öffnungen, aus denen ein Mann seinen Kopf herausstrecken kann. Durch die laufen die Ankertaue und werden die Anker aufgezogen, Meerwasser aber kann dort nicht eindringen, es sei denn bei heftigsten Unwettern. Der Schiffsschnabel ist hoch ausgereckt, von ihm aus beginnt sich der Rumpf des Schiffes gegen das Meer hin zu wölben. Das Vorschiff hat ein eigenes Segel, und unten befindet sich ein kleiner Raum, in dem Taue und Segel untergebracht werden. Hier schläft der Aufseher über das Vorschiff, weil der eigene Leute unter sich hat, die sich nur dort aufhalten und ihre Arbeiten verrichten, und da ist auch der Platz für die Armen und Elenden, die von den Vorschiffknechten hier zusammengelegt werden. Auf beiden Seiten hängen vorne die großen eisernen Anker, um, wenn nötig, ins Wasser hinabgelassen zu werden.

Das entgegengesetzte, hintere Ende der Galeere läuft nicht, wie das Vorschiff, spitz gegen das Meer zu, es hat auch keinen Schnabel, sondern ist breit und von oben nach unten ins Wasser hineingerundet. Es steigt viel höher als das Vorschiff an und trägt oben einen Aufbau, den man Kastell nennt. Von hier hängt das Steuerruder ins Meer hinab, über ihm sitzt der Steuermann in einem umschrankten Häuschen, den Griff des Steuers in seiner Hand. Das Kastell hat drei Stockwerke. Das oberste ist für den Steuermann und den Kompaß und den Matrosen, der dem Steuermann die Richtung zeigt, wie für diejenigen, welche die Gestirne und die Winde beobachten und den Weg durch das Meer weisen. Im mittleren ist die Wohnung des Schiffspatrons mit seinen vornehmen Gästen und Tischgenossen. Im unteren halten sich die vornehmen Frauen bei Nacht auf, und dort werden auch die Wertgegenstände des Schiffsherrn aufbewahrt. Die Räume hier bekommen nur Licht durch Öffnungen im darüberliegenden Boden.

An den Seiten des Hecks hängen Boote, ein großes und ein kleines, die im Hafen zu Wasser gelassen werden. Auf der rechten Seite befindet sich eine Leiter, über die man die Boote besteigt und wieder verläßt. Auch das Heck besitzt ein Segel, größer als das des Vorschiffs. Und stets ist hier eine Fahne aufgezogen, an der man die wechselnden Windrichtungen erkennt.

Zwei Bankbreiten von den Heckwohnräumen entfernt, kommen auf der rechten Seite die ungedeckte Küche mit einem Keller darunter und neben ihr der Stall für das Schlachtvieh, in dem nebeneinander Schafe, Ziegen, Kälber, Ochsen, Kühe und Schweine stehen. Anschließend folgen auf beiden Seiten die Ruderbänke bis zum Vorschiff, linker Hand gehen sie durch vom Heck bis zum Bug. Auf jeder Bank sitzen drei Ruderknechte und ein Bogenschütze. In einem Zwischenraum aber ragt auf jeder Seite in einem zweizinkigen beweglichen Eisen ein Geschütz über den Schiffsrand, aus dem ein Geschützmeister, wenn es nötig ist, die steinernen Kugeln schießt.

In der Mitte des Schiffes erhebt sich der Mast, ein hoher Baum, groß und fest, aus vielen Balken zusammengesetzt, der die Rah mit dem Großsegel trägt. Seine Spitze krönt der Mastkorb. Um den Großmast herum breitet sich eine Decksfläche aus, auf der man sich zur Unterhaltung trifft wie auf einem Marktplatz, er heißt darum auch Schiffsforum. Das

Großsegel besteht in seiner Breite aus 54 Tuchbahnen, von denen jede mehr als eine Elle mißt. Aber entsprechend dem wechselnden Wetter werden verschiedene Segel aufgezogen, die nicht ganz so groß sind wie dieses. Bei Sturm verwendet man ein quadratisches und besonders starkes Segel, das man Papafigo nennt.

Hier auf dem Oberdeck sind die Plätze für die Matrosen und die Ruderer, die letzteren bleiben auf ihren Bänken, wo sie schlafen, essen und arbeiten. Zwischen den beiden Bankreihen auf den Seiten gibt es in der Mitte genügend Raum, daß dort große Kisten voll mit Waren stehen können. Auf ihnen geht man hin und her zwischen Bug und Heck, und wenn gerudert wird, laufen auf ihnen die Rudermeister, die den Takt angeben.

Beim Mast befindet sich eine große Öffnung, durch die man auf sieben Stufen in den Schiffsraum hinabsteigt, in dem die Pilger ihren Platz haben, auf den Lastschiffen ist hier die Fracht geladen. Dieser Raum erstreckt sich in der Länge vom Keller im Heck bis zu der Kammer im Bug, in der Breite von der einen Schiffswand zur andern, ist also groß und geräumig. Licht jedoch erhält er nur durch vier Öffnungen, durch die man auch hinuntergelangt.

Im Schiffsraum hat jeder Pilger seinen abgeteilten Platz. Diese »kahnartigen« Kojen sind so angeordnet, daß sie durch den ganzen Raum ohne Abstand aneinandergereiht sind und ein Pilger neben dem andern liegt, in zwei Reihen, wobei die Köpfe an der Außenwand, die Füße aber nach innen gerichtet sind. Da die Fläche ziemlich breit ist, stehen in der Mitte von vorn bis hinten die Kisten und Bündel der Pilger, in denen sie ihre Habseligkeiten aufbewahren. An diese Gepäckstücke stoßen die Füße der Schläfer von beiden Seiten. Unterhalb des Pilgerdecks befindet sich ein großer Hohlraum, der bis in die unterste Tiefe der Galeere hinabreicht, man nennt ihn den »Schiffsbauch«. Er ist allerdings nicht flach wie bei anderen Schiffsarten, sondern vom Bug bis zum Heck nach unten spitz zulaufend, da die Galeere einen scharfen Kiel an ihrer Unterseite aufweist, weshalb sie außerhalb des Wassers nicht aufrecht auf dem Boden stehen kann, sondern auf die Seite gelegt werden muß. Dieser nach unten eng werdende Hohlraum ist bis zu den Dielen, auf denen die Pilger liegen, mit Sand angefüllt. Die Pilger können die Bretter aufheben, ihre Weinflaschen, Eier und anderes, was kühl gehalten werden soll, darin vergraben.

Dort unter dem Pilgerdeck steht um den Mast herum eine trübe Lache, in der sich zwar nicht menschliche Unreinlichkeit sammelt, wo aber alles Wasser, das verborgen oder offen von unten in das Schiff eindringt, zusammenrinnt. Von da steigt der übelste Gestank auf, schlimmer als aus einer Latrine mit menschlichem Kot. Einmal am Tag muß die Lache geleert werden, doch bei bewegter See wird das Wasser aus ihr ohne Unterbrechung nach oben gebracht. Ferner gibt es außen am Schiffsrand Plätze, die zur Entleerung des Darmes eingerichtet sind.

Die ganze Galeere ist innen wie außen völlig schwarz von dem Teer, den man zum Schutz gegen das Wasser aufträgt, auch die Taue und Dielen. Die Taue für die Segel und die Anker nehmen einen großen Raum auf dem Schiff ein, denn man braucht viele, unterschiedlich in Länge und Dicke. Man gerät ins Staunen über ihre Menge und über die Art, wie sie geknotet und geschlungen werden.

Auf der untersten Stufe der Schiffsrangordnung stehen die Galeotae oder Galeoti, die Ruderknechte, die auf den Querbänken sitzen und die Ruder handhaben. Es gibt viele, und alle sind robust, sie haben die Eselsarbeiten auf dem Schiff zu verrichten, zu denen sie mit Geschrei, Peitschenhieben und Flüchen angetrieben werden. Diese Galeoten sind meist von den Patronen gekaufte Sklaven, andere gehören dem niedersten Stand an, Kriegsgefangene, Landflüchtige, Vertriebene oder Heimatlose befinden sich darunter, Unglückliche also, die an Land nicht leben und sich ernähren können. Gewöhnlich sind es Makedonier, oder sie kommen aus Albanien, Achaia, Illyrien oder Slavonien, zuweilen sind unter ihnen auch Türken und Sarazenen, die jedoch ihre Religion verheimlichen. Einen deutschen Galeoten habe ich nie gesehen, kein Deutscher hätte dieses Elend aushalten können.

Dreimal am Tag wird auf dem Schiff gebetet. Einer der Diener des Patrons steht oben vor dem Kastell und gebietet mit seiner Pfeife Schweigen. Dann zeigt er ein Bild der Heiligen Jungfrau mit dem Kind auf dem Arm, alle blicken es an, fallen auf die Knie und sprechen das Ave-Maria und andere Gebete nach Belieben. Sobald er das Bild wieder weggenommen hat, fangen die Trompeter zu blasen an, und jeder geht an seine Arbeit.

Wenn die Stunde des Frühstücks und der Hauptmahlzeit herankommt, stellen sich vier Tuba- oder Trompetenbläser auf und rufen, statt des Glockenläutens, zu Tisch. Darauf rennen in großer Eile alle, die am Tisch des Patrons essen, zum Heck, schnell deshalb, damit sie einen bequemen Sitzplatz bekommen, denn wer zu spät kommt, muß sich mit einem schlechten begnügen. Es stehen im Heck drei wohlgedeckte Tische, und wer an diesen Platz findet, hat es gut, wer aber zu spät dran ist, muß draußen in Sonne, Wind und Regen bei den Ruderbänken bleiben. Es gibt keine Sitzordnung, wer früher kommt, setzt sich nach Gefallen, und weder macht ein Armer einem Reichen Platz noch ein Bauer einem Edelmann, weder ein Handwerker einem Priester noch ein Ungebildeter einem Doktor oder ein Weltlicher einem Mönch, es sei denn, daß einer den andern aus besonderer Freundschaft respektierte. Der Grund für diesen Mangel an Ordnung und Ehrerbietung liegt wohl darin, daß alle dem Patron denselben Fahrpreis zahlen, Niedere wie Höhere.

Immer wird zu Beginn der Mahlzeit für alle Wein gerichtet, die dann folgenden Speisen sind gewöhnlich auf italienische Art zubereitet. Die Mahlzeit der Pilger verläuft rasch, und alles wird in Eile serviert. Ist sie zu Ende, blasen wieder die Trompeten. Die Tische werden abgeräumt und festlich neu gedeckt für den Herrn Patron und seine Gesellschaft. Das Mahl ist einfacher als das der Pilger, aber die Speisen werden auf silbernem Geschirr serviert, und ein Trunk wird kredenzt wie bei uns bei den Fürsten.

Die Pilgerinnen kommen nicht zum gemeinsamen Tisch, sondern bleiben in ihrem Quartier, wo sie ihr Mahl einnehmen und schlafen. Meine Herren hatten ihren eigenen Koch dabei und einen besonderen Platz zum Speisen. Die Ruderknechte essen zu drei und drei auf ihren Bänken und versorgen sich selbst.

Nach den Mahlzeiten setzen sich die Pilger zum Schwatzen um den Mast, und erst, wenn die Lichter angezündet werden, gehen sie schlafen. Steigen sie dann hinab, um sich niederzulegen, gibt es einen ungeheuren Lärm beim Ausbreiten der Betten, Staub wirbelt auf, und großer Streit bricht aus zwischen denen, die nebeneinanderliegen, vor allem zu Anfang der Reise, bevor man sich eingewöhnt hat. Der eine beschuldigt den anderen, für dessen Bett etwas vom eigenen Bereich sich angeeignet zu haben, der streitet es ab, der erste beharrt darauf, und jeder ruft seine Freunde zu Hilfe, und bis dahin ungetrübte Gemeinschaften sind plötzlich verfeindet. Ich sah in solchen Auseinandersetzungen Pilger mit gezogenen Schwertern und Dolchen auf einander eindringen und in schrecklicher Aufregung gegeneinander schreien. Wäre in einem solchen Aufruhr der Schreiber, der ja für die gerechte Verteilung der Lagerstätten zuständig ist, herabgekommen, so wäre er von den Pilgern in Stücke gerissen worden.

Hat sich dann diese Aufregung gelegt, als hätte sie nie existiert, so kommen diejenigen herab, die sich nur allzu langsam hinlegen und mit ihren Lichtern und ihrem endlosen Schwätzen den anderen zur Last werden. Da konnte ich sehen, wie einige Pilger in ihrer Ungeduld Uringefäße nach den brennenden Lichtern warfen, um sie zu löschen, und schon wieder brach großer Streit aus. Ist dann schließlich das Licht aus, so fangen einige an, mit ihren Nachbarn die Weltbegebenheiten durchzunehmen und fahren manchmal damit fort bis Mitternacht. Werden sie dann von einem angeschrien, sie sollten endlich still sein, so machen sie gerade weiter, und neuer Zank ist da. Und hätte es nicht einige Beherzte und Besonnene gegeben, welche die Streithammel zu zähmen verstanden, so hätte es in keiner Nacht Ruhe gegeben, besonders wenn noch betrunkene Flamen dabei waren.

Außer diesem gibt es noch anderes, was Ruhe und Schlaf verhindert. Mönche, die gewohnt sind, allein in ihrer Zelle zu schlafen, können auf dem Schiff schwer neben unruhigen und schnarchenden Nachbarn Ruhe finden. Es waren viele Nächte, in denen ich kein Auge schloß. Ein weiteres ist die Schmalheit der Bettstellen und die Härte der Kissen. Man kann sich kaum regen, ohne den Nachbarn anzustoßen, auch ist der geschlossene Raum sehr heiß und voll von dichten Ausdünstungen der verschiedensten Art. Deshalb schwitzt man unausgesetzt, was besonders unruhig macht. Zeitweise gibt es unendlich viele Flöhe, zahllose Wanzen, Schnecken und Würmer. Ich erhob mich fast jede Nacht still und stieg an die frische Luft hinauf, und es war mir, als sei ich einem schmutzstarrenden Kerker entronnen. Gestört wird man auch durch unruhigen Schlaf, das Schnarchen und durch die, die in ihren Träumen reden, das Keuchen, die Hustenanfälle und das Ausspucken der Kranken.

Manchmal gerät man auf der Seereise in große Schwierigkeit mit dem, was die Natur verlangt, neben dem Schlaf betrifft das die Verdauung. Vor allem problematisch wird die notwendige Entleerung der Blase wie des Darms, und die Hemmungen sind hier besonders beschwerlich. Davon nun, wie man es mit Urinieren und Stuhlgang auf einem Schiff hält, muß ich etwas sagen. Jeder Pilger hat neben sich im Bett ein Uringefäß, eine Tonvase oder einen Topf, sowohl für seinen Harn wie seinen Auswurf. Da es bei der großen Menschenzahl eng und dazu finster ist, und viele herumsteigen, passiert es nur selten, daß das Uringefäß bis zum Morgen nicht umgefallen ist. Da kann es vorkommen, daß ein rücksichtsloser Mensch, den ein dringendes Bedürfnis zwingt, rasch nach oben zu eilen, auf seinem Weg fünf oder sechs Töpfe umwirft, wodurch ein unerträglicher Gestank entsteht.

Wenn dann am Morgen die Pilger aufstehen und der Bauch fordert, ihm zu Gefallen zu sein, steigen sie nach oben

Galeere

und gehen zum Vorschiff, wo zu beiden Seiten des Schiffs-
schnabels passende Sitzgelegenheiten angebracht sind. Vor
diesen stehen dann 13 oder mehr und warten, bis einer fertig
ist und der nächste den Sitz einnimmt, und dabei gibt es
weniger Freundlichkeit als Zornesausbrüche, wenn einer zu
lang den Lokus besetzt hält.

Am schwierigsten wird es freilich bei Sturm, wenn die
Abtritte ständig von den Wellen überspült werden und die
Ruder eingezogen über den Bänken liegen. Wer sich da
erleichtern will, muß sich totaler Durchnässung aussetzen,
weshalb viele ihre Kleidung ablegen und nackt hingehen.
Schamhaftigkeit ist bei dieser Verrichtung sehr schädlich und
führt nur zu größerer Ängstlichkeit. Manche wollen nicht
gesehen werden und lassen sich an anderen Orten nieder, die
sie verschmutzen und setzen sich damit der Entrüstung, dem
Gelächter und den Vorwürfen der anständigen Leute aus.
Andere wieder machen in die Töpfe neben den Betten, was
das Widerwärtigste und eine unerträgliche Belästigung der
Nachbarn ist, es sei denn, es wäre einer krank, mit dem man
billigerweise nachsichtig umgehen muß.

Eine rechte Last stellt für den Pilger das tägliche Aus- und Zusammenlegen der Betten dar. Denn morgens muß ein jeder sein Bett samt Leintüchern und Kissen mit einem Strick zusammenbinden und es auf einen Nagel an der Schiffswand über seinem Kopf hängen, damit tagsüber freier Durchgang herrscht. Abends holt man das Bettzeug wieder herab, entrollt und breitet es als Lager aus. So hat man dauernd seine Mühe.

Über das Mittelmeer nach Zypern

Der erste Tag des Juni war auch der erste unserer Seereise, der erste Sonntag nach Trinitatis. Wir standen früh, noch vor Sonnenaufgang, auf und trugen alle unsere Sachen in eine gemietete Barke, die vor der Tür unseres Gasthofes lag. Und nachdem wir allen im Hause Lebewohl gesagt hatten, fuhren wir durch den Kanal aus der Stadt und dem Hafen von Venedig hinaus mitten hindurch zwischen den beiden Kastellen, die ihn schützen. Denn unsere Galeere lag ungefähr eine Meile weit draußen im Meer. Doch es wehte ein unguter Wind, der uns sehr behinderte, so daß wir fast zwei Stunden brauchten, bis wir mit großer Anstrengung das Schiff erreichten. Als wir endlich angelangt waren, stiegen wir auf einer Leiter hinauf und sahen das Schiff voll von Menschen, unter ihnen auch unsere Gefährten, die wir vor vier Tagen vorausgeschickt hatten und die wir nun in elendem Zustand vorfanden, da das vor Anker liegende Schiff durch den Wind in heftige Bewegung versetzt worden war und sie seekrank gemacht hatte. Doch unser Anblick stimmte sie froh, und ihr Zustand begann sich zu bessern, während sie den Herren von den Bitternissen des Meeres berichteten, die sie schon zu kosten bekommen hatten. Als es endlich dunkel wurde, die Lichter gelöscht und alle still waren, versetzte der heftig anschwellende Wind das Schiff in starkes Schwanken und machte uns ängstlich und unruhig. Wie wir nun so still dalagen und in der Dunkelheit furchtsam einzuschlafen begannen, hob unerwartet ein durch einen Angsttraum aus dem Schlaf geschreckter Adliger so fürchterlich zu schreien an, als würde er von einem Schwert durchbohrt. Durch sein Gebrüll wurden alle wach. Man glaubte, der Ritter sei vom Dolche eines Räubers getroffen, die Adligen sprangen auf und suchten in der Finsternis nach ihren Schwertern, während andere zu fliehen trachteten, voller Angst, den Pilgern stehe irgend etwas Übles bevor. Und im ganzen Schiffsinneren brach ein gefährliches Durcheinander aus. Da aber erkannte der Nachbar dessen, der geschrien hatte, den wirklichen Grund und forderte mit lauter Stimme alle auf, sich wieder an ihre Plätze zu legen. So verging schließlich diese Nacht mit all ihrer Unruhe. Der Patron aber befand sich noch nicht auf dem Schiff.

Am 2. Juni kam er dann vor Sonnenaufgang mit seiner ganzen Dienerschaft und brachte dazu ein paar Pilger mit, die er zuletzt noch in sein Schiff aufgenommen hatte. Einer von diesen, der aus Flandern stammte, stieg mit seiner Frau an Bord, was viele in Aufregung versetzte, denn sie war die einzige auf dem Schiff, während alle anderen Frauen mit dem Herrn Agostino, dem Patron der anderen Galeere, reisten. Und es gab keinen auf dem Schiff, den die Ankunft dieser Alten nicht verdrossen hätte, einmal, weil eine einzige, kleine, schwache Frau unter so vielen stattlichen Männern leben sollte, vor allem aber, weil sie schon beim ersten Anblick fahrig und vorlaut erschien und, in der Tat, so auch war.

Als sich nunmehr alle an Bord befanden, und es heller Tag geworden war, schmückten die damit beauftragten Matrosen das Schiff mit sieben seidenen Fahnen, die sie am Heckkastell aufzogen wie vom Mastkorb herabhängen ließen, den sie zudem mit einem bemalten Tuch verzierten. Die erste und zugleich Hauptfahne stand für die Pilger ins Heilige Land, sie war weiß mit einem roten Kreuz von einem bis zum anderen Ende. Die zweite war für die venezianischen Herren von

St. Markus, ebenfalls weiß, mit einem roten Löwen, der das Meer unter den Vorder-, das Land unter den Hinterbeinen hatte. Die dritte Fahne war die des Papstes Sixtus IV., rostrot mit einer grünen Eiche, die goldene Eicheln trug, und den zwei apostolischen Schlüsseln. Die vierte stand für den Patron, mehrfach in schöne Farben geteilt, die fünfte trug sein Wappen vereint mit dem von Venedig, und die beiden letzten waren gleich, weiß mit einem schwarzen Löwen.

Dann begann man das geschmückte Schiff zur Abfahrt vorzubereiten. Wir hatten günstigen Wind, der die Fahnen hoch aufwehen ließ, und mit großem Geschrei machten sich die Matrosen daran, die Anker zu lichten und aufs Schiff zu holen, die Rah mit dem eingewickelten Großsegel in die Höhe zu ziehen und die Boote aus dem Meer herauf am Schiff anzubringen. Dies alles geschah mit schwerer Anstrengung und lauten Rufen, und endlich wurde das Schiff mit den Rudern in Bewegung gesetzt, der Wind schwellte die entfalteten Segel, und freudig begannen wir uns vom Land zu entfernen. Die Trompeter schmetterten mit ihren Instrumenten, als ginge es in eine Schlacht, die Matrosen jubelten, und alle Pilger stimmten das Lied *In Gottes Namen fahren wir* an.

Kraftvoll durchfurchte das Schiff das Meer, und je weiter wir uns vom Hafen entfernten, um so mehr blieb die Stadt in unserem Rücken zurück, von der wir froh, wie aus einem Gefängnis entlassen, wegfuhren, weil wir nun voll Sehnsucht ganz auf Jerusalem ausgerichtet waren. Und so kräftig trieb der Wind das Schiff voran, daß wir schon nach drei Stunden keine Berge, kein Land, keine Küste, überhaupt nichts Trockenes mehr sehen konnten, sondern nur noch Himmel und Wasser vor Augen hatten. Denn wir waren in diesem kurzen Zeitraum schon so weit auf das hohe Meer gelangt, daß wir bereits über den höchsten Alpengipfeln waren und sie, die nun unter uns lagen, nicht mehr sehen konnten. Die Krümmung des Meeres rief dies hervor. Dem Anblick der Welt entrückt, entfernten die Matrosen den ganzen Schmuck des Schiffes und richteten es her für die alltäglichen Verrichtungen.

Am 17. Juni sahen wir die Insel Kreta, auch Kandia oder Centapolis genannt. Doch nach Mittag flaute der Wind ab, und wir trieben bald hierhin, bald dorthin in den Wellen und vermochten an diesem Tag Kreta nicht mehr zu erreichen. Agostino, der andere Patron, ließ die Insel liegen und fuhr von Malea zu den Kykladen. Unserer aber wollte nicht vorbeifahren, weil er den konstantinopolitanischen Patriarchen, der das Erzbistum Kreta innehat, besuchen wollte. Denn dieser Patriarch war ein Venezianer und der Vater unseres Patrons. Doch damit die Pilger deshalb nicht die Gelegenheit zum Murren haben sollten, setzte er ein seidenes Tuch, Atlas genannt, im Wert von sechs Dukaten aus, um das sie mit Karten spielen mußten. Dieses Tuch gewann Bär von Hohenrechberg, einer von meinen Herren, und auf dem Schiff herrschte für diesen Tag eine große weltliche Fröhlichkeit wegen des wechselnden Glücks im Spiel.

Jeden Tag wurde von den Edelleuten heftig und unter gegenseitigen Vorwürfen mit Karten und Würfeln gespielt, bald gewann dieser, bald verlor jener, und so hatte sich große Liederlichkeit ausgebreitet, wenn auch ohne ernstlichen Streit. Ich kannte ein paar junge Ritter, die sehr viel Geld bei sich hatten, womit sie zum Katharinenkloster weiterreisen wollten, und das dafür auch gut gereicht hätte. Aber weil sie nun in das verfluchte Spielen hineingekommen waren, verloren sie so viel, daß sie nicht einmal mehr die Kosten bis nach Jerusalem aufbringen konnten, und wenn ihnen ihre Genossen nicht ausgeholfen hätten, wären sie ohne die Ritterschaft vom Heiligen Grab nach Hause zurückgekehrt. Wenn ich an den Feiertagen auf dem Schiff das Wort Gottes verkündete, habe ich diese Spieler stark und drohend beschimpft, und einigen konnte ich, Gott sei Dank, auch ins Gewissen reden, andere aber blieben harthörig und saßen täglich vom frühen Morgen bis in die Nacht beim Spiel und hatten auf dem Tisch vor sich 50, 60, 100 oder gar 200 Dukaten liegen, die sie in einem einzigen Spiel setzten.

Am 18. Juni hatten wir nach Sonnenaufgang einen schwachen Wind, der uns allmählich auf Kreta zutrieb.

Gegen Mittag sahen wir eine bewaffnete Galeere nicht weit von uns auf dem Meer dahinfahren, die unser Waffenmeister folgendermaßen zu sich rief: Er löste in ihre Richtung ein Geschütz, und als die anderen den Donner vernahmen, drehten die dortigen Befehlshaber sogleich den Schiffsschnabel zu uns und ruderten heran. Darauf ließen sie ein Boot zu Wasser, und der Kapitän und der Waffenmeister jenes Schiffes stiegen zu uns herauf und führten ein ziemlich langes Gespräch mit unserem Patron und den Steuerleuten, denn es war gleich uns eine venezianische Galeere von St. Markus. Es ist nämlich Brauch auf dem Meer, daß, wenn zwei oder mehrere Schiffe einander gewahr werden, dasjenige, welches das erste sein will, das andere auf die genannte Weise ruft. Bei venezianischen Schiffen muß das kleinere dem größeren Folge leisten. Trifft man auf ein anderes, so ist es gut, wenn es nach Aufforderung herangefahren kommt, wenn nicht, so bewegt sich der, der gerufen hat, mit aller Macht auf jenes zu und macht eilig seine Geschütze, Bogen, Wurfmaschinen und Wurfspieße zum Kampf fertig. Bekommt der andere bei diesem Anblick Angst, dann läßt er das Segel herab zum Zeichen der Unterwerfung und Freundschaft. Senkt er aber sein Segel nicht, so heißt das, daß er Widerstand leisten und kämpfen will, und dann bereiten sich beide Schiffe auf den Zusammenstoß vor.

Am Abend also kamen wir nun nach Kreta und suchten ein Gasthaus zum Nachtessen, wir konnten aber nur eines finden, das man schamhaft als Hurenhaus bezeichnen muß. Ihm stand eine deutsche Frau als Leiterin vor, wir wurden zu ihr geführt, und kaum waren wir eingetreten, alle die Adligen, Geistlichen und Mönche, da räumte sie das Haus und überließ es uns mit allen Räumen. Sie war aber eine feine, achtbare und ansehnliche Frau, und sie versorgte uns überreich mit allem Notwendigen, wir hatten ein rühmenswertes Mahl mit kretischem Wein, den wir als einen Malvasier bezeichnen konnten. Und dazu erhielten wir frische weiße und blaue Trauben im Überfluß. Weil aber ein guter Wind ging, war uns gesagt worden, daß wir noch in der Nacht auf-

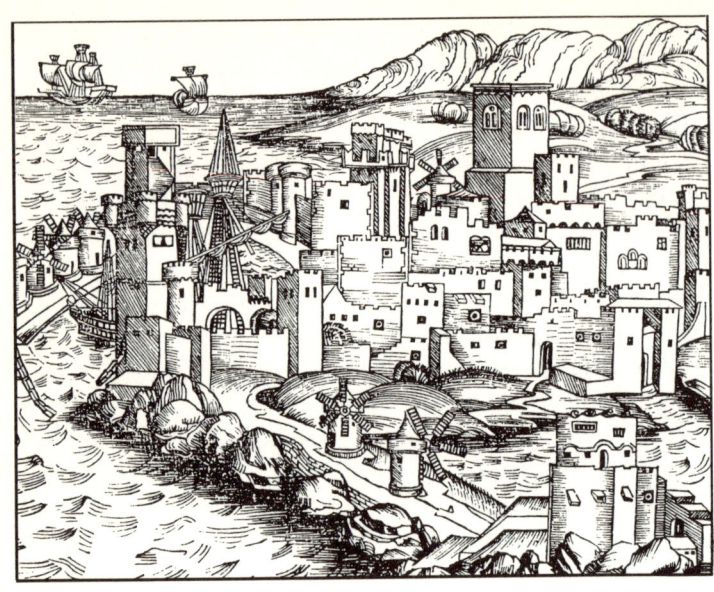

Rhodos

brechen würden. Deshalb kehrten wir nach beendetem Mahl aufs Schiff zurück und verbrachten dort die Nacht.

Am 21. Juni nach der Mittagszeit gab es für eine Stunde kaum mehr Wind, doch dann wurde er wieder kräftig und führte uns auf Rhodos zu und in rascher Fahrt den Bergen und der Stadt Colossus, der bedeutendsten der Insel, entgegen. Doch dann sank die Sonne, und die Nacht brach herein, bevor wir den Hafen erreicht hatten. Aber der Mondschein half uns, wir fuhren hinein, machten das Schiff fest und verbrachten in Ruhe die Nacht. Wir fanden auch die Galeere des Herrn Agostino hier vor, der sich bereits mit seinen Pilgern in der Stadt befand.

Am 22. Juni, dem vierten Sonntag nach Trinitatis und am Fest der Zehntausend Märtyrer, holten wir vom Groß-meister der Ritter von Jerusalem, ohne dessen ausdrückliche Zustimmung niemand die Stadt betreten darf, die Erlaubnis ein und begaben uns dann nach Colossus, das auch den

Namen Rhodos trägt. Wir stiegen zu der Burg der Herren hinauf und hörten dort in der Kirche von St. Johannes die Sonntagsmesse. Als sie beendet war, kamen die Johanniter-Herren, deutsche Edelleute, zu den meinigen, bewillkommneten uns alle ehrerbietig und mit Freuden und zeigten ihre Reliquien. Dann bewirteten sie uns in einem schönen Haus aufs beste. Wie wir gerade mit dem Essen fertig waren, brach der Herr Agostino mit seinen Pilgern auf. Als dies unser Patron Herr Pietro Lando sah, ließ er die Trompete blasen und eilends kehrten wir aufs Schiff zurück.

Doch ließen wir in der Stadt einige gute und treffliche Ritter, die krank geworden waren und nicht mehr weiterfahren konnten. Unter ihnen befanden sich Herr Jerotheus von Ratzenhausen und ein Johanniter, die seit Venedig als treue und beliebte Genossen mit uns reisten und über deren Verlust wir sehr betrübt waren. Zurück blieb auch jene einzige Frau unter uns, weil sie nicht gedacht hatte, das Schiff werde an diesem Tag noch abfahren. Über ihre Abwesenheit war aber niemand traurig außer ihrem Mann, da sie sich über die Maßen unbeliebt gemacht hatte mit ihrem albernen Geschwätz und ihrem neugierigen Erforschen unnützer Dinge. Es gab auch einen armen Mann, den der Patron um Gottes Lohn bis hierher mitgenommen hatte, was er aber nun nicht weiter zu tun bereit war. Der stand nun jammernd und wehklagend am Ufer, weil er jetzt nicht nach Jerusalem kommen konnte. Meine Herren aber hatten Mitleid mit ihm, holten ihn aufs Schiff zurück und übernahmen die Fahrtkosten. So machten sie es auch mit einem anderen in Not geratenen Genossen aus unserem Kreis, der ebenfalls nicht hätte weiterreisen können.

Als am 23. Juni die Sonne sich zum Untergang neigte und es allmählich dunkel wurde, trafen die Matrosen Anstalten für das Johannisfeuer, und zwar so: Sie nahmen über 40 Lampen, aus Holz und durchsichtigem Horn bestehend, und nachdem sie die Lichter in ihnen angezündet hatten, hängten sie eine nach der anderen an eine lange Leine und zogen diese mit den brennenden Lampen zum Mastkorb hinauf, so daß die Lichter vom Mast zu den Ruderbänken herabhingen und das ganze Schiff beleuchteten. Zu diesem Schauspiel kam alles vom Vorschiff, vom Heck, aus dem Unterdeck und den anderen inneren Räumen zusammen, und man stand im Kreise ringsherum. Dann begannen die Trompeter zu blasen, die Ruderer und die anderen Matrosen sangen, jubelten, tanzten, hüpften und klatschten mit den Händen. Davon mitgerissen, gab jeder der Umstehenden seiner Freude mit frohem Rufen und Händeklatschen Ausdruck in der Verehrung des hochseligen Vorläufers des Herrn. Vor diesem Ereignis hatte ich nie den Brauch, vor Freude zu klatschen, erlebt, zu dem der Psalm *(Ps. 47)* verlockt, wenn er ausruft: »Ihr Völker alle, klatscht in die Hände! Jauchzet Gott zu mit jubelndem Schall!« Und ich hätte nie geglaubt, daß das gemeinsame frohe Händeklatschen vieler Menschen die Seele derart gewaltig zur Freude zu bewegen vermag. So herrschte große Fröhlichkeit auf dem Schiff und hielt an bis fast um Mitternacht, und dabei setzten wir in starker und rascher, aber ganz ruhiger Fahrt unseren Weg fort. Schließlich begab sich alles, Pilger wie Seeleute, zum Schlafen.

Am 25. Juni befanden wir uns gegenüber dem ältesten Hafen von Zypern, Paphus, der in der Apostelgeschichte erwähnt wird, und wir sahen dahinter den Berg der Venus. Langsam fuhren wir dahin bis zum Mittag, dann kam aber guter Wind auf und führte uns am Königreich Zypern entlang mit den Häfen Limassol und Biscopus, bis wir am Abend in den Hafen von Salina (Larnaka) einliefen und unser Schiff mit Ankern und Seilen festmachten. Sogleich ließ sich der Patron mit seinen Dienern an Land bringen und ritt auf gemieteten Pferden nach Nikosia, der Hauptstadt des Königreichs Zypern, und zu der Königin[8], um seine Frau zu besuchen, die bei jener Hofdame war.

Besteigung des Berges
zum Heiligen Kreuz

Der Patron war weg, und wir Pilger standen auf dem Deck und schauten zum Land hinüber, während ich von der Öde dieses Hafens und von der Beschaffenheit der Umgebung erzählte, weil ich ja bei meiner früheren Reise viele Tage hier gewesen war. Ich zeigte ihnen die Plätze, die ich kannte, und auch den Berg des Heiligen Kreuzes, welcher der höchste des ganzen Königreiches ist. Auf seinem Gipfel steht eine Kirche, in der das Kreuz des Schächers zur Rechten Christi hängt, und ich berichtete, was von ihm überliefert ist.

Als meine bei mir stehenden Herren und die übrigen Pilger dies voll Staunen hörten und auf den Berg hinblickten, der etwa fünf deutsche Meilen entfernt sich erhob, da sprach ich zu ihnen: »Seht, meine lieben Genossen, der Patron ist nach Nikosia geritten, er kann morgen vor Abend kaum zurück sein, und wir können, bevor er wiederkommt, nicht abfahren. So werden wir morgen einen höchst langweiligen und verdrießlichen Tag haben. Darum, wer sich mit mir zu dem heiligen Berg aufmachen will, der möge aufs Achterdeck kommen. Wir wollen das Heilige Kreuz besuchen und werden morgen früh zur rechten Zeit dort sein.«

Nach diesen Worten ging ich zum Achterdeck, und viele Adlige folgten mir, sie meinten aber, ich hätte nur einen Scherz gemacht. Ich jedoch warb dort einen Diener an, der den Weg kannte, und versprach ihm eine Marcellus-Münze von jedem, der mit mir gehen würde. Dann bestellte ich den Bootsmann, der uns an Land bringen sollte. Als aber meine Edelleute bemerkten, daß es mir ernst war, verzogen sich alle aus meiner Gesellschaft. Doch bei mir blieben diese Pilger:

Herr Heinrich von Schomberg, ein edler Ritter und tapferer Mann;

Herr Johannes, Presbyter und Archidiakon aus Transsilvanien, fromm und gelehrt;

Herr Caspar Siculi, ein Ritter, jung, mutig und munter;

Herr Burkhard Nußdorfer, ebenfalls ein Ritter, trefflich und heiter;

Rudolf, ein Schweizer aus Zürich, hochgewachsen und rechtschaffen;

Johannes, ein Kaufmann aus Flandern, ein sehr trinkfester Mann

und Frater Felix, der sie alle ansporrnte, mit dem von mir geworbenen Diener namens Andreas.

Wir acht stiegen ins Boot, und am Land angelangt, machten wir uns auf zu unserer Wallfahrt. Es war aber schon spät, die Sonne ging unter, und es wurde Nacht. Unser Diener und Führer aber brachte uns trotz der Dunkelheit in ein Dorf namens Ornyca, etwa eine Meile vom Meer entfernt, wo er einen Landmann, den er kannte, aufweckte. Dieser brachte uns Brot, Wein und Käse, und wir aßen und tranken. Dann mieteten wir uns in dem Dorf acht Maultiere, bestiegen sie und brachen in heiterer Stimmung auf. Inzwischen hatte sich der Mond erhoben und vertrieb zu unserer Freude die Nacht mit seinem Licht. Wir waren acht zueinander passende Genossen, das Wetter war schön, die Gegend reizend, der Weg gut, und aus den Büschen ringsum strömte der süßeste Duft. Denn fast alle Pflanzen auf dieser Insel haben Wohlgerüche verschiedenster Art und duften vor allem bei Nacht, wenn sie vom Tau benetzt werden. Wir ritten dahin bis zum Aufgang des Morgensterns, welcher der Sonne vorangeht, da kamen wir in ein Dorf, das Villa Sanctae Crucis heißt. Wir banden die Tiere an, es wurde Licht gemacht, und meine Genossen tranken, ich aber sprach das Morgengebet und enthielt mich, weil ich vorhatte, auf dem heiligen Berg die Messe zu lesen. Wir legten uns ein wenig zur Ruhe und schliefen, bis es heller Tag war, neben unseren Tieren auf der Erde.

Als wir uns am 26. Juni, dem Tag der heiligen Märtyrer Johannes und Paulus, erhoben hatten, baten wir den Griechen, vor dessen Haus unser Schlafplatz war, er möge uns ein gutes Essen vorbereiten, denn wir würden hungrig vom Berg zu ihm zurückkehren. Wir saßen auf und ritten weiter, den

Berg vor Augen und dabei etwas erschrocken über seine Höhe. An seinem Fuß gelangten wir in ein liebliches Tal, mitten hindurch floß ein rascher Bach mit klarem und süßem Wasser, an den Rändern wuchsen wunderschöne, uns unbekannte Blumen und duftende Sträucher. Es standen da auch viele Bäume voller Schoten, welche die weltlichen Leute Brot des heiligen Johannes nennen. Durch dieses Tal stiegen wir auf, es war sehr kühl, weil die Sonne mit ihren Strahlen zwar schon die Höhen ringsum erwärmte, aber uns noch nicht erreichen konnte. Endlich kamen wir an den steilen Abhang des Berges, den wir auf den Maultieren nicht mehr bewältigen konnten. Wir banden sie an Bäume und stiegen zu Fuß mit großer Anstrengung und viel Schweiß hinauf. Der Berg soll in seiner Höhe und Steilheit ganz ähnlich sein dem Berg Tabor im Heiligen Land, auf dem der Herr seine Verklärung erfuhr. Das hörte ich von einem, der beide Berge bestiegen hatte.

Nachdem wir den Gipfel erreicht hatten, knieten wir vor der Kirche zum Gebet nieder und setzten uns, ehe wir eintraten, in die frische Luft, um wieder zu Atem zu kommen, den Schweiß, der uns bedeckte, trocknen und unsere Erhitzung sich abkühlen zu lassen. So rasch, wie es ziemlich war, ging ich dann in die Kirche hinein und läutete mit einer Glocke, die da hing, um den Küster herbeizurufen. Sofort erschien ein der lateinischen Sprache unkundiger Geistlicher und brachte mir uralte lateinische Bücher und die Paramenten für die Messe. Nach der Anrufung las ich die Messe vom Heiligen Kreuz und erhielt die Kollekten für die heiligen Märtyrer Johannes und Paulus und für die, die auf der Reise sind. Als ich geendet hatte, wandte ich mich an meine Gefährten, rief sie zur würdigen und pflichtschuldigen Verehrung des Kreuzes auf und verglich jenes, das uns gezeigt werden würde, mit dem Kreuz Christi. Aber ich ermahnte sie auch, sie sollten in ihrer Neugier nicht allzu erwartungsvoll und etwa gar auf ein Wunder begierig sein, da wir ja nicht einmal in Jerusalem im Allerheiligsten Grab des Herrn ein Wunder erblicken würden, wieviel weniger hier. Dies aber sagte ich deshalb, weil wir schon genug Seltsames und Ungewöhnliches über dieses Kreuz gehört hatten, das sie hier sehen sollten.

Dann nahm ich eine brennende Kerze in die Hand und schritt auf den Ort des Kreuzes zu, der Kaplan begleitete mich, und meine Pilgerbrüder folgten mir nach. Als wir vor ihm standen, schloß der Kaplan auf, und wir hatten das Kreuz vor Augen. Ich trat als erster hinzu und küßte das Kreuz, darauf nahm ich seine Vorder- und Rückseite genau in Augenschein. Das Kreuz ist ziemlich groß, vorn bedeckt mit vergoldeten Silberplatten, die zur Wand gekehrte Seite dagegen schmucklos, das Holz ist schön und wohlerhalten, es könnte von einer Zypresse stammen. Es soll das Kreuz des Dysmas sein, des Schächers zur Rechten, dem der Herr Jesus am Kreuz das Paradies versprach. Denn als die heilige Helena die drei Kreuze auf dem Kalvarienberg aufgefunden hatte, warf sie das eine, nämlich das des Gesmas, des Schächers zur Linken, beiseite. Das zweite, das des Dysmas, nahm sie an sich, das dritte aber, das Kreuz Christi, überließ sie zur Verehrung der ganzen Welt. Das unversehrte Kreuz des Dysmas nun brachte sie von Jerusalem auf diesen Berg und erbaute hier ein großes Mönchskloster und eine Kirche, in der sie es als eine der einzigartigsten Reliquien ausstellte und ihm neben dem Altar in der Mauer einen Aufbewahrungsort anlegen ließ. Und hier steht es unverrückt bis heute, obwohl das Kloster vor nicht langer Zeit von den Türken und Sarazenen von Grund auf zerstört wurde und die Benediktinermönche, die Betreuer dieser Stätte, in alle Winde versprengt sind.

Wunderbar aber ist, wie dieses Kreuz an seinem Ort sich hält. Es befindet sich in einer Art Wandnische, seine beiden Arme sind in zwei Maueröffnungen, der Fuß in eine andere im Boden eingelassen. Doch sind diese in ihren Abmessungen weiter als das Kreuzesholz, so daß es nirgends die Mauer berührt, vielmehr ringsum frei und abgelöst von ihr bleibt. Und dies stellt das berühmte Wunder dieses Kreuzes dar, daß es ohne Stütze in der Luft hängt und zwar so fest, als wäre es mit den stärksten Nägeln gehalten und mit der Wand verbunden, was es eben nicht ist, denn alle drei Öffnungen sind so weit, daß man die Hand dazwischen stecken und tastend erkennen kann, daß es an keiner Seite eine Befestigung gibt.

Zwar hätte ich dies mit noch größerer Wißbegierde erforschen können, aber ich fürchtete Gott, und was ich den anderen verboten hatte, durfte ich nicht selber tun. Ich war ja auf diesen Berg gestiegen, um das Kreuz zu verehren, und nicht, um ein Wunder nachzuprüfen und Gott zu versuchen. Um dieses Kreuz noch verehrungswürdiger zu machen, war ihm ein Partikel vom wahren Kreuz Christi eingefügt worden. Es hängt in dieser Kirche auch eine Glocke, die wir vor und nach der Messe anschlugen, und ich sagte zu meinen Gefährten, daß wir von nun an keine Glocke mehr hören würden, bis wir wieder in die christlichen Länder zurückgekehrt wären. Und das war richtig, vier Monate lang hörte ich keine Glocke mehr nach dieser, von der wir glauben, daß sie, wie das Kreuz, von der heiligen Helena hierhergebracht worden ist.

Nachdem wir noch einmal in der Kirche das Heilige Kreuz gegrüßt und verehrt hatten, stiegen wir eilig zu unseren Tieren hinab und ritten in das Heilig-Kreuz-Dorf, wo wir das Mahl bereit und wie gewünscht vorfanden und es mit Dank verzehrten. Aber wir konnten danach nicht aufbrechen, es war zu heiß, und die Sonne brannte wie Feuer. Wie die mittägliche Sonnenhitze nachzulassen begann, stiegen wir wieder auf und ritten aufs Meer zu bis zur Kirche St. Lazarus, die nahe beim Ufer steht, gegenüber lag in der Ferne unsere Galeere. Hier gaben wir unsere Reittiere zurück. Am Strand fand wegen des Schiffes ein Markt statt mit großer Menschenansammlung, zu dem die Matrosen Waren brachten und mit den Zypriern handelten. Das war so an jedem Ort, den wir anliefen. Wir sahen uns dort ein wenig um und gingen dann aufs Schiff zu unseren Herren und Mitbrüdern, die wir verstimmt und murrend vorfanden, weil der Patron noch nicht gekommen war. Sie hatten den Tag höchst verdrießlich verbracht. Alle Pilger sammelten sich um uns und waren begierig zu hören, was wir gesehen hatten, und nachdem sie unseren Bericht vernommen hatten, priesen sie uns glücklich und ärgerten sich, nicht mit uns gegangen zu sein.

Am Abend des 27. Juni kam jene Frau wieder, die auf Rhodos zurückgeblieben war, weil sie das Schiff nicht mehr erreicht hatte. Das erregte geringe Freude, ich hatte aber doch Mitleid mit der Unglücklichen angesichts der Angst, die sie ausgestanden hatte, als das Schiff davonfuhr.

Der Monat Juli war der Jubelmonat, an dessem ersten Tag den Pilgern dieses Evagatoriums das würdigste Land aller Länder erschien. Denn in glücklicher und rascher Fahrt waren wir aus dem Pamphilischen Meer in die syrischen und phönizischen Gewässer gekommen und fuhren während der Nacht in südöstlicher Richtung in die erwünschte Palästinensische See ein. Bald aber nach der Morgenröte erglänzte Land hell in der Sonne, das Heilige Land, Kanaan, das allerberühmteste. Wie es der Wächter im Mastkorb als erster erspähte, erhob er sogleich seine Stimme: »O ihr Herren Pilger, erhebt euch und kommt herauf, das Land taucht auf, das ihr zu sehen begehrt!«

Sogleich stürzten alle aus dem Innern des Schiffes hervor, Alte und Junge, Gesunde und Kranke, und stiegen hinauf, jenes Land zu erblicken, um dessentwillen sie ihre Heimat verlassen und viele Leiden und Todesgefahren auf sich genommen hatten. Aber weil es noch weit von uns entfernt war, konnten wir nichts als nur Meer sehen. Doch alle Seeleute versicherten uns, sie sähen es. Sie sind an das Meer gewöhnt, und auf weite Strecken hin können sie das Kommen eines Schiffes oder das Auftauchen von Land wahrnehmen. Aber wer diesen Blick nicht hat, kann nichts erkennen. Nach einer Stunde, wir kamen immer näher, begannen auch vor uns Küstenfelsen und Berge aus dem Meer aufzutauchen.

Nun stiegen von den Pilgern zwei Priestermönche, die gute Stimmen hatten, von den Bänken zum Mast hinauf, dahin, wo man die Seemesse zu lesen pflegt, und stimmten gemeinsam mit starker Stimme den Lobgesang des Ambrosius und Augustinus an: *Te deum laudamus*. Die übrigen Kleriker begleiteten sie nach kirchlichem Brauch, wobei jeder nach der Weise seines Chores sang. Nie hörte ich einen so frohen und wohllautenden Gesang. Es waren viele, die sangen, aber aus der Vielfalt der Einzelstimmen entstand süßer, gegenstimmiger Einklang. Denn alle verwandten zwar dieselben Worte, aber in den Stimmen wichen sie in lieblicher Modulation voneinander ab, und es war herzerfrischend zu hören, wie so viele Kleriker gemeinsam aus frohem Sinn denselben Gesang anstimmten. Da waren viele Lateiner, dann Slawen, Italiker, Lombarden, Gallier, Franken, Deutsche, Engländer, Hiberniker, Ungarn, Skoten, Daker, Böhmen und Spanier und viele, die zwar von gleicher Sprache, doch aus verschiedenen Diözesen oder Orden stammten. Und sie alle sangen wunderbar das *Te deum*, und auch die Weltlichen stimmten ein, sowohl Seeleute wie Pilger, und sangen vor Freude um die Wette mit. Unsere Trompeter schmetterten mit ihren Instrumenten oder spielten auf Schalmeien, ein Spielmann trat mit Handpauke und Harfe auf, und einige andere bliesen mit Flöten und Sackpfeifen.

Landung im Heiligen Land

Inzwischen hatten wir uns dem Heiligen Land genähert und landeten im Hafen von Joppe (Jaffa), und da fanden wir das Schiff des Herrn Agostino vor. Nicht weit von ihm entfernt warfen wir das Lot aus, und als es Grund anzeigte, ankerten wir und machten außerhalb der Felsen der Andromeda fest, die diesen Hafen beschützen. Denn wir wagten nicht, näher ans Ufer zu fahren, um die Sarazenen nicht herauszufordern, deren sicheres Geleit wir noch nicht hatten. Und damit die, die auf den Türmen den Hafen bewachten, erkennen konnten, daß wir in friedlicher Absicht kamen, ließen wir die Rah

herab und rollten das Großsegel ein. Auch keinerlei Festlich-
keit veranstalteten wir, wie wir es sonst in Häfen zu tun
pflegten, keine Fahne wurde aufgezogen, kein Geschütz
abgefeuert, kein Boot zu Wasser gelassen. Jeden Schmuck am
Schiff verhüllten wir, es wurde nicht mit Trompeten, Schalmeien und Hörnern geblasen, sondern wie Furchtsame,
Niedrige, dem Herrn Sultan Tributpflichtige und auf sein
freies Geleit Angewiesene, ja, wie gefangene Knechte der
Mauren und Sarazenen lagen wir, auf Gnade wartend, vor
den Türmen von Joppe.

Der Patron Agostino hatte vor unserer Ankunft bereits
einen Diener zu den Wächtern dort geschickt, um mit ihnen
über freies Geleit lediglich für sein Schiff zu verhandeln. Als
aber die Sarazenen erfuhren, daß noch ein anderes Pilger-
schiff käme, wollten sie von Agostino nichts hören, wiesen
ihn ab und zwangen ihn, auf seinem Schiff zu bleiben, bis
auch das andere angekommen wäre. Das war jedoch nicht im
Sinne der beiden Patrone, von denen aus gegenseitigem Haß
jeder beabsichtigte, seine Pilger für sich, ohne Gemeinschaft
mit den anderen, durchs Heilige Land zu führen. Aber die
Sarazenen standen dem Trachten der Pilger näher als dem
dieser beiden Neider. Denn es war der Wunsch und Wille der
Pilger beider Schiffe, zusammen geführt zu werden.

Am 3. Juli glaubte ich, daß die Zeit gekommen sei, um
meinen Herren meine Absicht, zum Berg Sinai weiterzupil-
gern, zu eröffnen. Ich rief die vier Edelleute allein zusammen, nachdem ich alle Diener entfernt hatte, und sprach mit
Tränen in den Augen und Trauer im Herzen und Antlitz zu
ihnen: »Seht, meine edlen Herren, meine liebsten Söhne,
Brüder und Gefährten, dank eurer Gunst bin ich bis hierher
gekommen. Das bekenne ich, und durch euch hatte ich
Unabhängigkeit und Auskommen in dieser Zeit, wofür ich
unendlich dankbar bin. Aber da ist eine Sache, die mich
schwer bedrückt und unruhig und sorgenvoll macht. Bei
unserer Abreise aus unseren heimatlichen Gefilden war ich
der Hoffnung, daß, wenn Gott uns alle heil bis hierher geleitet hätte, wenigstens einer von euch – wenn nicht alle zusam-

men – nach dem Besuch des Heiligen Landes weiterreisen würde zum Berg Sinai und zur heiligen Katharina, was auch mir die Möglichkeit geboten hätte, zu diesen so heiligen Orten zu gelangen. Aber ach, meine Hoffnung hat mich getrogen, wenigstens bis jetzt. Nun wage ich weder, noch steht es mir zu, um die Erlaubnis zu bitten, von euch wegzugehen und euch im Stich zu lassen, da euch bei der Rückfahrt große Gefahr droht. Wenn ihr freilich geruhen wolltet, mir aus freien Stücken die Genehmigung zu erteilen, so würde ich dies mit größtem Dank als ein Geschenk eurer Güte annehmen. Wollt ihr dies aber nicht, so werde ich gern mit euch nach Venedig zurückkehren, mich dort aber euch zu Füßen werfen und um die Mittel bitten, hierher zurückzufahren. Ich werde niemals die Alpen übersteigen, wenn ich nicht den Berg Gottes Horeb und den Sinai erstiegen und das Grab der seligsten Jungfrau Katharina besucht habe. Darüber habe ich schon vor langem ein Gelübde abgelegt.«

Als aber meine Herren diesen meinen Vorsatz vernommen hatten und sahen, daß es mir ernst war, nahmen sie sich Bedenkzeit, riefen mich nach einer Stunde und gaben mir die Erlaubnis.

»Aber«, sagten sie, »damit Ihr nicht denkt, Ihr wäret uns nicht ein lieber Kaplan gewesen, so wollen wir, wenn wir uns trennen, Euch ein Zeichen unserer Zuneigung geben und Euch bei den Kosten helfen und beistehen. Sollte aber aus jener Reise nichts werden oder wenn es Euch reuen würde, so gehört Ihr zu unserer Gesellschaft wie bisher, und wir werden Euch nach Hause zurückbringen.«

Als ich dies vernommen hatte, dankte ich den Herren mit aller schuldigen und angemessenen Ehrerbietung und versicherte sie für ihre Güte meiner immerwährenden Ergebenheit. Ich versprach ihnen, ich würde diese Reise durchführen, als sei ich von ihnen dazu beauftragt und abgesandt.

Doch auf die Freude folgte sogleich Traurigkeit. Denn als ich mich am Heck mit einem unterhielt, da rief mich der Patron in seinen Privatraum. Ich trat ein und fand bei ihm einen bewaffneten Mamelucken, der in einem Boot von

Joppe gekommen war. Der Patron wollte, daß auch ich die Neuigkeiten, die jener gebracht hatte, hören sollte. Dieser erzählte nun, die Araber hätten das Kloster der heiligen Katharina unter dem Sinai verwüstet und alle Mönche erschlagen, und darum könne es in diesem Jahr keine Wallfahrten zum Sinai geben. Am gleichen Tag kamen noch ein paar Sarazenen, die uns vom Land frisches Brot, Wasser und Trauben zum Kaufen brachten und die dieselben Gerüchte aus Arabien verbreiteten. Als ich diese schlimmen Nachrichten vernommen hatte, war ich zuerst wie vor den Kopf geschlagen. Nach einigem Nachdenken schöpfte ich wieder Hoffnung. Mir kam nämlich sogleich der Verdacht, daß hier durch Machenschaften der Patrone Lügen verbreitet würden, um den Pilgern Schrecken einzujagen, damit die ihren Plan, zum Sinai zu reisen, fallenließen. Denn bei einem jeden, der zum Sinai weiterreist, büßen sie zwölf Dukaten ein, und dies ist für ihre Habsucht so unerträglich, daß sie sich scharfsinnig Lügen ausdenken und diese durch verlogene Sarazenen und abgefallene Mamelucken verbreiten lassen. Daher kümmerte ich mich nicht mehr um dieses Geschwätz und stärkte meine erschreckten Genossen.

Nun stand die lange mit sehnsüchtigem Gemüt erwartete Pilgerschaft unmittelbar bevor. Nachdem die Patrone mit den Präfekten verhandelt und diese genehmigt hatten, daß man uns vom Schiff an Land bringe, kam der ehrwürdige Pater Paulus, Provisor der lateinischen Kirche im Orient und Guardian[9] des Berg-Zion-Klosters, mit seinen Brüdern und dem höheren Kalin[10], einem Sarazenen, der Vorsteher des Hospitals in Jerusalem war, zu uns herübergefahren und nahm mit unserem Patron auf dem Hinterdeck Platz. Nachdem wir alle zusammengerufen worden waren, begann der Guardian, ein bärtiger und gebildeter Mann reifen Alters, uns in einer lateinischen Ansprache höflich und stilvoll zu begrüßen und uns willkommen zu heißen, worauf er uns zu Frömmigkeit, Geduld und vorbildlichem Verhalten ermahnte und ankündigte, er werde uns in Rama die Regeln für unsere Führung durch das Heilige Land und unter den Sarazenen übergeben.

Dann grüßte uns auch der Sarazene, der Herr Kalin, unser Dragoman[11] und Fremdenführer, mit Achtung und verbot, daß jemand Waffen, Schwert oder Bogen vom Schiff mitnehme. Wir sollten waffenlos, wie es Pilgern zukommt, dahinziehen. Nach diesen Ansprachen stieg der Pater Guardian mit den Brüdern und dem Kalin wieder ins Boot und sagte, wir sollten uns rasch fertigmachen und nachfolgen.

Wir packten noch Käse und Rauchfleisch in die Beutel, nahmen die Pilgertaschen und all unser Gepäck, stiegen aus dem Unterdeck zum Heck hinauf und von da ins Boot. Und als wir zum Heiligen Land hinüberruderten, sangen wir mit lauter Stimme: »In Gottes Namen fahren wir, seiner Gnaden …« Nach unserem Dankgebet stiegen wir hinauf durch die herausragenden Felsen, die hier ringsum das Meer begrenzen. Oben standen der Pater Guardian und seine Brüder mit den Vorstehern des Landes, den Ältesten der Sarazenen und Mauren sowie mit einem Schreiber. Sie stellten sich derart zu beiden Seiten auf, daß die Pilger mitten zwischen ihnen hindurchgehen mußten. Und es konnten nicht zwei gleichzeitig vorankommen, sondern nur einer hinter dem andern. Sie ließen uns auch nicht gleichmäßig zugehen, sondern hielten jeden an, faßten ihn scharf ins Auge und fragten nach seinem und seines Vaters Namen, und der Schreiber trug beide in seine Liste ein. Ich weiß aber nicht, welche Schwierigkeiten der Name Felix ihnen in ihrer Sprache macht, denn sowohl bei der früheren wie jetzt bei dieser Reise mußte ich ihn mehrmals wiederholen, und dennoch konnten sie ihn weder herausbringen noch aufschreiben, und sie setzten mit einem vorangestellten seltsamen Diphtong und gebrochenen Kehllauten einen für mich unaussprechbaren an seine Stelle. Diese Schwierigkeit mit meinem Namen habe ich später besser verstanden. Ich kam in ein vertrautes Verhältnis zu einem Sarazenen, der mich mehrmals auf italienisch nach meinem Namen fragte, und als ich ihn genannt hatte, konnte auch er ihn auf keine Weise aussprechen. Sondern er machte daraus etwas, das schrecklich klang, worüber ich erstaunt war, weil er doch des Italienischen mächtig war.

Sogleich nachdem der Name des Pilgers und der seines Vaters aufgeschrieben waren, ergriffen bereitstehende Sarazenen einen jeden und führten ihn zum Eingang eines der finsteren, alten und ruinösen Wohngewölbe, in das sie ihn so hineinstießen, wie man ein Schlachtlamm in den Stall zu treiben pflegt. Als wir nun in diese Höhlen hineingestoßen worden waren, fanden wir unsere Bleibe ekelhaft verschmutzt und mit Urin und menschlichem Kot besudelt, es gab keinen Platz zum Sitzen als im Unrat. So war ein jeder gezwungen, sich ein Plätzchen für sein Hinterteil zu säubern und den Kot mit den Füßen in die Mitte zu schieben, so daß dort im Inneren des Wohnraums ein großer Haufen von Kot und Unrat sich auftürmte. Und wir setzten uns ringsum an die Wände, einer neben den andern wie auf dem Schiff, auf den nackten und feuchten Boden. Was für ein elendes Wirtshaus, welch verkommene Herberge, was für ein verdreckter Wohnort!

Wie wir uns nun an diesem schändlichen Ort befanden, da kamen arme Sarazenen und verkauften uns Stroh und Reisig, womit wir den befeuchteten Boden bedeckten und Lagerstätten errichteten. Danach traten Kaufleute, die von Jerusalem und Rama gekommen waren, mit ihren wohlriechenden Waren zu uns herein und machten einen Markt auf. Sie hatten in Gläsern kostbarstes Rosenwasser aus Damaskus und verkauften eines um einen venezianischen Denar. Einige boten Balsam, andere Edelsteine oder schneeweiße Leinenbänder und Turbane feil, und noch vielerlei Kostbares und Duftendes wurde zu uns gebracht, denn die Kaufleute und die Sarazenen überhaupt gebrauchen wohlriechende Salben und Duftwasser so sehr, daß man noch aus der Ferne ihren Geruch wahrnimmt. Schließlich verbrannten die Kaufleute, die den Gestank und Schmutz nicht mehr ertragen konnten, Weihrauch und arabischen Thymian. So kam es, daß dieser scheußlich stinkende Ort sich in eine süß duftende Apotheke verwandelte, und die, die ihn zuvor verunstaltet hatten, machten ihn nun selber sauber, indem sie den Schmutz an ihren Füßen hinaustrugen.

Als es Abend und schon dunkel geworden war, kam

jemand und stellte sich in die Tür der Höhle, nannte mich beim Namen und rief: »Herr Felix, kommt heraus!«

Erschrocken antwortete ich, ich sei schon zur Ruhe gegangen und wolle nicht mehr hinausgehen, aber er begann mich anzuflehen, es sei höchste Not. Da ging ich hinaus zu ihm, es war ein Bootsmann von unserem Schiff, den einer schickte, der in Todesnot war und mir beichten wollte. Wenn ich auch höchst ungern auf das Schiff zurückkehrte, so mußte ich mich doch um die Seele meines Bruders kümmern. Also stieg ich in der Nacht ans Meer hinab und fuhr im Boot durch die gefährlichen Klippen zur Galeere, die vom Ufer etwa so weit entfernt lag wie Söflingen[12] von Ulm, und sprach sogleich jenen Kranken los. Dann holte ich mein Bett von meiner Lagerstatt herauf und schlief auf einer Bank, von der aus ich das Ufer sehen konnte, um, falls die Pilger aus den Höhlen zum Aufbruch geholt würden, jede Bewegung der Heerschar wahrnehmen zu können. Denn ich hätte an dem Entfernen der Lampen, die bei den Zelten der maurischen Herren brannten, erkannt, daß das Abrücken bevorstand. Neben jedem Zelt hingen nämlich sechs brennende Leuchten an hohen Stangen zum Lobpreis des Mahomet, zu Ehren der dort Schlafenden und zur Ermutigung des Volkes. Ich sah sie vom Meer aus und hatte großes Mitleid mit meinen Herren und den Pilgerbrüdern, die in ihrer schmutzigen und dunklen Höhle lagen und ganz auf ein beruhigendes Licht verzichten mußten, während die sarazenischen Hunde sich an der üppigen Beleuchtung erfreuten.

Am 7. Juli stieg ich noch vor Sonnenaufgang ins Boot und kehrte durch die zwischen den Felsen schäumenden Wellen eilig ans Ufer zurück, denn ich dachte, wir würden nun bald aufbrechen. Doch weil unsere Patrone uneinig waren, wurden wir weiter hingehalten.

Aufbruch nach Jerusalem

Am 9. Juli, lange bevor es anfing hell zu werden, kam ein Sarazene mit einem Licht in unsere Höhle und hieß uns aufstehen zum Aufbruch. Wir stiegen hinunter zum Standplatz der Esel, wo auch die Eseltreiber standen und auf uns warteten. Und sobald ein Pilger auf den ebenen Boden kam, packte ihn der nächststehende Treiber und schleppte ihn zu seinen Tieren. Daher kann es vorkommen, daß zwei oder drei an einem einzigen Pilger zerren, der eine auf die eine Seite hin, der andere auf die andere.

Als ich auf dieser Reise von dem Ort, wo die Aufseher standen, hinunterging, wünschte ich meinen Eseltreiber von der ersten Pilgerfahrt zu finden, und bevor ich zur Eselherde kam, rief ich laut schreiend »Galelacassa«. Wie die anderen Eselführer das hörten, zog mich keiner zu seinen Tieren, da sie sahen, daß ich einen Bekannten hatte. Während ich so schrie, kam der Herr meines Eselführers, Galela, den ich ja nicht kannte, zu Pferde sitzend, ein wirklich edler Sarazene, zu mir hergeritten und tupfte mich leicht an mit dem Stock, den er in der Hand hielt, und gab mir dadurch ein Zeichen, daß ich schweigen und in Ruhe bei ihm stehenbleiben solle. Als ich aber so dastand, und alle anderen hin und her liefen zu den Eseln, geriet ich in Sorge, ob vielleicht der Sarazene sich gar nicht um mich kümmern wolle, und ich war bestrebt, von ihm wegzugehen. Er sah das, und sprach einige Worte auf arabisch zu mir, die ich nicht verstand. Doch das sagte er, wie ich es hinterher deuten konnte: »Bleib hier bei mir stehen, ich bin Galela, und mein Knecht Cassa wird sogleich zu mir kommen und dich vom Tier aus schon von ferne sehen.«

Endlich kam Cassa zu seinem Herrn Galela. Als er mich sah, erkannte er mich sofort und ich ihn, und er eilte, nach Art der Sarazenen mich zu küssen, und empfing mich mit fröhlichem Gesicht, höchst erfreut und erstaunt über meine Wiederkehr, und redete unter Lachen zu mir, was ich jedoch

Eseltreiber

nicht verstand. Ich hatte aber von Ulm zwei eiserne Rasseln mitgebracht, die ich ihm schenkte, und die er mit Zeichen großer Freude annahm. Er führte mich sodann in die Herde zu seinen Eseln und wies mir das allerbeste Tier zu.

Die Herren und Adligen wunderten sich über solche Freundschaft eines Sarazenen zu mir, hatten die Pilger doch häufig viel Ärger zu ertragen von ihren Treibern an Schlägen, Abwürfen von den Eseln und Diebereien. Von dem allen blieb ich verschont, und wie auf der ersten Reise, so hat er mich auf dieser zweiten treulichst bedient; und in allem, zu dem ich ihn rief, hat er sich ganz nach meinem Willen gerichtet, als sei ich sein Fürst. Er wechselte oft meine Esel aus. Und damit er mir als besonders gefällig im Gedächtnis bliebe, hob er mich beim Aufsteigen auf den Esel hoch und hielt mich auf abschüssigen und holprigen Straßen fest, daß ich nicht falle, bot mir aus seinem Krug Wasser an und gab mir von seinen Speisen. Er stieg auch über die Umfriedungen in Gärten ein und brachte mir von dort Feigen und Trauben und Äpfel. Den Stachelstock, den er für seinen eigenen Esel benutzte, gab er mir, wo doch andere Eseltreiber es nicht dulden, daß die Pilger Stöcke haben, um die Esel anzustacheln. Wegen dieser ergebenen Dienste meinten die Adligen und meine Gefährten, daß ich ihm heimlich viele Denare zusteckte. Aber es war nicht so, ich habe ihm nämlich gar nichts gegeben, außer wozu ich verpflichtet war.

Als nun alle bereit waren, brachen die Patrone und Aufseher auf, sie zu Pferde reitend, wir auf den Eseln folgend. Die Knechte der maurischen Herren ritten hinter den Pilgern, unsere Eseltreiber begleiteten uns. Und in dieser Ordnung zogen alle in großer Eile vom Meer weg. Es war eine gewaltige, aus Sarazenen und Christen gebildete Heerschar. Wir kehrten dem Meer den Rücken, das sich von Norden nach Süden erstreckt und Joppe als in der Mitte liegenden Hafen hat. Dreimal aber kamen Araber auf uns zu, die dort an verschiedenen Plätzen des Heiligen Landes herumschwärmten. Weil wir aber von bewaffneten Verteidigern gut beschützt waren, wurden sie nicht gewalttätig, weder mit Steinen noch mit Waffen, sondern drängten sich heimlich in unsere Schar an die Seite der Pilger und gaben sich große Mühe, Beutel, Kleidungsstücke und dergleichen zu stehlen.

Nach einem Aufenthalt in der Stadt Rama zogen wir gegen Abend weiter. Wir kamen zu einer kleinen Ortschaft, in der es eine gute und kühle Quelle gab. Und dort am Abhang des Berges auf einem steinigen Ackerfeld setzten wir uns, nachdem die Esel den Eseltreibern überlassen worden waren, auf die Erde. Unsere Führer mit ihren Pferden und die Eseltreiber mit den Eseln lagerten sich rings um die Pilger. Wir zündeten Lichter an und holten aus unseren Säckchen hervor, was wir von Rama mitgebracht hatten. Und die Eseltreiber brachten uns Wasser, das wir ihnen abkauften. Dorfbewohner trugen Brote, Früchte und Wasser herbei,

Pilger

wovon wir nach Belieben kauften, und so hielten wir Mahlzeit.

Nun aber war unser Rastplatz ganz voll mit Steinen und sehr uneben, so wie die Alblandschaft zwischen Ulm und Wiesensteig. Unter den Steinen hielten sich Skorpione verborgen, die wir jedoch nicht beachteten, bis wir sie durch unsere Lichter bemerkten. Aber als die Sarazenen sahen, daß wir ängstlich waren, sagten sie, wir sollten ohne Furcht ruhen, weil die Feldskorpione nicht gefährlich seien. Und beruhigt rührte sich keiner von seinem Platz. Dann, als wir saßen und ruhten, ging vor unseren Augen der Mond auf. Wir hatten an seinem Erscheinen eine einzigartige Freude, denn für die, die nicht schlafen können, bietet sich ein wunderschöner Anblick, wenn er mehr und mehr die Finsternis aufhebt und die Schatten verscheucht.

Anderntags stiegen wir vom Talgrund den Abhang hinauf

gegen Silo zu, weil die Mitte des Tales uns wegen seiner Enge nicht fassen konnte. Seitwärts von Silo kamen wir heraus und sahen große alte Mauern und Kirchenruinen auf der Bergeshöhe. Und als wir unsere Augen gen Osten richteten, erblickten wir den heiligen Berg, den Ölberg, und auf seinem Gipfel die Kirche der Himmelfahrt des Herrn. Doch die Heilige Stadt konnten wir noch nicht sehen, obwohl sie uns näher war als der Ölberg. Wie ließen Silo hinter uns und kamen beim Weiterziehen in den heiligen Flecken Emmaus, der von Jerusalem 60 Stadien entfernt ist. Das macht sieben römische oder eineinhalb deutsche Meilen, und 60 Stadien ergeben 7 500 Schritte.

Nun stiegen wir aus dem Terebinthental hinauf, verließen die östliche Richtung, rückten am Bergabhang nach Süden vor, kamen zu Baumgärten mit Ölbäumen und Feigen und stiegen zwischen den Gartenmauern bergauf. Als wir unsere Augen nach rechts richteten, siehe, da leuchtete die Heilige Stadt hervor, das oft genannte und viel öfter zu nennende Jerusalem, von dem wir jenen Teil sahen, der mit dem Berg Zion vereinigt ist. Auch den heiligen Berg Zion selbst erblickten wir mit all seinen Gebäuden und Ruinen. Sobald wir der lange ersehnten Heiligen Stadt ansichtig wurden, sanken wir von den Eseln und warfen uns auf die Erde, grüßten Jerusalem aufs demütigste und ehrten Gott den Herrn, ihren König.

In der Heiligen Stadt

Bald darauf kamen wir auf den Walkersacker[13] neben der Burg, die der Sultan dort hatte bauen lassen, stiegen von den Eseln und übergaben sie den Eseltreibern. Wir nahmen unsere Säckchen auf und schritten zu zwei und zwei geordnet auf das Tor der Kaufleute oder Fischer zu, in ehrfürchtigem Schweigen und mit vor der Brust gefalteten Händen.

Einige von den Pilgern aber legten aus Ehrfurcht ihre Sandalen ab und gingen die ganze Zeit über, während wir im Heiligen Land verweilten, auf bloßen Füßen einher.

Am Tor angelangt, traten wir mit gesenkten Häuptern ein, gingen durch eine lange Gasse und kamen zu einer großen verschlossenen Kirche, vor der sich eine geräumige und schöne, mit weißen polierten Marmorplatten belegte Vorhalle befand. Als wir davor standen, trat einer der Fratres vom Berg Zion an eine höher gelegene Stelle und verkündigte uns, daß dies die allerheiligste, für die ganze Welt verehrungswürdigste Kirche sei, in welcher der kostbarste Schatz der Christenheit, nämlich das Grab des Herrn, verborgen liege. Als wir dies hörten, warfen wir uns auf dem Vorplatz vor der Kirchentür nieder, beteten und küßten den Boden wieder und wieder.

Von der Vorhalle zogen wir über eine Straße gegenüber dem Bezirk des Heiligen Grabes aufwärts und gelangten zum Hospital des heiligen Johannes. Das ist ein großes, mit Gewölben versehenes Wohngebäude, das allerdings nur noch einen Teil des alten Hospitals ausmacht. Und dort vereinigten sich die Pilgergruppen. Die Edelleute aus Schwaben, meine Herren, hatten einen Platz am Ende des Wohnhauses, in einem abgeschlossenen, schönen und anständigen Raum.

Später schickte der Pater Guardian vom Berg Zion zwei Fratres zum Hospital mit dem Auftrag, daß alle, die dem geistlichen Stand angehörten, auf den Berg Zion geführt würden. Es war nämlich üblich, daß die Geistlichen bei den Minoritenbrüdern auf dem Berg wohnten. Unter diesen war ich mit zwei Brüdern vom Predigerorden, der eine aus Frankreich, der andere aus Italien. Wir wurden vom Hospital in das Kloster der Minoritenbrüder geleitet, die uns mit Hochachtung empfingen und behandelten. Auch eine eigene Zelle wiesen sie uns dreien zu, und so aßen, tranken, schliefen wir und dienten Gott in der Gemeinschaft mit ihnen. In dieser Zelle blieb ich nach der Abreise aller Pilger viele Tage in gutem Frieden und allerbester Fürsorge durch

Jerusalem

CIVITAS·IHERVSALEM

die Freundlichkeit der Patres und Fratres der Minoriten vom Berg Zion.

Niemand soll glauben, daß der Besuch der heiligen Stätten keine große Mühe mache, das Gegenteil ist der Fall: Einmal der starken Sonnenhitze wegen, dann wegen des Hin- und Hergehens, des Niederkniens und Niederwerfens und am allermeisten wegen der geistigen Anstrengung, mit der jeder sich der tiefen Andacht und der frommen Betrachtung dessen, was ihm an den heiligen Orten gezeigt wird, hingibt. Das alles ist nur mit großer Anstrengung möglich und bedarf ständiger Versenkung und nicht nur des Herumspazierens.

Die Pilger ins Heilige Land pflegen zu den heiligen Stätten eine Auswahl von goldenen und silbernen Ringen, von Kugeln aus wertvollen Steinen für Rosenkränze, von kleinen Kreuzen aus Gold oder Silber sowie andere leicht tragbare Schmuckstücke mit sich zu führen, die sie von ihren Eltern oder Freunden erhalten oder in Venedig beziehungsweise an überseeischen Orten für ihre Lieben gekauft haben. Und immer, wenn sie zu Reliquien oder an einen heiligen Ort kommen, dann nehmen sie diese Kleinode und berühren mit ihnen die Reliquie oder den heiligen Gegenstand, damit diese etwas von der Heiligkeit aufnähmen und so zu ihren Lieben kostbarer und wertvoller zurückgebracht würden. Ich war der Geringste und Ärmste unserer Gesellschaft, doch trug ich viele kostbare Kleinode bei mir, die ich von meinen Freunden, Gönnern und Gönnerinnen erhalten hatte, damit ich mit ihnen die Reliquien und Gnadenstätten, zu denen ich käme, berührte und sie ihnen als Geschenk zurückbrächte. Unter anderen hatte der hochwürdige Herr Johannes Ehinger, damals Bürgermeister von Ulm, mir seinen ihm teuersten Ring anvertraut, den sein Vater Jakob Ehinger auf dem Sterbebett vom Finger gezogen und ihm übergeben hatte, so wie er selbst ihn einst von seinem Vater erhalten hatte. Ich glaube, er war ihm wertvoller als 100, gewiß mehr als 200 Dukaten. So also traten wir, als das Volk sich verlaufen hatte, näher und vollzogen wie beschrieben die Berührungen. Es war dies aber meine Aufgabe, ich erhielt vor den Reliquien und heiligen Dingen die Schmuckstücke von allen weltlichen Mitpilgern und nahm die Berührungen mit meiner Hand vor, danach gab ich sie ihren Besitzern zurück. Einige von den Adligen aber beließen sie ständig bei mir. Und so hielten wir es auf der ganzen Pilgerreise.

Der Ritterschlag in der Grabeskirche

Am 17. Juli, am Vorabend des heiligen Bekenners Alexius, wurden wir, nachdem wir in Bethlehem gewesen waren, in den Vorhof des heiligen Tempels gerufen. Wir beeilten uns also und gingen hinunter. Dort trafen wir zwar viele Sarazenen und Händler an, fanden aber nichts, was an Eßbarem zum Kauf angeboten wurde. Darüber waren wir bestürzt, weil wir müde waren von der Reise, kaum geruht und nichts gegessen hatten und in der Hoffnung so schnell herabgeeilt waren, wir könnten im Vorhof Speisen einkaufen, um sie dann in der Kirche zu verzehren. Aber niemand brachte etwas. Ich weiß nun aber nicht, aus welchem Grund das so war oder wer die sarazenischen Tempelwächter veranlaßt hatte, es zu verhindern, daß jemand aus der Stadt für die Pilger Lebensmittel herbeibrächte.

Ich dachte mir aber, daß dies vielleicht auf Anordnung des ehrwürdigen Pater Guardian so geschah, um dem unziemlichen Benehmen der Pilger einen Riegel vorzuschieben, denn einige von ihnen saßen die ganze Nacht in der Kirche und aßen und tranken.

Sowie nun alle beisammen waren, öffneten die maurischen Herren die Flügeltür der heiligen Kirche und ließen uns ein. Mit uns zusammen gingen auch Fratres vom Berg Zion hinein, unter ihnen ein stattlicher Mann, Johann von Preußen, der Verwalter der Brüder vom Zionberg, der zwar weltlichen Standes ist, in seiner äußeren Erscheinung und seiner Le-

Grabeskirche

bensführung aber der Ordensregel folgt. Er trägt nämlich aus
eigenem Entschluß die Tracht des dritten Ordens des heiligen Franziskus, dem er sich jedoch nicht durch das Regel-
gelübde verpflichtet hat. Dieser Mann ist von adliger
Abstammung, aus einem Grafengeschlecht, ein Deutscher
aus Preußen, von hochgewachsener Statur, er trägt einen langen Bart und stellt mit seinen ehrwürdigen grauen Haaren
eine edle Erscheinung dar. Er ist ein sehr reifer Mann mit reicher Erfahrung, von ruhigem Wesen, gewissenhaft und gottesfürchtig. Dieses Lob zolle ich jenem bewährten Manne
nicht etwa vom Hörensagen, sondern aus sicherer Kenntnis.
Er hat Vollmacht von Papst und Kaiser und die Billigung der
Könige und Fürsten der Christenheit, adlige Pilger, die zum

Heiligen Grab des Herrn kommen, zu Rittern zu ernennen und ihnen den Ritterschlag zu erteilen. Er ist auch dem Sultan wohlbekannt, der ihn in hohen Ehren hält.

Daher wurde ihm von den Herren des Landes die Erlaubnis erteilt, die heiligen Stätten mit Einfriedungen zu versehen. Dieser Mann sorgt dafür, daß die Schäden an der heiligen Grabeskirche und der Kirche in Bethlehem ausgebessert werden; er genießt in Jerusalem ein solches Ansehen, daß sogar Sarazenen und Juden ihn fürchten und die Kinder sich vor ihm verstecken.

Als nun die Prozession in der Grabeskirche vollzogen und zu Ende gebracht war, berief der Frater Johannes eine Stunde vor Mitternacht alle adligen Pilger, welche die Ritterschaft empfangen wollten, zu sich in die Golgathakirche, das heißt, in den Chorraum, der die Weltmitte ist, und begann den vor ihm versammelten Grafen, Baronen und Adligen die Satzung der Ritterschaft vorzulegen.

Als erstes verbot er, daß sich jemand zum Empfang der Ritterschaft anzutreten erlaube, von dem nicht durch vier Großeltern erwiesen sei, daß er von adligem Stande wäre, auch sollte er selbst von guter Art sein, rechtschaffen, nicht verrufen und keiner schmählichen Unehrenhaftigkeit schuldig. Er gab öffentlich bekannt, falls ein Unwürdiger erschiene und sich dem Ritterschlag unterzöge, würde dieser Ritterschlag keine Gültigkeit haben und ein solcher Mensch keinesfalls als ein Ritter gelten, sondern als ein Verhöhner und Verächter der Adligen.

Dann ermahnte er sie, daß sie in Gottesfurcht und Ehrerbietung zum Empfang der Ritterwürde herantreten sollten und sowohl dem Papst wie auch dem Kaiser, in deren Namen ihnen diese Ehre erwiesen werde, in allen Dingen gehorchten, die katholische Kirche schützten und ihre Rechte wahrten, Bischöfe, Mönche und alle Angehörigen des geistlichen Standes und alle Kirchenleute, deren Sitze wie auch deren Güter, bewahrten und behüteten; das Gemeinwesen in Frieden regierten; Waisen und Witwen, Fremdlingen und Armen Gerechtigkeit verschafften und alle bedrohten Gläubigen aufrichteten, indem sie ihnen Beistand leisteten, sobald sie darum angerufen würden.

Ferner gab er als Verbot bekannt, daß sie mit den Ungläubigen sich durch keinerlei Vertrag verbünden dürften, sondern diese möglichst weit aus den christlichen Ländern vertrieben; und besonders, daß sie mit aller Tatkraft danach trachteten, das Heilige Land und das Allerheiligste Grab den Händen der Ungläubigen zu entreißen, und daß sie dazu Könige, Fürsten, Herzöge, Markgrafen, Grafen und andere Krieger herbeiführten, damit dem Heiligen Land je eher, je besser geholfen würde, und daß sie jedermann ermutigten, ihm zu Hilfe zu eilen, wie sich ernstlich bemühten, den Gläubigen mit allem Eifer das Schicksal und die klägliche Preisgabe des Heiligen Grabes bewußt zu machen, und daß sie selbst jederzeit bereit seien, zum Schutz des Heiligen Landes auszuziehen.

Nachdem der Frater dies und mehr vorgetragen hatte, ging er in das Grabgebäude des Herrn hinein, und alle Adligen folgten und stellten sich vor dem Eingang des Grabmals auf. Er hatte aber auf einer Liste die Namen all der Adligen, welche die Ritterschaft erlangen wollten, in der Reihenfolge ihres Adelsranges, und in dieser Folge erteilte er ihnen auch den Ritterschlag.

Zuerst rief er demnach den edlen Herrn Johannes Graf von Solms zu sich ins Innere der Grabhöhle, wo sich die allerheiligste Grablege befindet, gürtete ihm ein ritterliches Schwert um die Hüfte und schnallte ihm Sporen an die Füße; dann hieß er ihn, niederknien und sich über die Grabstätte des Herrn beugen, so daß seine Knie den Boden berührten und Brust und Arme auf der Grabplatte lagen. Als er sich nun niedergebeugt hatte, ergriff Frater Johannes das Schwert, mit dem der Graf zuvor umgürtet worden war, zog es aus der Scheide und schlug ihn im Namen des Vaters und des Sohnes und des Heiligen Geistes mit der flachen Klinge dreimal auf die Schulter. Als dies geschehen war, hob er den Grafen auf, nahm ihm Schwert und Sporen ab, küßte ihn und entbot ihm den achtungsvollen Segenswunsch.

Nachdem dem Grafen von Solms auf diese Weise die Ritterschaft zuerkannt worden war, rief Frater Johannes den edlen Baron, meinen Herrn, Johann Werner von Zimmern und übergab das Schwert und die Sporen dem Grafen, damit der den Baron zum Ritter schlage, was er auch tat. Danach trat mein Herr Baron Heinrich von Stoffeln ein, den Johann von Zimmern zum Ritter schlug. Von jenem wurde dann mein Herr Johann Truchseß zum Ritter geschlagen, der wiederum meinen Herrn Urs von Hohenrechberg zum Ritter schlug. Als diese nun der Ritterschaft teilhaftig und wieder aus dem Grab entlassen waren, traten die anderen Adligen der Reihe nach ein und empfingen die Ritterwürde.

Bei meiner ersten Pilgerreise hatte Frater Johannes selbst alle Edelleute mit eigener Hand zum Ritter geschlagen, weil damals keine dabei waren, welche die anderen im Adelsrang überragten. Ein Gleichrangiger aber schlägt einen Ebenbürtigen nicht zum Ritter.

So wurden also in dieser Stunde alle Adligen zu Rittern, und jeder übergab beim Empfang der Ritterwürde, je nach seinem Vermögen, dem Frater Johannes ein namhaftes Geschenk, einige zehn Dukaten, andere acht, manche sechs, wieder andere fünf, zur Instandsetzung des Heiligen Grabes und der Kirche und zur Ehre der heiligen Stätten, auch zum Unterhalt für die Fratres, die das Heilige Grab bewachen, und zum Anzünden der Lampen und zu anderen Verwendungen, von denen der Frater Johannes weiß, daß sie nötig sind.

Der kühne Sinn von Adligen hat sich seit alters nicht mit dem von ihren Eltern oder Vorfahren ererbten Besitz zufriedengegeben, sondern es sich zur Gewohnheit gemacht, viel Mühe und Schweiß darauf zu verwenden, dem eigenen Namen Ruhmesdenkmale zu setzen. Als Beispiele für Adlige aus neuer Zeit laßt uns die ruhmreiche Schar unserer adligen Pilger betrachten, die soeben mit den Weihen der Ritterschaft ausgezeichnet wurden; sie könnten ja in ihren Städten und Wohnplätzen, ihren Schlössern, Landsitzen und Gütern im Überfluß leben, sich an Lustbarkeiten erfreuen und in Ruhe genießen, was ihnen beliebt; sie könnten an vergnüglichen Spielen, Theateraufführungen und mutigen Lanzenstechen und Turnieren teilnehmen; sie könnten auch Jagden und Tanzvergnügen veranstalten oder sich in Frieden dem Kult der Ceres, des Bacchus und der Venus hingeben. Aber sie hatten eingesehen, daß es sinnlos ist, sich immer vom Müßiggang leiten zu lassen, und lasterhaft, an diese Dinge sein Herz zu hängen. Deshalb faßten sie den Entschluß und streckten sich in glühendem Verlangen nach dem höchsten Gipfel ritterlicher Würde aus, nicht nach irgendeiner beliebigen Ritterschaft, sondern der edelsten und vortrefflichsten, die man auf dieser Welt gewinnen kann. Und das ist die Ritterschaft vom Heiligen Grab des Herrn, sie ist die höchste und vornehmste von allen Ritterwürden.

Diese jerusalemische Ritterschaft ist auch vorteilhaft wegen der mannigfachen Erfahrungen, die jemand dabei sammeln kann: Ein Adliger, der sich nach Jerusalem auf die Reise macht, erfährt viel über den Gang der Welt auf dem Meer und in den Gebieten beiderseits davon sowie über die Sitten und Verschiedenheiten der Menschen. Er erlangt nämlich Kenntnis über Gläubige und Ungläubige, weil er Christen, Türken, Sarazenen, Mamelucken, Tataren, Araber, Juden, Samaritaner, Mauren, Griechen, Nubier, Jakobiten, Abessinier oder Inder, Georgier, Armenier, Ungarn, Dalmatier, Pannonier, Achäer, Italiener, Franzosen, Engländer und Deutsche sieht und sich eine Weile unter ihnen aufhält, also kurz und gut, alle möglichen Abendländer und Orientalen kennenlernt, wenn er ein Mann ist, der sich mit Bedacht umschaut.

Ich behaupte ganz entschieden, daß sich jemand in 40 Wochen auf dieser Pilgerfahrt besser kennenlernt, als sonst in 40 Jahren. Ich gestehe, daß ich nie und nirgends meine Unvollkommenheit und Hinfälligkeit besser und deutlicher erkannt habe als bei diesem Umherschweifen, und dies besonders im Schiff auf dem Meer und unter dem Zelt in der Wüste; denn an diesen Orten bleibt nichts bei einem Menschen verborgen. Ich weiß, daß meine adligen Gefährten und Herren mich und meine ganze Art besser kennen als die Ordensbrüder, mit denen ich 30 Jahre gelebt hatte, und daß ich diese Ritter genauer kenne, als ihre eigenen Frauen, Eltern, Kinder oder Diener das tun. Denn keiner der Pilger kann in diesen Nöten und Widrigkeiten seine Selbstbeherrschung ganz wahren, sondern alles Verborgene kommt zu seiner Zeit zum Vorschein.

Nachdem nun alles vollbracht war und wir auf die moslemischen Herren warteten, daß sie uns hinausließen, da erhob sich plötzlich ein Zank und Hader unter den neu geweihten adligen Rittern, und es entstand ein arger Lärm darum, daß einer von den Pilgern sich eingedrängt hatte und zum Ritter ernannt worden war, der jedoch aus vielen Gründen unwürdig schien. Er war zwar ein guter und fröhlicher Gesell, aber für die Ritterwürde kam er nicht in Frage. Ihn schalten die ritterlichen Pilger, die Grafen und Barone, für seine Verwegenheit; andere Ritter aber, die ihm verbunden waren, verteidigten ihn, und so standen sie in der heiligen Kirche einander gegenüber und schrien sich an.

Als aber der Handel vor den Frater Johannes kam, rief er alle Ritter in der Golgathakirche vor dem Hochaltar zusammen und beschwor denjenigen, dessentwegen der Streit ausgebrochen war, und all seine Gefährten im Namen Gottes, daß sie die Angelegenheit dieses Mannes vortragen sollten. Nachdem er sie angehört hatte, erklärte der Frater Johannes, daß der Betreffende keineswegs ein Ritter sei und auch nicht als solcher zu gelten habe. Und so wurde der Streit in Ruhe und Frieden beigelegt. Und jenem guten Gesellen wurde die Ritterschaft abgesprochen. Alsbald aber, während wir immer noch über diese Sache sprachen, kamen die Mauren und trieben uns aus der Kirche, und wir gingen in unsere Quartiere zum Essen und Ausruhen. Diesmal stieg ich allerdings nicht mit den Fratres auf den Berg Zion hinauf, sondern wurde von meinen Herren, den neu geweihten Rittern, gebeten, an diesem Tag bei ihnen im Hospital zu bleiben und ihnen über die Bedeutung der heiligen Ritterschaft eine Ansprache zu halten. Das tat ich auch, und zwar in einfacher, allgemeinverständlicher deutscher Sprache, da sie als Weltliche des Lateinischen nicht kundig waren.

Am 19. Juli nahmen wir nachmittags nach dem Essen unsere Reisesäckchen und warteten im Vorhof der Zionskirche auf unsere Führer und die Treiber mit den Eseln. Endlich, nach langem verdrießlichem Warten, als es schon Zeit für das Abendgebet war, kamen sie mit den Tieren, um uns zum Jordan zu führen. Und als sie eingetroffen waren, liefen die Pilger zu den Tieren hin, um sie zu besteigen. Darauf ritten wir vom Berg Zion in das Tal Josaphat hinunter, überschritten den Bach und ritten auf der anderen Seite den Talgrund hinauf, der den Ölberg vom Berg des Ärgernisses trennt. Auf diesem Weg zeigte man uns ein altes, mit Bogenwerk versehenes, verlassenes Haus, von dem man sagte, es sei das Haus des Verräters Judas Ischariot gewesen. Dieses Haus betrachteten wir zwar, aber mit Verachtung.

Inzwischen ging der Mond auf, und wir ritten in großer Eile bergab auf gefährlichem Steig, an Schluchten entlang und über abschüssigen Fels. Auf diesen Wegen können Esel sicher und ohne Unfall gehen und sich mit erstaunlicher Geschicklichkeit über das Felsgestein hinabtasten, was einem Pferd nicht gelingen würde. Die Wege in dieser Einöde sind sehr steinig, zumeist hoch gelegen und schmal, und zu beiden Seiten befinden sich tiefe Täler. Käme ein Tier auf dem abschüssigen Gestein zu Fall, würde es sogleich in eine tiefe Schlucht stürzen, Reiter und Tier wären verloren.

Ich staunte über die Frauen, unsere Reisegefährtinnen, gelten doch Frauen als von Natur aus furchtsam, daß sie so mutig und unerschrocken dahinzogen. Hohe Achtung nötigten diese alten Frauen uns ab durch ihre unermüdliche Ausdauer. Daher sagte ein Ritter zu mir: »Siehe, Frater, ich glaube nicht, daß diese alten Frauen weibliche Wesen sind, sondern Geister. Denn Frauen, zumal bejahrte, sind zerbrechlich, zart und verwöhnt, diese aber sind hart wie Eisen und robuster als sämtliche Ritter.«

Aber auch eine sarazenische Frau ritt mit uns bis nach Jericho. Sie war jung und auf ihre Weise geschmückt, doch konnte keiner ihr Gesicht sehen, weil es mit einem schwarzen Schleier verhüllt war, sie selbst jedoch konnte uns mit ihren Blicken mustern.

Endlich aber kamen wir am Ende des Abstiegs in die Ebene von Jericho, die am Fuß des Gebirges Israel beginnt, und zogen eilig durch Jericho hindurch und an dem Ort Gilgal vorbei, fast drei Stunden über eine ebene Fläche und gelangten zu der Einöde am Jordan, durch die wir abwärts ritten, bis wir das Flußbett erreichten. Dort überließen wir nun die Esel den Treibern und entfernten uns auch von den Sarazenen, die sich unter den Sträuchern zum Ausruhen niedersetzten. Wir aber stiegen zum Bett des heiligen Flusses bis an das Wasser hinunter, erfrischten unsere Hände, legten uns auf dem Sand zur Ruhe und ruhten dort in Frieden ein wenig, weil der Tag nicht mehr ferne war.

Nachdem es hell geworden war und wir unsere Gebete beendet hatten, legten wir die Kleider ab, um im Fluß zu baden. Als das unsere Führer sahen, gaben sie zwar die Erlaubnis dazu, aber erteilten auch drei Verbote: Keiner dürfe an das andere Ufer hinüberschwimmen, keiner im Wasser untertauchen und keiner von diesem Wasser etwas in Fläschchen füllen, um es über das Meer in seine Heimat mitzunehmen.

Die Begründung für das erste Verbot war, daß ganz allgemein die Hinüberschwimmenden ihr Leben aufs Spiel setzten und diejenigen, die den Fluß durchschwämmen, nie ohne irgendeinen Zwischenfall zurückkämen. Der Grund für das zweite war, daß der Untergrund des Jordans schlammig sei und einer, der hinuntertauche, dort steckenbleiben und umkommen könne. Dazu noch krieche am Boden giftiges Getier herum, von dem ein Mensch angefallen, verletzt oder gar vergiftet werden könne. Der dritte Verbotsgrund aber war, daß die Seefahrt jener Schiffe unglücklich verlaufe, auf denen Jordanwasser mitgeführt werde, wie es die Seeleute oft schon erfahren hätten.

Als wir uns nun entkleidet hatten, schritten wir in den heiligen Fluß hinein und tauchten im Namen des Herrn in die

Flut. Einige Ritter aber zogen kein Kleidungsstück aus, sondern tauchten gerade so, wie sie auf den Eseln saßen, ins Wasser und versicherten, daß sie nun in diesen Kleidern immer besonders vom Glück begünstigt seien. Deshalb verwahren sie, wenn sie nach Hause zurückkehren, diese Kleider wie einen Schatz. Und wenn sie in den Kampf ziehen, dann ziehen jene sie im festen Glauben an, dann von keinem Übel betroffen werden zu können. Einige hatten Tücher aus Leinen oder Wolle gekauft, die sie in das Wasser tauchten, um sie nach Hause mitzunehmen und sich dort nach Belieben aus ihnen Kleidungsstücke anfertigen zu lassen. Sie meinten, wenn sie diese dann trügen, würde das Glück ihnen freundlich lachen. Andere hatten in Venedig kleine Glocken gekauft, die sie an den Jordan mitnahmen und im Namen der Dreieinigkeit im Fluß tauften und in ihre Heimat brachten. Sie sagten nämlich: Wenn bei einem hereinbrechenden Unwetter unter Blitz und Donnerschlag eine im Jordan getaufte Glocke geläutet werde, dann könne weder Blitz noch Hagel in dem ganzen Gebiet Schaden anrichten, in dem dieser Glockenklang zu hören sei.

Was aber wahr ist an diesen Glocken und Kleidern, die im Jordan getauft worden sind, und ob der Volksglaube, der das Gesagte bestätigt, auf Wahrheit oder auf Aberglauben beruht, mag ein kluger Mann selbst entscheiden.

Wir standen also vergnügt und froh im Wasser, und im Scherz taufte einer den andern. Aber obwohl noch früh am Morgen, war das Wasser doch nicht kühl, sondern lauwarm, gerade recht zum Baden. Wir tranken auch nüchtern etwas davon aus Ehrfurcht, wenngleich es nicht besonders gut schmeckte, weil es lau und trübe war wie ein Sumpf.

Nun übertraten aber die Pilger das erste Verbot der Sarazenen, und viele schwammen auf die andere Seite des Flusses. Bei meiner ersten Pilgerfahrt bin ich auch hinübergeschwommen, aber bei der zweiten blieb ich da und saß im Hemd und Skapulier auf dem Sand bis an den Hals im Wasser. Viele Pilger haben sich aber nicht um dieses Verbot der Sarazenen gekümmert.

Unter ihnen befand sich ein Priester, der so, wie ich es damals getan hatte, hinüberschwamm, aber auf der anderen Seite angekommen, alle Körperkraft verlor und auf keine Weise mehr zu schwimmen vermochte und zitternd dastand. Ihn brachten seine Gefährten unter großer Anstrengung zurück, schwach und kraftlos, er, der doch zuvor sehr rüstig gewesen war. Er war mir besonders freundschaftlich verbunden, und ich habe ihn oft gefragt, was ihm denn zugestoßen sei. Er gab zur Antwort, er sei plötzlich aller Kräfte beraubt gewesen. Ich fragte Pilger, die vor und nach mir am Jordan gewesen waren, und erfuhr immer, daß irgend jemandem ein Unglück widerfahren war.

Aus dem eben Gesagten erhebt sich die Frage, woher es kommt, daß es beim Baden im Jordan immer wieder Gefahr und Verwirrung gibt, wo der Fluß doch nicht breit ist und hier keine reißende Strömung hat, sondern eine ziemlich langsame. Dazu sagt man als erstes, daß sich in diesem Wasser gefährliche Tiere verborgen halten, die, sobald sie die Bewegungen eines Schwimmenden spüren, aufsteigen und den Schwimmer fortzureißen versuchen. Andere meinen, weil diese Stelle in der Nähe der Mündung liegt, durch die der Jordan in das Tote Meer hineinfließt, deshalb gebe es dort eine Vermischung des Flußwassers mit dem des Toten Meeres, und wegen der Schädlichkeit dieses Wassers würden die Kräfte der Schwimmenden gebrochen. Wieder andere behaupten, weil im Toten Meer nichts lebe außer unterirdischen, grausamen Tieren, die heraufkommen zum Verderben der Menschen. Die nächsten sind der Meinung, ein Unglück könne von der starken Einbildungskraft herrühren, denn die Pilger hörten von diesen Gefahren und jeder fürchte und nehme sich in acht, daß ihm nichts zustoße, und mit dieser Befürchtung schwimmen alle hinüber, und einige von ihnen bildeten sich ein, sie würden angestoßen oder nach unten gezogen. Die übrigen sagen, und vielleicht ist das vernünftiger, daß, weil das Hinüberschwimmen als Zeichen des Mutwillens, der Unbeherrschtheit an einem so heiligen Ort unangebracht sei, Gott es zulasse, daß dem einen oder anderen eine Plage begegne, damit die übrigen ernsthaft, gereift und gottesfürchtig würden. Nichts Beschwerliches pflegt aber denjenigen zu widerfahren, die sich beherrscht und andächtig taufen, wie an den pilgernden Frauen zu sehen ist, die oberhalb von uns im Schilf ebenfalls badeten, aber bei weitem mit mehr Anstand als wir, unter Schweigen, mit Andacht und Würde. Ich hätte für diese alten Frauen gewünscht, daß ein Spruch aus dem Volksmund bei ihnen Wirkung erlangt hätte. Die Leute sagen nämlich, daß jemand, der im Jordan bade, hinfort nicht altere, und je nachdem, wie lange er im Fluß verweile, er um diese Zeit jünger werde. Wenn er nämlich eine Stunde badet, verjüngt er sich um eine Stunde, bei zweien um zwei, und bei dreien um drei. Würde er ein Jahr lang baden, dann um ein Jahr.

Unsere Reisegefährtinnen hätten allerdings ein Bad von 60 Jahren benötigt, um ihre Jugend wiederzuerlangen, denn sie waren achtzigjährig und darüber.

Bald nachdem wir unser Bad beendet hatten, bestiegen wir wieder die Esel und verließen den heiligen Fluß auf demselben Weg, den wir gekommen waren. Frohgemut machten sich nun besonders diejenigen Pilger auf den Rückweg, die nicht die Absicht hatten, noch den Berg Sinai zu besuchen, weil sie bereits das Ziel ihrer Pilgerschaft erreicht hatten. Denn der Jordan ist die letzte Station einer Pilgerfahrt nach Jerusalem.

Wir ritten eilig durch die Wüste des heiligen Johannes hinauf; aber als wir ungefähr eine Meile weit gekommen waren, da erhob sich unter den Frauen, die zu unserer Pilgergemeinschaft gehörten, ein Schreien und Wehklagen, das die ganze Pilgerschar in Aufregung versetzte. Gewöhnlich waren sie sehr ruhig, andächtig, schweigsam und mit viel Geduld gereist, deshalb machte ihr Lärmen alle betroffen. Wir eilten zu den Schreienden und fragten nach der Ursache des Weinens und Klagens. Sie sagten uns, daß eine von ihnen, die sie in der Pilgerschar suchten, nicht aufzufinden sei, und daß sie über ihren Verlust klagten. Und sie baten uns, haltzumachen und den vorauseilenden Sarazenen, die es sehr eilig hatten, nicht zu folgen, bis ihre Gefährtin gefunden wäre. So bleiben wir also bei diesen Frauen und waren nicht willens weiterzugehen, obgleich die Sarazenen uns mit viel Geschrei und Drohungen dazu aufforderten.

Als sie jedoch sahen, daß wir ihnen nicht folgen wollten, kamen sie zu uns zurück, und als sie die vielen Klagen hörten, schickten sie auf der Stelle einige von den Ihren auf schnellen Pferden los und einige kräftige Pilger mit, um die alte Frau zu suchen. Die jagten nun im Eilritt den Wüstenweg entlang hinunter an den Jordan. Wir befürchteten, daß sie vielleicht ertrunken wäre, vor Hunger verschmachtend in der Wüste liege, womöglich am Fluß im Lehm steckengeblieben sei und nicht herauskommen könne oder gar von einem Sarazenen überfallen und ausgeplündert oder entführt worden sei. Und die Pilger waren über ihre Schwester tief erschüttert, obwohl einige rohe und herzlose Ritter darüber murrten, daß wegen eines alten Weibes ein ganzes Heer behelligt werde. Wenn jemand ihrem Rat gefolgt wäre, dann hätten wir diese Alte einfach dem Verderben überlassen. Hierbei waren sie gefühlloser als die Sarazenen, die sich um die vermißte Frau Sorgen machten und fürchteten, sie sei von einem arabischen oder midianitischen Hirten drangsaliert, von einem Löwen oder anderen wilden Tier angefallen worden, und so warteten sie geduldig mit uns in der glühenden Sonnenhitze.

Diejenigen aber, die auf die Suche nach unserer Reisegefährtin, einer frommen Frau, ausgeschickt worden waren, durchstreiften unter lautem Rufen den Wüstenweg und ritten hinunter bis an das Jordanufer zu der Stelle, wo die Frauen gebadet hatten. Dort fanden sie die Gesuchte, im Röhricht liegend und schlafend. Sie weckten sie auf, hoben sie hoch, setzten sie auf ein Pferd und kamen mit fröhlichem Geschrei zu uns heraufgeritten, als hätten sie ein Wild gefangen.

An der Seite des Ölbergs gingen wir schließlich den Weg hinunter, durchquerten das Kidrontal und stiegen den Zionberg hinauf. Dort wurden wir von den Fratres mit Freuden empfangen. Nachdem wir etwas verzehrt hatten, legten wir uns zum Ausruhen nieder, weil wir schon bald zu weiteren Unternehmungen aufbrechen wollten.

Leichtfertiges Betragen in der Grabeskirche

Am selben Tag, am 21. Juli, als die Mittagszeit überschritten war und es schon begann, Abend zu werden, wurden die Pilger zur heiligen Grabeskirche beordert, und als wir uns im Vorhof eingefunden hatten, kamen die maurischen Herren und ließen uns in die Kirche eintreten. Nun durcheilten diejenigen Pilger mit besonderem Eifer die heiligen Stätten, die wußten, daß sie kein weiteres Mal mehr herkommen würden, und sie drückten ihre Kleinodien an die Heiligtümer, wie sie es früher schon oft getan hatten.

Die Ritter verbrachten jedoch diese Nacht mit weniger Ernst und mehr Zerstreuung als die zwei anderen Nächte, in denen sie am Heiligen Grab Wache gehalten hatten. In der ersten Nacht waren sie davon in Anspruch genommen gewesen, sich durch die Beichte auf die Teilnahme an der Eucharistiefeier vorzubereiten, und sie waren noch sehr ehrfürchtig gestimmt an den heiligen Stätten. In der zweiten Nacht hatten sie sich um ihre Ritterwürde zu kümmern. Weil sie aber nun in dieser dritten Nacht nichts Besonderes zu erwarten hatten, gaben sie sich müßigen und nichtigen Beschäftigungen hin. Zwar nicht alle, wohl aber jene, die weniger ehrfürchtig waren, und zu diesen gehörte, leider!, der größere Teil.

Sehen wir also, womit diese unehrerbietigen, undankbaren, lieblosen und zuchtlosen Pilger sich beschäftigt haben:

Einige saßen nach einem flüchtigen Gang durch die heiligen Stätten beieinander, aßen und tranken aus ihren Säckchen, die sie vollgepackt mit Speisen mitgebracht hatten, und

Das Heilige Grab

vertrieben sich die Zeit mit Scherzen und Neckereien, bis sie
vom Schlaf überwältigt wurden. Dann suchten sie abgele-
gene Stellen und ruhige Winkel auf und schliefen dort die
ganze Nacht, an die sechs oder sieben Stunden, als lägen sie
in ihren Kammern.

Andere, die weniger träge als vielmehr dem Trunk ergeben
waren, hatten sich mit gutem und starkem Wein und mit
Speisen, die zum Zechen anreizen, reichlich versorgt. Und
nach einem eilig erledigten Besuch der heiligen Stätten saßen
sie beisammen, fraßen und soffen sich toll und voll, als wäre
diese hochheilige Kirche ein Wirtshaus, und machten kein
Ende damit, bevor die Trinkgefäße aller ihrer Gesellen
geleert waren.

Manche saßen, als sie ihre Fläschchen geleert hatten, da
und redeten unnütze weltliche Dinge, von Fürsten, von Zwi-
stigkeiten, von ihrem Ritterdienst, über die Ausrüstung von

Kriegsleuten, und bei alledem brachten sie Schmähungen an, Streitigkeiten und allerhand erlogene persönliche Prahlereien, ohne Rücksicht auf die heilige Stätte zu nehmen.

Wieder andere vergehen sich nicht weniger und bereiten Gläubigen wie Ungläubigen ein Ärgernis. Einige Adlige ließen sich nämlich von ihrer Eitelkeit hinreißen und schrieben ihre Namen mit der Rangbezeichnung ihres Adelsgeschlechts an die Kirchenwände und malten ihre Wappen dazu oder hefteten Tafeln, die mit diesen bemalt waren, in jener und in anderen Kirchen an die Wand. Verschiedene von ihnen meißelten sogar mit Eisenwerkzeug und kleinen Hämmern ihre Namen in Marmorsäulen und -platten ein und lösten damit bei allen übrigen Ärger und Empörung aus.

Ich habe etliche eitle Adlige beobachtet, die sich zu solcher Narrheit verstiegen, daß sie in die Kapelle des Kalvarienbergs hinaufgingen, sich auf den heiligen Felsen, in dem das Kreuzesloch ist, hinsinken ließen und sich den Anschein gaben, als beteten sie. Dann stützten sie die Arme auf und ritzten heimlich mit spitzen Gerätschaften Wappenschilde ein. Und ich sage, das ist ein Zeichen nicht ihres Adels, sondern ihrer Dummheit, zur immerwährenden Erinnerung an ihren eitlen Wahn. Sie mußten das aber heimlich bewerkstelligen, denn wenn der Wächter am heiligen Felsen, ein Georgier, dies gemerkt hätte, dann hätte er sie an den Haaren heruntergezogen.

Einige, die von derselben Dummheit getrieben waren, ritzten, alle Scheu und Gottesfurcht hintanstellend, in die Grabplatte über der allerheiligsten Beisetzungsstätte des Herrn mit Metallstiften ihre Namen und Wappenschilde ein, damit die Erinnerung an ihre eitle Unvernunft nicht getilgt werde, sondern bestehen bleibe und sie für alle Zeit Schimpf und Schande auf sich zögen.

Als einzige legen unsere deutschen Adligen solche Eitelkeit an den Tag, als ob die Welt außer ihnen keinen Adel hätte. Wieviel Hohn und Spott sie aber damit sowohl von Gläubigen als von Ungläubigen ernten, das weiß ich und habe es selbst mehrmals schmerzlich unter Christen und Heiden miterlebt, und jedesmal hat es mir die Schamröte ins Gesicht getrieben. Ich habe einmal einen kennengelernt, der ständig einen Rötelstein in seiner Tasche hatte, mit dem er an allen Stätten, auf alle Wände seinen Namen schrieb. Dieser Narr stieg zuweilen auf Altäre und setzte seinen Namenszug auf die Altartafeln, und er tat das entweder mit dem Rötel, dem Dolch oder einem eisernen Griffel. Er schrieb seinen Namen auch in die Antiphonarien, Gradualien, Missalien und Psalter oben auf die freien Ränder, als sei er der Verfasser des Buches. Dabei verstand er doch keinen einzigen lateinischen Satz, weil er ein reiner Laie war.

Bei dem allen wundert mich, daß sie nicht an das Sprichwort gedacht haben, das sogar Kinder ihren Altersgenossen vorhalten: »*Narrenhend beschisen den liuten die Wend*« (Narrenhände besudeln den Leuten die Wände). Ringsum in der Rundung der Grabeskirche sind die Wände mit Mosaikarbeiten geschmückt, aber die Ritter und Adligen schonten die kostbaren Bildwerke nicht und hängten ihre Wappenschilde davor, deckten damit die Bildnisse von Christus und der Heiligen Jungfrau zu und schlugen mit Nägeln Löcher hinein. Für diese Entwürdigung erweckte der Herr einen Rächer. Eines Tages kam nämlich der König von Ägypten, der Sultan, nach Jerusalem, um in seinem Tempel, den sie den salomonischen nennen, zu beten. Nachdem er das Gebet beendet hatte, ging er hinauf in die Anastasis, das heißt, in die Auferstehungskirche des Herrn, um auch dort ein Gebet zu sprechen. Wie er sich nun umschaute und die Größe und die Ausschmückung der Kirche bewunderte, erblickte er die an die Wände genagelten und auf die Bildwerke gemalten Adelsschilde, und als er erfuhr, weshalb sie dort hingen, wurde er sehr zornig und dachte bereits daran, die ganze Anastasis bis auf den Grund abzureißen, wenn Gott nicht seinen Sinn geändert hätte. Er befahl jedoch, alle Schilde herunterzuwerfen, wegzuschaffen und von den Wänden zu kratzen, ließ sie auf einen Haufen zusammentragen, Feuer daran legen und verbrannte sie. So gibt es also dort keine

Schilde mehr, aber auch keine unversehrten, sondern nur noch zerkratzte und beschädigte Bilder.

Andere gingen mit versteckten Eisengeräten im Tempel umher, machten sich an die heiligen Stätten heran, kratzten, schlugen auf die heiligen Steine ein und brachen mit Gewalt kleine Stückchen von ihnen ab, um sie als Reliquien mit nach Hause zu nehmen. Obwohl dies einen Anschein von Frömmigkeit hat, ist es doch keineswegs frei von gottloser, frevelhafter Dreistigkeit. Denn welche Denkungsart verführt dazu, Heiligtümer ihrer Schönheit zu berauben und die kunstvoll mit viel Arbeit und Kostenaufwand geschmückten Stätten zu verstümmeln und zu entstellen, wenn nicht eine Denkweise, die irregeleitet und von Frevelhaftigkeit verdunkelt ist? Wegen dieses törichten Steinabbrechens sind wir nicht nur einmal, sondern mehrmals in große Bedrängnis geraten.

Mit all dem brachten einige diese Nacht zu, die anderen aber widmeten sich dem Gottesdienst, und wir feierten Messen von Mitternacht bis in den hellen Tag.

Indessen kamen die Sarazenen, trieben uns aus der Kirche und wiesen uns an, alle zusammen auf den Berg Zion zu gehen, weil sie dort etwas mit uns besprechen wollten.

Die Pilger trennen sich

Nach der Meßfeier kam der Präfekt von Jerusalem, Herr Naydan, mit einigen hochbetagten Sarazenen, dem Herrn Sabathytanko, dem Oberkalin, das ist der Beschützer der Fremden, der sarazenische Dragoman, und mit Elphahallo, dem zweiten Kalin, der Führer der Pilger durch die Wüste, und vielen anderen von denen, die hier das Sagen haben. Sie alle betraten den Konvent und setzten sich in dem Krankensaal der Fratres, einem großen Gewölbe, das sie das Venezianer-Gewölbe nennen, nieder, mit ihnen der Pater Guardian und

Frater Johannes von Preußen und andere ältere Patres. Bei ihnen nahmen auch die angesehensten Pilger Platz, wie Freiherr Johann Werner von Zimmern, Herr Johannes Truchseß von Waldburg, Herr Bernhard von Breitenbach, Domherr zu Mainz, Herr Ferdinand von Wernau und Herr Maximus von Rappenstein. Dazu kamen unsere zwei Patrone, die Schiffseigentümer mit ihren Gehilfen; und bei ihrem Erscheinen wurden auch die Pilger zum Eintreten aufgefordert. Als wir nun alle zugegen waren, teilten sie uns durch einen Sprecher mit, daß die jerusalemische Pilgerfahrt nunmehr beendet sei und nichts weiter übrigbleibe als die Abreise und Heimkehr nach Hause, zu der alle noch ihre Vorbereitungen treffen sollten. Falls aber unter den Pilgern einige wären, die in Jerusalem bleiben und zum Berg Sinai reisen wollten, sollten sie sich gleich zu erkennen geben und bei den Herren im Saal verweilen. Die anderen aber sollten den Raum verlassen und sich auf die Abreise vorbereiten, weil man sie nach der Frühmahlzeit von Jerusalem ans Meer führen wolle.

So gingen also alle Pilger hinaus, mit Ausnahme von lediglich 18 und mir, die bei den Herren zurückblieben. Wir begannen nun, mit diesen über die Pilgerfahrt zum Berg Sinai zu verhandeln, weil nämlich unbedingt vor Abreise der Mitpilger in Anwesenheit der Patrone, einiger erfahrener Pilger und des Paters Guardian ein Vertrag abgeschlossen werden mußte, denn nach der Abreise der Pilgerbrüder würden die Heiden die Zurückbleibenden bedrängen und sie ganz nach ihren Gelüsten bei der zu bezahlenden Geldsumme allzusehr überfordern und nötigen. Solange aber die Patrone noch dabei sind, gehen sie vorsichtiger zu Werke, denn wenn sie einen zu unverschämten Preis forderten, könnten die Pilger mit ihren Brüdern an das Meer zurückkehren und auf die Reise zum Berg Sinai verzichten.

Wir setzten nun einen Vertragsentwurf auf über die Gewährleistung eines starken Schutzes für uns und eines sicheren Geleits von Jerusalem in Judäa bis nach Gaza im Philisterland, von Gaza durch die Arabische Wüste bis zum Berg Sinai und von diesem durch Midian bis nach Matharea in Ägypten, wo der Balsamgarten ist. Denn bis dorthin und nicht weiter reichte das sichere Geleit des Dragomans von Jerusalem, entsprechend den Vertragsartikeln, die wir mit ihnen und sie mit uns vereinbarten.

Während nun sämtliche Pilger sich auf die Abreise vorbereiteten, riefen mich meine vier Herren, mit denen ich von zu Hause abgereist war, und fügten zu all dem Guten, das ich schon von ihnen empfangen hatte, noch etwas hinzu und überreichten mir nicht wenige Dukaten als Beisteuer zu den Ausgaben für die Reise zum Berg Sinai und baten mich, an den heiligen Stätten für sie zu Gott zu beten und diese eingehend zu betrachten und zu beschreiben. Ich dankte ihnen und händigte einem einen Brief aus, der dem ehrwürdigen Magister Ludwig Fuchs nach Ulm überbracht werden sollte, dem ich darin meine in jeder Hinsicht erfreuliche Lage schilderte. Als dies geschehen war, half ich den Dienern meiner Herren, deren Sachen zu den Eseln hinauszutragen.

Nun waren aber einige Ritter, die abreisen sollten, sehr krank, so daß sie nicht imstande waren, auf Eseln zu sitzen. Für sie wurden Kamele hergeführt mit großen Körben, die an beiden Seiten hingen, und in diesen Körben wurden die Kranken ans Meer gebracht. Ein junger Pilger war aber so schwer erkrankt, daß er weder auf einem Esel noch in einem Korb mitgenommen werden konnte. Man mußte ihn zurücklassen, und er starb bald danach und wurde auf dem Friedhof der Fratres vom Berg Zion bestattet.

Als alle reisefertig die Esel bestiegen hatten und begannen, sich in Bewegung zu setzen, weinten viele aus Liebe zu den heiligen Stätten, von denen sie ungern schieden. Andere aber weinten wegen der Trennung von ihren Gefährten und Brüdern, die sie hinter sich ließen, und unter diesen waren meine Herren und einige von den Dienern meiner Herren, die mich weinen sahen, dann auch nicht an sich halten konnten und das gleiche taten. Ich empfand wirklich bitteres Weh im Herzen bei der Trennung von meinen so gütigen Herren, weil sie für mich nicht die Herren, sondern frohe Gefährten und Brüder gewesen waren.

Die Sinai-Pilger teilten sich nun in drei Gruppen auf, die drei Gemeinschaften bildeten, damit in der Wüste die Versorgung mit Lebensmitteln desto besser erfolgen könne und damit Frieden unter ihnen einfacher aufrechtzuerhalten sei, der unter vielen Menschen ja sonst schwer zu bewahren ist.

Die erste und zweite Gruppe blieben jedoch immer zusammen, die dritte war für sich. Ich habe noch den Herrn Johannes Lazinus, Archidiakon und Kanoniker der Transsilvanischen Kirche in Ungarn, in unsere Gruppe eingebracht. Er hätte nämlich ohne meine Betreuung diese Pilgerfahrt zum Sinai nicht unternommen, weil er eben ein Ungar war und kein Wort Deutsch konnte, aber die lateinische Sprache, die slawonische, italienische und natürlich die ungarische Sprache beherrschte. Er war ein vornehmer Mann, tüchtig und gebildet, ein großer Redner und Mathematiker, und er schloß sich immer mir an, wie sich noch öfters zeigen wird. Ferner war Elphahallo, der rangniedrigere Kalin, bei uns, in dessen Haus die Pilger gewohnt hatten. Elphahallo war ein alter Mann, ich glaube über achtzigjährig, ein einfacher und aufrichtiger Sarazene, der viel sittliche Kraft besaß. Er konnte Italienisch und ein verdorbenes, schlechtes Deutsch, das er von Pilgern gelernt hatte, mit denen er achtundvierzigmal die Wüste zum Berg Sinai durchquerte. Und er ist den Christen von Übersee so sehr zugetan, daß er sein Leben mit ihnen zusammen verbrachte, ja, sich für sie Todesgefahren aussetzt, weil er, obwohl altersgeschwächt und mit einem Leistenbruch behaftet, dennoch mit Pilgern durch die Wüste zieht, keines Lohnes gewärtig, sondern um mit ihnen zusammenzusein.

Dieser Kalin ist einmal in Wien bei Kaiser Friedrich III. und in Rom bei Papst Nikolaus V. gewesen, und das hat sich folgendermaßen zugetragen: Vor Jahren führte er Ritter durch die Wüste, unter denen sich ein mächtiger Deutscher befand, der den Mann herzlich liebgewonnen hatte und ihn immer wieder zu bewegen und zu bitten pflegte, mit ihm über das Meer nach Deutschland zu reisen, denn er wolle ihm gern eine Wohltat erweisen und Erholung verschaffen.

Aber er konnte den Sarazenen auf keine Weise soweit bringen. Als sie nun nach Kairo gekommen waren, wo der Kalin gewöhnlich die Pilger verläßt und nach Jerusalem zurückreitet, bat ihn der Edelmann, mit ihm nach Alexandria hinunterzureisen, und dort wolle er ihn verabschieden. In Alexandria verabredete nun der Edle mit dem Patron, auf dessen Schiff er die Überfahrt machen wollte, daß jener Tag und Stunde für das Auslaufen des Schiffes nur ihm allein bekanntgebe. Spät in der Nacht also, in der das Schiff absegeln sollte, nahm der Adlige den Kalin mit auf die Galeere. Der aber hatte keine Ahnung, wann das Schiff auslaufen sollte, und meinte, er würde am anderen Morgen in die Stadt zurückkehren. In tiefer Nacht legte aber die Galeere in aller Stille ab und wurde vom Wind weit auf die hohe See hinausgetragen. Und so war der Sarazene genötigt, bei ihnen zu bleiben und die Überfahrt mitzumachen. Der Ritter führte ihn dann aber auch zum Kaiser und zum Papst und schilderte diesen die Herzensgüte, das Pflichtbewußtsein und liebevolle Benehmen dieses Mannes. Aber von seinem Unglauben ließ er sich nicht abbringen, und so wurde er wieder nach Venedig geleitet und kehrte über das Meer nach Hause zurück.

Inzwischen hat er sich als ein verläßlicher Betreuer aller Christen erwiesen. Er brachte aber auch zahlreiche Geschenke vom Kaiser, vom Papst und von den Edelleuten mit nach Hause und pflegt nun vor den Seinen von der großen Freigebigkeit und den Ehrungen durch die Christen zu erzählen. Im Haus dieses Ehrenmannes wohnten die Herren Pilger, zu denen ich fast täglich hinunterstieg und bei denen ich nach Belieben ein- und ausging.

Der ranghöhere Dragoman von Jerusalem, Sabathytanko, war ein hochgewachsener Mann, bejahrt, reich und von hervorstechenden Charaktereigenschaften, hart für die Pilger bei der ununterbrochenen Führung und lästig im Eintreiben von Geld. Doch hat er uns recht zuverlässig beschützt, und wenn wir ein Anliegen an ihn hatten, hat er gewissenhaft und umsichtig geholfen. Soviel darüber.

Am 29. Juli besorgte jeder Pilger für sich eine Matratze, ganz mit Seidenwerg gefüllt, die wir sowohl in Jerusalem wie in der Wüste benützten; eine davon ließ ich auch für mich anfertigen, und ich habe sie durch die Wüste, über das Meer bis nach Venedig und von Venedig bis nach Ulm in meine Zelle mitgenommen und sie als Erinnerungsstück an meine heilige Pilgerfahrt aufbewahrt.

Ausflug zum Toten Meer

Am 11. August, noch bevor der Tag anbrach, kam Ameth mit Maultieren, Eseln und Dienern auf den Berg Zion. Es wurde an die Tür des Konvents geklopft und nach den Pilgern gefragt, aber es war keiner im Kloster außer mir. So lief ich im Finstern von Zion nach Millo zu Elphahallos Haus, in dem die Herren Pilger wohnten, klopfte dort mit einem Stein an die Tür und weckte sie auf, und diejenigen, die an der Pilgerfahrt teilnehmen wollten, gingen mit mir. Wir ritten dann hinunter in das Siloahtal und beim Teich abwärts das unheimliche höllische Tal entlang in der Tiefe von Toph und Gehenna, und es war immer noch Nacht, doch schienen mir die Nächte in diesen überseeischen Regionen nicht so finster zu sein, wie sie es bei uns zu Hause sind, denn es gibt dort weder Nebel noch Wolken, die den Glanz der Gestirne verdunkeln. Mittlerweile erschien die Morgenröte, und wir ritten weiterhin durch das enge Tal mit seinen beiderseits aufragenden Felswänden, bis die Sonne hoch am Himmel aufstieg. Das Tal war aber wild und rauh, voller Felsbrocken und Steine, von denen der Boden durch den zeitweiligen Wasserlauf übersät war. Denn das Wasser strömt dort zu seiner Zeit mit solcher Gewalt hindurch, daß große Felsbrocken von ihrem Platz gerissen und abwärts geschwemmt werden. Den oberen Teil dieses Tales bilden das Tal Josaphat und der Kidronbach. Als wir auf unserem Weg hinab zwei gute deutsche Meilen weit gekommen waren, fing das Tal an, noch enger und wilder zu werden, und in dieser Schlucht gelangten wir zum Kloster des heiligen Abtes Saba und wurden beim Betreten des Klosters von den griechischen Mönchen ehrerbietig empfangen. Wir trafen im Kloster viele Wüstenaraber an, Leute aus der Gegend, Straßenräuber. Bei deren Anblick erschraken wir heftig, weil wir argwöhnten, wir seien ihnen ausgeliefert. Und sogar unseren Führer, Herrn Ameth, hatten wir im Verdacht, daß er Böses gegen uns im Schilde führe. Als er das merkte, kam er mit dem Anführer jener räuberischen Araber in den Aufenthaltsraum, in den wir geführt worden waren, und die beiden gaben uns die rechte Hand und gelobten uns Gut und Leben. Sofern wir sie aber mit einer freundlichen Gabe beehren wollten, würden sie sich sogar bereit finden, mit uns an das Meer hinunterzuziehen und uns zu beschützen. Also gaben wir ihnen eine Anzahl Madine[14]. Sie nahmen sie und waren zufriedengestellt, wir waren beruhigt und ohne Sorge.

Daraufhin nahmen wir aus unseren Beuteln das heraus, was wir in Jerusalem eingekauft hatten, auch den Wein, und aßen und tranken zusammen. Auch unserem Führer und den Arabern gaben wir davon. Die Mönche wiederum brachten uns kühles Wasser zum Trinken und zum Füßewaschen. Nachdem wir erfrischt waren, gingen wir in die Kirche, beteten und traten an das Grab des heiligen Saba. Dieses Grab ist, glaube ich, leer, weil der Leichnam jenes Heiligen in Venedig ruht.

Nach dieser Besichtigung streckten sich die Herren Pilger im Schatten auf der Erde aus und schliefen. Ich aber konnte weder schlafen noch ruhen, sondern streifte allein durch sämtliche Stätten des Klosters und besichtigte die Höhlen und Hütten der früheren frommen Mönche mit großer Bewunderung und unter Absturzgefahr beim Hinauf- und Heruntersteigen durch Klippen und Felsen und durch Ruinen alter Gebäude.

Aber auch eine andere Gefahr begegnete mir bei meinem einsamen Umherschweifen: Ich kam an den engen Übergang bei der Zelle des heiligen Saba, an dessen einer Seite die Felswand aufragt, auf der anderen Seite aber nichts waren als ein schrecklich gähnender Abgrund und die Felskante. Und diesen Übergang kann nur ein einzelner Mensch passieren, und das nur mit Vorsicht, um nicht abzustürzen. An diesem Engpaß begegnete mir ein orientalischer Christ, der vielleicht ein Bediensteter des Klosters war. Als er mich sah, schritt er auf mich zu. Da ich jedoch gehörig zurückgewichen war und er bemerkte, daß ich mich ängstigte, fing er an, mit mir seinen Spaß zu treiben, als wolle er mich in die Schlucht stürzen. Und als ich ihn, so gut ich konnte, mit Zeichen darum bat, mich in Frieden vorbeigehen zu lassen, hatte er kein Einsehen, sondern gab mir vielmehr zu verstehen, daß er mich hinunterstürzen werde, wenn ich ihm kein Geld gäbe. Wie ich das hörte, öffnete ich den Geldbeutel und gab ihm einen Madin, den er nahm und mich dann gehenließ. Von dieser Stunde an habe ich die Gemeinschaft mit jenen Christen mehr als die mit Sarazenen und Arabern gescheut und ihnen noch weniger vertraut.

Obwohl jener mich vielleicht nicht hinuntergestürzt hätte, auch wenn ich ihm nichts gegeben hätte, hat er sich doch wie ein Schurke benommen, daß er mit einem Menschen, den er zuvor nie gesehen hatte, an einer solch gefahrvollen Stelle seine Possen getrieben und, um Frieden zu machen, Geld angenommen hat. Wenn ein Araber mir begegnet wäre und hätte das getan, dann hätte ich mir den Spaß gefallen lassen und ihn für einen rechten Heiden erklärt, was aber diesen Christen betrifft, so kann ich nichts Gutes finden. Als ich dann zu den Herren Pilgern zurückgekehrt war, erzählte ich ihnen, was mir jener Christ angetan hatte. Wir berichteten das Geschehnis unserem Beschützer Ameth, der darüber höchst verärgert war, den Mann mit strengen Worten anherrschte und uns sagte, daß diese orientalischen Christen die allerschlimmsten und unzuverlässigsten Menschen seien. Wir blieben dann noch in diesem Kloster an die fünf Stunden, bis die Gluthitze der Sonne nachließ.

Das Kloster des heiligen Abtes Saba ist eines der merkwürdigsten, die ich bei meinem Umherschweifen zu Gesicht bekommen habe. Die Mönche leben noch heute nach der Ordensregel des heiligen Basilius, so wie die Mönche am Berg Sinai im Kloster der heiligen Katharina. Woher aber eine solche Menge Mönche Nahrung und Kleidung haben sollte, darüber staunten wir abendländischen Mönche am meisten. Wer aber die Gebräuche, die Nahrung und Bekleidung orientalischer Mönche sieht, wundert sich nicht mehr. Unsere Kost ist überreichlich und gehaltvoll, unser Gewand vielteilig und teuer, unsere Häuser und Klöster sind farbenprächtig, geschmackvoll ausgestattet, mit großen Kosten errichtet, und das alles ist bei den orientalischen Mönchen auch heute noch ganz und gar nicht der Fall. Ich halte es für sicher und bin davon überzeugt, daß ein Konvent von 20 abendländischen Klosterbrüdern einen größeren Aufwand betreibt, als ein Konvent mit 100 Fratres der orientalischen Mönche. Denn für Baulichkeiten machen sie nur geringe Ausgaben, sie besitzen Hütten, die aus dürftigen Zweigen geflochten sind und in denen man nur gebückt stehen kann. Auch ihre Kirchen sind nicht viel anspruchsvoller als die Mönchshütten, sie haben Wände, die aus Zweigen geflochten und mit Lehm beworfen sind und lediglich an Höhe die Hütten der Mönche übertreffen. An ihrer Bekleidung ist nichts Kostspieliges, nichts Schönes zu sehen, auch heutzutage nicht, obwohl die heutigen orientalischen Mönche weit entfernt sind von den mönchischen Idealen ihrer Vorgänger, die in Schaffellen, Ziegenhäuten und in Umhängen aus zusammengeflochtenen Palmblättern einhergingen und von denen manche ganz nackt und bloß die Hitze am Tag und die Kälte bei Nacht viele Jahre lang ausgehalten haben. Sie hatten keine anderen Wohnstätten als Felshöhlen und blieben auch nicht an einem bestimmten Platz, sondern drangen tief in die Wüste ein und entfernten sich weit von den Menschen. Und jene machten sich keine Sorgen um gemeinsames Essen und Ordensgewänder. Speise und Trank sind ja auch bei allen Orientalen mager und spärlich, und ganz besonders bei den Mönchen; Wein trinken im allgemeinen sogar Weltleute nur selten, Mönche nie. Und so leben sie kärglich mit bescheidenem Aufwand. Abendländische Mönche dagegen ernähren sich aufwendig und üppig.

Als die Sonnenhitze nachzulassen begann, nahmen wir unsere Beutel und Esel und stiegen durch eine gefährliche Schlucht an Felsklippen entlang ins Tal hinunter, wobei wir die Esel an der Hand führten. Dann ritten wir mitten im Bachbett in die Tiefe der Gehenna hinab, waren dabei auf beiden Seiten von himmelhohen Felswänden eingeschlossen und hatten einen ungewöhnlich holperigen, steinigen Weg unter den Füßen. Zu unserem Verdruß kamen wir deshalb während einiger Stunden nur langsam voran. Ich wünschte mir aber, in der Gehenna bis ans Tote Meer hinunterzureiten, um die Einmündung des Kidronbachs ins Meer zu sehen, aber unser Führer hatte es anders beschlossen. Denn als wir weit hinuntergeritten waren, ging es in ein anderes Tal hinein, das breit und lieblich ist und ergiebige Frucht brächte, wenn es Landleute gäbe, die es bebauen würden. Als wir längere Zeit dahingeritten waren, verließen wir dieses Tal wieder und wandten uns nach Osten. Auf ungebahnten Gebirgswegen ging es durch Schluchten und abschüssige Hänge hinab. Dann hatten wir das Meer vor Augen, und es sah aus, als läge es ganz nahe, obwohl es noch weit entfernt war. Wir beschleunigten deshalb unser Tempo und ritten eilends bergab, weil die Sonne sich zum Untergang neigte. Schließlich gelangten wir in der Gegend von Sodom an das Ufer des Toten Meeres, an der Stelle, an welcher der Jordan einmündet.

Nun blieben aber unser Führer Ameth und seine maurischen Diener weitab vom Meer, weil sie sich davor scheuen und es verschmähen, bis an das verfluchte Gewässer heranzugehen; wir aber kamen auf unseren Tieren bis zum Wasser, hielten die Esel an und stiegen ab. Wir bemerkten, daß sich dort die Trümmer eines großen Gebäudes aus Quadersteinen befanden, teils auf dem Land und teils im Meer. Am Ufer lagen große Steine, die zwar nicht bedeckt waren, doch im Wasser fest auf Grund standen. Auf diesen gingen wir an die zwölf Schritte weit in das Meer hinein und besahen das Wasser, von dem soviel Wunderliches berichtet wird, berührten es und kosteten davon.

Es ist zwar hell, aber äußerst salzig und dickflüssig, weshalb dieses Meer in der Heiligen Schrift bisweilen das Salzmeer genannt wird. Daher kommt es, daß, wenn jemand etwas von diesem Wasser in den Mund nimmt, durch die übermäßige Salzigkeit sofort das Innere des Mundes zerfressen wird, als habe man sich kochendes Wasser eingeflößt; ich habe das erfahren. Darüber hinaus, weil das Wasser so dickflüssig und über alle Maßen salzig ist, spürt derjenige, der seine Hände hineinsteckt, Stiche an ihnen, als wären sie voller Flöhe und Schnaken, und muß sie reiben, wie wenn sie rauh wären, und muß das viele Stunden lang ertragen. Dieses Wasser läßt sich auch nicht einfach von den Händen abwischen, denn es ist, als ob man sie in Öl getaucht hätte. Aber auch ein widerlicher Geruch dünstet von ihm aus, der Übelkeit erregt und zum Erbrechen reizt; daher konnten sich die Pilger nicht lange dort aufhalten.

Die Steine, die im Meer liegen und zum Teil daraus hervorragen, sind außerhalb des Wassers alle wie von Eis überzogen, und das ganze Ufer ist in der Nähe des Wassers weiß, als wäre es mit Neuschnee bedeckt. Doch gibt es dort keinen Schnee und kein Eis, sondern Salz, das beißend scharf und sehr bitter ist. Ich glaube, daß ein einziger Löffel davon mehr salzt als zehn von unserm Salz. Der übrige Erdboden aber, der nicht vom Salzwasser überspült wird, ist gleich daneben schwarz und wie von heißer Feuersglut verbrannt.

Als wir das Tote Meer unserem Wunsche gemäß in Augenschein genommen hatten, wandten wir uns rasch von dort wieder ab, weil die Sonne sich bereits dem Untergang zuneigte, ritten weiter nach Norden, zum Anfang des Toten Meeres nicht weit von der Stelle, an welcher der Jordan hineinfließt, und gelangten von dort in die allerödeste Jordanwüste, in der es keine Pflanze, weder Gras noch Sträucher gibt, sondern nur sandigen Boden, von der Sonnenglut verbrannt, voller Sanddünen, die vom Wind zusammengeweht sind. In diesen Dünen und kleinen Bergen zogen wir dahin unter großer Anstrengung für uns selbst und unsere Tiere, wie wenn wir in tiefem und dichtem Schnee ritten.

Nun entdeckten wir aber in diesem Sand die frischen Spuren von vielen Eseln, wodurch wir in Sorge gerieten, weil wir fürchten mußten, daß wir vielleicht in der Dunkelheit an eine Horde von Arabern gerieten oder daß sich solche an dem Platz aufhalten würden, an dem wir die Nacht über zu ruhen beschlossen hatten. Und so machten wir in Ungewißheit halt. Wir hatten nämlich nicht die Absicht, uns zum Gebirge Israel hinzuwenden, sondern wollten, wie sich zeigen wird, einen bestimmten Platz aufsuchen, und auf diesen zu sahen wir eine Eselherde vor uns her den Abhang eines Sandbergs hinaufziehen. Als unser Führer Ameth dies erkannte, sprang er sofort vom Pferd, und ebenso taten seine Knechte, sie griffen zu ihren Schwertern und Bogen und liefen wie Hirsche durch den Sand hinter der Herde drein, denn sie wollten rasche Beute machen.

In diesen Landstrichen ist nämlich niemand vor einem Überfall sicher, sondern der Stärkere verfolgt den Schwächeren und nimmt ihm seine Waffen und Ausrüstung weg, wenn er ihn zu fassen bekommt. Deshalb geben sie sich schon von weitem als Gegner zu erkennen, und entweder ergreift eine Partei die Flucht, oder es stellen sich beide Seiten auf, um miteinander zu kämpfen, zwar nicht ums Leben, aber um Raub und Beute. Als Ameth und die Seinigen diese Herde eine lange Strecke verfolgt hatten, merkten sie, daß es sich nicht um eine Herde von Haustieren handelte, sondern um Wildesel, die sie unmöglich einfangen konnten, weil sie schnellfüßige wildlebende Tiere sind, und so kehrten sie mit leeren Händen zu uns zurück.

Wir setzten also unseren Weg weiter fort und gelangten in dieser Wüste an den Ort, den wir suchten, wo Hieronymus, der ruhmreiche Bekenner des christlichen Glaubens, vier Jahre lang als Büßer lebte, bevor er nach Bethlehem hinaufzog, wie in seiner Legende erzählt wird. Dort steht nämlich heute noch eine recht schöne Kirche mit einem angrenzenden Kloster. Die Kirche ist durch Araber und Sarazenen entweiht, ihre Altäre sind niedergerissen, und die aus Holz bestehenden Bauteile drohen demnächst einzustürzen. Das Kloster ist ohne Mönche und größtenteils zerstört, die Wohnräume jedoch, die stehengeblieben sind, dienen als Viehställe, in die sich die Tiere um die Mittagszeit, wenn die Sonne glüht, zurückziehen.

Wir stiegen dort auf den Umgang und gingen unter Gefahr und ängstlich darauf umher, das Gebäude erzitterte unter unseren Füßen, als wolle es einstürzen. Hier erblickten wir noch an den Kirchenwänden schöne Bilder von der Passion Christi und fanden einige gut erhaltene Mönchszellen. Daran erkannten wir, daß hier vor wenigen Jahren noch ein Konvent von Gläubigen bestanden hatte. Etliche behaupteten, daß dieses Kloster zur Zeit des seligen Hieronymus erbaut worden und bis zu unseren unseligen Zeiten immer bewohnt gewesen sei.

Nun hatten wir aber beschlossen, als wir in der Morgenröte von Jerusalem aufbrachen, an dieser heiligen Stätte zu übernachten, fanden aber beim Umhergehen in den Gebäuden und Trümmern keinen Platz für unsere Nachtruhe und konnten auch nicht außerhalb des Gemäuers auf dem freien Feld bleiben wegen der Verschmutzung des Ortes. Wir sahen, als die Sonne untergegangen war und Abenddämmerung herrschte, eine zahllose Menge großer Fledermäuse herumfliegen. Man sagte uns aber, daß es viele noch größere von anderem Aussehen gäbe, ganz in der Art von Tauben, die in völliger Dunkelheit umherflögen, sich mit Vorliebe und ungestüm auf das Gesicht eines Menschen setzten und mit aufgerissenem Maul dessen Nase packten, sie in einem Augenblick abbissen und mit der Beute davonzögen. Diejenigen, die lange Nasen haben, sind in besonders großer Gefahr. Als wir das hörten, nahmen wir uns sorgsam in acht und bedeckten die Nase mit der Hand. Wir hörten auch das Zischen vieler Schlangen, die aus Mauerlöchern hervorkrochen, um zu fressen. Auch der Platz außerhalb der Mauern, wo wir standen, um dort unser Gepäck abzulegen, war voller Löcher mit Gewürm und Skorpionen. Dazu dünsteten von dem noch nahen Toten Meer die üblen Gerüche her, und es erschien uns unerträglich, diese die Nacht über auszuhalten. Wir fürchteten aber auch, daß uns vielleicht arabische und midianitische Beduinen bei Nacht überfallen und plagen könnten. Deshalb nahmen wir wieder unsere Esel, stiegen auf, kehrten dem Toten Meer den Rücken und ritten in der Dunkelheit auf die Berge Israel zu durch eine weite und verdrießlich ebene Gegend, in der wir nicht bleiben mochten, sondern sie eilig dem Gebirge zu durchquerten. Als wir dann an den Fuß der Berge gekommen waren, ritten wir in ein düsteres Tal hinein, stiegen an seinem Rand entlang in die Höhe und gelangten kurz vor Mitternacht an den sicheren Platz Engedi. Nachdem wir eine geeignete Stelle gefunden hatten, überließen wir die Tiere unseren Dienern und setzten uns nieder. Dann holten wir aus unseren Säckchen hervor, was noch übrig war, und aßen. Und an derselben Stelle, an der jeder zum Essen gesessen hatte, nahm er auch seinen Schlafplatz. So ruhten wir in den Kleidern bis zum Morgen, nur daß Stiefel und Schuhe abgelegt wurden.

Am 12. August, als sich die aufsteigende Sonne zeigte, erhoben auch wir uns, denn wir hatten süß und selig geschlafen, weil wir müde gewesen waren und uns an diesem sicheren, geborgenen und sauberen Platz befanden. Nun trieb uns angesichts des hellen Tages unser Führer Ameth mit lautem Geschrei zu schnellem Aufstieg in das Gebirge an, bevor die Sonne heiß scheine. In Eile machten wir uns also bereit.

Bei dieser Vorbereitung auf den Marsch passierte mir aber etwas, das zwar lächerlich und ohne jede Bedeutung, jedoch spaßig ist. Ich beschloß, dieses Geschehnis meinem Evagatorium einzufügen, weil ich, wie ich anfangs versprochen habe, nicht nur das Ernsthafte, sondern auch Lustiges und Lächerliches berichten möchte. Ich saß also da und war angestrengt damit beschäftigt, die Stiefel anzuziehen. Meine Stiefel waren nämlich ziemlich eng, so daß ich sie nur mit einigem Kraftaufwand aus- und anziehen konnte. Sie bestanden aus teurem, gelbem und weichem Leder und reichten hoch bis zu den Knien herauf wie Schienen. So waren auch die anderen Ritter an den Füßen bekleidet, und diese Stiefel dienten uns als Schuhe und Beinschienen zugleich.

Wie ich nun den rechten Stiefel anziehen wollte, riß ich mit Wucht kräftig an ihm. Als aber der Fuß drin war, spürte ich unter der Fußsohle einen feuchten und festen Klumpen, und ich erschrak, weil ich fürchtete, daß vielleicht ein Skorpion, eine Kröte oder eine zusammengeringelte Schlange in den Stiefel geraten sei, zumal mir schien, daß ich die zuckende Bewegung eines Tieres unter der Sohle fühlte. Aber obwohl ich eine Vergiftung befürchtete, zog ich doch den Stiefel nicht wieder aus, weil alle anderen bereits auf den Eseln saßen und sich bergauf in Bewegung setzten und mich die Angst ankam, allein hinter ihnen zurückzubleiben. Doch stieß ich wenigstens den Fuß heftig auf einen Stein, um das Tier abzutöten. Und so bestieg ich meinen Maulesel, nicht ohne Sorge, vergiftet zu werden.

Indessen kamen wir beim Aufwärtsreiten an einen engen und steilen Übergang, über den einer nach dem anderen langsamen Schrittes und gewärtig, daß sein Tier zu Fall käme, hinaufstieg. Auch durfte sich nicht einer dem anderen anschließen, sondern alle, die sich unterhalb befanden, mußten warten, bis der Vorangehende ganz hinaufgelangt war. An dieser Stelle stieg ich darum von meinem Maulesel, setzte mich nieder und zog den Stiefel aus, von dem ich argwöhnte, daß ein zerquetschter Wurm darin liege. Als ich die Hand hinstreckte, fühlte ich eine feuchtweiche Masse. Damit meine Hand nicht vergiftet würde, zog ich sie sogleich zurück, hob die beschmutzten Finger an die Nase und erkannte am Geruch, was ich weder durch den Augenschein noch durch Berührung in Erfahrung bringen konnte: Es war nämlich kein Skorpion, auch keine Kröte, keine Schlange und nichts Giftiges, sondern menschlicher Kot. Als ich das merkte, zog ich mit großer Wut den Stiefel wieder an, stieg bestürzt und mißgestimmt auf meinen Maulesel und machte mich hinter den anderen drein auf den Weg.

Betrübt ging ich mit mir zu Rate, wer mir diesen veräcbtlichen, garstigen Schimpf wohl angetan hätte und wer von den Rittern so respektlos sein könnte, daß er einem Pilger und Priester in den Stiefel machte. Ich faßte Verdacht auf einen von den vornehmeren Herren, der mir sehr freundschaftlich verbunden war, und dachte, daß vielleicht allzu große Vertrautheit an diesem Schabernack schuld gewesen sei. So sehr aber empörte mich diese Tat, daß ich in aller Bestimmtheit bei mir schwor und beschloß, mit dieser Gesellschaft nicht mehr pilgern zu wollen, weder über Land noch Meer, und verzichtete für meinen Teil auf die Pilgerfahrt zum Berg Sinai. Ich sagte jedoch niemandem etwas über den Vorfall, sondern ritt unter Schweigen, wie ins Gebet versunken, dahin.

Ich hatte aber jenem Herrn, den ich im Verdacht gehabt hatte, und allen meinen anderen Gefährten unrecht getan und habe den Täter dieser Missetat unzweifelhaft ermittelt. Als ich nämlich in Jerusalem in meiner Zelle den Stiefel auszog, um ihn, den Fuß und die beschmutzten Hände gründlich zu reinigen, und dabei den Kotklumpen ans Licht beförderte, entdeckte ich darin einen großen schwarzen Käfer. Bei dessen Anblick erschrak ich zunächst, weil ich meinte, es sei ein Skorpion, den ich samt dem Klumpen mit dem Fuß zertreten hätte. Sobald ich aber erkannte, daß es ein Käfer war, wurde ich wieder heiteren Sinnes, weil ich jetzt ganz sicher wußte, daß niemand anderer als ein Käfer diesen Kot in den Stiefel gebracht hatte.

Es gibt nämlich in dieser Gegend große Käfer, gemeinhin Roßkäfer genannt, und sobald diese im Roßmist erzeugt worden sind, krabbeln sie eilfertig die Straßen entlang, tragen ein ihnen passendes Material zusammen und verfertigen aus der Masse einen Klumpen beziehungsweise eine Kugel, die so groß ist wie ein Ei. Diese Kugel packen sie mit den Hinterfüßen, während die Vorderfüße auf der Erde stehen, und so stoßen sie die Kugel gleichsam im Krebsgang rückwärts hinter sich her. Dorthin, wo ihr natürlicher Instinkt sie führt, und wenn sie mit der Kugel an einen geeigneten Platz gekommen sind, wickeln sie sich in sie ein und nehmen sie zu

Kost und Logis. Diese Kugeln bestehen aber immer aus ekelhaftem Zeug oder eben aus dem Kot irgendeines Lebewesens. Oft bin ich unterwegs stehengeblieben, um den Käfern zuzusehen, wie sie erstaunlicherweise Kugeln auf der Straße dahinstießen, die doppelt so groß waren wie sie selbst. Das habe ich in unserer Gegend nie gesehen, obwohl auf den Straßen im Pferdemist viele Käfer gedeihen. So geschah es also in meinem Fall, daß ein Käfer einen Kotklumpen fand, diesen rund machte, in meinen Stiefel hineinschaffte und meine Gastfreundschaft in Anspruch nehmen wollte. Hinterher habe ich dann den Herren Pilgern die ganze Geschichte erzählt, auch von meiner Empörung und meinem Verdacht.

Abschied von Jerusalem

Am Vorabend des 24. August wurden wir auf Bitten der Pilger noch einmal in die Grabeskirche eingelassen und besuchten in dieser Nacht mit noch größerer Andacht, wie wir es bei den anderen Gelegenheiten getan hatten, die heiligen Stätten, weil unsere Abreise und die Trennung von ihnen bevorstand. Als der Tag anbrach, es war der dreizehnte Sonntag nach Trinitatis und das Fest des heiligen Apostels Bartholomäus, sangen wir das Meßamt im Grabmal des Herrn, und ich wurde dazu bestimmt, die Messe zu singen. Ich stand also, mit den Meßgewändern angetan, in der inneren Höhle des Grabmals an der allerheiligsten Grablege des Herrn, die als Altar hergerichtet war, und sang in hellem Jubel mit lauter Stimme. Die Ordensbrüder standen zusammen mit den Pilgern in der äußeren Höhle und respondierten mir im Wechselgesang. Mit unbeschreiblicher Freude habe ich dieses Amt gesungen, und mir schien, als hätte ich eine Stimme, die viel heller klang und lauter schallte als sonst. Mit großem, aber doch nicht eitlem Stolz erfüllt mich diese

Der Tempelberg mit dem Felsendom

Meßfeier, weil ich überzeugt bin, daß außer mir seit vielen Jahren kein Frater vom Predigerorden am Grab des Herrn die Messe gesungen hat, vielleicht hat es ja auch überhaupt noch nie einer.

Der Oberkalin bestimmte den Nachmittag des 24. August, des Tages des heiligen Apostels Bartholomäus, für unsere Abreise aus Jerusalem. Folglich gingen wir, nachdem wir an diesem Tag in der Frühe aus der heiligen Grabeskirche herausgekommen waren und danach eine Mahlzeit eingenommen hatten, auf den Berg Zion und trafen dort die beiden Kaline, die mit den Kameltreibern und Kamelen, Eseltreibern und Eseln auf uns warteten. Wir machten uns eilends ans Werk, trugen unser ganzes Gepäck aus dem Kloster der Fratres heraus und legten auf Geheiß der Kamelführer alles auf ein und denselben Platz zusammen, damit sie sich einen Überblick über Art und Menge verschaffen und danach alles gleichmäßig auf die Kamele verteilen konnten. Man muß nämlich die Kamellasten genau und sorgfältig wägen, damit sie gleich schwer sind.

Als wir die einzelnen Stücke auf einem Haufen zusam-

mengetragen hatten, entstand eine gewichtige, hoch aufge-
türmte Masse, weil viele Säcke voll Zwieback dabei waren
und viele Gefäße voll Wein, in Decken eingewickelt, damit
die Sarazenen sie nicht unverhüllt sahen und uns belästigten,
auch viele Wasserschläuche, dazu Körbe voll Eier, Käfige mit
lebenden jungen Hühnern und Hähnen, unsere Schlafunter-
lagen und Kleider, unsere Beutel, Reisetaschen und Körbe
mit Kochtöpfen, Schüsseln, Tellern und Tassen. Dies und
noch mehr stapelte sich zu einem so gewaltigen Haufen, daß
unsere Führer nur staunen konnten. Allerdings kann auch
kaum jemand glauben, daß 20 Leute in der Wüste soviel
Hausrat brauchen. Man muß aber umfangreiche Vorsorge
treffen, damit sie 62 Tage lang keinen Mangel leiden und
damit man auch Midianitern und Arabern, die einem in der
Wüste begegnen, etwas anzubieten hat an Brot, Zwieback,
Rauchfleisch und Käse, um damit ihre Gier zu stillen und
Frieden zu erkaufen.

Nachdem wir also alle unsere Sachen herausgetragen hatten, führten die Kameltreiber die Kamele zu dem Haufen
und fingen an, eines nach dem andern auf die Erde knien zu
lassen und zu beladen; wir aber standen neben ihnen und
schauten ihnen genau auf die Finger, damit sie uns nichts
stahlen und um zu lernen, wie man Tiere belädt und überhaupt mit Kamelen umgeht. Als dann aber 22 Kamele mit
viel Mühe und auch Streit beladen waren, wurden wir von
den Eseltreibern gerufen, damit jeder sich einen Esel aus-
wählte, den er dann auf der ganzen Wüstenreise bis nach
Ägypten benutzen sollte.

Nun hatten sich aber die Treiber um des lieben Friedens
willen untereinander geeinigt, daß keiner einem Pilger zure-
dete, diesen oder jenen Esel zu wählen, auch nicht auf Fehler oder gute Eigenschaften hinweisen dürfe, sondern daß sie
uns in Ruhe wählen ließen, damit, wer eine schlechte Wahl
getroffen hätte, kein Recht hätte, jemanden zu beschimpfen
und zu beschuldigen, und auch nicht meinen dürfe, er brauche weniger zu bezahlen als einer, der mit einem guten Tier
versehen worden war, so daß am Ende derjenige, der das

beste Tier gewählt hätte, für seine Gefährten die Gebühren und das Futter bezahlen müßte. Die Eseltreiber wußten nämlich genau, welche Esel gut oder schlecht waren, doch gleich gut gesattelt waren alle.

Meine Herren Ritter liefen also zwischen den Eseln hin und her, prüften bald diesen, bald jenen und tauschten gegenseitig ihre Meinung aus. Manchmal entschieden sich zwei oder drei Pilger aber für denselben Esel. Sobald ich dies sah, ging ich weg von der Herde, um nicht durch meine Wahl jemanden zu benachteiligen, stieg die Treppe zum Eingang der Zionskirche hinauf und nahm auf der Schwelle Platz. So schaute ich denn hinunter auf die Eselherde, betrachtete die Suchenden und überlegte mir dabei, welches Tier ich wählen wollte.

Da sah ich nun aber unter den Eseln einen großen und weißlichgrauen, der die Ohren hängenließ, einen schweren Kopf zu haben schien und geradezu das Bild eines trägen Tieres bot, deshalb wollte auch keiner von den Pilgern ihn nehmen. Aber eben für dieses Tier entschied ich mich, nicht weil ich irgendeinen besonderen Vorzug an ihm bemerkt hätte, sondern einzig und allein, um den adligen Herren damit einen Gefallen zu erweisen, indem ich das von allen verachtete Tier wählte. Nachdem dann alle Adligen nach viel sorgfältigem Abwägen sich ihre Tiere ausgesucht hatten und die Aufregung sich gelegt hatte, ging ich hinunter, nahm ohne Prüfung den verachteten Esel, führte ihn allein beiseite und machte ihn reisefertig.

Da kamen die Eseltreiber angerannt, lachten, schrien und wollten Geld von mir haben. Ich verstand nicht, was sie mir sagten, sondern stand da und begriff nicht recht, was es mit ihrer Forderung nach Denaren auf sich hatte, weil sie doch von keinem der anderen Geld verlangt hatten. Nun gab mir aber unser Dolmetscher zu verstehen, daß ich den besten Esel unter allen ausgewählt hätte und sie deshalb eine Extrabelohnung haben wollten. Sowie ich das erfuhr, holte ich vier Madine hervor und gab sie ihnen; und ich war die ganze Reise über mit dem allersichersten Tier versorgt, das uner-

müdlich war und ohne jeden Fehler. Nie ist es mit mir
gestürzt, nie säumig gewesen, nie scheu geworden, es hat
weder ausgeschlagen noch gebissen, sondern ist ohne Sporn
und Stachel unentwegt vorwärts- und vorausgegangen.

So verließen wir denn die Zionskirche, gingen zu den
Eseln hinunter, stiegen auf unsere Tiere und folgten den vor-
anschreitenden Kamelen zur Stadt hinaus, aber nicht ohne
Trauer im Herzen und nicht ohne Tränen schieden wir von
der unvergeßlichen Stadt Jerusalem, vielmehr unter Schluchzen und Weinen. Ich für meinen Teil bin auf dieser Welt niemals lieber an einem Ort gewesen als in Jerusalem und habe
dort auch die erfreulichsten Tage und Stunden erlebt.

Bevor wir indessen den Berg Zion ganz hinuntergeritten
waren, zerbrach eines von den Gefäßen, und Wein floß durch
den härenen Sack, in dem er verborgen war, auf die Erde.
Darüber gerieten wir in nicht geringe Bestürzung, weil der
Wein sehr gut war und um teures Geld angeschafft und man
ihn der Sarazenen wegen mit viel Mühe versteckt hatte. Nun
beunruhigte uns aber nicht so sehr der Verlust dieses Weines,

als vielmehr die Tollheit der Sarazenen. Wir fürchteten nämlich, daß sie den Weinduft bemerken, auf uns losgehen und die übrigen Gefäße auch zerbrechen könnten. Wenn wir jedoch des Weines beraubt worden wären, hätten wir die Reise zum Berg Sinai nicht angetreten, denn wir hätten in der Wüste nicht ohne einen Trunk Wein leben können.

Wir ließen also den Wein auf die Erde fließen, weil kein anderes Gefäß zur Hand war, gaben jedoch sorgsam darauf acht, daß keine Kamel- oder Eseltreiber herkamen und von dem auslaufenden Wein tranken, weil sie ja, sobald sie nur ein wenig gekostet hätten, auf der Stelle betrunken geworden wären und in ihrem Zustand auch bei uns Verwirrung gestiftet und auf unsere Ausrüstung keine Rücksicht genommen hätten. Ich gab nun einem Ritter meinen Esel, lief auf die Seite des Kamels, wo der Wein ausfloß, und erlaubte keinem Sarazenen, sich zu nähern, sondern füllte meine Flasche mit zwei Maß von dem, was da herabträufelte. Und so zogen wir bedächtigen Schrittes dahin.

Beim Weiterreiten kamen wir in die Nähe von Debir, der »Stadt der Schriften«, konnten sie jedoch nicht sehen, weil ein dazwischen liegender Berg den Blick behinderte. Wir entfernten uns wieder von Kirjath-Jefer oder Debir und ritten weiter in das Hebrontal hinunter, das zweifellos sehr fruchtbar wäre, wenn es beackert würde. Es sind nämlich auf beiden Seiten noch die Mauern von ehemaligen Gärten erhalten; auch sahen wir im Buschwerk verschiedenes eßbares Wild, Rebhühner und Fasanen. Und als wir eine ziemlich lange Strecke abwärts gezogen waren, gelangten wir an die Stelle, wo sich von Norden her ein anderes Tal nach Westen erstreckt, das Bachtal Eskol, was soviel wie »Traubental« heißt, es ist sehr fruchtbar. Aus ihm nahmen die Kundschafter, die Mose ausgeschickt hatte, um das Land zu erkunden, die große Weintraube mit, die zwei Männer an einer Stange trugen, auch Granatäpfel und andere Früchte sammelten sie und brachten sie zum Volk Israel über den Jordan hinüber in die Wüste.

Um die Mittagszeit kamen wir aus dem Bergland heraus

in ebenes Gelände und wandten uns am Fuß des Gebirges nach Süden in fruchtbare Gefilde, die voller Oliven- und Feigenbäume standen. Wir baten unseren Dragoman, er möge uns im Schatten dieser Bäume eine Essenspause gönnen, aber er wollte das nicht und erklärte, daß man die bepackten Kamele des kurzen Aufenthalts wegen nicht entladen dürfe, sie aber auch nicht ruhig stehenbleiben könnten und ebensowenig ohne uns weitergehen sollten. Und das war richtig. So ritten wir also weiter, aßen und tranken auf den Eseln sitzend. So müssen es nämlich alle halten, die mit beladenen Kamelen auf der Reise sind.

Wir zogen nun durch die Philisterebene nach Süden und hatten dabei das Bergland von Juda zur linken, das Mittelmeer aber zur rechten Seite. So reisten wir den ganzen Tag unter glutheißer Sonne. Bei Sonnenuntergang kamen wir dann bei einem Dorf an, das Sichar heißt, und wandten uns dort der Herberge zu, die außerhalb lag. Hier entluden wir die Tiere und richteten uns aufs Übernachten ein. Es war eine geräumige Herberge mit mehreren Ställen und Wohnungen, zudem fest ummauert wie eine Burg, und doch trafen wir keinen einzigen Menschen darin an. Nachdem die Tiere untergebracht und unsere Sachen geordnet waren, trafen wir Vorbereitungen für das Essen und gingen deshalb zuerst einmal auf dem offenen Feld umher, um Feuerholz zu sammeln, und schonten dabei auch die Umzäunungen von Gärten und Äckern nicht, weshalb uns dann sarazenische Bauern mit Steinen nachrannten und bis zur Herberge verfolgten. Es kamen aber auch einige Landleute, die Hähnchen und Hühner, Brot und Wasser brachten. Von ihnen kauften wir, kochten das geschlachtete Geflügel und hielten so ein vergnügliches und gutes Mahl.

Als eben die Morgenröte erschienen war, zogen wir weiter durch ebenes Land, sahen aber immer wieder Dörfer und die Ruinen von ehemaligen Städten. Um die Mittagszeit kamen wir in eine Landschaft, in der sich Hügel und niedere Berge erhoben, unter denen ein ziemlich hoher über die anderen hinausragte, wie geschaffen als Standort für eine

Burg oder einen befestigten Platz. Als wir am Fuße des Berges angelangt waren, stieg ich mit einigen anderen hinauf, während die Esel unten blieben. Wir fanden dort Reste von Mauern, zwar nicht von einer Burg, sondern von einer früheren Stadt, weil hier einst die Stadt Ziklag stand, die den Philistern gehörte und die Achis, der König von Gath, dem David zuwies, als er auf der Flucht vor Saul war.

An dieser Stelle standen wir nun und schauten weit über das Philisterland in Richtung auf das große Meer und zum Bergland von Hebron hin, zum Gebirge Ephraim und zur Wüste Ägyptens. Wir erblickten auch die Stadt Gaza, obwohl sie noch weit von uns entfernt war. Danach verließen wir Ziklag und ritten auf Gaza zu, sahen aber von weitem einen Haufen Kamele und Esel eilig auf uns zustreben und erschraken darüber, weil wir dachten, es seien räuberische Araber oder Midianiter. Doch als wir zusammentrafen, zogen sie in aller Ruhe an uns vorbei. Es waren Ägypter, die nach Jerusalem reisen wollten, um im Tempel nach Sarazenensitte zu beten.

Gegen Abend kamen wir nahe an Gaza heran, wagten jedoch nicht, in aller Öffentlichkeit in die Stadt einzuziehen, um nicht angepöbelt zu werden. Darum bogen wir von der Straße ab auf ein Grundstück voller Feigenbäume und nahmen die Lasten von den Tieren, um zu warten, bis der Tag zur Neige ging.

In Gaza

Als die Sonne untergegangen war, luden wir den Kamelen und Eseln ihre Lasten wieder auf, machten uns auf den Weg nach Gaza und zogen fast schon bei Dunkelheit in die Stadt ein und durch eine lange Gasse bis zur Pilgerherberge. Dort eingetreten, konnten wir uns nicht rühren, so eng war der Raum; er vermochte nicht einmal die Menschen ohne das Gepäck zu fassen. Höchst ärgerlich verließen wir ihn und erklärten dem Dragoman, daß wir an diesem Ort nicht bleiben wollten und auch gar nicht könnten, und falls er uns kein geräumigeres Quartier besorgen könne, wollten wir ihn vor dem Präfekten von Gaza zur Rede stellen, weil er anscheinend das im fünften Artikel unseres Vertrags gegebene Versprechen, für ein ordentliches Quartier zu sorgen, nicht einlösen wolle. Als er dies gehört und sich deswegen lange mit uns herumgestritten hatte, hieß er uns warten, er selbst aber ritt durch die Stadt und suchte da und dort nach einem geeigneten Platz für uns.

Wir standen lange Zeit im Finstern da, in einer engen Gasse zusammengedrängt zwischen Eseln und Kamelen. Voller Ungeduld und Furcht und Zittern, daß vielleicht irgendeine Gefahr für uns auftauchen könnte. Endlich kam der Dragoman und führte uns weit von diesem Haus an einen anderen Platz, wo sich zwar kein Gebäude befand, dafür aber ein mit Mauern eingefaßter Hof, den man mit einem Tor verschließen konnte. Er hatte auch kein Dach, unter dem wir hätten schlafen können, sondern nur auf der Seite zwei sehr schmutzige, mit Menschenkot verunreinigte Zellen. Der Boden im Hof war mit gebrannten Lehmziegeln bedeckt. Nachdem wir nun Lichter angezündet hatten, ließen wir die Kamele auf der Gasse niederknien, entluden sie und die Esel, und dann übergaben wir sämtliche Tiere ihren Eigentümern. All unsere Habe trugen wir indessen in den Hof und trieben aus ihm danach unsere sämtlichen Kamel- und Eseltreiber hinaus, behielten nur Elphahallo, den Unterkalin, bei uns, und verrammelten das Tor mit Steinen und Riegeln gegen Angriffe von Sarazenen. Hierauf zündeten wir ein Feuer an und kochten einen Bissen, um doch endlich etwas Warmes in den Leib zu bekommen, denn wir hatten den ganzen Tag noch nichts Warmes gegessen. Nach der Mahlzeit legten wir uns zur Ruhe in eine lange Futterkrippe aus Steinen und Mörtel, die der Länge nach an der Hofwand errichtet war. Die anderen aber, die in der Krippe keinen Platz finden konnten, lagerten sich anderswo im Hof. So schliefen wir diese Nacht im Freien unter dem Tau, der vom Himmel fiel.

Am 30. August bei Sonnenaufgang standen wir auf und trugen, bevor wir das Hoftor öffneten, unsere Sachen in die eine elende Kammer. Nach dem Frühstück gingen wir zusammen mit dem Dragoman zum Stadtpräfekten, baten um Aufenthaltsgenehmigung in Gaza für einige Tage und darum, daß wir umhergehen und das für die Reise durch die Wüste Notwendige einkaufen, die Gegend besichtigen, die Stadt anschauen und auch die öffentlichen Bäder betreten dürften. Dies alles bewilligte er und zeigte sich überhaupt sehr wohlwollend uns gegenüber, obgleich er ein Andersgläubiger war. Nachdem dies also besorgt war, kehrten wir gemeinsam mit dem Dragoman in unseren Hof zurück, ersuchten ihn aber doch, uns nicht lange in dieser Stadt bleiben zu lassen. Er versprach, dafür Sorge zu tragen.

Da es in Gaza nur griechische Kirchen gab, deren Priester uns den Zugang zum Messelesen verweigerten, zelebrierten wir an einem Altar aus Steinen im Hof. Wir waren drei Priester, Pater Paul von Güglingen vom Franziskanerorden, Herr Johannes, der Archidiakon von Transsilvanien, und ich, Frater Felix vom Dominikanerorden. Wir setzten eine gewisse Reihenfolge fest, so daß wir fast jeden Tag Messe hielten.

Am 2. September riefen wir, nachdem die Messe gelesen war, den Dragoman und baten ihn, uns nun in die Wüste Sinai und damit zu unserem Ziel hinzuführen. Er versprach, daß wir am nächsten Morgen aufbrechen würden. Über diese Zusage freuten wir uns sehr und gingen nach dem Frühstück alle miteinander zum sarazenischen Badehaus und badeten und wuschen uns. Dieses Bad in Gaza ist das prächtigste von allen, die ich je gesehen habe. Denn vor dem Badebecken befindet sich ein überwölbter Umgang, wie der Kreuzgang des Klosters, an dem zahlreiche Zellen liegen, die nicht mit Betten versehen, sondern mit Matten aus einem Geflecht von Palmzweigen ausgelegt sind. Auch sind die einzelnen Zellen nur mit Vorhängen abgeschlossen. In ihnen kleiden die Badegäste sich aus und an. Innen in den Kabinen hängen saubere Tücher, mit denen sich diejenigen, die ins Bad hineingehen wollen, vom Nabel bis zu den Knien an Stelle von Hosen und Gürtel umschürzen. So ist dann vorne und hinten alles bedeckt. Mitten im Umgang steht ein Brunnen, in den durch eine Anzahl von Röhren Wasser aus einer Marmorsäule springt; auch alle Wände und der Fußboden vor dem Badebecken sind mit glänzendem buntem und poliertem Marmor überkleidet, so daß man sich beim Gehen in acht nehmen und so vorsichtig sein muß wie jemand, der auf Eis läuft, um nicht auszugleiten. Dieses Badehaus ist ein viereckiger hoher Bau, und die Kuppel der Gewölbedecke trägt kein Dach, sondern enthält mehrere runde Öffnungen, die mit verschiedenfarbigen Glasfenstern verschlossen sind, durch die gedämpftes, jedoch ausreichendes Tageslicht einfällt.

Es gibt keinen Ofen, und man bemerkt weder ein brennendes Feuer noch Rauch, sondern an einer Seite liegen unter dem Fußboden glühende Kohlen, von denen die Marmorplatten des Fußbodens geheizt werden. Und sehr heißes Wasser, das durch eine Röhre in das Marmorbassin läuft, versorgt diesen ganzen Bereich reichlich mit Wärme. Gegenüber tritt kaltes Wasser ein. Auf der einen Seite herrscht große Hitze, und es gibt heißes Wasser, auf der anderen Seite ist es kühl und das Wasser kalt. Die dritte Seite ist frei und dient als Ruheplatz, auf der vierten befindet sich der Zugang, in der Mitte ist so die richtige Mischung.

Sodann bedient der Bademeister sehr freundlich und fürsorglich die Badenden mit fleißigem Abreiben, Waschen und Einreiben mit einem Reinigungsmittel oder auch einem geeigneten Salböl; denn mit Salben behandelt man im Bad kranke Glieder. Wenn jemand durch einen Unfall Schmerzen hat, dann frottiert, salbt und massiert der Bademeister die schmerzende Stelle und heilt oder lindert so den Schmerz. Wenn jemand klagt, er leide unter Schmerzen an einer seiner Gliedmaßen, zum Beispiel am Arm, Bein, an der Hand, am Fuß oder Hals, heilt man dergleichen ganz ähnlich auf erstaunliche Weise; auch Versteifungen an den Gliedmaßen, Hand- und Fußgicht, körnige Ablagerungen und Steinchen beseitigt man im Bad mit großer Geschicklichkeit. Ebenfalls versucht man einen, der klagt, er leide an Beengung um die Brust und Kurzatmigkeit, mit sorgfältigen Bemühungen zu heilen. Und dies tun sie nicht, indem sie sich einfach neben einen setzen, sondern sie nehmen den Patienten und legen ihn mitten im Badebecken rücklings, bäuchlings oder seitlich auf den Boden, je nachdem es der Schmerz erfordert. Der Bademeister setzt sich auf ihn, betastet die Schmerzstelle, beugt und streckt behutsam den schmerzempfindlichen Arm, zieht den Hals straff und läßt wieder locker.

Ich habe einmal gesehen, wie ein Äthiopier im Bad um Pflege bat und sagte, er habe eine beengte Brust. Da legte ihn der Bademeister mit dem Rücken auf den Boden, setzte sich auf seinen Bauch und schnürte ihm mit beiden Händen so den Hals zu, daß sein Gesicht anzuschwellen begann, weil er ihm vollständig den Atem anhielt und ihn so lange nicht losließ, daß ich fürchtete, der Mann sei erstickt. Die Ohren hatte er ihm mit Seidenzeug verstopft. Endlich aber, als er den Patienten aus den Händen gelassen und der wieder Atem geholt hatte, erklärte dieser voll Freude, er sei geheilt. Es ist auch eine Freude, so etwas zu sehen. Vieles heilt man im Bad, das man bei uns für so gut wie unheilbar hält oder weswegen wir Thermalbäder besuchen und uns dort mit großem Aufwand und viele Tage lang um etwas bemühen, was diese Leute in einer halben Stunde zustande bringen. Doch scheint mir, daß bei solchem Kurieren auch Zauberformeln angewandt werden, denn während sie auf die besagte Weise eine Behandlung vornehmen, sprechen sie andauernd vor sich hin. Ich weiß allerdings nicht, was für Worte sie dem Patienten in die Ohren sagen und welche Art von Zaubersprüchen sie überhaupt kennen.

Keinesfalls treffen im Bad Männer und Frauen zusammen, Frauen haben eigene Bäder für sich, und genauso die Männer. Deshalb haben Männer auch keine Bademeisterinnen und Frauen keine Bademeister, sondern den Männern dienen Männer, den Frauen Frauen. Auch Juden lassen sie in keinem Fall ins Bad, uns aber dulden sie bei sich. Ich habe mich oft verwundert gefragt, was der Grund dafür sei, daß sie uns so ohne weiteres mit ihnen zusammen baden lassen, da sie doch sonst nicht gerade freundschaftlich mit uns umgehen.

Am 3. September rüsteten wir uns zur Abreise, aber ein großes Hindernis kam dazwischen. Ein Heer von mehreren tausend Mamelucken traf nämlich von Ägypten her im Gebiet von Gaza ein, so daß die ganze Stadt und Gegend voll war von Soldaten. Sie schlugen in der Umgebung Zelte auf, und es hieß, ihre Truppe zähle 8 000 Mann. Sie hatte der Sultan gegen die Turkmenen in Syrien marschieren lassen, um diese zu demütigen. Die streiften nun durch die Stadt, und viele kamen zu uns, um uns zu sehen. Unter ihnen befanden sich auch einige Ungarn, die fragten, ob irgendein Pilger aus Ungarn anwesend sei. Und als sie auf unseren Reisegefährten Herrn Johannes trafen, freuten sie sich sehr, setzten sich zu uns unter die Zelte und aßen und tranken mit uns, sogar Wein, aber heimlich. Auch einige sizilianische und katalanische Mamelucken, das heißt, abgefallene Christen, kamen und suchten bei uns guten Zuspruch. Wir empfingen alle freundlich und verkehrten mit ihnen wie mit guten Bekannten, was jedoch dem Dragoman und dem anderen Kalin sehr mißfiel. Die Sarazenen sind nämlich insgeheim den Mamelucken feind, weil diese ihnen gegenüber derart die Herren spielen, daß sie sich kaum getrauen, in deren Gegenwart die Köpfe zu heben. Deshalb waren die beiden Sarazenen, Sabathytanko und Elphahallo, unsere Führer, unmutig über uns, weil sie fürchteten, daß wir sie bei jenen noch unbeliebter machen könnten. Wir waren nämlich damals uneinig mit ihnen wegen unseres Aufenthalts an diesem Platz. Die beiden Sarazenen versuchten nun als schlaue und erfahrene Männer, uns durch ehrenrührige Vorhaltungen von dem freundschaftlichen Umgang mit den Mamelucken abzubringen.

Sabathytanko führte an: »Ihr seid rechte Christen. Wie könnt ihr nur mit jenen zusammen essen und trinken, die unter fürchterlichen Verwünschungen und Schwüren den christlichen Glauben verleugnet haben?«

Der andere Sarazene, Elphahallo, sagte: »Ihr gehört zu den Christen, die zweifellos in ihrem Glauben errettet werden, aber diese Mamelucken werden wegen der Verleugnung eures Glaubens zweifellos verdammt. Was soll also eure Gesellschaft mit ihnen?«

Nun kamen nach dem Frühstück wiederum Mamelucken und unterhielten sich mit uns, und als wir ihnen sagten, daß wir gern ihr Heerlager, die Pferde, Zelte und das Kriegsgerät sehen wollten, führten sie uns in der Stadt zu den Ställen, in denen herrliche Pferde standen, dann hinaus aus der Stadt, wo die Zelte aufgeschlagen waren. Wir betrachteten alles mit großem Interesse, und es gab niemanden, der uns eine finstere Miene gezeigt hätte, während die Genannten uns führten. Als wir alles besichtigt hatten, kehrten wir zu unserem Lagerplatz zurück.

Am 4. September versammelten wir uns und beschlossen, diesen Tag mit der Vorbereitung für die Wüstenreise zu verbringen, nämlich die Dinge einzukaufen, die wir noch brauchten zu denen, die wir in Jerusalem besorgt hatten. Das Los, die Besorgungen für unsere Gruppe zu machen, fiel nun aber auf mich. So ließ ich mir denn von den Gefährten Geld geben und ging zusammen mit dem Verwalter der beiden anderen Gesellschaften auf den Markt, um Einkäufe zu tätigen. Doch siehe, es gab nichts auf dem Markt, alle Kaufläden, Küchen und Lebensmittelgeschäfte waren geschlossen. Als wir nach dem Grund dafür fragten, gab man uns zur Antwort, daß, solange sich Mamelucken in der Stadt aufhielten, kein Markt stattfände, weil wegen deren Rücksichtslosigkeit niemand wagte, sein Eigentum öffentlich sehen zu lassen. Sie kommen nämlich, raffen an sich, was ihnen gerade gefällt, und nehmen es unbezahlt mit. Und es gibt niemanden, der es wagen würde, sie daran zu hindern. Die Einwohner von Gaza behielten sogar ihre Tiere in den Häusern: Pferde, Esel, Kühe, Schafe, Ziegen. Sie ließen sie auch nicht auf die Weide hinausgehen, weil sie von den Soldaten geraubt worden wären. Darum konnten wir an diesem Tag nichts besorgen.

Am selben Tag kamen in unseren Hof herrschaftliche

sarazenische Fräulein in Begleitung ihrer Zofen, der Sitte gemäß mit verhüllten Gesichtern, und wünschten uns zu sehen. So traten wir denn aus den Zelten und Hütten heraus vor ihre Augen, und sie redeten miteinander auf arabisch und lachten. Nun aber konnten wir ihre Gesichter wegen der Verhüllung nicht sehen und baten sie deshalb durch den Dolmetscher, sie möchten die Schleier ablegen und uns auch die Gesichter anschauen lassen. Als sie dies hörten, brachen sie in schallendes Gelächter aus und befahlen ihren Dienerinnen, die Gesichtstücher abzunehmen. Als sie das taten, kamen ganz schwarze Gesichter zum Vorschein, wie Kohle, weil sie nämlich Äthiopierinnen waren. Sobald wir dies sahen, taten wir absichtlich so, als seien wir wegen der Schwärze erschrocken und fänden sie abscheulich, und baten darum, daß doch auch die Herrinnen die Schleier lüfteten. Und so taten sie auch, und sie waren nun weiße und schöne Damen, sittsam und Achtung gebietend.

In der Nacht vor dem 6. September, als die Zeit für unsere Abreise gekommen war und unsere Führer fertig darstanden, legte Gott Hand an die Pilger, schlug sie und warf sie nieder. Denn wir wurden plötzlich alle sehr krank, und so lagen unsere Zelte voll von Siechen, und die Zahl der Kranken war größer als die der Gesunden. Unter jenen war Herr Peter Welsch so sehr von aller Kraft verlassen, daß er irres Zeug redete, und Herr Ferdinand Baron von Wernau, der vorher ein Helfer und Tröster für alle gewesen war, lag schwerkrank darnieder. Ich selbst litt unter schrecklichen Kopfschmerzen und Schwindel und glühte am ganzen Leib vor Fieber, legte mich jedoch nicht nieder, sondern sorgte, so gut ich konnte, für die Kranken. Auch Herr Bernhard von Breitenbach, jetzt Dekan in Mainz, war derart schwach, daß er sein gewohntes würdiges Aussehen, ja sogar das Bewußtsein verloren hatte und keine Aussicht auf eine Genesung bestand. Und so verbrachten wir diesen Tag samt der Nacht in viel Krankheitsnot und trüben Gedanken.

Bei diesem Elend, das über die Pilger gekommen war, fingen sie an, die verschiedensten Erwägungen anzustellen und fast alle von der geplanten Pilgerfahrt abzulassen. Einige wollten wieder nach Jerusalem hinaufreiten und dort gesund werden oder sterben. Einige wollten durch das Philisterland nach Beirut in Syrophönizien, dem Seehafen, und von dort mit den nächsten Handelsschiffen nach Europa in unser Land zurückkehren. Andere wollten unter Verzicht auf jeglichen Umweg an der Meeresküste entlang nach Alexandria hinunterreiten und dort auf Schiffe warten. Wieder andere beabsichtigten, nach Kairo zu reisen, von dort aus an der Küste des Roten Meeres durch Midian zum Berg Sinai hinaufzuziehen und dann nach Ägypten und an das Meer zurückzukehren. Manche wollten in Gaza bleiben bis zu ihrer Genesung und danach die Weiterreise antreten. Die übrigen aber beharrten auf dem ursprünglichen Plan, gleich am nächsten Tag aufzubrechen, obwohl sie krank waren. Infolgedessen kam es zu einer weitgehenden Uneinigkeit unter den Pilgern und zur Spaltung der Gruppen. Jeder schloß sich demjenigen an, der einen ihm genehmen Plan ausgedacht hatte.

Mit dem 8. September erschien das frohe und glückliche Licht, von dem es in 2. *Makkabäer* 1, 22 heißt: »Die Sonne, die vorher von Wolken verdeckt war, brach hervor.« Sie hat sämtliche Krankheit von uns allen vertrieben. Ich meine dies nicht gleichnishaft, sondern es ist buchstäblich so geschehen. Denn als die Morgenröte aufging, richteten wir unseren Altar für die festliche Meßfeier her; wir hielten nämlich alle drei nacheinander ein Meßamt zur Feier des gegenwärtigen Festes von Mariae Geburtstag und verbanden damit auch Gebete für die Genesung unserer Kranken und für eine glückliche Reise. An diesen Meßfeiern nahmen alle Pilger teil, auch diejenigen, die gestern und vorgestern noch dem Tode nahe zu sein schienen. Als die Messen beendet waren, bereiteten wir das Frühstück, kochten und aßen in gewohnter Weise, und niemand dachte mehr an das vorhergegangene Zerwürfnis, sondern wir verschworen uns aufs neue, miteinander durch die Wüste nach Arabien und zum Berg Sinai zu reisen, zusammen zu leben und zu sterben, und auch, daß wir keinen Kranken zurücklassen, sondern alle, die nicht auf Eseln sitzen konnten, in Körben auf Kamelen mitnehmen wollten. An diesem Tag schlossen wir einen Beistandsbund unter uns und wurden unzertrennliche Freunde, ein Herz und eine Seele in dem Herrn.

Durch die Wüste zum Berg Sinai

Am 9. September in der Frühe kamen die Kameltreiber mit dem Dragoman, trugen unser ganzes Gepäck mitten auf den Hof und wogen gleichgewichtige Lasten ab, um festzustellen, wie viele Kamele wir bräuchten. Sie fanden dabei eine solche Menge, daß 22 Kamele nicht ausreichten, sie zu tragen, und wollten uns deshalb nicht begleiten, falls wir nicht noch drei Kamele zur Verfügung stellten. Daraus entstand ein langer Streit zwischen uns und dem Dragoman. Wir wollten, daß er auf seine Kosten die fehlenden Kamele beschaffte, wie es im fünften Artikel unseres Vertrages ausdrücklich bestimmt war. Er hingegen lehnte dies ab und erklärte, wir hätten viel unnützen Hausrat dabei. Wenn beim Verzicht darauf immer noch Mangel an Kamelen bestünde, sei er zur nötigen Ergänzung verpflichtet, sonst nicht. Er hielt nämlich etliche Dinge für überflüssig, die für uns ganz unentbehrlich waren. Bevor wir aber diese Sachen wegwerfen wollten, kauften wir auf unsere Kosten noch drei Kamele. So hatten wir also 25 Kamele, 30 Esel, sieben Kameltreiber und sechs Eseltreiber, zwei Araber als wegekundige Führer und zwei Sarazenen, nämlich Elphahallo nebst einem jungen Äthiopier, und so betrug die Gesamtzahl in unserer Gruppe 40 Personen.

Während wir dies also in Ordnung brachten, wurde es Essenszeit. Wir aßen und tranken in freudiger Stimmung darüber, daß die Zeit für unsere Abreise gekommen war. Zu guter Letzt kauften wir noch bittersüße Granatäpfel nach

Belieben, soviel jeder wollte, um auf der Wüstenreise einen Vorrat zu haben. Dieses Obst gab es zu einem sehr günstigen Preis, denn für einen einzigen Madin konnte man 40 oder 50 große und ganz frische Granatäpfel bekommen.

Als nun so die Mittagszeit vergangen war, kam unser Dragoman hoch zu Roß und auch die Treiber mit den Eseln folgten. Obwohl die Eseltreiber Christen waren, hatten sie doch nach Arabersitte Turbane auf ihren Köpfen, um in der Wüste von den Arabern weniger angefeindet zu werden. Die Kameltreiber führten ebenfalls die Kamele heran und beluden sie mit unserer Habe, ließen dabei aber zwei Körbe leer, in die wir dann zwei von Krankheit geschwächte Pilger setzten, die zu den Rittern gehörten. Als die Kamele fertig beladen waren, umgürteten sich die Ritter unter den Pilgern auf Geheiß des Dragomans mit ihren Schwertern, einige hatten auch Bogen und Geschosse gekauft nach Art der Sarazenen. Und so versorgt mit Waffen zu unserer Verteidigung, bestiegen wir die Esel und zogen mit unseren Leuten aus der Stadt Gaza wohlgerüstet hinaus. Denn da wir nach Arabien ziehen wollten, genehmigten die Sarazenen die Bewaffnung der pilgernden Ritter und der Kamel- und Eseltreiber. Sie alle trugen außer Schwertern und Dolchen noch Bogen. Wenn aber unser Weg aus dem Philisterland nach Syrien geführt hätte, hätten sie uns keinesfalls so unter Waffen aus der Stadt ziehen lassen. Beim Verlassen der Stadt ritten wir von dem Hügel, auf dem sie liegt, hinunter in die Ebene und weiter nach Süden und hatten dabei die Stadt Beerscheba, welche die südliche Grenze des Heiligen Landes bildet, nicht weit zu unserer Rechten.

Als wir eine Strecke auf der Landstraße zwischen Gartenzäunen dahingezogen waren, trieben die Kameltreiber die Kamele von der Straße herunter auf ein Feld, ließen sie niederknien und luden die Lasten ab. Das hieß, daß sie beschlossen hatten, die Nacht über dort zu bleiben; dies mißfiel uns jedoch, weil noch viel vom Tag übrig war. Der Oberkalin sagte uns aber, daß die Kamellasten nicht gleichmäßig verteilt seien und daß es deshalb zwischen den Kameltreibern Streit gäbe. Darum sei es notwendig, noch alles an diesem Abend zu regeln. Wir stiegen also von den Eseln und schlugen unsere Zelte auf. Als dann die Mahlzeit fertig war, die wir auf einem einzigen Feuer gekocht hatten, setzten wir uns unter die Zelte und aßen. Wir wurden aber vorher ermahnt, daß wir uns nie alle gleichzeitig schlafen legen sollten, sondern immer einer der Pilger als Wache um den Lagerplatz herumgehen müsse, während die anderen schliefen, damit sich nicht Räuber oder Diebe heimlich einschlichen und sich mit unserer Habe davonmachten. In Wahrheit aber galt dieses Wachen und Aufpassen unseren Dienern, den Kamel- und Eseltreibern: Sie stahlen uns nämlich Fladenbrote, Eier und was sie nur konnten. Wir konnten aber nicht so gut Wache halten, daß wir nicht dennoch morgens entdeckten, daß Säcke durchlöchert und Brote herausgezogen oder daß Eier aus den Körben entwendet waren. Oftmals ertappten wir sie auf frischer Tat beim Diebstahl, aber die Überraschten schämten sich kein bißchen, sondern lachten uns eher noch aus.

Deswegen versammelten wir uns also alle nach dem Essen und bestimmten die Reihenfolge bei der Aufstellung von Wachen. Dabei fiel das Los für die erste Wache nach Mitternacht auf mich. Also machten wir bei Sonnenuntergang unter den Zelten unser Lager zurecht und legten uns schlafen.

Als es nun eben Mitternacht war, weckte mich der Ritter, der zuvor gewacht hatte. Ich stand auf und schritt unter Psalmensingen in der Runde um die lagernde Schar, einen Stock in der Hand. Plötzlich aber brach ganz in der Nähe ein ungeheures und schreckliches Geheul aus von vielen Stimmen, die schrien und wehklagten, und ich konnte mir nichts anderes denken, als daß es klagende menschliche Stimmen wären. Ich stand da und horchte erschrocken und verwundert, dachte dann aber, daß vielleicht die Sarazenen irgendeine Feier mit Tragödien oder Komödien veranstalteten, daß ihnen plötzlich ein grausiges Unglück oder ein Unfall zugestoßen sei oder daß Satyrn und andere Ausgeburten der Wüste uns durch ein derartiges Geheul am Einzug in die Wüste hindern wollten. Was es aber wirklich gewesen ist, weiß ich bis heute nicht. Einige sagten jedoch zu mir, daß es eine Menge heulender Wölfe gebe. Aber das kann ich kaum glauben, weil dieses Geschrei plötzlich angefangen hatte und nach kurzer Zeit unvermutet verstummt war. Nach der eingetretenen Stille hatte es wieder angefangen, und dazwischen waren Schmerzensschreie zu hören gewesen.

Als das Geschrei aufhörte, ging ich weiter meinem Wachdienst nach und traf dabei auf unseren sarazenischen Dragoman, den Oberkalin, wie er kniend im Gebet verweilte und dabei die bei den Sarazenen übliche Haltung einnahm. Sobald er mich hörte, unterbrach er sein Gebet und fragte mich, warum ich nicht im Zelt bliebe. Als ich ihm darauf antwortete, es sei wegen der Nachtwache, war er zufrieden, wandte sich nun aber in die Richtung zur Wüste nach Süden, zeigte mir einen eben aufgegangenen, sehr hellen Stern und erklärte, dies sei und werde auch von allen so genannt, der Stern der heiligen Katharina. »Und siehe«, sagte er, »unter diesem Stern liegt der Berg Sinai, zu dem wir ziehen. Und wenn wir bei Nacht pilgern, nehmen wir keinen anderen Weg, als daß wir in Richtung auf diesen glänzenden Stern hinwandern, bis wir genau unter ihm stehen am Berge Sinai.«

Nach der Abreise vom Berg Sinai pflegte ich zu diesem Stern zurückzuschauen und sah ihn, solange ich in Ägypten war, während ich mich in Alexandria aufhielt und auch noch eine lange Strecke auf dem Meer. Schließlich aber, nachdem wir Zypern passiert hatten und zu den Kykladeninseln kamen, konnte ich ihn wegen der zu weiten Entfernung und des Übergangs in eine andere Zone nicht mehr sehen. Und so verging diese erste Nacht.

Am 10. September, als eben die Morgenröte erschien, standen wir auf, brachen unsere Zelte und Hütten ab, banden alles fest zusammen und machten uns reisefertig. Nun waren aber unsere Kameltreiber die Verzögerer, sie beluden nämlich die Kamele nur ganz verdrossen und unwillig und ließen viele von unseren Sachen einfach liegen, so daß wir lauten

Streit miteinander bekamen. Wir belegten sie mit deutschen Schimpfwörtern und sie uns mit arabischen, und so schrien wir uns gegenseitig an, wobei sie weder uns noch wir sie verstanden. Wir stritten bis zum Sonnenaufgang; sie taten so, als wollten sie mit den Kamelen nach Gaza zurückkehren, und das wäre für uns äußerst lästig gewesen. Mit dieser Täuschung regten sie uns heftig auf, bis schließlich unser Dragoman sie anbrüllte und dazu zwang, alle unsere Habe aufzunehmen.

So zogen wir von unserem Rastplatz, dem Felde Gazmaha, über ebenes Gelände, das größtenteils steinig und unfruchtbar war. Als wir ungefähr eine deutsche Meile weit gekommen waren, ließ sich der Oberkalin, Herr Sabathytanko, unser Dragoman, Vorsteher des Hospitals zum heiligen Johannes in Jerusalem, der Sarazene, der uns von Jaffa an bis hierher auf allen Wegen geführt und geleitet hatte, nebst seinem Sohn, von uns den Abschied geben, vertraute uns somit dem sarazenischen Unterkalin Elphahallo an, erteilte den Kamel- und Eseltreibern noch Weisungen und kehrte nach Jerusalem zurück. Er war nämlich nicht verpflichtet, mit uns durch die Wüste zu ziehen.

Nach der Abreise des Kalins, der bisher »der Hirt unserer Herde« gewesen war, sprachen wir uns Mut zu, ermunterten uns zum Durchhalten und zogen weiter. Nun erblickten wir zu unserer Rechten das große Meer, das wir seit dem Tag, an dem wir es in Jaffa verlassen, nicht mehr gesehen hatten. Wir sahen auch die Hauptstraße, die nach Ägypten führt und auch Beerscheba, die Grenzstadt des Heiligen Landes, bekamen wir an diesem Tag zu Gesicht. Wir erblickten überdies das öde Land und die riesigen Berge, gegen die wir nun nicht ohne Zagen vorrückten, weil das Land so dunkel erschien und die Berge so finster.

Am Mittag erreichten wir ein echtes, ödes Wüstengebiet, in dem wahrhaftig kein Mensch je gewohnt hat, noch überhaupt wohnen könnte. Unser Weg führte aufwärts in eine gebirgige, von der Sonnenhitze verbrannte und ganz und gar bewuchslose Landschaft voll felsiger Berge, Sandhügel und steinbedeckter wilder Talgründe. Während wir in diese Wüstenei vorstießen, kam uns eine Karawane mit Kamelen und Eseln entgegen, und wir erschraken darüber sehr, weil wir fürchteten, es seien Wüstenräuber. Doch als wir zusammentrafen, rührte sich niemand gegen uns, und so zogen die beiden Karawanen schweigend aneinander vorbei. Wir waren nämlich immer ängstlich beim Anblick von Leuten, die auf uns zukamen, weil man uns viel Übles vorausgesagt hatte, das wir von den Arabern in der Wüste zu erleiden haben würden. Später erreichten wir dann eine Art Wohnbezirk und sahen von weitem Zelte und Hütten an unserem Weg. Ihr Anblick bestürzte uns, und wir machten uns auf das Ertragen von Plagen gefaßt; es ist dort nämlich nicht der Ort, sich auf Verteidigung und Gegenwehr einzustellen, sondern nur auf geduldiges Ertragen und Nachgeben. Als wir zu den Zelten gelangten, standen einige orientalische dunkelhäutige Männer mit Lanzen davor, in Bereitschaft, sich zu verteidigen, nicht aber, um uns zu überfallen, und schauten uns an, sprachen aber kein einziges Wort mit uns. Also zogen wir rasch und schweigend an ihnen vorbei, dankbar für ihre Friedfertigkeit, wie sie für die unserige, denn auch sie hatten Angst.

Bewohner der Wüste und Einöde nämlich sind die Araber, elende und arme, fast tierische Leute. Manche sagen, sie seien Ismaeliten, auch Kinder der Hagar, die sich als Sarazenen ausgeben. Andere benennen sie nach dem nächstgelegenen Landesteil und heißen sie Midianiter. Wieder andere bezeichnen sie als Beduinen. Einige betrachten sie auch als Zigani, die aus Chaldäa gekommen sind, das im Norden mit der großen Arabischen Wüste zusammenhängt. Gewöhnlich werden sie jedoch in der ganzen Gegend einfach Araber genannt. Sie haben wechselnde Wohnsitze und ziehen dauernd in dieser Wüste umher, mit Schild und Lanze bewaffnet, zwar nicht um zu kämpfen, weil sie halbnackt sind, sondern um zu rauben. Und diese ständige Bedrohung ist der Grund, daß sich in jener Gegend viele Reisende zu Gruppen zusammenschließen, um die lauernde Gefahr durch gegenseitige Hilfe abwenden zu können. Allerdings wohnen die Araber nur in der äußeren Wüste und nicht in der inneren, in der kein Lebewesen haust und kein Mensch und noch nicht einmal ein Vogel Nahrung finden könnten. An Stellen aber, wo sie Kaufleute oder andere Reisende vermuten, schlagen sie Zelte auf. Und wo es Wasserstellen gibt zum Trank für sie und ihre Herde, dort halten sie sich versteckt in Felshöhlen oder Reisighütten. Wenn sie dann Leute kommen sehen, steigen sie auf ihre Pferde, Esel und Kamele und stellen sich mit ihren Lanzen und Schilden in den Weg. Auch ihre Frauen kommen aus den Höhlen heraus, halbnackt wie die Männer, elend und häßlich, und laufen samt ihren Kindern und mit Steinen in der Hand herzu, um ihren Anteil am Raub abzubekommen.

Schrecklich anzusehen, rücken sie gegen die Herankommenden unter lautem Geschrei und mit geschwungenen Lanzen vor, die Frauen und Halbwüchsigen zu Fuß mit Steinen in den Händen. Sobald aber beide Scharen aufeinandertreffen, lassen die Araber ab von dem wilden Gebaren und verlangen ganz friedlich einen Wegzoll mit der Erklärung, sie seien die Herren der Wüste und somit von allem, was nicht von Mauern umschlossen oder mit Zäunen umgeben, mit Dächern bedeckt und durch Gräben umschanzt sei. Wenn nun aber die Gegenseite sich weigert, Zoll zu bezahlen, lassen sie diese nicht weiterziehen, außer die anderen wären stärker als sie. In diesem Fall fordern sie nicht länger einen Zoll, sondern bitten flehentlich um ein Geschenk und sind dann aber mit wenigen Denaren zufrieden. Falls man ihnen auch noch Fladenbrote schenkt, nehmen sie diese mit Freuden an und lassen die Reisenden abziehen. Kaum jemand aber trifft mit ihnen zusammen und läßt sie dabei ohne Bezahlung, weil sie in vielen Schwärmen die Wüste durchziehen.

Sie behaupten, diese Wüste und überhaupt der ganze Raum unter freiem Himmel gehöre ihnen, und deshalb fordern sie überall von denen, die ihnen in den Weg kommen, einen Wegzoll, und dies nicht nur in der Wüste. Die Wüste nennen sie jedoch ihre eigentliche Heimat, das ausschließlich ihnen gehörige Land, worin sie ohne Stadt, Dorf, Burg oder Haus in Felshöhlen und Zelten wohnen und von nichts anderem als vom Raub leben, dabei aber solchen Nahrungs- und Wassermangel ertragen, wie dies bei uns kein Hund aus- halten könnte.

Ein gefährlicher Alleingang

Nun lenkten wir unsere Schritte in Richtung auf den Stern der heiligen Katharina und zogen ohne Weg durch trockene Bachläufe und Täler, an Bergen und Hügeln entlang nach Süden. Unterdessen erreichten wir die auf arabisch so genannte Wüstengegend Gebelhelell, in der es sehr hohe Berge gibt, die ganz aus hellem Felsgestein bestehen. Wir zogen diesen ganzen Tag mitten zwischen Bergen dahin. Als sich die Sonne dem Untergang zuneigte, gelangten wir in die sogenannte Wüste Magareth, schlugen dort am Fuß der Berge an einem sandigen Platz die Zelte auf und trugen dann Reisig zusammen zum Kochen.

Nun stand, wie es schien, ganz in der Nähe von uns ein runder, hoher und leicht zu besteigender einzelner Berg, auf dessen Gipfel sich so etwas wie ein Bauwerk zeigte. Diesen Berg wünschte ich zu besteigen, um zu sehen, was sich auf ihm befand, und um über die Wüste hin in die Runde zu schauen. Zwar fiel es mir schwer, allein zu gehen, ich konnte aber nicht hoffen, unter den Pilgern einen Begleiter zu fin- den. Gleichwohl faßte ich Mut, verließ den Lagerplatz, wie wenn ich allein beten wollte, schritt in das offene Gelände hinein, kam an Sandhügel und ging zwischen diesen hin- durch eilig auf den Berg zu, ohne daß dies jemand bemerkt hätte. Nach einer Stunde gelangte ich an den Fuß des Berges. Bei seinem Anblick hatte ich mich aber sehr geirrt, denn er lag weiter entfernt von unseren Zelten, und war wesentlich höher, als ich geglaubt hatte.

Trotz alledem wollte ich das begonnene Unternehmen zu Ende führen und stieg deshalb im Fels, über rauhes Gestein, den steilen Berghang hinauf und kam unter viel Mühe und Schweiß bis auf seinen Gipfel, wo ich nichts anderes vorfand als einen Haufen Steine, die aufeinandergesetzt waren. Ich stand also da, schaute mich um und bekam dabei ringsumher nichts zu sehen als die ödeste, bizarrste Wüste mit ihren Bergen, Hügeln und Tälern, in der weder Landtiere noch Vögel noch Menschen heimisch sind; aber unsere eigenen Zelte und den Troß konnte ich der Entfernung wegen nicht erblicken. Weiße und schwarze Berge dagegen sah ich und die ganze von der Sonnenglut verbrannte Erdoberfläche, und es gab nicht irgendein kleines oder großes grünes Gewächs, sondern nur den Fluch unseliger Leere.

Der Steinhaufen auf dem Gipfel war aber ein Wegweiser, denn überall in der Wüste sind auf den Bergspitzen Steinhaufen aufgeschichtet, mit denen man anzeigt, durch welche Täler man gehen muß. Und wenn es diese Zeichen nicht gäbe, könnte niemand durch die Wüste ziehen, weil die meisten größeren Täler nicht durchgängig sind, sondern sich an den Enden schließen. Man wäre, dem Talverlauf drei oder vier Tage lang folgend, schließlich zur Umkehr gezwungen. So ist es auch bei einem klippenreichen Meer, an ihm stellt man auf Anhöhen Steinhaufen als Seezeichen auf. Wenn es diese nicht gäbe, würden viele Schiffe, die ihren Kurs auf die Klippen nehmen, auf Sandbänke auflaufen oder in Strudel geraten. So würden auch hier viele Menschen umkommen, wenn diese Zeichen nicht auf den Bergen stünden.

Doch verwenden die Sarazenen und Araber diese Zeichen auch zu abergläubischem Mißbrauch, sie steigen nämlich zu bestimmten Zeiten auf die Berge und rufen an diesen Zeichen den Mahomet an und errichten sie zu seinen Ehren. Denn dieser Steinhaufen hing voll mit Tuchfetzen von Hemden und anderen Kleidungsstücken. Damit pflegen diese Leute nämlich die Stätten zu ehren, von denen sie glauben, daß an ihnen etwas Göttliches sei. Wenn jemand dort sein Gebet beendet hat, reißt er von seiner Kleidung ein Stück ab, hängt es dort auf und geht weiter.

Ich raffte aber die Kleiderfetzen zusammen, warf alles von den Steinen auf den Boden und brachte Kreuze an. Auf die Spitze des Haufens steckte ich ein aus Stöcken verfertigtes Kreuz, und auf die breiten Steine zeichnete ich mit anderen spitzen Steinen Kreuze, eingedenk der Kreuzerhöhung, die an jenem Tage stattfand, damit die Heiden, die heraufstiegen, dort das Ehrenzeichen Christi vorfanden und somit merkten, daß Christen hier gewesen waren.

Als ich dann hinuntersteigen wollte, warf ich einen scharfen Blick auf das ebene Gelände, um unsere Zelte zu sehen und meinen Schritt zu ihnen hinzulenken, aber ich konnte nichts erkennen, nicht einmal den Rauch von unserem Feuer. Nun begann ich vor Angst zu zittern, weil ich fürchtete, daß ich womöglich durch dieses unwegsame Gelände den Weg zu den Gefährten nicht fände, sondern ihn verfehlen und hier- oder dahin abirren könnte und die nächtliche Dunkelheit über mich käme. Falls dies aber geschehen würde, wäre ich ein Kind des Todes gewesen. Dies allein tröstete mich, daß ich über Sand gegangen war und dabei Spuren hinterlassen hatte, und diesen hoffte ich nun folgen zu können. Also stieg ich hinunter und fand am Fuß des Berges zwar meine Fußabdrücke, aber schon beinahe verweht. Der Wind hatte sie nämlich mit Sand überdeckt. Und wenn ich mich noch ein wenig länger auf dem Berg aufgehalten hätte, wären sie vollständig verschwunden gewesen, und ich hätte deshalb sicherlich die Hoffnung aufgeben müssen, mit dem Leben davonzukommen. Ich war nun derart verwirrt, daß ich nicht wußte, in welche Himmelsrichtung ich mich wenden sollte, weil sich unten am Berg eine große ebene Fläche erstreckte, auf der jedoch viele Sandanhäufungen lagen, und das Gelände wegen dieser Haufen ganz unübersichtlich war.

Ich folgte also meinen Spuren eine Strecke weit, doch als ich auf höher gelegenen Boden kam, waren sie vollständig verwischt, so daß ich sie überhaupt nicht mehr sehen konnte. Mit großer Sorge kehrte ich nun aber um und ging auf den frischen, eben gemachten Spuren zurück zu den Stellen, wo ich die alten gesehen hatte, um sie sorgfältig zu untersuchen. Doch ich entdeckte keine weiteren und zürnte deshalb mit mir und machte mir die bittersten Vorwürfe wegen meiner Neugier und Vermessenheit, und es fehlte nicht viel, daß ich mir vor lauter Wut den Bart gerauft, das Gesicht zerschunden und die Brust zerschlagen hätte. »Oh«, sagte ich, »weh mir Elendem! Warum habe ich meine Gefährten verlassen? Mit welcher Leichtfertigkeit habe ich in diesem weglosen, schrecklichen Land mich von den Brüdern getrennt! Wo meinst du, daß ich sie finde? Nach welcher Richtung soll ich mich aufmachen? Siehe, die Sonne geht im nächsten Augenblick unter, und unmittelbar darauf folgt die Dunkelheit, und ich bin nicht mehr Felix, der Glückliche, sondern der Allerunglücklichste. Wohin geh' ich, wohin soll ich laufen? O mein Gott, hilf mir!«

Und bei diesen Worten verfiel ich auf den letzten der sieben Bußpsalmen: *Herr, erhöre mein Gebet* (*Ps.* 143, 1). Und ich fand ein schönes und wirksames Gebet in diesem Psalm. Ich ging also ins Ungewisse hinein mit diesem Gebet und wiederholte es oft. Da kam ich schließlich an einen hohen Sandhaufen und entdeckte an seiner Seite meine alten Fußspuren, und diese hätte ich, mit Verlaub, am liebsten vor Freude geküßt. Niemals habe ich mich über etwas von mir so herzlich gefreut wie an diesen Fußstapfen.

Während ich nun aber fröhlich den Spuren folgte, da fiel mir jählings ein, daß es vielleicht die Fußabdrücke eines Arabers seien, und ich begann zu zweifeln, weil sie nicht in die Richtung lenkten, aus der ich herkam. In dieser Ungewißheit untersuchte ich sie sorgfältig und stellte fest, daß sie von einem Schuhe tragenden Menschen stammten. Die Araber aber gehen in der Wüste barfuß. So fand ich wieder Trost, ging weiter und sah von weitem etwas Weißes, glaubte aber, es seien drei Sarazenen oder Araber, die ja alle in weiße Leinwand gekleidet sind. Doch als ich näher kam, da waren es unsere Zelte. Zu ihnen hingewandt, lobte ich Gott auf den Knien und nahm mir vor, niemals mehr die Gemeinschaft zu verlassen.

Ich traf nun zwei Pilger, die unter den Zelten beim Essen waren. Als ich zu ihnen trat, rügten sie mich wegen meines späten Eintreffens zur Mahlzeit und sagten, sie hätten lange auf mich gewartet. Ich gab ihnen zur Antwort, ich sei beschäftigt gewesen. Nach dem Essen führte ich sie dann hinaus, zeigte ihnen den Berg und berichtete, was mir zugestoßen war, und sie staunten, daß ich so rasch zurückgekommen sei. Indessen ging die Sonne unter, und so legten auch wir uns zum Schlafen nieder, jeder auf seine Liegestatt.

Ankunft am Katharinenkloster

Am 20. September standen wir zwei Stunden vor Tagesanbruch auf und verließen den Ort. Nun kamen wir an das Ende der ausgedehnten Wüstenfläche und zogen in eine rauhe Gebirgslandschaft hinein durch ein weites, schönes Tal. Der Erdboden darin war mit Blumen und Gras bedeckt, auch hochgewachsene Dornenbüsche standen in ihm, die damals gerade blühten und das ganze Tal mit süßem Duft erfüllten. Ich glaube nicht, daß ich von irgendeiner Blume einen süßeren Duft wahrgenommen habe als von den Dornenblüten; diese Büsche tragen allerdings keine andere Frucht, nur Dornen.

Um die Mittagszeit sahen wir auf einer Bergkuppe ein Tier stehen, das zu uns herunterschaute. Bei seinem Anblick dachten wir erst, es sei ein Kamel, und wunderten uns, daß ein Kamel allein und einsam leben sollte. So kam unter uns die Rede darauf, ob es denn auch wilde Kamele gäbe. Nun trat aber der Kalin zu uns und erklärte, dieses Tier sei ein Nashorn oder Einhorn, und wies auf sein einzelnes Horn hin, das aus seiner Stirn hervorwuchs. Sehr aufmerksam betrachteten wir dieses so berühmte Tier und bedauerten sehr, daß es nicht näher bei uns stand, damit wir es hätten genauer in Augenschein nehmen können.

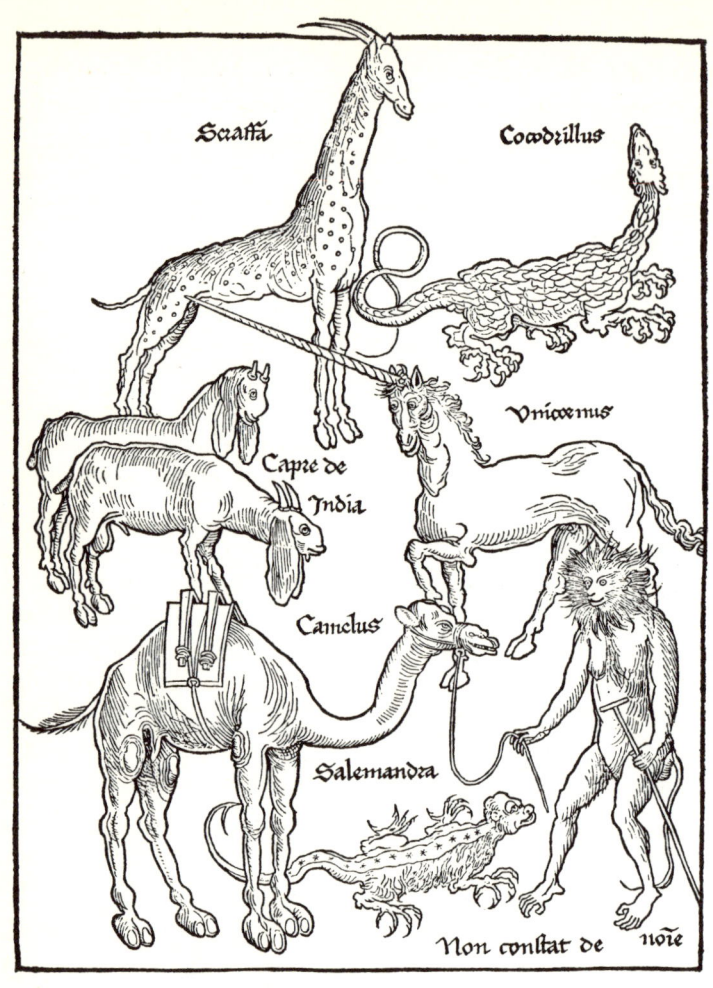

Die Tiere des Heiligen Landes

Dieses Tier ist nämlich in vielerlei Hinsicht etwas ganz Besonderes: Vor allem soll es ein wildwütiges Tier sein, das mitten auf der Stirn ein vier Fuß langes Horn trägt, das derart spitz und stark ist, daß es alles, was es auch sei, angreift und entweder in die Luft schleudert oder durchbohrt. Deshalb wetzt es sein Horn an den Felsen; dieses hat auch einen wunderbaren hellen Glanz, das Bein von dem Horn dagegen vergleicht man mit kostbaren Edelsteinen und faßt es auch in Gold und Silber. Dieses Tier besitzt so viel Kraft und Mut, daß es sich auf keine Weise von noch so geschickten und tapferen Jägern fangen läßt. Doch manche, die Naturschilderungen verfaßt haben, stellten sich vor, wenn ein jungfräuliches Mädchen einem Einhorn begegnet und es ihm seinen Schoß öffne, dann verliere es alle Wildheit und lege seinen Kopf in ihren Schoß. Auf diese Weise eingeschläfert, könne es dann von den Jägern gefangen und mit ihren Spießen erlegt werden. Falls es aber überhaupt einmal lebend gefangen würde, kann man es doch nicht bändigen. Und wenn man es mit Gewalt festhielte, dann verendete es vor Trauer auf der Stelle, weil es ein unbezähmbares Wesen ist.

Am 22. September, dem Feiertag des heiligen Mauritius und seiner Gefährten, standen wir sehr früh auf, beluden die Tiere, folgten dem Stern der heiligen Jungfrau Katharina, der nahe bei uns zu stehen schien, und zogen auf die Bergwände zu, die uns umgaben. Als wir an die Wand eines Felsenbergs kamen, entdeckten wir einen großen Spalt, der einen Durchgang gewährte, durch den Mose mit seiner Herde in das Innere der Wüste gelangt war; durch diesen Engpaß konnten beladene Kamele allerdings nur mit Mühe kommen. Als wir uns darin befanden, kamen wir auf ein sehr schönes Feld, auf dem Gras, Kräuter und Büsche wuchsen. Wir erfrischten uns an dem fallenden morgendlichen Tau, der süßer schmeckte als Honig und ganz und gar verschieden war von jenem, den wir vier Tage zuvor gekostet hatten. Der Tau, der um diese heiligen Stätten fällt, zeigt nämlich, wie süß das Manna war, das den Vorvätern dort beschert wurde.

Auch heutzutage fällt im Umkreis des heiligen Berges Sinai in den beiden Monaten August und September Manna oder Tau, den die Araber dann sammeln und an Pilger verkaufen. Von diesem Manna habe ich viel gesehen und gegessen. Vincenz[15] erklärt im *Speculum naturale* (Band 5, Kapitel 85): »Manna ist der Tau, der auf Pflanzen und Gestein fällt und dick wird wie Honig und austrocknet wie Gummi und körnig wird, worauf man ihn dann einsammelt; er fällt in orientalischen Gebieten während der Nachtstunden, doch weil man ihn nur in geringen Mengen findet, wird viel Fälschung damit getrieben.«

So saugten wir denn an jenem Morgen mit Vergnügen von dem süßen Tau dieser Wüste. Wir kauften aber auch später von dem Manna im Kloster der heiligen Katharina, das wir jedoch als Betrug und trefflich verfälscht befanden.

Durch den zuvor genannten engen Zugang gelangten wir in ein weites Tal voll duftender Pflanzen und umringt von sehr hohen, rotfarbenen Felsen. In diesem Tal und den damit zusammenhängenden Tälern im ganzen Gebiet des Berges Sinai wohnten die Kinder Israels nach ihren Stämmen und Familien gesondert in Zelthütten während der Zeit, als Mose beim Herrn auf dem Berg war.

Einige Stunden lang zogen wir aufwärts in östlicher Himmelsrichtung. Endlich verließen wir diese, traten in ein anderes großes und schönes Tal ein und erblickten in der Ferne vor uns die erschreckend hohe Wand eines Felsenberges, zu dem wir aufwärts ritten. Wir wunderten uns, an welcher Stelle wir aus dem Tal herauskommen würden, da wir vor uns und zu beiden Seiten keinen Ausgang erkennen konnten, sondern uns nur von hohen, felsigen Bergwänden eingeschlossen sahen. Als wir beinahe bis an die hohe Wand, die in unserem Blickfeld stand, herangekommen waren, befand sich auf der linken Seite eine Spalte vom Gipfel bis nach unten; und durch diese und nirgends sonst führt der Weg zum Fuß des heiligen Berges.

Wir zogen durch diesen engen Gang und hatten dabei einen sehr holprigen, für die Kamele und Esel beschwerlichen Weg. Als wir eine Weile durch diese Schlucht geritten waren und das Tal sich weitete, erblickten wir Mauerwerk, Gebäude, menschliche Wohnstätten und eine längliche Kirche. Das war das Kloster der heiligen Jungfrau Katharina mit der Kirche und mit der »Zum Dornbusch« genannten Kapelle der allerseligsten Jungfrau Maria am Fuße des allerheiligsten Berges Sinai. Als wir dies sahen, stürzten wir von den Eseln, warfen uns nieder und beteten mit Freude zu dieser heiligen Stätte hin. Denn eben dort, wo das Kloster für uns sichtbar wurde, hatte Mose das unerhörte Wunder geschaut, nämlich das Feuer, das in einem Dornenbusch brannte, dennoch dessen Blätter und Blüten nicht verzehrte und die früchtetragenden Zweige mit seiner Glut nicht verbrannte, obgleich die Flamme gewaltig loderte. Der Dornbusch stand aber an der Stelle, an der sich jetzt die Marienkapelle »Zum Dornbusch« an der Apsis der Kirche befindet.

Wir eilten hinter den Kamelen und Eseln her auf das Kloster zu und sahen, als wir an den Platz vor dem Klostereingang kamen, eine ganze Anzahl bewaffneter Araber herumsitzen, die vom Hunger getrieben aus dem Wüsteninnern zum Kloster herausgewandert waren, wegen eines Bissens Brot. Bei ihrem Anblick erschraken wir wieder sehr, weil wir fürchteten, wir würden vor dem Klostertor von ihnen bedrängt. Eine ganze Anzahl war auch mit uns heraufgezogen, die sich auf den wirren Wüstenwegen uns angeschlossen hatten.

Nun entluden wir unsere Tiere, legten das ganze Gepäck auf einen Haufen zusammen und stellten uns daneben, damit diese Räuber nichts wegschleppten. Sowie nun aber die Klosterbrüder von unserer Ankunft und gegenwärtigen Lage hörten, kamen einige heraus, empfingen uns freundlich und wiesen uns an, das ganze Gepäck nach innen zum Gästequartier zu bringen. In diesem gab es mehrere ganz leere Kammern, und auf diese verteilten wir uns entsprechend unseren Gruppen. Neben den Kammern befand sich auch eine Kapelle mit einem Altar für römische Katholiken, und weil die Mittagszeit noch nicht vorüber war, las dort einer von den Pilgern die Messe für uns, die wir andächtig hörten.

Ich habe fast die ganze Reise von Gaza bis hierher schriftlich festgehalten. Ich hatte nämlich auf dem Esel sitzend die Lage und Beschaffenheit der Landschaften und Wege auf einer Wachstafel notiert, die ich am Gürtel trug, und dann schrieb ich das Ganze in ein Büchlein und löschte die Wachs-

tafel, um wieder anderes aufschreiben zu können. Sehr oft
bin ich vom Esel gestiegen und habe die Wege, Berge und
Täler beschrieben, weil es nicht möglich wäre, Einzelheiten
in der Erinnerung zu behalten, wenn man sich nicht fast
stündlich diese Mühe machen würde.

Auf dem Horeb und dem Berg
der heiligen Katharina

Am 24. September standen wir früh vor Tage auf und feierten in der Lateiner-Kapelle die Messe. Danach kam ein
Mönch des Klosters, der Bruder Sakristan namens Nikodemus, der uns auf den heiligen Berg führen sollte. Er musterte
die Pilger und sah sich jeden einzeln an, und diejenigen, die
er für zu schwach befand, wollte er unter keinen Umständen
mit uns aufbrechen lassen. Er erklärte, der Weg sei steil und
ungemein beschwerlich. So verzichteten einige kränkliche
Pilger, andere aber wollten, obgleich auch sie entkräftet
waren, auf keinen Fall zurückbleiben. Wir nahmen unsere
Beutel mit den Speisen, den Flaschen mit Wein und den Krügen mit Wasser, die für zwei Tage ausreichen sollten, und
gaben sie unseren Eseltreibern zum Tragen, weil diese dazu
bestimmt waren, als Diener mit uns auf den Berg zu steigen.
Als wir bereit waren, führte uns Bruder Nikodemus vom
Kloster durch die Pforte, durch die wir hereingekommen
waren, hinaus, und dann bogen wir ab zum südlichen Bezirk
am Fuß des heiligen Bergs Sinai und Horeb, an den auch das
Kloster angrenzt. Dieser heilige Berg hat ja zwei Namen. Er
heißt nämlich vom Kloster bis zur Kapelle des heiligen Elia
der Sinai und von dieser Kapelle an bis zum Gipfel Horeb.
Als wir nun am Berghang entlang aufwärts stiegen und
dabei an steile Stellen kamen, da erlahmten die schon
erwähnten kränklichen Pilger, sie konnten nicht weitergehen, und man führte sie deshalb wieder hinunter zum Klo-

ster. Wir aber stiegen weiter über die Steinstufen, die dort von den Mönchen angelegt worden sind, da ohne diese wegen der Steilheit des Hangs und der Höhe der Felswände niemand hinaufkommen könnte. Die Flanke des Berges ist nämlich an dieser Stelle schauerlich dunkel, und mitten in ihr sind an der Felswand die Stufen angelegt, auf denen jedoch niemand Schritt für Schritt hinaufsteigen kann, sondern mit Händen und Füßen klettern muß. Während wir also auf dem Weg hinauf waren, siehe, da trafen wir bald auf eine frische Quelle, die auf wunderbare Weise dort entsprungen war. Und obwohl wir noch nichts gegessen hatten, tranken wir doch aus ihr, weil wir vor Anstrengung schwitzten und durstig geworden waren.

Beim Weitergehen am Berghang kamen wir dann auf einem rauhen, äußerst felsigen Pfad an eine Kapelle, die der seligen Maria zum Ruhm in hohen Ehren gehalten wird und die zur Erinnerung an das im folgenden beschriebene Ereignis gebaut worden ist. Nebenan wohnte in einer Hütte, die an die Kapelle angebaut ist, ein Frater aus dem Kloster, der uns die Tür der Kapelle aufschloß. Als wir diese betraten, erzählte uns Bruder Nikodemus in italienischer Sprache über die Entstehung dieser Kapelle und der Quelle folgende Geschichte:

Einstmals nahmen im Kloster und in seiner Umgebung Giftschlangen, Kröten und anderes giftiges Getier derart massenhaft überhand, daß die Mönche beim besten Willen nicht dort verbleiben konnten, sondern beschlossen, den Platz aufzugeben, also das Kloster zu verlassen und sich an einem anderen, sicheren und saubereren Ort anzusiedeln. So rief denn der Abt am festgesetzten Tag alle Mönche zusammen, ordnete an, in ernster Andacht eine Prozession zum heiligen Berg Sinai zu veranstalten, und eröffnete ihnen, daß nach dem Besuch des Berges der Auszug von diesem Orte stattfinde. So nahmen sie Kreuze und Reliquien und stiegen unter Gesang auf den heiligen Berg bis zu seinem Gipfel, wo Mose die Gesetzestafeln aus der Hand Gottes empfangen hatte.

Unter Tränen küßten sie die heiligen Stätten und stiegen traurig wieder hinab, weil sie ungern von diesem Platz und dem Berg schieden, von dem sie doch noch am selben Tag mit aller Habe vom Kloster abziehen sollten, weil die erwähnte Not sie dazu zwang. Als sie aber beim Hinuntersteigen an den noch freien Platz dieser Kapelle kamen, siehe, da leuchtete plötzlich ein gewaltiger, heller Glanz auf, und in dem Lichtglanz erschien ihnen die ruhmreiche Jungfrau, die allerliebste Gottesmutter, und befahl ihnen, sich nicht von dieser heiligen Stätte zu trennen, verhieß ihnen zugleich sicheren Schutz und entschwand alsbald.

Durch diese Erscheinung getröstet, stiegen die Fratres weiter abwärts, doch befiel sie eine schwere Anfechtung, weil sie fürchteten, daß es vielleicht ein Trugbild gewesen wäre, das sie gesehen hatten. Als sie nun an die Stelle der Quelle gekommen waren, wo es damals noch kein Wasser gab, blieben sie stehen und beteten dort inständig zu Gott, er möge doch, wenn die Erscheinung echt gewesen sei, dies ihnen durch irgendein Zeichen offenbaren. O Wunder! Sogleich brach zur Seite jener Beter ein lebendiger Quell aus dem harten Fels hervor, wo zuvor noch nicht einmal eine Spur von Wasser zu sehen war, und erfreute sie sehr. Und von damals an bis heute hat er nicht aufgehört zu fließen und ist, seitdem er aus dem Felsen sprudelt, für die Auf- oder Abwärtssteigenden ein starker Trost. Nachdem dieses Wunderzeichen geschehen war, stiegen die Fratres fröhlich hinab und fanden das Kloster samt der ganzen Umgebung von allem Gewürm gesäubert.

Als wir von dieser Stätte unter großer Anstrengung weiter aufwärts stiegen, kamen wir an einen steinernen Bogen, der sich von einer Seite der Bergwand bis zur gegenüberliegenden spannt und wie ein Torbogen gewölbt ist. Er besteht aus großen Quadersteinen, in ganz altertümlicher Bauweise ausgeführt, und es gibt keinen gangbaren Weg nach oben, außer durch dieses Tor, das jedoch keine Türflügel hat. An dieser Stelle erfuhren wir durch eine glaubwürdige Erzählung, daß kein Jude durch dieses Tor treten kann, und es heißt, dies habe sich mehrmals erwiesen, weil jene, wenn sie hierherkommen, entweder durch ein Schrecknis oder ein Wunder abgewiesen und auch entdeckt werden, wenn sie sich unerkannt zu nähern versuchen. Sie glühen nämlich vor lauter Verlangen, den Ort aufzusuchen, an dem ihnen ihr Gesetz gegeben wurde, so, wie wir das Verlangen haben, die Kreuzigungsstätte unseres Gesetzgebers zu besuchen. Doch unter dem Tor bleiben sie stehen, erstarren, schwinden dahin, zittern und werden durch göttliches Wunder zurückgestoßen.

Von diesem Tor gingen wir eine geraume Strecke weiter aufwärts und kamen an ein anderes, von dem zuvor genannten verschiedenes Tor und gelangten beim Durchgehen auf eine freie Fläche, die den Gipfel und höchsten Punkt des Berges Sinai bildet; denn bis hierher heißt der Berg Sinai. Über dieser Fläche aber erhebt sich ein runder Berg, hoch und ganz aus Fels bestehend, und das ist der Berg Horeb. Gelegentlich nennt man jedoch den ganzen Berg mit allen beiden Teilen, dem unteren und dem oberen, insgesamt den Horeb. Und manchmal heißt der obere Teil auch wegen seiner Steinigkeit der Horebfels. Nachdem wir durch das Tor getreten waren, gingen wir über das grasbewachsene Feld, das zwischen uns und dem Berg Horeb lag und ziemlich abschüssig war, und kamen an eine schöne große Kirche. Diese besteht aus drei zusammenhängenden Kapellen.

Nachdem wir in der Kirche gebetet und alles besichtigt hatten, stiegen wir weiter hinauf bis zum Gipfel des hochheiligen Berges, auf dem heutzutage eine Kapelle steht, welche »Kirche des heiligen Erlösers« genannt wird. Sie war mit einer eisernen Tür fest verschlossen. Diese Kapelle schloß nun Frater Nikodemus auf; wir zogen die Schuhe aus, traten aus Ehrfurcht vor der Heiligkeit dieser Stätte mit bloßen Füßen ein und warfen uns dann, wie es sich gebührte, fromm zu Boden und küßten die Stelle, an der Mose das Gesetz aus der Hand des Herrn empfangen hatte.

Als wir alles angeschaut hatten, verließen wir die Kirche, zogen unsere Schuhe wieder an, gingen dann ein wenig seitwärts von der Kapelle ungefähr 15 Schritte aufwärts und betraten eine von überhängendem Fels gebildete Grotte. In dieser Höhle verweilte Mose, als der Herr noch nicht mit ihm gesprochen hatte, und darin fastete er 40 Tage und 40 Nächte, um würdig zu werden, das Gesetz Gottes zu empfangen. Die Grotte ist weit und geräumig, sie erhält kein anderes Licht als das, das durch den Eingang hereinfällt. Sie wäre eine geeignete Behausung für einen beschaulich lebenden Mönch. Gegenüber der Höhle befindet sich eine Anhöhe, auf die eine Moschee gebaut ist, eine sarazenische Kirche, bei der mehrere Sarazenen saßen, die auch zum Besuch der heiligen Stätten heraufgekommen waren. Denn Araber, Ägypter, Sarazenen und Türken pilgern von entlegenen Erdteilen zu dieser Stätte zur Verehrung des Mose. Mit Ausnahme von Juden strömen nämlich aus allen Erdteilen Menschen jeglicher Glaubensart und -weise hierher. Nur Juden dürfen nicht heraufkommen, das heißt, wenn sie auch wollten, würden es ihnen die Heiden nicht erlauben, allerdings würden auch die Christen nicht dulden, daß sie mit ihnen zusammen beten.

Auf dem Berg gibt es eine große Zisterne, die gutes, kühles und gesundes Wasser enthält, von dem wir jedoch nichts bekommen konnten, weil wir nichts bei uns hatten, mit dem wir es hätten schöpfen können, und der Brunnenschacht ist sehr tief.

Wir gingen umher und betrachteten alles genau; dabei erblickten wir große Trümmer von ehemaligen Mauern. Man glaubt, daß dort einst ein Kloster gewesen ist, das aber gänzlich zerstört wurde, mit Ausnahme der Kirche, bei der sich nun immer zwei Fratres vom Kloster der heiligen Katharina aufhalten. Dieser Berg hat die Besonderheit: Er erhebt sich kreisrund in die Höhe und hängt nicht mit den anderen Bergen zusammen. Doch ist er nicht höher als die anderen, aber eigentümlicher und auch schwieriger zu besteigen. Es sind vom Kloster aus bis zum Gipfel ungefähr 7 000 Stufen, die Stellen nicht mitgerechnet, an denen man mit normalen Schritten hinaufgehen kann.

Nachdem wir die heiligen Stätten des Berges besichtigt
hatten, setzten wir uns nieder, aßen und tranken, was wir
mitgebracht hatten, und blieben über eine Stunde auf dem
Berg, auf den wir vom Kloster aus in drei Stunden hinaufgestiegen waren. Nach beendeter Mahlzeit, und dadurch ein
wenig erholt, gingen wir eilig den Berg auf der Westseite
hinab auf einem sehr gefährlichen Gebirgspfad, so daß wir
uns an bedenklichen Stellen über die abschüssigen Felsen auf
dem Bauch liegend hinabließen. Schließlich gelangten wir an
ein Kloster, das »Zu den vierzig Heiligen« heißt, und betraten die Kirche. Zwei Fratres vom Kloster der heiligen Katharina, die sich dort aufhalten, brachten uns getrocknete Feigen, Datteln und Wasser.

Danach setzten wir uns, weil es noch nicht Mittag war,
zusammen und überlegten, ob wir an diesem Tag auch noch
den St.-Katharinen-Berg besteigen oder bis zum morgigen
Tag ausruhen wollten. Wir kamen gemeinsam zu dem Entschluß, daß die Jüngeren und Gesünderen und diejenigen,
die es wollten, sofort hinaufsteigen und nach dem Besuch der
Stätte vor Sonnenuntergang zurückkehren sollten; die anderen aber, die älter und weniger kräftig waren, sollten am
nächsten Morgen in der Kühle aufbrechen. In der Tat erhoben sich zehn kräftige Männer, die zum sofortigen Aufstieg
in der Mittagshitze entschlossen waren, unter ihnen war
auch ich.

Wir erklommen also den Berg auf einem weit sich hinzie-
henden, rauhen und mühsamen Pfad, auf schlecht gangba-
rem Geröll, über steile Klippen, unter überhängenden Felsen
hindurch, über emporragende Felsbrocken, an schrecklichen
Schluchten entlang und über jähe Abhänge und überdies in
sengender Sonnenglut. Tatsächlich bekamen wir bei dem
sehr anstrengenden Aufstieg nur dadurch eine Abkühlung,
weil wir zwei Brunnen fanden, die kühles Wasser enthielten,
so daß wir uns erfrischen konnten.

Ein Ritter aber, von solch schwerer Strapaze entkräftet,
erlahmte völlig, blieb auf dem steilen Abhang sitzen und
konnte nicht weitergehen. Wir hatten aber schon über die

Hälfte des Aufstiegs bewältigt und konnten, wenn auch weit über uns, den Berggipfel sehen. Als diesen nun jener ermattete Ritter erblickte, gab er die Hoffnung auf, daß er ihn zu erreichen vermöchte, und bat uns, wir sollten hinaufsteigen und ihn hier allein warten lassen. Da sprachen wir ihm Mut zu, richteten ihn auf und brachten ihn dazu, ein wenig weiterzugehen, doch dabei glitt er mehrmals unter unseren Händen wie besinnungslos zu Boden. Nun aber banden wir ein langes Schweißtuch an seinen Gürtel, an dem einige ihn zogen, andere faßten seine Hände und schleppten ihn an den Armen, wieder andere stellten sich hinter ihn und schoben ihn aufwärts, und so mußten wir uns mit jenem Pilger außerordentlich abmühen.

Endlich gelangten wir mit Gottes Hilfe auf den Gipfel, zum Engelsgrab der hochseligen heiligen Jungfrau Katharina. Nach einem Gebet setzten wir uns nieder und hatten großes Verlangen nach Brot und Wasser. Jeder wünschte, seinen Korb und Krug bei sich zu haben. Ich weiß nun nicht, durch welche Vorsehung es geschah, daß ich allein einen Korb bei mir führte mit Fladenbroten, harten Eiern, Rauchfleisch und Käse; das hatte ich für mich persönlich mitgenommen, die anderen hatten all ihren Proviant unten bei den zurückgebliebenen Pilgern gelassen. Wie sie sahen, daß ich versorgt war, beglückwünschten mich einige und rühmten mich als vorausschauenden Mann, über sich selbst aber ärgerten sie sich wegen ihrer Nachlässigkeit.

Und nun bat mich einer, ihm ein wenig Brot zu geben, ein anderer um ein Stückchen Fleisch, ein dritter um ein Häppchen Käse und Brot, noch andere erbaten einen Schluck Wein. Als ich das hörte, wurde ich sehr vergnügt und gab keinem einzelnen etwas, sondern ergriff den Korb und schüttete alles, was darin war, in eine Aushöhlung im Fels, die sich neben uns an der Stelle befand, wo das Haupt der heiligen Katharina geruht hatte. Und mit dieser launigen Ansprache lud ich die Adligen und die anderen Pilger zur Bewirtung ein:

»Sehet, meine Herren, durch vorausschauendes Haushalten hat es sich ergeben, daß ihr alle meine Gäste sein sollt und ich allein den Aufwand bestreite, und das möchte ich von Herzen gerne tun. Oh, daß ich euch doch recht üppig aufwarten könnte! Denn seht, in diesem Haus, in diesem Zimmer, auf diesem Ruhebett wohnte und schlief meine allerliebste Braut, die heilige Katharina, über 300 Jahre von ihrer Passion an. Sie ist mit mir seit meiner Jugendzeit verlobt, weil sie von mir unter all den herrlichen Jungfrauen des Himmelreichs durch das heilige Los erwählt wurde. Schließlich habe ich am Festtag dieser Jungfrau im Jahr 1452 der Weltliebe entsagt und die Ordenstracht der Predigerbrüder angenommen, und nachdem ein Jahr vergangen war, am selben Tag mit einem öffentlichen und feierlichen Bekenntnis das Gehorsamsgelübde abgelegt. Und so habe ich mich in lebenslanger Verpflichtung in den Dienst für Gott und auch in das Gefolge dieser Jungfrau begeben. Kommt also alle herbei, soviel ihr seid, und eßt mit Vergnügen!«

Auf diese Einladung hin traten alle heran, und wir aßen mit Freuden das, was vor uns lag. Bei diesem Gastmahl waren Grafen, Ritter, Priester und Mönche zugegen; überdies befanden sich dort noch einige Weltmenschen, ketzerische Christen, und sogar Sarazenen und Araber waren dabei, und sie alle aßen von den Brocken aus meinem Korb. Wein war dabei reichlich vorhanden, weil einige andere Pilger ihre Flaschen mitgenommen hatten, doch mangelte es an Wasser. Als ein Araber von unseren Mahlgenossen das erkannte, griff er sich einen Krug und lief nicht, sondern verschwand, als stürze er den Berghang hinunter und brachte nach kurzer Zeit den Krug zurück, voll mit frischem Wasser, das er von einer uns unbekannten Quelle geholt hatte. Wir mischten also den Wein mit dem Wasser, und als der Trank und auch die Speise bis auf die kleinsten Krusten und Krümel völlig aufgebraucht waren, beendeten wir das Mahl.

Inzwischen begann die Sonne zu sinken, und die Araber mahnten uns zum Aufbruch, bevor sie ganz unterginge. Wir erhoben uns also, stiegen eilends hinab und gelangten, als die Sonne eben untergegangen war, zu unseren Brüdern in das Kloster »Zu den vierzig Heiligen«.

Am 25. September standen wir auf, noch bevor es tagte, von dem blanken Boden, auf dem wir unter freiem Himmel im Klosterhof geschlafen hatten, um noch einmal auf den Berg zu steigen, und diesmal zusammen mit unseren Brüdern, die gestern unten geblieben waren.

Vom Kloster bis zum Fuß des Berges führt eine Wegstrecke an Gärten und Baumpflanzungen entlang, durch die wir bei freundlichem Mondlicht aufwärts gingen. Als wir endlich, weil rastlose Mühe alles überwindet, auf dem Gipfel des heiligen Berges angekommen waren, blies ein derart starker und schneidend kalter Wind, daß wir weder zu beten noch sonst etwas zu tun vermochten. Sogleich trugen die uns begleitenden Araber Reisig zusammen, schichteten es zu einem Haufen und machten ein großes Feuer, bei dem wir so lange blieben, bis die Sonne, die schon längst aufgegangen war, höher stieg und die Kälte des Windes milderte. Nachdem wir uns etwas aufgewärmt und einigermaßen wiederbelebt hatten, traten wir an das Engelsgrab der hochberühmten Jungfrau Katharina und sangen in frommer Stimmung die Lobgesänge und beteten lange in stiller Andacht.

Wir blieben auf der Spitze des heiligen Katharinenberges stehen und betrachteten ringsum die Landschaften, Gebiete und Gegenden, auch weit entfernt liegende; wir konnten nämlich ein gutes Stück der Welt überblicken, weil wir sehr hoch oben waren und nicht durch Dunst, Gewölk oder andere Witterungsungunst am Schauen gehindert wurden. Zuerst richteten wir den Blick nach Osten auf den breiten Meeresarm, den Golf von Arabien, der auch das Rote Meer heißt und aus dem Indischen Ozean hervorgeht. Wir konnten dabei nach Osten hin mit den leiblichen Augen nichts sehen als Wasser, daß sich bis zum Gebirge Midian erstreckte, so daß wir gewissermaßen rings um den Berg Sinai das Rote Meer sahen.

Alsdann richteten wir den Blick nach Süden auf den Arabischen Golf des Roten Meeres und bekamen jenseits dieses Meeresarmes eine hochragende Berggegend zu sehen, und dort liegt auch die Wüste Thebais, in der vortreffliche Mönche gelebt hatten. Das Ende dieser Wüste bildet im Süden der Ozean und im Westen der Strom Ägyptens, der Nil.

Zuerst erblickten wir im Roten Meer unfruchtbare Eilande, von Salz schimmernde Klippen. Es gibt jedoch in diesem Meer auch zahlreiche nutzbare und große Inseln, die wir nicht sehen konnten. Am Ufer des Roten Meeres sahen wir auf unserer Seite den namhaftesten Hafen dieses Meeres, der ehemals Beronice oder Ardech hieß, jetzt aber Thor genannt wird. In diesem Hafen landen die Schiffe, die mit Gewürzen aus Indien kommen, und von dort bringt man die Fracht nach Ägypten und schickt sie dann von Ägypten über das Große Meer (Mittelmeer) bis zu uns. Der Hafen ist der letzte uns bekannte des Orients, und in ihm liegen daher immer zahlreiche große indische Schiffe. Diese sind jedoch so zusammengefügt und gezimmert, daß es nichts Eisernes an ihnen gibt; man wagt weder, eiserne Anker zu gebrauchen noch Ketten, Blechplatten, Nägel, Hämmer noch Beile, Äxte oder irgendein Werkzeug aus Eisen. Der Grund dafür liegt darin, daß es an der Küste des Indischen Ozeans Klippen und Berge aus Magnetstein gibt, und an diesen müssen die Schiffe vorbeifahren, die nach Arabien segeln wollen. Wenn also ein Schiff, das irgendwelche Eisenteile enthält, dorthin geriete, würden die Magneten wegen des Eisens sofort das Schiff anziehen, und somit müßte es auf die Klippen prallen und zerschellen.

Jenseits des Meeresarmes sahen wir dann, indem wir von Süden nach Westen schauten, einen sehr hohen Berg, den man den »äthiopischen Olymp« nennt, zum Unterschied vom »makedonischen Olymp«. Dieser Berg gibt bei Sonnenaufgang erstaunlicherweise ein paar Stunden lang Blitze von sich. Mit ihm beginnt Äthiopien, das einstens Atlanta hieß und an den Nil angrenzt. Es ist aber ein sehr weites Land und bringt in seinen Wüsten seltsame Menschen und wunderliche Tiere hervor.

Dann verkürzten wir den Blick und richteten ihn auf die öde Ebene, die zwischen dem Berg Sinai und dem Roten Meer liegt, und wunderten uns über ihre Breite und Leere.

Nun erzählte uns aber Frater Nikodemus, daß es in diesem wüsten Gelände ein Kloster mit ehrwürdigen Männern gebe, das in neuerer Zeit niemand auffinden könne, obwohl man Tag für Tag zu allen Gebetsstunden den Glockenschlag höre. Einige von den Fratres des St.-Katharinen-Klosters hatten versucht, es ausfindig zu machen, und erklären, daß sie zwar das Glockenläuten gehört, aber das Kloster niemals entdeckt hätten.

Hierauf wandten wir uns dem Norden zu, wo er sich an den Osten anschließt, und schauten auf das Gebiet von Arabien, das weite Einöden umfaßt und doch in mehreren seiner Landesteile reich ist an kostbaren Gewürzen, und aus diesem Grund heißt es das »glückliche Arabien« (*Arabia Felix*). Es erstreckt sich zwischen den beiden Meeresarmen, dem Persischen und Arabischen Golf. Und wegen seines besonders guten Bodens wird es das »glückliche« genannt.

Schließlich wandten wir uns nach Westen und sahen zur Rechten von weitem die Berge Arabiens, die man die »Schranke der Welt« nennt, und diese liegen dem Heiligen Land gegenüber, jenseits des Jordans und des Toten Meeres. Inmitten dieses Gebirges Abarim und Pisga ragt der Berg Nebo hervor, dort hinauf stieg Mose auf Befehl Gottes, um das Heilige Land zu schauen, wie in *Deuteronomium* 34 steht. Diesen Berg sahen wir deutlich vom Sinai aus.

Nachdem wir wieder im Kloster der »Vierzig Heiligen« angekommen waren, kochten wir einen Bissen zur Mahlzeit und schickten unsere Treiber zum Katharinenkloster, um unsere Esel zu holen, weil wir vor Müdigkeit und auch wegen des mangelhaften Schuhwerks und der Sonnenhitze nicht weitergehen konnten.

Vom Katharinenkloster wurden uns die Esel zum Kloster der »Vierzig Heiligen« gebracht; wir stiegen auf und zogen im Tal zwischen den beiden Bergen an einem Garten entlang abwärts. Dann ritten wir zügig in das Tal Tholas hinab und sahen dort die Ruinen eines alten Klosters, in dem einst sehr viele heilige Männer gelebt hatten. Weiter ging es von Tholas abwärts, und wir kamen zu einem anderen Kloster, das

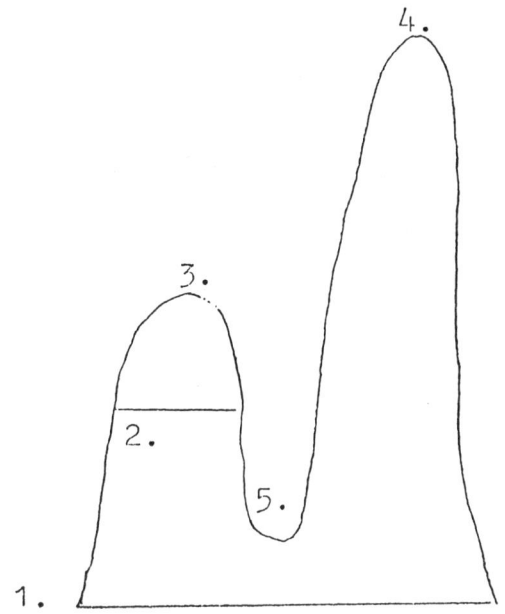

1. St.-Katharinen-Kloster. 2. Unterer Teil: Berg Sinai.
3. Moseberg oder Horeb. 4. Berg der heiligen Katharina.
5. Kloster »Zu den vierzig Heiligen«.[16]

jetzt zwar klein, einstmals aber recht stattlich war. Es trug
den Namen von Kosman und Damian, die, wie in ihrer
Legende berichtet wird, in Arabien geboren wurden, dem
Land, aus dem auch andere sehr geschickte Ärzte stammen.
Wir zogen weiter und kamen nach der Klostermauer zu
einem umzäunten Ort. Hier war die Grabstätte der Klosterbrüder, und hier liegen mehr als 9 000 Brüder begraben, die
in einem Buch im Kloster namentlich verzeichnet sind. Vom
Friedhof aus traten wir in das Kloster ein und bemerkten,
daß die Zahl der Araber um uns wuchs. Wir kochten das
Essen und luden Frater Nikodemus dazu ein. Dann baten
wir ihn, mit dem Herrn Abt zu besprechen, ob am anderen
Morgen uns die Reliquien der Heiligen Katharina und die
anderen Heiligtümer des Klosters gezeigt werden könnten.

181

Das Katharinenkloster
und seine Mönche

Am 26. September, gleich nach Mitternacht, machten wir uns nach unseren Gebeten zum Messelesen bereit, die weltlichen Ritter aber zum Empfang der heiligen Kommunion. Es war nämlich Freitag und anderentags, so hofften wir, stand unsere Weiterreise bevor. Nach Matutin und Prim hörten wir bei unseren Rittergefährten die Beichte, zelebrierten nacheinander in unserer Kapelle, und fast alle weltlichen Pilger kommunizierten. Nach Tagesanbruch stiegen wir in die Katharinenkirche hinab, um ihre heiligen Reliquien zu sehen. Als wir in der Kirche standen, kam der Abt des Klosters mit allen seinen Mönchen, jeder eine brennende Kerze in der Hand. Auch wir Pilger trugen brennende Kerzen und umstanden auf beiden Seiten das Grabmal der heiligen Jungfrau.

Der Sakristan des Klosters trat mit Schlüsseln heran und versuchte die Riegel am Grab aufzuschließen, vermochte es aber nicht, weil sowohl Riegel wie Schlüssel gänzlich verrostet und verrottet waren. Doch schließlich gelang es mit Hilfe anderer Brüder und großer Kraftanstrengung, die Riegel zu lösen und das Grabmal zu öffnen. Nachdem der marmorne Grabdeckel entfernt war, begannen die Mönche eine Antiphon zu singen, in Weise und Worten griechisch, ich konnte überhaupt nichts verstehen außer *apostoli* und *martyres*. Diese beiden Worte sangen sie mit den anderen wiederholt, sie haben ja bei den Griechen wie bei den Lateinern denselben Klang und dieselbe Bedeutung und sind aus dem Griechischen ins Lateinische übernommen. Während sie sangen, trat der Abt heran, und nach einer tiefen Verneigung schritt er zum Sarg hinauf, der erhöht stand, dann neigte er sein Gesicht herab und küßte die Schatzkammer der göttlichen Weisheit, das geheiligte Haupt der Jungfrau, richtete sich wieder auf und blieb am Kopfende des Sarges stehen. Nach ihm stiegen alle Mönche hinauf, mit den ältesten am

Anfang, und küßten die heiligen Reliquien auf die gleiche Weise wie der Abt. Ihnen folgten wir Pilger, und wir brachten, nach der gewohnten Ordnung, unsere Verehrung dar, nach uns aber taten es unsere Eseltreiber. Als dies geschehen war, gaben mir unsere Adligen alle ihre goldenen und silbernen Schmuckstücke, damit ich mit ihnen die heiligen Reliquien berühre. Ich nahm also den Schmuck, den mir meine Lieben in Ulm anvertraut hatten und den meiner Rittergefährten und legte jedes einzelne Stück in den Sarkophag, wobei ich es mit der Stirnschale des heiligen Hauptes in Berührung brachte.

Nach den Gebeten in Kapellen und in der Kirche kehrten wir zuletzt noch einmal zum Grab der glorreichen Jungfrau, der heiligen Katharina, zurück, küßten ihr geweihtes Grabmal und beendeten damit den Umgang, dies war der Tag der feierlichen Prozession. Als sie zu Ende gegangen war, gingen wir wieder in unsere Unterkunft hinauf, und als wir mit dem Essen fertig waren, riefen wir den Kalin herbei und baten ihn, er möge nicht länger säumen, sondern uns auf den vorgesehenen Wegen nach Ägypten führen, wie es vereinbart war.

Es ist wirklich nicht leicht, für einen die Fehler anderer zu rügen, der sich selbst gewiß nicht von eigenen freisprechen will. Wer über die Mönche vom Katharinenkloster berichten will, den zwingt die Wahrheit, mehr davon zu erzählen, was bei ihnen zu tadeln ist, als ihr Lob zu singen, ohne daß dem die Kritik am eigenen Leben entgegenstünde. Einst hatte das Kloster viele und heiligmäßige Mönche, doch jetzt sind es wenige und verblendete. Vor Jahren waren es etwa 100, später 80, jetzt aber sind es kaum noch 30. Den Mönchen eignet manches Lobenswürdige, aber auch Verdammenswertes. Loben möchte ich sie, weil sie sich einer Regel unterwerfen, der des heiligen Basilius, unter der sie ein ziemlich hartes Leben führen hinsichtlich der Sparsamkeit ihrer Nahrung und der Ärmlichkeit ihrer Kleidung. Kärglich ist ihr Essen wie das aller Orientalen, ihr tägliches Getränk ist Wasser, nur an den höchsten Feiertagen wird jedem Bruder ein Schluck

Wein verabreicht. Ihre Kleidung ist dürftig und nachlässig, sie tragen verschiedene Tuniken, der eine so, der nächste anders, doch ohne Farbglanz oder Stoffqualität, sie sind lang wie die Tuniken von Geistlichen, die Gürtel breit. Sie haben keine Skapuliere, sondern Kapuzen, die nicht um Hals und Kehlkopf zugezogen werden, vielmehr vom Kopf auf den Rücken fallen. Aber an den Schläfen hängen von der Kapuze zwei Tuchbänder herab, die vorn die Schultern bedecken und bis zum Gürtel reichen. Alle pflegen Haupthaar und Bart, und sie kommen nach Art der Nazaräer daher. Fleisch essen sie nie, Wein trinken sie nur, wie oben gesagt. Es sind viele alte, ernste und gereifte Männer unter ihnen. Wer immer zu ihnen kommt und sich ihnen anschließen will, von welcher Glaubensrichtung auch, abgesehen von Jakobiten und Armeniern, den nehmen sie auf, sei er Lateiner, Grieche, Deutscher oder Ägypter.

Ihre Baulichkeiten sind in keiner Weise bewundernswert oder prächtig. Ich war einmal in der Zelle eines hochbetagten Paters, in der ich nichts als Merkmale großer Armut wahrnahm.

Einstmals, als sie noch im Gehorsam gegen den Heiligen Stuhl standen, nahmen sie Pilger mit der größten Nächstenliebe und Freundlichkeit auf, dienten ihnen in allem, was erforderlich war, und schenkten ihnen Schuhwerk. Daß diese Mönche jetzt Schismatiker und Häretiker sind, kommt daher, weil sie Griechen sind und Griechenland kopflos ist. Und sie sind Orientalen, denen die wahre Sonne unterging ...

Ich bestätige das aus meiner Erfahrung, denn als wir dort waren, befolgten sie ein Verbot und hielten während unseres Aufenthalts keinen ihrer Gottesdienste für uns ab, da wir für sie als Angehörige der römischen Kirche als Exkommunizierte gelten. Dasselbe zeigte sich auch, als sie für uns in ihrer Kirche keinen Altar zur Verfügung stellen wollten, an dem wir hätten Messelesen können, mit der Begründung, es gäbe bei ihnen eine Verordnung, nach der, sobald ein Lateiner an einem griechischen Altar die Messe feiere, dieser dadurch

Griechischer Mönch

ausgesondert und entweiht sei und durch den Bischof neu konsekriert werden müsse. Aus dem allem erklärt sich eine gewisse Feindseligkeit bei ihnen uns gegenüber; wenn wir in Gottes Namen zu ihnen kommen, sind sie unfreundlich und weit entfernt davon, uns einen Gefallen zu tun, falls sie etwas tun, dann nur aus Liebe zum Geld, wie auch die Sarazenen, die sich aber in vielem verläßlicher zeigen. Sie geben keinen Schluck Wasser her ohne Bezahlung, und mit keinerlei Bitten konnten wir erreichen, daß sie für einige Ritter neues Schuhwerk besorgten.

Am 27. September standen wir vor Tag auf, feierten in unserer Kapelle die Messe und stiegen zur Katharinenkirche herab und empfingen von der heiligen Katharina die Erlaubnis, in die Heimat zurückzukehren. Dann gingen wir wieder hinauf in unsere Unterkunft und machten uns zum Aufbruch fertig. Mit Mühe konnten wir die Mönche dazu bringen, daß sie uns unsere Lederschläuche am Klosterbrunnen mit Wasser füllen ließen.

Als nun aber die Araber merkten, daß wir zum Aufbruch rüsteten, schickte ihr Hauptmann einen Diener, um uns anzuzeigen, daß wir den Ort nicht verlassen dürften, bevor wir ihn nicht zufriedengestellt hätten. Nachdem wir ihm viele gute Worte und einige Dukaten gegeben hatten, glaubten wir, frei zu sein, und warteten auf unsere Kameltreiber, die schon lange im Verzug waren. Endlich kam einer von ihnen und meldete, Bewaffnete hätten sich der Tiere bemächtigt und wollten sie nicht freigeben, bevor wir nicht ein Lösegeld gezahlt hätten. Wir einigten uns mit ihnen auf eine Summe, worauf wir die Kamele wiedererhielten. Aber da kamen auch die Eseltreiber mit der Nachricht, die Esel seien von Heiden eingesperrt und würden ohne Geld nicht herausgelassen. So mußten wir also die Geldbeutel dauernd offenhalten, es war unvermeidlich, wollten wir uns weiteren Plackereien entziehen.

Aber da schickte auch der Abt der Klosters nach uns und beschwerte sich, einer der Unsrigen habe mit einem eisernen Instrument ein Stück vom Katharinengrab abgeschlagen. Wenn wir zögerten, es freiwillig zurückzugeben, so würden wir sogleich von den Arabern dazu gezwungen, und zwar mit Gewalt, denn ihnen werde er den Fall zur Erledigung übergeben. Als wir dies hörten, erschraken wir, wir fanden das Grab beschädigt, aber es war keiner unter uns, der zugab, es getan zu haben. Einer schaute den anderen an, und alle verwünschten den Täter, aber wir baten einander, er solle ohne Scheu gestehen und das abgeschlagene Stück zurückgeben, wir wollten alle zusammen Sühne leisten und bezahlen, was nötig war. Aber es gab keinen, der sich offenbaren wollte, bis schließlich unser Kalin sagte, der Schuldige solle ihm heimlich das Steinstück zureichen, er werde die Sache ebenso heimlich bereinigen. Und so geschah es. Wer von uns aber der Täter war, weiß ich bis heute nicht. Viele Verlegenheiten und Aufregungen hatten wir auf der ganzen Pilgerreise auszustehen wegen dieser verkehrten angeblichen Frömmigkeit, Stücke von den heiligen Stätten sich anzueignen.

Als sich dieser Wirbel gelegt hatte, kamen die Mönche, die im Kloster Ämter bekleideten und verlangten schamlos von uns ein Lebewohl in Geldform, was wir ihnen sogar zukommen ließen, obwohl sie es nicht verdienten. Dann aber erschien der Abt des Klosters in eigener Person, ein noch nicht sehr alter, kräftiger und kluger Mann, und bat uns, vier mit Früchten beladene Kamele nach Ägypten mitzunehmen. Jedes Jahr um diese Zeit sendet nämlich der Abt dem Sultan und Ägypterkönig in Holzkisten verpackte Früchte, die in den einsamen Gegenden von Sinai und Horeb geerntet wurden, und der König nimmt sie als ein wertvolles Geschenk an, weil sie in dieser heiligen Region wuchsen. Er verteilt sie unter den mächtigsten ägyptischen Fürsten, die diese Früchte wie geweihte Himmelsgaben in Empfang nehmen. Wir nahmen also die vier Kamele in unsere Gemeinschaft auf.

Wie nun alle befriedigt und bezahlt waren, fürchteten wir noch, daß nach unserem Auszug die Araber uns folgen und in der Wüste belästigen könnten. Wir begaben uns deshalb mit dem Kalin zur Moschee, in der ihr Hauptmann sich befand, riefen ihn heraus und baten darum, daß uns seine Leute außerhalb des Klosters nicht bedrängten. Er versprach, daß uns durch sie nichts Böses widerfahren werde, wenn wir aber ganz sicher sein wollten, so werde er ein paar von seinen Dienern uns für zwei oder drei Tagesmärsche in der Wüste zur Verteidigung mitgeben. Mit dieser Antwort waren wir zufrieden und gingen unbesorgt von dem Mann weg. Durch all dies war unser Aufbruch bis zum Mittag verzögert worden, und wir mußten in der glühenden Sonne die Kamele mit großer Anstrengung beladen.

Ein leichtsinniger Ausflug ans Meer

Am 29. September, dem Michaelstag, standen wir wieder vor Tag auf und zogen durch die öden Täler, durch die wir gekommen waren, hinaus. Dabei hatten wir einen lästigen und anstrengenden Tag, denn wir mußten uns auf einem langwierigen Marsch in hartgetrocknetem Gelände nicht nur durch Sand, was noch zu ertragen gewesen wäre, sondern durch Staub und Asche fortbewegen. Wir wunderten uns nicht wenig, woher die enorme Menge an Staub und Asche kam, die über die ganze Gegend ausgebreitet lag, in der es doch keine menschlichen Wohnungen, kein Feuer und nichts Brennbares gab.

Wir setzten unseren Zug fort bis zum Abend und schlugen dann an einem abstoßenden, von den Arabern Effkayl genannten Ort die Zelte auf. Als wir uns niederließen, kam uns wieder der Mangel an. Vor allem merkten wir, daß uns Wasser fehlte, was uns über die Maßen lästig und unerträglich war, wir hatten kaum so viel, daß wir Suppe oder Knödelbrühe an diesem Abend kochen konnten. Da kam uns in den Sinn, wie üppig es mit Fleisch, Gänsen und Geflügel in fast allen Häusern unserer Heimat zugeht am Abend des Michaelstages, und glühend begannen wir uns zu sehnen nach den Fleischtöpfen, den Bratspießen, den Fischrosten und den Schüsseln für die warme Zukost.

Nun kam der Monat Oktober mit seinem ersten Tag. Schon zwei Stunden, bevor es hell wurde, standen die Sarazenen und Araber, alle, die mohammedanischen Glaubens waren, auf und fingen, nachdem sie Feuer gemacht und Lichter angezündet hatten, an zu essen und zu trinken, zu lachen und zu singen. Sie waren über die Maßen ausgelassen, weckten uns mit ihrem Geschrei und luden uns ein, mit ihnen zu zechen. Als wir sie nach dem Grund für diese unzeitige Schwelgerei fragten, hörten wir, daß mit dem Anbruch des heutigen Tages ihre Fastenzeit beginne und daß sie deshalb, noch bevor es hell würde, äßen und vergnügt seien. Mit dem

Fasten, wie es Mahomet im Koran vorschreibt, verhält es sich nämlich bei den Sarazenen so: Das ganze Jahr über üben sie es nie, bis auf den Monat Oktober. Da aber treiben sie es so weit, daß sie vom Morgengrauen, sobald man Schwarz von Weiß unterscheiden kann, bis zum Sonnenuntergang den ganzen Tag über weder etwas essen noch trinken noch etwas mit ihren Frauen haben, sondern ihn, herumliegend und schlafend, in träger Verdrossenheit hinbringen. Sowie aber die Sonne untergeht, werden sie munter und wach, decken die Tische, essen und trinken, und nicht nur einmal, sondern sooft es sie ankommt, sie schreien, singen und laufen herum, und jede Nacht während ihrer Fastenzeit geraten sie außer sich und machen auch ausschweifendsten Gebrauch von ihren Frauen. Solche aber, die nicht die ganze Nacht wach bleiben können, legen sich zwar schlafen, aber zwei Stunden vor Tag stehen sie zum Essen auf und ruhen wieder, wenn sie sehen, daß es hell wird. Darum gehen in den Städten ihre Geistlichen zwei Stunden vor Tag durch die Straßen und schlagen mit Hölzern aneinander, um die Leute zum Schwelgen und Schmausen zu wecken, bis der Tag anbricht.

Weiterziehend gelangten wir nun aus der weglosen Wüste auf die königliche, öffentliche und vielbenutzte Straße, die von Ägypten hinauf nach Palästina und Gazara führt, ganz in der Nähe waren wir von ihr abgebogen, als wir uns in die Wüste wandten. Wir waren nun über die Maßen froh, als wir auf die Straße stießen, ja, es war uns, als seien wir in die Welt zurückgekehrt. An dieser Stelle teilt sich die von Ägypten heraufführende in zwei andere Straßen: Die eine verläuft am Ufer des Großen Meeres nach Palästina und weiter nach Judäa und Jerusalem, auf ihr gibt es lebhaften Verkehr aus dem Heiligen Land nach Ägypten und umgekehrt. Die andere führt zum Ufer des Roten Meeres, nach Madian und zur Hafenstadt Thor.

Wir zogen also durch sandiges, sich weithin erstreckendes Gelände, durch das einst Mose mit dem ganzen Volk Israel beim Auszug aus Ägypten vom Roten Meer her gekommen war. Vor der sonst üblichen Zeit, als noch viel vom Tag übrig war, entluden sie an einem Ort namens Wardach die Tiere, was uns wenig gefiel, weil wir es eilig hatten, endlich nach Alexandria zu kommen. Aber unsere Begleiter kümmerten sich nicht darum, weil sie vor Sonnenuntergang zur Ruhe gehen und schlafen wollten, um bei Nacht wach und ausgelassen sein zu können, wie es in ihrer unnützen Fastenzeit der Brauch ist. So saßen wir verdrossen in der Sonnenhitze im glühenden Sand und schimpften auf unsere Begleiter. Es lagen zwischen uns und dem Roten Meer Sanddünen und kleine Berge, mitten zwischen diesen hindurch aber sahen wir ganz deutlich das Meer, es schien uns kaum eine römische Meile entfernt.

Da sprach einer von den Rittern unserer dritten Gruppe: »Was vergehen wir hier beim Herumsitzen in der Sonnenhitze und werden schlapp vor Trägheit? Schaut, dort ist das Rote Meer, und der Tag ist noch lang, gehen wir doch um Himmels willen hin, erfrischen uns und vertreiben uns die Zeit!« Als ihm keiner antwortete, fuhr er fort: »Ja, sind denn keine rechten Kerle unter euch, die den Mut haben, mit mir eine so kleine Strecke zu eurer und meiner Belebung zu gehen? Ich wäre bereit, für euch einen Kampf zu beginnen, und keiner will mit mir zu einem Bad gehen? Vor was habt ihr Angst? Was schreckt euch?«

Als wir ihm sagten, der Kalin würde uns nicht weglassen, außer die beiden anderen Gruppen zögen ebenfalls mit, lachte er uns aus und warf uns unsere Treulosigkeit und Ängstlichkeit wortreich vor. Da standen wir schließlich ärgerlich auf, alle von der dritten Gruppe, in der allein ein solches Vorhaben aufkam, und nachdem wir unsere Esel wieder geholt hatten, machten wir uns zusammen auf den Weg zum Meer. Als der Kalin dies sah, rief er uns laut schreiend zurück, und auch die Araber, die Kamel- und Eseltreiber wie die anderen Pilger riefen uns nach, wir sollten dableiben. Aber wir taten, als hörten wir nicht, und entfernten uns von ihnen. Wir waren unser sieben, nämlich Ritter Peter Welsch, der die übrigen aufgestachelt hatte, Ritter Heinrich von Schomberg, Ritter Caspar Siculi, Ritter Sigismund von Marspach, der Archidiakon Johannes Lazinus und Frater Felix, das Knechtlein der vorigen, dazu noch Johannes, der Koch der ersten Gruppe und Diener des Grafen von Solms. Der hatte Feuer zum Knödelkochen gemacht, aber als er uns abrücken sah, sagte er zu seinen Herren, sie sollten auf ihn warten, er wolle sich nur abkühlen und sei pünktlich zurück, um das Essen zu kochen, denn er meinte, wie wir anderen alle, das Meer sei um die zwei oder drei Stadien von uns entfernt (400 bis 600 Meter).

Als der Kalin sah, daß wir starrköpfig blieben, während er die Gefahr, in die wir uns begaben, sehr wohl erkannte, rief er alle Pilger und alle arabischen Treiber zusammen und sprach zu ihnen: »Seht, diese Pilger ziehen ans Meer hinab und setzen sich dabei einer riesigen Gefahr aus, denn es ist leicht möglich, daß sie sich verirren, und von uns getrennt werden. Und wenn dies geschieht, sind sie Kinder des Todes. Ich sage es also laut und rufe euch zu Zeugen an, daß ich jene weder freigelassen noch gar zu gehen geheißen habe, sie vielmehr zurückrief und ihren Aufbruch verbot. Sie aber verschmähten es, auf mich zu hören. Wenn sie vor dem morgigen Tag nicht zurück sind, müßt ihr es mir schriftlich geben, was ich in dieser Sache getan habe, damit alle erkennen können, daß ich am Untergang dieser Pilger unschuldig bin.«

Wir aber zogen vergnügt dahin und kamen bald in die Sanddünen, so daß wir nichts mehr von jenen sehen konnten. Doch der Weg zog sich in die Länge, zwar erblickten wir das Meer vor uns, doch an sein Ufer zu gelangen verzögerte sich unentwegt. Als wir schon drei Stunden rasch geritten waren, wurde uns klar, daß der Tag hinschwand. Immer, wenn wir schon meinten, nun das Meer erreicht zu haben, tat sich eine neue lange Wegstrecke zwischen ihm und uns auf, und hatten wir diese überwunden, kam eine weitere.

Da sagte einer der Ritter zu mir: »Schau, Frater, es ist klar, daß wir vom Teufel zum Narren gehalten werden, denn das Meer könnte nicht vor uns zurückweichen. Aber das, was wir sehen, flieht uns, folglich ist es nicht das Meer, sondern der Teufel, der sich ins Meer verwandelt hat.«

Als die Sonne schon untergegangen war, erreichten wir es endlich, doch wie wir vom erhöhten Ufer ans Wasser hinabgelangen wollten, gerieten wir in weichen Lehm, in dem die Esel bis zum Bauch versanken. Wir stiegen höchst unbequem ab, da wir ebenfalls einsanken, brachten die Tiere aufs Trockene und banden sie an Dornbüschen fest. Dann gingen wir wieder ins Weiche hinein, bis wir ans Wasser kamen, wo wir nun freilich nur noch geringe und wenig frohe Erquickung fanden. Wir legten unsere Kleider nicht ab, sondern wuschen uns nur kurz die Hände und hatten eine Wut auf uns selbst, weil wir uns nutzlos in eine solche Gefahr begeben hatten. Nach dem Händewaschen sammelten wir am Strand ein paar von den seltsam geformten Muscheln als Beweis, daß wir am Roten Meer gewesen waren, und kehrten durch den Lehm zu den Eseln zurück, nicht gebadet, sondern schmutzig, nicht abgekühlt, sondern geängstigt, nicht froh gestimmt, sondern niedergeschlagen, und so traten wir unseren Rückweg vom Meer an.

Es war aber schon so dunkel geworden, daß wir nicht einmal mehr die Fußstapfen unserer Esel sehen konnten, weshalb, da keiner von uns wußte, welchen Weg und welche Richtung wir einschlagen sollten, und es darüber eine Auseinandersetzung gab, einige Pilger abstiegen und mit den Händen nach den Eselstritten am Boden suchten. Doch konnten sie in der Finsternis nichts Sicheres finden, und so standen wir völlig unschlüssig da, ohne zu wissen, nach welcher Seite wir uns wenden sollten. Wir beratschlagten sehr ernst miteinander, weil wir uns in vielfacher Weise vom Tod bedroht fühlten. Die einen schlugen vor, nicht weiterzugehen, sondern bis zum kommenden Morgen hierzubleiben, denn es könne uns in der Finsternis viel Gefährliches zustoßen, außerdem sei es unmöglich, die Gefährten in diesem weit ausgedehnten Gelände zu erreichen, sowie es aber Tag würde, könnten wir ihnen folgen. Umgekehrt sagten die anderen, dieser Vorschlag sei für uns todbringend, da wir sicher wußten, daß der Kalin mit der Karawane nach Mitternacht sich auf den Weg machen wollte, und wenn wir bis zum Tagesanbruch hierblieben, könnten wir sie am ganzen folgenden Tag nicht mehr erreichen. Dann aber müßten wir und die Tiere vor Schwäche umkommen, weil wir mindestens zwei Tage und Nächte keine Nahrung bekommen würden, wir hatten ja nichts Lebensnotwendiges mitgenommen, weder Wasser noch Brot, und hatten zudem am vergangenen Tag nichts gegessen und getrunken.

Schließlich kam die Mehrheit zu dem Schluß, man müsse weiterziehen, wobei aber niemand wußte, in welcher Richtung, denn die Finsternis war so dicht, daß wir weder die Erhebungen vor uns noch irgendwelche Spuren um uns sehen konnten, sogar kaum das Meer in unserem Rücken, das doch von Natur aus auch bei Nacht einen schimmernden Glanz besitzt. So irrten wir im Ungewissen umher, jetzt nach rechts, dann nach links, jetzt geradeaus, dann wieder abbiegend, einmal folgten wir der Meinung des einen, ein wenig später, wenn ein anderer widersprach, diesem, manchmal standen wir schweigend da und horchten, ob wir nicht Laute von miteinander Sprechenden vernähmen. Als wir nichts hörten, riefen wir selber mit lauter Stimme und fürchteten dabei weder Diebe noch Räuber, denn wir hatten nur den Wunsch, daß irgendein Mensch zu uns käme, von dem wir etwas erfahren könnten. Einmal erblickten wir vor uns eine rötliche Helligkeit aufsteigen, und voll Freude glaubten wir schon, unserer Gefährten hätten unseretwegen ein Feuer angezündet. Aber als wir fröhlich dem Schein folgten, sahen wir uns alsbald getäuscht, weil es nur ein sehr heller Stern war, der im Aufgehen seine Strahlen über einen Berggipfel sandte.

Dann nahm Herr Heinrich von Schomberg, ein nachdenklicher und kluger Mann, Richtung auf einen bestimmten Stern und forderte uns auf, ihm zu folgen, er habe am Himmel den sicheren Weg zu unserem Lager entdeckt. Woher er diese Kenntnis hatte, weiß ich nicht, wohl aber dies, daß wir, wenn wir ihm gefolgt wären, direkt dorthin gefunden hätten. Aber als wir ihm eine Strecke weit nachgezogen waren, sagte einer, jener gehe zu weit nach rechts, und so verließen wir die eingeschlagene Richtung des Herrn Heinrich und folgten dem anderen nach links. Es kam auch nicht selten zum Zank zwischen uns, wenn der eine hierhin, der andere dorthin wollte. Zwei Dinge waren es, die mich in dieser Bedrängnis in Angst versetzten, so sehr wie die Notlage selbst: einmal, daß die beiden tonangebenden Ritter aufeinander losgingen und ihre Schwerter zögen. Denn ich wußte, daß sie sich gegenseitig tief verhaßt waren, weshalb ich mich, wenn sie sich wieder über den Weg auseinandersetzten, absichtlich mit meinem Esel zwischen sie schob, damit sie nicht durch ihre Nähe noch mehr in Erregung gerieten. Und das andere war, daß ich, weil wir so verschiedener Meinung über die Richtung waren, befürchtete, es würde einer, seiner eigenen Vorstellung folgend, sich von uns trennen und so umkommen, weshalb ich voll Sorge darauf bedacht war, die Streitenden zu beschwichtigen und die Herumschwärmenden zurückzurufen.

Wir zogen also unsicher dahin und wurden allmählich von der Sorge ergriffen, wir seien vielleicht bereits an unseren Gefährten vorbeigeritten, denn es schien uns, daß unser Rückweg schon länger dauerte, als der Hinweg zum Meer gewesen war. Es war um Mitternacht, und darum kamen wir alle überein, an einem hochgelegenen Platz ein wenig auszuruhen. Wir befanden uns nahe bei Hügeln aus hartem Sand und konnten uns nicht erinnern, sie beim Hinweg gesehen zu haben, obwohl sie doch ziemlich hoch waren. Einen erstiegen wir, wir schauten um uns, horchten, stießen Rufe und Heullaute aus, aber es war nichts zu hören noch sonst wahrzunehmen. So banden wir unsere Eselchen zusammen und legten uns auf den Boden, mehr um zu verschnaufen und eine Pause zu machen, als um zu schlafen. Denn Schlaf konnte sich kaum einstellen, wenn man sich in so großer Angst befand.

Wie nun aber alle schweigend dalagen, konnte ich es nicht auf diesem schrecklich harten Lager aushalten, und ich stand auf. Als ich mich umschaute, entdeckte ich unten am Fuß des kahlen Hügels etwas Schattenhaftes und dachte, es sei irgendein Buschwerk. Darum ging ich hinab, um es abzureißen und meinem Eselchen zu bringen, das mit mir fastete. Aber da war nur ein dürrer Dornstrauch. Dann stieg ich auf den gegenüberliegenden Hügel, um dort vielleicht etwas zu sehen oder zu hören, und ging dabei hierhin und dorthin, wie eben die Geängstigten und die von ihren Phantasien In-Beschlag-Genommenen sich wahllos von einem Ort zum andern treiben lassen. Nach einer Weile wollte ich zu den Gefährten zurückkehren und stieg wieder auf einen Hügel im Glauben, hier sei unser Lagerplatz, aber ich fand sie dort nicht. Also lief ich zu einem anderen, aber auch da konnte ich niemanden entdecken. Ich rettete mich in den typischen Ausdruck einer beklommenen Seele und eines angsterfüllten Geistes, nämlich in Schreien, und erhob meine Stimme zu dem muntersten, trefflichsten und treuesten Ritter, der mir der vertrauteste war, und rief ihn nur mit seinem Familiennamen: »Schomberg!«

Der stand, als er mich hörte, sogleich auf und aus großer Entfernung schrie er mit den anderen wiederholt: »Felix! Felix!«

Ich folgte der antwortenden Stimme bis auf einen dritten Hügel, doch konnte ich sie nicht finden. Wieder rief ich: »Ho! Ho! Wo seid ihr denn? Ich bitte euch, antwortet, wie ich zu euch komme, die Dunkelheit und die Stille führen mich weg!«

So schrien wir uns zu, bis ich bei ihnen war, die mich wegen meines ahnungslosen und fahrlässigen Herumschweifens schwer beschimpften, denn ich hatte mich weiter von ihnen entfernt, als ich dachte. Diejenigen, die bis dahin geruht hatten, setzten sich nun auf, schon war die Mitte der Nacht überschritten und die Zeit gekommen, zu der die Kameltreiber gewöhnlich anfingen, ihre Tiere zu beladen, und so saßen wir in tiefem Schweigen lauschend da, voller Sehnsucht, das Brüllen der Kamele zu vernehmen. Als wir aber eine Zeitlang so gesessen hatten, tatsächlich, da begannen die ersehnten Stimmen der Kamele zu erschallen. Wie groß unsere Freude war, kann der ermessen, der sich in Lebensgefahr befindet und plötzlich hört, daß sein Retter da ist. Über alle Musik hinaus süß war uns dieses widerwärtige Kamelgeschrei, ja, wahrlich vergleichbar dem wunderbaren Gesang, den Orpheus zu seiner Leier anstimmte.

Ohne Verzug erhoben wir uns und ritten auf unseren Eseln, immer den Tierstimmen folgend, weniger den Abhang hinab, als daß wir stürzten und über die Steine hinflogen, bis wir in der Ebene waren. Da aber befiel uns neue Angst: War da nicht vielleicht eine andere Karawane, Araber oder Midianiter, und würden wir in Feindeshand fallen? Doch als wir nah herangekommen waren, hörten wir uns vertraute Stimmen und zogen, Gottes Lob auf den Lippen, bei unseren Genossen ein. Da fanden wir zwei mit Wasser und Brot beladene Kamele und zwei Araber, die uns suchen sollten und die unsere Mitbrüder nach uns auszuschicken befohlen hatten. Ein Feuer aber durfte während der Nacht nicht angezündet werden, damit wir in der Dunkelheit von der Angst gepeinigt würden dafür, daß wir alle ihre Rufe zur Umkehr in den Wind geschlagen hatten.

Hart aber empfing uns der Kalin und zeigte mit seinen Reden und seinem Verhalten, wie übel er mit uns zufrieden war. Und er erzählte uns die Geschichte, wie schon einmal von diesem Platz aus zwei Pilger heimlich sich zum Meer hin entfernten, gleich uns sich verirrt hatten, und drei Tage lang hierhin und dorthin durch die Wüste gelaufen waren. Als sie schließlich von Midianitern gefunden wurden, hatten sie den Verstand verloren. In diesem Zustand wurden sie zu ihren Gefährten, die schon in Ägypten waren, gebracht, und sie starben wenige Tage später. Solange ich mich in jenen Ländern aufhielt, habe ich keine traurigere Nacht erlebt. Es ging uns in der Tat wie den Gefährten des Ulysses, die ihr Mitgenosse Euryalus in die Gefahr brachte, daß sie alle untergingen, als ihnen doch geboten war, nicht auszufahren.

Das Rote Meer

Am 3. Oktober brachen wir noch vor Tag in der gewohnten Weise von Wardach auf und zogen durch weites, sandiges Gelände. Bevor es noch ganz hell geworden war, begegneten wir zwei Zügen mit Kamelen, zwischen die wir geraten wären, hätten wir nicht zu den Gefährten gefunden. Als es dann völlig Tag war, kamen wir in die Wüste Sur (Sin), und nun befanden wir uns ziemlich nah am Meer. In diese Wüste kamen die Kinder Israels zuerst nach dem Durchzug durch das Rote Meer, wie in *Exodus* 16 steht. Aber auch Hagar, die Magd der Sara, wurde, als sie vor Saras Antlitz floh und nach Ägypten zurückkehren wollte, wo sie geboren war, in dieser Wüste, einsam herumirrend, vom Engel des Herrn entdeckt, der ihr befahl, zu ihrer Herrin zurückzukehren und sich ihr zu Füßen zu werfen. Und er enthüllte ihr viel Zukünftiges über den Knaben, den sie in ihrem Leibe trug, Ismael, den Vater aller Ismailiten, Agarener, Sarazenen und der Völker vom Berge Seir.

Es fragten aber nun die Herren Pilger, die noch nicht am Roten Meer gewesen waren, den Kalin, ob sie wohl zu ihm hinreiten könnten, nicht zuletzt deswegen, weil an dieser uns nahen Stelle die Kinder Israels aus dem Meer heraus in die Wüste Sur gezogen sein sollen, nach *Exodus* 17. Der Kalin ordnete darauf einige Araber den Pilgern als Führer zu, und so zogen wir alle mit diesen ans Rote Meer. Obwohl ja, wie erzählt, die Pilger der dritten Gruppe bereits am Meer gewesen waren, jedoch es nicht kennenlernen noch in der Verwirrung in Augenschein nehmen konnten, so machten sie sich noch einmal mit den anderen auf den Weg. Die Kamele wurden auf der königlichen Straße vorausgeschickt.

Wir waren eine Stunde unterwegs, dann standen wir am Wasser; und obwohl es noch früh war, legten wir unsere Kleider ab und nahmen ein Bad im Roten Meer und tauften uns da, wo nach dem Apostel in 1. *Korinther* 10 alle unsere Väter auf Mose getauft wurden. Hier schritten die Kinder

Israels trockenen Fußes von einem Meeresufer zum anderen, während dieses wunderbarerweise an beiden Seiten als aufrechte Wand stand. Das Meer ist an dieser Stelle nicht breit, nur etwa eine deutsche Meile bis Phyariroth am anderen Ufer, jedoch sehr tief und unruhig. Orosius[17] erzählt, daß dort in Phyariroth, uns gegenüber, wo Mose mit seinem Stab das Meer schlug und die Kinder Israels, als es sich vor ihnen geteilt hatte, hineinschritten und der Pharao mit Wagen und Pferden ihnen folgte, noch immer sichere Zeichen dieser Geschehnisse vorhanden seien, Wagengeleise und Radspuren nicht nur am Ufer, sondern auch im tiefen Wasser, so weit der Blick zu dringen vermag. Auch sehe man am Meeresboden starke Vertiefungen, in welche die Ägypter eingesunken seien wie Blei.

Rot aber heißt dieses Meer, weil seine Wellen rotfarben sind. Doch nicht von Natur aus, wie sich zeigt, sondern vielmehr wird das Wasser von den umliegenden Küsten verunreinigt und verfärbt, weil die ganze Erde ringsum rot ist und mit blutiger Farbe vermischt. Da sie nun diese Eigenheit besitzt und ständig von den Fluten ausgewaschen wird, werden auch diese durch die Berührung verfärbt. Darum findet man auch an diesen Stränden rote Edelsteine, rote Muschelschalen, und auf den Inseln wächst rotes Holz, Bresilium. Wir kosteten auch von dem Wasser und verglichen seinen salzigen Geschmack mit dem von unserem Mittelmeer. Es ist aber um vieles salziger und bitterer als jenes, obwohl doch das eine wie das andere aus dem einen ozeanischen Meer strömt, das äußerst salzig ist. Das begründen Naturphilosophen anders als die Theologen und wieder anders als die Dichter der Alten.

Einige unter den ältesten Dichtern behaupteten nämlich, ein gewisser Demogorgon, ein furchtbarer Riese und der größte Sohn der Erde, über den sie viel Wunderbares und Phantastisches erzählen, sei der erste von allen menschengestaltigen Göttern gewesen. Und sie erdreisteten sich in ihrem Irrglauben, ihn auch zur ersten Ursache und zum Schöpfer aller Dinge zu erklären, wie verschiedene der alten Gedichte zeigen. Über diesen Demogorgon nun gibt es zu unserem Thema eine Erzählung, wonach er vor dem Licht am Firmament dagewesen sei, doch habe es die Erde schon gegeben, aber verhüllt in Finsternis. Der ständigen Dunkelheit überdrüssig, stieg er auf die Acrocraunischen Berge und riß aus ihnen eine ungeheure feurige Masse, die er zuerst mit Feuerzangen rundete und dann am Kaukasus mit dem Hammer festmachte. Darauf brachte er sie über Reprobana hinaus, tauchte die glühende Kugel sechsmal in die Wellen und schwang sie ebensooft im Kreis in der Luft herum, damit sie nicht verkleinert oder vom Rost zugrunde gerichtet werden könne und in jeder Hinsicht beweglich bliebe. Unverzüglich sich in die Höhe erhebend, betrat er das Haus des Himmels und erfüllte den Sitz des Vaters völlig mit Licht. Durch das Eintauchen aber erhielten die vormals süßen Gewässer salzige Bitterkeit, und die Luft wurde durch das Herumschwingen zur Aufnahme der Lichtstrahlen fähig gemacht. Soviel darüber.

In ältesten Zeiten hieß dieses Rote Meer das Erythräische nach einem König Erythräus, der ein Sohn des Perseus und der Andromeda war, und in der Gegend um das Meer und auf seinen Inseln herrschte. Er stand in höchstem Ansehen, weshalb man ihm auf einer der Inseln, als er gestorben war, ein an Schönheit die übrigen weit übertreffendes Grabmal errichtete, ihn wie einen Gott verehrte und das Meer nach ihm benannte, wie es die Griechen noch bis heute tun.

Als wir uns nun länger als eine Stunde am Meer aufgehalten hatten, bestiegen wir unsere Esel und ritten in großer Eile auf die Königsstraße zu hinter den Kamelen her, denn sie waren uns schon ein großes Stück voraus. Als die Araber, die bei uns waren, sahen, wie wir uns mühten, schneller voranzukommen, halfen sie uns, die Esel anzutreiben, indem sie diese von hinten mit ihren Lanzen stachen. Darauf flohen die Tiere in vollem Galopp wie Pferde vor ihren Quälern, die dennoch leicht mit ihnen Schritt hielten. Nie sah ich Menschen so schnell laufen wie diese Araber, sie haben magere und harte Schenkel, tragen weder Schuhe noch Stiefel, und sie können ihren Lauf ohne Unterbrechung lange fortsetzen und tun dies auch noch froh und vergnügt. Nie auf dieser ganzen Reise mußte ich so viel lachen wie bei diesem Aufstieg vom Roten Meer zur königlichen Straße, denn die Araber machten Späße mit uns, liefen voraus, tanzten herum und fuchtelten mit ihren Lanzen. Vor allem einer war dabei, ein fremder, den ich vorher nie gesehen hatte, der so köstliche Faxen und Dummheiten aufführte, daß ich mehrmals vor Lachen glaubte, nicht mehr auf meinem Esel sitzen bleiben zu können. Wir setzten unseren Ritt unter den Späßen der Araber etwa zwei deutsche Meilen weit fort.

Am 4. Oktober, dem Tag des seligen Bekenners Franciscus, brachen wir frühmorgens, noch bevor es hell wurde, von Hanada auf und stiegen durch lang hingestrecktes und völlig dürres Gelände über dem Roten Meer abwärts. Nach langem und verdrießlichem Abstieg kamen wir zu ein paar Hügeln, an deren Fuß das Meer mit einer Zunge reicht und endet, an jener Meeresgrenze befindet sich ein Hafen, in dem Schiffe anlegen. Zu dieser Stunde wurde ich nun von einem großen Zweifel befreit, den ich die ganze Reise über mit mir herumgetragen hatte. Ich war nämlich zwar sicher, daß wir aus der Wüste ins Ägypterland gelangen würden, konnte mir aber nicht denken, wie wir über das Rote Meer kommen sollten. Denn ich war des Glaubens, das Rote Meer hinge mit dem Mittelmeer zusammen, weshalb auch die Kinder Israels nach Durchschreiten des Meeres in die Wüste gekommen waren. Und den Christen bliebe kein anderer Weg aus dem Heiligen Land und vom Sinaigebirge her als über einen Arm des Roten Meeres, durch das hindurch jene aus Ägypten entkommen waren. Eine andere Möglichkeit hätte es auch nicht gegeben, wenn das Rote Meer tatsächlich mit dem Mittelmeer verbunden gewesen wäre, wie ich meinte.

Jedoch wunderte ich mich, warum, wenn es keinen anderen Weg nach Ägypten gibt als über das Meer, dann die Heilige Schrift darüber nichts sagt, wo man in ihr doch von vielen liest, die aus dem Heiligen Land nach Ägypten hinabgezogen sind, und warum das Rote Meer nur anläßlich des Auszugs der Kinder Israels einmal erwähnt wird? Und, falls es möglich wäre, auf einem anderen Weg aus Ägypten zum Sinai zu gelangen, warum wurden dann die Kinder Israels den ungewöhnlichen Weg durch das Meer geführt und nicht auf der normalen Straße auf dem Land? Diese Fragen wurden mir nun heute durch die Erfahrung beantwortet, denn das Rote Meer hängt eben nicht mit dem Mittelmeer zusammen, vielmehr sind beide durch einen großen Abstand und viele Berge getrennt, und der gewöhnliche Weg vom Heiligen Land nach Ägypten verläuft, ohne daß ein Meerarm überschritten werden muß, zwischen beiden hindurch. Und wer von Ägypten zum Sinai hinaufziehen will, benützt diesen Zwischenraum und reist am Ufer entlang ohne Übergang über ein Meer. Wenn aber das Rote Meer nicht wäre, so könnte man geradewegs vom Sinai nach Ägypten kommen und hätte einen viel näheren Weg als nun rings um die Meeresspitze herum. Der Herr hat aber die Kinder Israels aus Ägypten auf der kürzesten Strecke durch das Meer hindurch zum Berge Sinai geführt, beinahe von einer Stelle diesem genau gegenüber, und er schonte das Volk, damit es keinen Umweg machen mußte, sondern raschestens zum Berg Gottes käme.

Hier und in den Bergen, an denen das Rote Meer endet, erblickten wir eine staunenswerte Leistung der alten ägyptischen Könige, die versucht hatten, dieses Meer mit dem Nil zu verbinden, und sich darangemacht hatten, die Euripischen Berge da, wo das Meer an sie stößt, zu durchgraben, die Hügel zu teilen und das Felsgestein mittendurch zu spalten. Sie legten ein Kanalbett an bei der Stadt Arsinoe, die auch »Stadt der Kleopatra« heißt (Pithom). Diesen Kanal grub zuerst mit großem Aufwand der König Sesostris, noch vor den Begebenheiten mit den Trojanern, später nahm ihn der Perserkönig Darius in Angriff und ließ ihn unvollendet. Dann hat Ptolemäus II. das Werk mit größter Kunst vollendet, jedoch so, daß der Kanal ohne Zugang nur in sich selbst befahrbar war. Es war aber die Absicht der Alten gewesen, durch ihn den Osten mit dem Westen zu verbinden, da ja der Nil ins Mittelmeer fließt. Wenn man von ihm aus auch das Rote Meer erreichen könnte, wäre auf ihm die Schiffahrt möglich vom Mittel- und Westmeer zum Roten, zum Arabischen, Persischen und Barbarischen Golf bis zum Indischen Ozean im Osten. Und so wären Schiffe aus Indien, Persien, Arabien, Medien und allen orientalischen Ländern leicht nach Griechenland, Italien, Frankreich, Irland, England und auch nach Deutschland gefahren, während sonst die Schiffe aus dem Osten nicht weiter als bis ans Ende des Roten Meeres kommen können, wo sich die Arabische Wüste mit Ägypten berührt, und die Schiffe aus den westlichen Ländern nicht weiter als nach Alexandria, also zur Grenze zwischen Afrika und Asien gelangen.

Allerdings hat ein spanischer König in unserer Zeit versucht, einen Weg zu erkunden, um vom westlichen Ozean, dem Meer also, das außerhalb der Meerenge des Herkules liegt, in den östlichen Ozean und ins Indische Meer zu gelangen, aber sein Versuch war vergeblich. Er soll jedoch einige vorher unbekannte reiche Inseln entdeckt haben. Damit aber, daß die Ptolemäerkönige von Ägypten danach strebten, den Westen mit dem Osten zu verbinden, bezweckten sie zweierlei: erstens, daß sie in beiden Teilen herrschen könnten, gleichsam in der Mitte, und zweitens, daß ein Weg für einen Welthandel entstünde, die Ägypter aber Zölle und Anteil von allem erhielten, da es ja keinen anderen Weg dafür gäbe als diesen durch ihr Land. Und in der Tat, es wäre eine großartige Sache gewesen, wenn sie dieses Werk hätten vollenden können. Denn von Venedig, selbst von Flandern und Irland wären Schiffe nach Ägypten gekommen, sie wären den Nil hinauf in den Arabischen Golf und in den Bereich der Zimtbäume bis zum üppigen Indien gefahren, von dem man neben anderem Wunderbaren erzählt, daß es dort in einem Jahr zwei Sommer und zwei Winter gebe, dazu goldene Berge, wirkliche und nicht solche in der Phantasie, und 44 verschiedene Landschaften. Und so hätte den Westlichen durch die Indische See der Weg offengestanden nach Persien,

Parthien, Medien, zur Arabia felix, nach Saba und Chaldäa, und den östlichen Völkern der Seeweg auch zu uns. Und dieses Werk hätte die drei Hauptteile der Welt, Asien, Afrika und Europa, vereint.

Dadurch verlockt, unternahmen es die Ptolemäer mit großem Eifer, felsige Vorgebirge zu teilen, um das Meer hereinzulassen, der Kraft des Herkules nacheifernd, der nach den ältesten Überlieferungen einen Berg, der mit einem einzigen Kamm den Ozean begrenzte, zerteilte und zwei aus dem einen machte, Abila und Calpis[18], zwischen denen hindurch ließ er das Mittelmeer einströmen, das zuvor nicht auf der Erde existierte. Hätten die Ägypter bei ihrem Unternehmen als Helfer den Herkules gehabt oder den Titan mit seinen Söhnen, so wäre es ihnen ein leichtes gewesen, das Meer nach Ägypten hereinzuleiten.

Wie nun die Arbeiten an dem Werk im Gang waren, da versammelten sich die ägyptischen Weisen und Priester und berieten über das begonnene ungeheure Unterfangen, ob es nützlich und hilfreich sei. Und nachdem sie die Wahrheit gefunden hatten, da suchten sie den König Ptolemäus mit allen Mitteln zu überreden, von dem Werk abzulassen. »Wir wissen nämlich«, sagten sie, »daß das Wüten der Strömung kein Halten kennt, sondern, wo sie einen Ausweg findet, bricht sie ungestüm hervor und überschüttet alles.«

Als der König Ptolemäus dies gehört und erkannt hatte, daß es richtig sei, ließ er von dem begonnenen Werk ab, aber die dauernden Zeichen seines hohen Mutes in diesen Bergen und Hügeln zurück. Und sicherlich hätte er, wenn die Ratgeber durch ihre handgreifliche Begründung sein Unternehmen nicht gehemmt hätten, alles zu Ende geführt. Sehr schwierig wäre es nicht gewesen, da die Entfernung zwischen Nil und Rotem Meer kaum sechs deutsche Meilen beträgt.

In dieser Ebene begegneten wir immer wieder vielen Trupps von Menschen mit beladenen Kamelen, mit Eseln und Pferden und in einer verschwenderischen Aufmachung, denn zu einem solchen Zug gehörten mehr als 50 Kamele, die das für die vielen begleitenden Menschen beiderlei Geschlechts Notwendige trugen. Es waren glanzvolle Leute, reiche Sarazenen auf der Pilgerreise nach Mekka zu ihrem heiligen Mahomet, dem verdammten. Seinen Verehrern ist ja im Koran befohlen, einmal in jedem Jahr zum dortigen Gotteshaus zu reisen.

In der Nacht aber fanden wir wegen des Windes und des hergewehten Sandes wenig Ruhe. Dazu noch tauchten einige arme Araber bei uns auf und bettelten um Brot, wir teilten gerne mit ihnen, denn sie erschienen uns recht elend und dabei unaufdringlich.

Noch mitten in der Nacht zum 5. Oktober, dem neunzehnten Sonntag nach Trinitatis, standen wir auf, verließen nach dem Beladen der Tiere den Ort, und setzten die Reise fort durch die weite unfruchtbare Ebene, in der es nicht das geringste Grün gab.

Vor Sonnenaufgang aber ereignete sich bei uns ein Zwischenfall, den ich nicht übergehen will. In der ersten Gruppe befand sich ein hochherziger und edel gesinnter Mann, Herr Bernhard von Breitenbach. Damals war er Kämmerer der Mainzer Metropolitankirche, jetzt ist er deren hochwürdiger Dekan. Er wurde wegen seiner Zartheit und Schwäche durch die ganze Wüste von einem Kamel in einem Korb getragen. Als nun der Tag graute, befahl er, daß sein Kamel niederknie, und stieg aus seinem Korb auf die Erde, um ein gewisses Geschäft zu verrichten und um sich durch einige Schritte auf dem sandigen Boden zu beleben. Als er Erleichterung gefunden hatte, stieg er wieder in den Korb, und sein Kamel lief hinter uns her. Nachdem wir aber eine ziemliche Strecke zurückgelegt hatten, bemerkte er, daß ihm sein ganzes Geld aus der Tasche gefallen war, in der er es, in einen Gürtel eingenäht, verwahrt hatte. Den Gürtel legte er sich des Nachts um, um seines Geldes sicher zu sein. Es befand sich aber eine große Zahl von Dukaten darin, und an der Stelle, wo er Pause gemacht hatte, war der Gürtel in den Sand gefallen.

Er rief den Kalin und klagte ihm den Verlust seines Geldes. Dieser befahl der Karawane anzuhalten, der Herr stieg von dem niedergeknieten Kamel ab und eilte an den Platz, wo ihm, wie er vermutete, das Geld herausgefallen war, und wir Pilger mit ihm. Wir suchten, fanden aber nichts, wir gingen allen seinen Fußspuren, die er beim Herumgehen hinterlassen hatte, nach, doch unsere Mühe war vergeblich. Er wußte aber ganz sicher, daß ihm das Geld nur an dieser Stelle entfallen sein konnte. So gingen wir umher, wühlten mit den Händen im Sand und gaben acht, daß keine Araber, weder die Kamel- noch die Eseltreiber, dazukamen, die wir schon oft bei einem Diebstahl ertappt hatten. Doch als wir lange peinlich genau gesucht hatten und doch nichts entdecken konnten, gelangten wir zu der Überzeugung, das Geld müssen von einem Araber oder Eseltreiber gefunden und weggenommen worden sein.

Wir überlegten also und kamen zu dem Schluß, alle Araber, Kamel- wie Eseltreiber, die bei uns waren, zusammenzuholen und eindringlich aufzufordern, das Geld herauszugeben. Wenn sie dies aber freiwillig nicht tun wollten, so müßten wir gegen sie tätlich werden, sie festnehmen, ausziehen, schlagen, martern und züchtigen, bis sie es herausrückten, denn wir waren in der Überzahl und auch besser in der Lage, Gewalt anzuwenden. Als wir unseren Beschluß gefaßt hatten, stiegen wir auf die Esel und folgten den vorangegangenen Kamelen in übler Laune, wütend und gereizt. Bei ihnen angelangt, schauten wir mit drohenden Mienen und teilten dem Kalin mit, was wir vorhatten. Als der dies hörte, erschrak er, rief alle von uns Verdächtigten zusammen und forderte im guten wie im bösen dazu auf, das Gefundene herzugeben. Aber es gab keinen, der darauf reagiert hätte. Wir baten sie ebenfalls um Herausgabe und versprachen dem Finder eine Belohnung, erreichten aber nichts. So gingen wir erbittert und erregt gegen sie vor, drohten ihnen und versuchten, sie niederzuwerfen und ihnen ihr Gepäck wegzuziehen, und die Ritter standen mit gezogenen Schwertern da und ließen keinen durch.

Als aber die Treiber merkten, wie ernst es uns war und wie

rücksichtslos wir vorgingen, baten sie bestürzt den Kalin, uns in unserer Wut zu besänftigen, damit sie nicht unschuldig dieser Gewalttätigkeit anheimfielen. Der Kalin machte sie mit unserer Absicht bekannt, zunächst ihr ganzes sich auf den Kamelen und Eseln befindliches Gepäck herabzuholen und zu durchsuchen, dann aber, falls wir das Geld nicht gefunden hätten, uns auf sie zu stürzen, sie bis auf die Haut auszuziehen und zu inspizieren und ihnen so qualvoll das Geld zu entreißen. Inzwischen lösten wir die Verschnürungen ihrer von den Kamelen abgenommenen Gepäckstücke und begannen, die armselige Habe dieser elenden Menschen auszubreiten, wobei sie selber mit Zittern und Heulen dastanden und zuschauten.

Während dies vor sich ging, kam aber einer von jenen Arabern, die, wie ich erzählte, am vorigen Abend zu uns herangeschlichen waren, zum Kalin und sagte ihm, das Geld sei gefunden. Sogleich rief dieser laut, wir könnten in Frieden weiterziehen, das Geld sei wieder da. Man belud die Kamele wieder, und dann brachen wir auf, jener Herr erhielt vom Kalin sein Geld, worauf er einen Dukaten jenem Araber schenkte. Der wirkte einfältig und hatte ein ehrliches Gesicht, andere Araber erzählten, er habe ein anderes Mal schon einen großen Schatz, der verlorengegangen war, in der Wüste gefunden und ihn seinen Besitzern zurückgebracht.

Der Balsamgarten im ägyptischen Matharea

Als am 6. Oktober Mitternacht vorbei war, brachen wir von Maffrach auf, durch trockenen Sand ziehend. Dann, mit der Morgendämmerung, fiel dichter Nebel ein mit einem sehr kalten Wind, daß es uns war, als seien wir in ein anderes Klima versetzt. Nach Sonnenaufgang verzog sich der Nebel, und wir gelangten zu hohen Wanderdünen, die der Wind frisch aufgeworfen hatte. Rings um uns war alles Sand, und wenn wir hier Sturm und Gegenwind gehabt hätten, wären wir gezwungen gewesen, in die Wüste zurückzukehren, was hier, wie es heißt, oft geschieht. Denn in dieser Gegend ist der Sand beweglich und fließend, die Umgebung ist wie ein sandiges Meer. Der Sand aber erscheint mineralisch, denn er ist hier voller Goldkörner. Doch passierten wir diese Stelle in Ruhe und, nachdem wir die Dünen überwunden hatten, kamen wir wieder in flaches, ödes Gelände, das wir rasch durchzogen, sein Ende erhoffend.

Aber auf einmal, als wir so auf der Hochebene zogen, sahen wir weit unten vor uns in eine Landschaft von ganz anderer Natur, Beschaffenheit und Gestalt, an der die unfruchtbare, menschenleere Ödnis endete. Denn nun erblickten wir das bewohnte ägyptische Land, den Ursprung so vieler Völkerschaften, mit Gewässern, Städten und Dörfern. Der Anblick versetzte uns gleichermaßen in Freude wie in Staunen. In Freude, weil wir das Ende der schrecklichen Wüste und die Wohnorte von Menschen, die Fülle von Wasser und vieles andere sahen, was zu entbehren uns so beschwerlich gewesen war auf unserer Wüstenreise, in Staunen aber, weil wir eine ganz ungewöhnliche Landschaft erblickten, eine Wasserfläche so groß, als wäre da ein Meer, und aus ihr ragten ganze Wälder hochgewachsener Bäume und Palmen auf, aber auch Türme und andere Bauten erhoben sich über den Gewässern, ja, Städte und Dörfer standen in ihnen. Es war nämlich die Zeit der Nilüberschwemmung, wo der Nil über seine Ufer tritt und ganz Ägypten bedeckt und bewässert, wovon wir noch hören werden.

Wir zogen also weiter hinab nach Ägypten auf eine Stadt zu, die Achacia hieß, die erste ägyptische, die wir sahen. Aber als wir nahe an sie herangekommen waren, ließen wir sie rechter Hand liegen und bogen ab zu einer Siedlung namens Matharea. Dort angekommen, hatten wir nun das Ende der Wüste erreicht, denn an ihren Zäunen und Umfriedungen befand sich die Grenze. Außerhalb war die Erde dürr und vertrocknet, innen aber fruchtbar wie ein Paradies. Diese

Stadt heißt bei Ptolemaeus Busiris nach einem alten Tyrannen dieses Namens, einem Sohn des Neptun. Der trat in Ägypten als Tyrann auf, als gewaltiger Beutemacher griff er alle Küstenbereiche an, die an den Nil grenzten. Ein besonderes Zeichen seiner Tyrannis aber war, daß er, wie berichtet wird, alle Fremden seinen Göttern zum Opfer brachte. Daher wurde er, als Herkules zu ihm kam und er diesen mit derselben Tücke wie die anderen zu behandeln versuchte, selber von diesem auf dem Altar getötet. Die Stadt aber, wo sich dies zugetragen haben soll, behielt den Namen Busiris.

In ihr, die nun Matharea heißt, befindet sich der hochberühmte Balsamgarten, von dem noch zu berichten sein wird. Nach unserem Einzug in die Stadt führte uns der Kalin zum Stadtschloß, in dem sich Bäder und Sommerwohnungen des Sultans befinden und das neben einer Quelle des Sonnengottes liegt, die jetzt der Heiligen Jungfrau geweiht ist, und an den Balsamgarten grenzt. Als wir uns dem Schloß näherten, schlossen die Bewohner die Tore, aber als sie bemerkten, wie wir unsere Geldbörsen aufmachten, öffneten sie, noch bevor sie Geld gesehen hatten. Nachdem sich die Kamele vor dem Tor niedergelassen hatten, entluden wir sie und trugen all unsere Habe hinein in ein erfreuliches, hochgelegenes Gemach mit einer Terrasse, durch die Fenster sah man in den Balsamgarten.

Kaum hatten wir unsere Sachen abgelegt, da kamen unsere arabischen Kamelführer zu uns und baten um die Erlaubnis, durch die Wüste in ihre Heimatorte heimkehren zu dürfen, weil ja nun ihr Geleit und Dienst endete. Wir sagten ihnen aber, sie möchten bis zur Ankunft des Herrn Dankwart[19], des Dragoman aus Kairo, mit dem wir dorthin ziehen würden, bleiben und um einen zusätzlichen Lohn unser Gepäck auf ihren Kamelen weitertransportieren. Doch wollten sie auf keine Weise darauf eingehen, denn sie würden sich nicht getrauen, auf den Dragoman zu warten noch Kairo zu betreten. So kehrten diese armseligen Leute eben in ihre Armut samt den Kamelen zurück, worüber wir schließlich doch auch wieder nicht traurig waren, uns vielmehr freuten, so von der Belastung durch eine große Ausgabe befreit zu sein.

Sie wagten nämlich nicht, sich vor unserem mameluckischen Dragoman blicken zu lassen. Die Mamelucken und der ganze Hof des Sultans hassen sie nämlich, weil sie das Wüstengebiet für sich usurpiert haben und von den Durchreisenden Wegegeld und andere Abgaben erpressen mit der Behauptung, sie seien die Herren der Wüste, während diese doch ganz zum Herrschaftsbereich des Sultans gehört. Darum trauen sie sich auch nicht, Kairo zu betreten, denn wenn sie mit ihren beladenen Kamelen dort ankämen, würden sofort ihre Waren konfisziert und sie selber gefangengenommen. Aber es wagt überhaupt kein Fremder, mit Lastkamelen die Stadt zu betreten, außer er besitzt dazu eine Ermächtigung des Sultans.

Nachdem uns die Araber verlassen hatten, sandten wir einen Boten nach Kairo zu dem Mamelucken Dankwart, dem Dragoman für die Christen, er möge kommen und uns in die Stadt führen gemäß seiner Amtspflicht und seinem Versprechen, das er uns in Jerusalem gegeben hatte. Als der Mann hörte, daß wir angekommen seien, kam er sogleich mit seinen Dienern zu uns geritten, begrüßte uns aufs artigste und wollte uns noch am selben Tag in die Stadt bringen. Wir baten ihn aber, uns noch diesen Tag und die Nacht hier ausruhen zu lassen, am anderen Morgen mit Kamelen zu kommen und uns in die Königsstadt zu geleiten. Dies war ihm recht, doch wünschte er sich von den Pilgern der zweiten Gruppe, sie möchten ihm den Bartscherer Konrad mitgeben, der Laute und Fiedel spielen konnte und auch eine Viella (Viola) bei sich hatte, was dem Dankwart fehlte. Er kehrte dann mit jenem in die Stadt zurück und ließ uns wunschgemäß bleiben. Es sind nämlich von Busiris beziehungsweise von dem Balsamgarten zwei deutsche Meilen bis Kairo, es ist fast eine zusammenhängende Stadt.

Wir aber veranstalteten ein Gelage mit gutem Essen. Sarazenen kamen und brachten uns frische Brote, die für uns etwas Seltenes waren, Hühner, Eier und Früchte, wir kauften davon und hatten eine fröhlichen Tag auf der anmutigen und schattigen Terrasse. Als es Nacht wurde, streckte sich jeder aus, wo es ihm gerade beliebte, ich aber und ein Genosse nahmen jeder das eigene Bett, stiegen hinab zur Quelle der Jungfrau Maria, die von einer wunderschönen Laube aus zusammengebundenem Schilfrohr umgeben war, und legten uns an ihrem Rand nieder und schliefen süß und ruhig, denn der Hof war gut verschlossen und gesichert. So also verbrachten wir die Nacht und den Tag vorher.

Am 7. Oktober kam gegen Mittag der Dragoman Dankwart mit unserem Genossen, dem Lautenspieler und Fiedler Konrad, und anderen Dienern und Kameltreibern mit zehn Kamelen, um unsere Sachen zu tragen und uns nach Kairo zu führen. Wir baten aber den Dankwart, er möge uns Eintritt in den Balsamgarten verschaffen, um die so kostbaren und berühmten Bäume und Büsche zu besichtigen. Er entgegnete, das sei schwierig und er müsse zuerst mit den Gärtnern sprechen, was er aber tun wollte. Er begab sich zu ihnen, und als er mit ihnen verhandelt hatte, kam er zurück und verlangte für den Eintritt sechs Dukaten im ganzen für uns alle, abgesehen von einem Trinkgeld für die Wächter an den Gartentoren. Wir legten also zusammen, und als sechs Dukaten beieinander waren, bezahlten wir sie. Darauf kamen die Gärtner und die Torhüter mit ihren Frauen und öffneten den Einlaß, der von unserer Wohnung in den Garten führte. Wir folgten dem vorangehenden Dankwart und kamen in die köstliche, große und weite Anlage, in der verschiedenartige Bäume standen.

So gelangten wir zu einem riesigen Feigenbaum, uralt, hoch und breit ausladend. Wenn dessen Holz ins Wasser geworfen wird, sinkt es sogleich unter, und wenn es dann Feuchtigkeit in sich aufgenommen hat, taucht es auf und schwimmt, während es sich doch bei den anderen Hölzern umgekehrt verhält. Darüber spricht Augustinus in *De civitate dei* LXXI, c.5.

Aber wir wandten uns etwas anderem zu, das unsere Aufmerksamkeit erregte. Der Stamm des Baumes war nämlich hohl, und in seinem Innern hingen zwei Lampen. Er heißt

»Baum der seligen Jungfrau«, denn es gibt sowohl bei den Christen wie den Sarazenen gleichermaßen die Überlieferung, daß die Jungfrau Maria, als sie sich an diesem Ort aufhielt, einmal von ihrer Quelle ins Feld hinabstieg, dem Bächlein folgend, das aus der Quelle floß, den Jesusknaben auf dem Arm. Als sie aber im Schatten dieses Baumes sich zum Niedersitzen anschickte, siehe, da barst der Stamm sogleich und bot in seinem hohlen Inneren der Herrin den angemessensten Sitzplatz dar. Als die allerseligste Jungfrau sah, was der Baum ihretwegen tat, trat sie in ihn ein und nahm den ihr bereiteten Platz mit ihrem Knaben an. Es verehren aber diesen Baum wie auch die Quelle gleichermaßen die Christen wie die Sarazenen um der Ehrerbietung willen, die er der Jungfrau erwies, und auch jene betreten ihn voller Ehrfurcht, wie ihnen alles heilig ist, was die Jungfrau betrifft. Wer sie aber lästert und schmäht, den töten sie ohne weiteres Verhör unter schweren Martern. So, wie der Baum wunderbarerweise der Jungfrau einen Platz zum Sitzen bot, so brach auch die Quelle ihretwegen als Wunder aus den unterirdischen Wasserläufen hervor.

Wir aber gingen nacheinander in den Baum hinein, verehrten mit dem Englischen Gruß den Ort und stellten uns an zum Niedersitzen, jeder nur eine kleine Weile. Der Baum hing voll von großen und guten Feigen, die man Pharaonen nennt, wir aßen von ihnen, mehr zu Ehren der Jungfrau als aus Hunger oder Genuß. Es wird aber auch erzählt, daß man ihn niemals ohne Früchte sieht, da er sie siebenmal im Jahr hervorbringt. Wir nahmen auch von seinen Ästen kleine Zweigchen an uns, da die Sarazenen sagten, daß sie einem, der Fieber hat, guttun, wenn er sie in Wein oder Wasser legt und davon trinkt.

Wir gingen weiter zu einem anderen uns wahrhaft wunderbar erscheinenden Baum, unter den wir uns stellten und an dem wir emporschauten. Ihn, der anders als andere Bäume ist, ungewöhnlich nach Wachstum und Gestalt, kann ich nur schlecht beschreiben. Er wächst aus der Erde hervor wie der Schilf, obwohl er keiner ist noch zu dessen Gattung gehört, doch gleich jenem besitzt er keine Äste, vielmehr stehen seine Blätter rings um den Stamm. Dieser Baum ist gewaltig, und die Blätter sind mächtig, 16 Fuß in der Länge und drei in der Breite, oben am Gipfel sind sie sehr dicht, und zwischen ihnen wachsen Zweigchen, welche die Früchte des Baumes tragen. Diese sind länglich, etwas größer als eine Handfläche, nicht sehr dick, nur so, daß ein Mann, der sie in die Hand nimmt und umschließt, einen Finger mit dem anderen berühren kann. Es wächst aber nicht jede Frucht für sich, sondern 20 und mehr stehen beisammen wie die Beeren einer Weintraube. Sie sind von goldgelber Farbe wie Wachs, höchst erfreulich und appetiterweckend für den Betrachter, schön anzusehen, weich, wenn man sie drückt, süß im Geschmack, gesund beim Verzehren, selten zu finden und teuer zu kaufen, aber unbrauchbar zum Aufbewahren, weil sie sich, saftig und weich, im Liegen nicht halten, sondern sogleich gegessen werden wollen. Das Volk in Ägypten nennt sie Musi. Zum Verzehren schneidet man sie mit dem Messer, so wie bei uns den Rettich, in dünne runde Scheibchen und würzt sie mit Salz, um ihre Süßigkeit zu mäßigen.

Als wir zwischen Bäumen und lieblich duftenden Büschen weitergegangen waren, kamen wir an eine Mauer, in der eine kleine, aber fest mit Querbalken und Riegeln verschlossene Türe war, bei der Wächter mit Knüppeln und Stöcken aufpaßten, daß niemand versuchte hineinzukommen. Denn die Mauer umgab den Bereich des edelsten Balsams, der in dieser Zeit nur hier wächst. Es wird nämlich berichtet, daß die Königin von Saba dem Salomon aus Indien eine Balsamwurzel brachte, die er auf dem Berg Engedi einpflanzte. Danach kam sie an verschiedene Orte, und schließlich an diesen hier, wo sie unter aufmerksamer und scharfer Bewachung als ein einzigartiger Schatz gehütet wird. Dennoch habe ich mich gewundert, daß er nicht noch besser bewacht wird, er hätte angesichts der köstlichen Kraft des Balsams und der goldenen Früchte in diesem Garten von einer goldenen oder wenigstens silbernen, ehernen oder eisernen Mauer umschlossen sein müssen.

Wir lesen in den Dichtungen, daß Jupiter einen goldenen Weinstock besaß, der ihm besonders teuer war und den er mit größter Vorsicht bewachte. Diesen schenkte er dem Trojus für den Raub des Ganymed, und im Verlauf der Zeit kam er an Priamus, der ihn, als er von den Kriegstaten des Eurypilus vernahm, dessen Mutter schenkte, damit sie ihm jenen zur Hilfe schicke. Sie tat es, und viele tausend Männer fanden den Tod. Ferner lesen wir, daß die Hesperiden, die drei Töchter des Hesperus, einen Lustgarten besaßen, in dem goldene Äpfel wuchsen, zu dessen Bewachung sie einen ungeheuren, immer wachen Drachen bestellten. Als die Kunde von diesem Garten zu Eurystheus gelangte, erfaßte ihn die Gier nach den Äpfeln, und er schickte den Herkules, um sie zu rauben. Dieser erlegte den Drachen, betrat den Garten, nahm die Äpfel an sich und brachte sie dem Eurystheus. Dies wird unter den Taten des Herkules als die vierzehnte erzählt. Und so hätte wahrlich auch dieser Garten verdient, besser verschlossen und bewacht zu sein.

Wir standen also vor dem Türchen und warteten auf Einlaß. Da kamen die Frauen und Kinder der Wächter und verlangten von uns ein Trinkgeld, und wir bezahlten es. Dann teilte uns der Dragoman in vier Gruppen zu je fünf, denn er wollte nicht, daß wir alle zusammen hineingingen, sondern auf einmal nur fünf und nach diesen die nächsten. Auch verbot er, daß wir drinnen etwas mitnehmen, Blätter oder Zweige pflückten oder abrissen, um sie fortzutragen. Als er das Türchen geöffnet hatte, nahm er die ersten fünf und führte sie hinein, schloß die Pforte wieder hinter sich und zeigte ihnen die kostbare Pflanzung. Nach diesen holte er die nächsten fünf und so in der Folge alle übrigen. Jede Gruppe führte er in das Gelände, auf dem die Balsambüsche standen, und sagte: »Hier diese Sträucher tragen den Balsam, schaut, berührt sie, riechet sie!«

Als wir aufmerksam dastanden, nahm er einen Schößling von einem kleinen Busch, schnitt mit einem Messer aus Elfenbein sorgfältig die oberste Rinde ab und hielt ihn ein wenig in die Sonnenstrahlen, da floß alsbald aus der kleinen Schnittstelle ein großer Tropfen, klar und dick wie Öl, und dies war bester, trefflichster Balsam. Der Tropfen aber erfüllte im Verdunsten die Luft ringsum mit seinem Duft. Darauf streifte er ihn auf seinen Mittelfinger und verlangte die Hand des nächststehenden Pilgers, nahm sie, bestrich die Innenfläche mit der Flüssigkeit und hieß den Pilger seine Nase zum Riechen daran halten. Denn man findet keinen Geruch auf der Welt, der diesem ähnlich wäre. Dann drehte er dem Pilger die Hand, die er bestrichen hatte, um und zeigte, wie der Balsam eingedrungen und die Salbung auch deutlich auf der anderen Seite zu erkennen war. Diese Probe konnten wir alle machen. Dann pflückte er einige unnütze Zweigchen, gab jedem einen frischen Balsam mit und führte uns, die wir höchst belebt waren durch den einmaligen Geruch, zurück. Denn schon ein kleiner Tropfen erfüllt den Menschen so mit diesem Duft, daß er viele Tage lang nichts als Balsam riecht, und alles, was er berührt, erscheint ihm balsamisch.

Einzug in Kairo

Als die voranschreitende Nacht den 8. Oktober hatte anbrechen lassen, beluden wir die uns aus Kairo gebrachten Kamele, was wir seit Jerusalem gewohnt waren, stiegen auf und folgten dem Dragoman. Wir verließen Busiris, bevor die Nacht noch zu Ende ging, um bei Dunkelheit nach Kairo zu kommen und so den Belästigungen durch die Leute dort zu entgehen. Nach dem Auszug aus Busiris hatten wir zur Linken Wüste und sonnenverbrannte Erde, trocken und unfruchtbar, zur Rechten aber Gärten, Äcker, Obstpflanzungen und üppige Parkanlagen, alles bewässert durch den lebenspendenden Nilfluß, ohne dessen Wohltat ganz Ägypten dürr und unbewohnbar wäre.

Schließlich betraten wir jene größte, den Erdkreis mit Ehrfurcht erfüllende Hauptstadt. In großer Eile zogen wir zwei Stunden lang dahin und drängten uns durch Haufen von Menschen, die unzählig mit Lichtern, Lampen und Fackeln in den Straßen standen und gingen, denn es war für sie die frohe Stunde des Essens als Entschädigung für das Fasten, das sie den Tag über halten, und alles war voll von ihnen. Als aber junge Burschen uns sahen und merkten, daß wir christliche Pilger waren, rannten sie mit Geschrei hinter uns her, hetzten die Leute gegen uns auf und bewarfen uns mit Sand. Doch durch eiliges Laufen konnten wir uns von ihnen befreien. Es herrschte aber ein solches Geschrei und Menschengewühl, daß es schien, als sei hier die Ausgelassenheit der ganzen Welt, und das nicht nur an einer Stelle allein, sondern in allen Straßen.

Endlich aber kamen wir in den Hof des Dragoman Dankwart, die Familie erschien mit Lampen, und wir entluden die Tiere, alle unsere Sachen legten wir auf einen Haufen zusammen, bis es hell wurde. Danach wurden wir in einen großen Raum geführt, der schön mit Fliesen belegt, bemalt und mit poliertem Marmor ausgestattet war, jedoch weder Betten, Teppiche oder Bänke besaß; so setzten wir uns, mit dem

Rücken an die Wand gelehnt, auf den Fußboden und versuchten zu schlafen, konnten aber wegen der im Hof Herumtanzenden keine Ruhe finden. Dankwart erschien und sagte, wir müßten hierbleiben, bis es Tag würde, dann werde er für unsere Unterkunft sorgen. Am Morgen dann endete die Unruhe, und tiefe Stille breitete sich im Hause aus, wir aber erhoben uns, wie wir gewohnt waren, froh über den anbrechenden Tag. Die Sonne war aufgegangen, aber wir sahen oder hörten keinen Menschen im ganzen Anwesen.

Während so alle Heiden noch im Schlafe lagen, kam heimlich ein Edelsteinschleifer und Goldschmied aus Mechilinia, ein deutscher katholischer Christ namens Franziscus, zu uns, der nachts in seiner Werkstatt unsere Ankunft beobachtet hatte, als er dort an der Arbeit war. Zunächst beschwor er uns, das, was er uns sagen wolle, für uns zu behalten, damit es ja nicht dem Dankwart zu Ohren käme, dann sprach er: »Meine Herren Pilger, hört, ihr befindet euch im Haus eines abgefeimten Menschen und Räubers, so daß ihr, wenn ihr über diesen Tag hinaus hierbleibt, nur bestohlen davonkommt, nicht offensichtlich, aber durch Betrug und List. Ich rate euch unbedingt, verweilt nicht in diesem Haus, ich werde euch eine sichere und gute Bleibe besorgen.« Und er fügte eine recht erschreckende Schilderung vom Charakter unseres Gastgebers hinzu: »Dieser Mensch ist ein geborener Jude aus Sizilien und wurde Rabbi, verließ aber den jüdischen Irrglauben und konvertierte zur Kirche Christi, besuchte Schulen und erwarb sich die Kenntnis des Lateinischen, wurde in der Theologie unterrichtet und brachte es zum Kleriker. Nachdem er eine Zeitlang das geistliche Amt versehen hatte, wandte er sich den Sarazenen zu, legte den Christenglauben ab und verschwor sich dem Mahomet. An den Hof des Sultans aufgenommen, wurde er ein reicher und mächtiger Mameluck. Er erkaufte sich vom Sultan alle Christen und Juden, die in dessen Land kommen, und betört sie dann mit verschlagenen Künsten, mit Schläue und erstaunlichen Erfindungen. Er nimmt Geld mit rechten und unrechten Mitteln und weiß mit verblüffender Liebenswürdigkeit die Zuneigung der Pilger zu gewinnen, um ihnen danach den Geldbeutel zu leeren. Und von dem derart übel erworbenen Geld wurde der Mann reich, kaufte sich dieses Anwesen, schöne Frauen, öffentliche Ämter und wurde so in seiner Lasterhaftigkeit zum Glückspilz.«

Als wir dies vernommen hatten, baten wir den Franziscus, er möge uns ein anderes Quartier beschaffen und zurückkommen. Damit verließ er uns. Inzwischen war Dankwart aufgestanden und ging mit Knechten und Mägden durchs Haus, um die Zimmer für unsere Unterkunft herzurichten. Wir riefen ihn und sprachen zu ihm in lateinischer Sprache: »Seht, Herr Dragoman, wir befürchten, Euch beschwerlich zu sein, darum möchten wir nicht, daß Euer Haus von uns in Beschlag genommen wird. Um nicht ein Hindernis für andere darzustellen, bitten wir, es möge uns vergönnt sein, christliche Franken zu suchen, bei denen wir, ohne irgend jemand zu behelligen, bleiben können.«

Als der verschlagene Mann dies gehört hatte, veränderte sich sein Gesichtsausdruck, und er schrie uns wütend an: »Ihr gehört mir, und all euer Wohlbefinden liegt in meiner Hand. Wenn ich wollte, könnte ich euch mit Gewalt festhalten und in Fesseln legen. Doch weil es euch nicht gefällt, bei mir zu bleiben, so geht dahin, wo es euch paßt! Wenn euch aber irgend etwas Unangenehmes zustößt und ihr irgend etwas erdulden müßt, was bestimmt eintreffen wird, dann beschwert euch nicht bei mir noch ruft mich zu Hilfe, denn ich werde in einem anderen Haus nicht euer Beschützer sein und kann mich nur im meinigen eurer annehmen, das ein Asyl darstellt für die Christen und Juden. In einem anderen Haus werdet ihr Gefangene sein, ihr könnt es nicht wagen, außerhalb zu erscheinen, wenn nicht ich euch in die Öffentlichkeit führe. Da ich das nicht tun werde, werdet ihr eingesperrt bleiben und nichtsdestoweniger mir das, was ihr schuldig seid, bezahlen, weil ihr mir gehört.«

Während dieser Rede beruhigte er sich und fügte hinzu: »Was, frage ich, mißfällt euch denn an diesem Haus? Seht doch, wie geräumig und schön es ist, ein ähnliches werdet ihr unter euren Christen nicht finden. Meine Wohnräume sind die euren, meine Diener sind eure Diener. Wollt ihr, so bleibt in Sicherheit hier, wenn nicht, so geht und kümmert euch selbst um euern Schutz.«

Als wir das gehört hatten, begriffen wir, daß wir ins Netz gegangen, gefangen und gezwungen waren, bei ihm zu bleiben. Wir ergaben uns also, vertrauten uns ihm an und willigten ein zu verweilen. Er gab uns drei Wohnräume, jeder Gruppe einen, zeigte uns die Kochstellen und wies uns einen Mamelucken zu, der unsere Wirtschafter dorthin führen sollte, wo sie das Notwendige kaufen konnten. Er erlaubte uns, überall im Haus uns zu ergehen, verbot uns aber, es ohne Begleitung eines der Hausdiener zu verlassen. So ging unser Wirtschafter aus und kaufte, was wir brauchten, bestens und preiswert ein, ausgenommen Holzscheite, die dort sehr teuer sind. Wir kauften für einen Dukaten Scheite, für die man in Ulm, wo Holz doch auch teuer ist, einen Plaphard (Weißgroschen) bezahlt hätte. Wein aber konnten wir keinen, auch nicht bei den Christen, bekommen, und der aus Jerusalem war gänzlich ausgetrunken. So fingen wir an, Paradieswasser aus dem Nil zu trinken, aber niemand wird daran zweifeln, daß uns Wein vom Rhein besser geschmeckt hätte als das Wasser aus dem Paradiesfluß. An diesem Tag handelten wir vieles ein, alles wird dort auf der Waage gewogen; Brote, Fische, Fleisch, aber auch die Holzscheite werden nach ihrem Gewicht bezahlt. Wir kauften von ihnen für mehr als einen Dukaten, und das war nicht soviel, wie ich in Ulm für einen böhmischen Groschen bekommen hätte.

Im Haus des Dankwart

Diesen Tag waren wir mit dem Einrichten unserer Behausungen beschäftigt, machten die Bekanntschaft der Dienerschaft und besichtigten das Haus mit Ausnahme der Zimmer von Dankwarts Frauen. Wir hatten es so arrangiert, daß die Herren Pilger der ersten Gruppe auf einem Herd kochten und die der zweiten und dritten Gruppe eine gemeinsame Küche hatten, jede Gruppe aber für sich allein sorgte. Wir hatten eine unruhige Nacht wegen des Lärmens und des tollen nächtlichen Feierns der Heiden als Ausgleich für ihr Fasten am Tage, aber nicht nur diese, sondern jede Nacht während dieses Monats verbrachten wir so gut wie schlaflos.

Als es am 9. Oktober, dem Tag des Dionysius und seiner Märtyrer-Gefährten, in der Frühe hell wurde und die ganze Hausgenossenschaft noch schlief, erhoben wir uns, stiegen in die Unterkunft der Herren von der zweiten Gruppe hinauf, die oben lag, und richteten in deren Zimmer einen Altar her, an dem wir nun jeden Tag die Messen feierten. Nachdem nun alle Gerätschaften zum Zelebrieren bereit waren, das Amt begonnen hatte und wie gerade die Pilger in großer Andacht niederknieten, siehe, da kam der Satan hinzu: Die Frauen des Dankwart nämlich traten, buhlerisch geschmückt nach der Art adliger Damen, mit übermäßig hoher Kopfzier, ringsum mit Gold und Edelsteinen angetan, zu uns herein und wollten bei unserem Gottesdienst dabeisein, sie setzten sich auf die Seite, um zu bleiben. Wir aber waren erschrocken und unschlüssig und wußten nicht, was wir tun sollten. Auch der Priester, der am Altar stand, hielt ein und wollte in ihrer Gegenwart nicht weiterlesen. Aber wir wagten es nicht, sie hinauszuwerfen, weil wir den Zorn ihres Herrn fürchteten. Es war auch die übrige Hausgenossenschaft beiderlei Geschlechts heraufgekommen und stand vor der Zimmertür.

Als wir so ratlos dastanden und die Damen merkten, daß wir ihretwegen zauderten, da begann die Hauptgemahlin des

Hausherrn, eine hochgewachsene, kraftvolle und sprach-mächtige Frau, in italienischer Sprache: »Warum, meine Herren, seid ihr über unser Hereintreten erschrocken? Auch wir sind Christinnen, unwürdig und sündig bekennen wir uns als Dienerinnen Christi, wiedergeboren in der heiligen Taufe und ausgezeichnet durch den katholischen Glauben, den wir niemals verleugneten noch je verleugnen werden.« Und sie fügte hinzu: »Ich bin eine italienische Christin, von christlichen Eltern geboren. Meine Gefährtin aber ist Grie-chin und stammt aus griechisch-christlichem Geschlecht. Unfreiwillig teilen wir das Ehebett eines Mannes, der Chri-stus verleugnet. Die übrigen Mädchen sind unsere gekauften Zofen, die Knechte da unsere Eunuchen. So wollen wir an eurem Gottesdienst teilnehmen und begehren, gemeinsam mit euch unseren Gott im Sakrament zu erblicken und anzu-beten. O lasset uns das Brot essen und kommunizieren!«

Als sie so gesprochen hatte, vollendeten wir das begon-nene Offizium, während alle dabeistanden, es waren unter ihnen Mamelucken und Sarazenen. Als nach dem Ende des Gottesdienstes die Eindringlinge hinausgegangen waren, beschlossen wir, ihn ferner heimlich abzuhalten, um die Blicke der Ungläubigen zu vermeiden.

Wie wir noch in dem Raum zusammen waren, kam Dank-wart, unser Hausherr, und führte uns alle in seine Wohnung zur Besichtigung. Zuerst kamen wir in ein Gemach, das angefüllt war mit Ausrüstung für Pferde und Maultiere. Da waren zahlreiche Sättel aufgehängt, die mit silbernen und vergoldeten Platten beschlagen waren, silberne Steigbügel, Kopf-, Schwanz- und Bauchriemen, Zügel, Zaumzeug und Griffe waren mit silbernen Knöpfen verziert wie die Wäm-ser adliger Herren. Nach diesem Zimmer traten wir in ein anderes, in dem stand ein großer Käfig, darin war ein wildes Tier von der Größe eines Fuchses, in der Farbe glich es eher einem Wolf, es hatte sehr kurze Beine und ein Gesicht wie eine Katze, man nennt es Saweta.

Von da führte er uns in sein Schlafgemach, ein sehr schö-nes Zimmer mit Marmor und kostbaren Tapeten an Böden

und Wänden. Um es nicht mit unseren Schuhen zu be-
schmutzen, zogen wir sie vor der Türe aus und traten nach
der Art der Orientalen barfuß ein. Dieser Raum befand sich
in einem frei stehenden Turm mit einem gewölbten Bleidach,
auf dessen Mitte oben ein zweigehörnter Halbmond saß, wie
ihn alle Moscheen besitzen. Der Turm war rund und hatte
ringsum Glasfenster, durch die sich das Licht im Gemach
verteilte. Es saßen aber die beiden Frauen mit ihren Mädchen
da und waren mit weiblicher Nadelarbeit beschäftigt. Beide
waren jung, schön und, wie schon oben vermerkt, Christinnen. Wir erfuhren aber von einem, der uns davon erzählte,
daß Dankwart diejenige, die seine Hauptgemahlin und die
Ältere von beiden war, aus einem Freudenhaus in Alexandria, in dem sie als Prostituierte festgehalten worden war,
befreit hatte. Die Jüngere hatte er als junges Mädchen in
Griechenland gekauft und die gerade Heranwachsende zu
seiner Gemahlin gemacht. Es kümmert aber die Sarazenen
und Mamelucken nicht, ob ihre Ehefrauen Christinnen nach
diesem oder jenem Ritus sind.

Danach stiegen wir in den Hof hinab. Ringsum befanden

sich viele Kammern und Gelasse. Eines, das mit eisernen Riegeln und Querbalken wohlverschlossen war, öffnete er und
führte uns hinein, da saß ein mit Ketten an den Beinen gefes-
selter Christ. Bei unserem Eintritt stand er auf, warf sich uns
zu Füßen und flehte uns an, wir möchten ihm die Barmher-
zigkeit erweisen, damit er von seinen Ketten befreit werden
könne. Fast zwei Jahre sei er in Gefangenschaft, weil er in
Alexandria zwei Knaben einem armen Sarazenen abgekauft,
sie nach Kreta, wo er herstammte, gebracht hatte und dort
hatte taufen lassen. Es verbietet aber das Gesetz Mahomets,
daß Christen Sarazenen kaufen wie auch, daß Sarazenen auf
keine Weise Christen untertan sein dürfen. Wie er aber dann
nach Alexandria zurückgekommen war, erschien bei ihm ein
gewisser Mamelucke, der bei dem Kauf dabeigewesen war,

und sprach: »Höre, Christ, du hast gegen das Gesetz der Sarazenen zwei von ihnen unter meinen Augen gekauft und sie in deine Heimat gebracht. Wenn du mich nicht mit einem Geschenk versöhnst, so wirst du beim Sultan angeklagt und von hier nicht straflos entkommen.«

Diese Drohungen nahm aber jener Kaufmann leicht, und er jagte den Mamelucken mit Schimpfworten weg. Der aber ging sogleich hin und zeigte ihn beim Präfekten von Alexandria an, der umgehend Knechte schickte, den Christen gefangennehmen und in Fesseln nach Kairo zur Aburteilung bringen ließ. Er wurde dann dem Dankwart zur Obhut übergeben. Das Urteil über ihn aber lautete, er könne eines von dreien wählen: Entweder 50 Dukaten zu bezahlen, sich unter Abschwören des christlichen Glaubens beschneiden zu lassen oder sich einer beliebigen Todesart zu unterwerfen. Er sagte uns, das erste sei ihm unmöglich wegen der Dürftigkeit seines Vermögens, das zweite sei ihm unerträglich, das dritte aber entsetzlich. Wir erwirkten von Dankwart, daß der Gefesselte in den Hof hinaustreten durfte, dann legten einige Ritter Geld zusammen, mit dem er sich freikaufte. Später haben wir ihn in Alexandria herumspazieren sehen.

Wieder auf dem Hof sahen wir dort einen überaus wilden Leoparden, der an einer Kette angebunden war. Nur sein Wärter kann es wagen, sich ihm zu nähern, jedoch mit einem Stock, mit Drohgebärden und Geschrei. Der Leopard ist ein äußerst wütendes Tier, entstanden aus einer Vermischung von Löwe und Pardel, buntfarbig wie dieser, an Kopf, Schwanz und Beinen aber dem Löwen ähnelnd; er ist blitzschnell, blutdürstig, eine wilde Bestie, die zwar zuweilen gezähmt werden kann, aber niemals so vollständig, daß sie ihre Grausamkeit vergessen würde. Gezähmt wird er für die Jagd. Wenn er dabei zu einer Beute geführt und losgelassen wird, dann verfolgt er sie in Sprüngen, nicht laufend. Gelingt es ihm nicht, sie im vierten oder fünften Sprung zu fassen, hält er rasend vor Wut ein, und wenn der Jäger ihm nicht sogleich ein anderes Tier vorwirft, durch dessen Blut er sich beruhigt, greift er alsbald den Jäger selbst oder einen anderen an, der im Weg ist. Nur durch Blut kann er besänftigt werden. So haben die Jäger stets ein Lamm bei sich, das sie in einem solchen Fall dem aufgeregten Tier zum Zerfleischen vorwerfen.

Der Leopard ist so tückisch, daß er selbst den Löwen durch List bezwingt. Er gräbt sich nämlich eine Höhle in die Erde, die zwei Öffnungen hat, eine als Eingang, die andere als Ausgang, beide macht er nach außen weit auf, in der Mitte läßt er aber die Höhle eng. Wenn ihn nun der Löwe verfolgt, läuft er in die Höhle, jener ihm nach und dringt ebenfalls ein, in der Mitte aber kommt er der Enge halber nicht weiter und ist damit gefangen. Und der Leopard, der durch das eine Loch entrann, kommt durch das andere wieder herein und schlägt den in der Enge sich abmühenden Löwen von hinten, beißt und zerfleischt ihn zu Tode.

Dann führte uns Dankwart zu einem Gehege, in dem drei riesige Strauße zu sehen waren, die man in der Wüste fängt, dort hatten wir ihre Trittspuren oft wahrgenommen. Der Strauß ist ein Vogel fast wie ein wildes Tier, er hat einen mächtigen Leib. Vincenz[20] sagt im *Speculum naturale*, beinahe wie ein Esel. Solche haben wir zwar nicht gesehen, aber immerhin von der Größe etwa eines Schafes. Er besitzt Flügel, die er aber nie zum Fliegen benützt. Sie sind weich und flaumig wie Wolle, er spreizt sie aus beim Laufen und rennt über die Erde schneller dahin als die Pferde, die er verfolgt und in die Flucht schlägt, denn er kann ihren Anblick aus einer natürlichen Feindschaft heraus nicht ertragen. Seine Füße sind zweizehig, mit ihnen packt er Steine, die er auf der Flucht gegen seine Verfolger schleudert. Er ist von so überaus hitziger Natur, daß er Eisen frißt und verdaut. Er wird kahl, bis er ganz nackt ist, aber seine harte Haut läßt ihn keine Kälte fühlen. Kommt die Zeit des Eierlegens, richtet er seine Augen hinauf zu den Plejaden, denn der Strauß legt nur, wenn er diese sieht. Dann verbirgt er die Eier im Sand und überläßt sie dort sich selbst, sie werden von der Sonnenhitze ausgebrütet. Sind die Jungen aber geschlüpft, nimmt sie die Mutter mit Freude in Empfang. Während sie ihr im Ei gleichgültig waren, holt sie die Ausgeschlüpften zu sich und nährt sie mit Sorgfalt.

Von diesen wurden wir zu den Ställen des Dankwart geführt, und hier sahen wir die allerschönsten Pferde, Rennpferde, Handpferde, Zelter, die im Paßgang, und andere, die im normalen Schritt gehen. Denn Ägypten ist reich an den besten Pferden, mehr als irgendein Land auf der Erde.

Als wir nach dem Mittagessen auf dem Hof herumspazierten, kamen vier Mauren, die ein ungeheuerliches Tier aus dem Hof des Herrn Sultan brachten und uns zur Besichtigung vorführten, das sie Seraph (Giraffe) nannten. Es ist viel größer und schlanker als ein Kamel, ein Vierbeiner, bei dem aber die Vorderbeine länger sind als die hinteren, und zwar so sehr, daß auf seinem Rücken der Abschüssigkeit halber weder Menschen sitzen noch Lasten aufgelegt werden können. Es besitzt einen langen Hals wie ein Kamel und einen kleinen pferdeähnlichen Kopf mit spitzen Ziegenhörnern, der Schwanz ist wie beim Hund, nur nicht so behaart, die Hufe sind geteilt wie beim Rind, die Farbe erscheint rötlich mit weißen Flecken wie Sterne. Die Giraffe ist ein schönes und sanftes Tier, mehr ergötzlich zum Betrachten als geeignet zu irgendeiner Verwendung für den Menschen wegen ihrer unproportionierten Beine. Trotz ihres langen Halses vermag sie nicht mit dem Maul die Erde zu erreichen. So holt sie sich ihr ganzes Futter aus der Höhe statt vom Boden, von den Bäumen nimmt sie sich Blätter und von Felsen, Abhängen und Bergwänden Gras, während sie selbst unten steht. In ihrem vorderen Teil ist sie durch ihre Beine so aufgerichtet, daß ein Mann unter ihrem Bauch, ohne sich zu bücken, hindurchgehen kann. Stünde dieses Tier in Ulm auf dem Marktplatz vor der Trinkstube der bürgerlichen Herren und richtete sich auf, könnte es sich seine Mahlzeit aus dem Stubenfenster holen.

Am 10. Oktober kam nach der Messe der Kalin, der unser Geleitmann von Jerusalem her gewesen war, und bat um die Erlaubnis, ins Heilige Land zurückkehren zu dürfen. Es waren nämlich einige Sarazenen von Afrika angekommen, die zum Tempel in Jerusalem hinaufzuziehen beabsichtigten und die er begleiten wollte. Nicht ohne Schmerz und Trauer gaben wir den Mann frei und ließen ihn von uns ziehen. Obwohl in seiner Volkszugehörigkeit wie in seinem Heidentum ein überzeugter Sarazene, war er doch rechtschaffen und in höchstem Maß zuverlässig gegenüber den Christen und den ihm anvertrauten Pilgern. Von ihm haben wir während der ganzen Reise sehr oft gesprochen.

Kairo und die Pyramiden

Am 13. Oktober wollte der edle Herr Graf von Solms in die Stadt gehen, um etwas zu kaufen, und warb einen Mamelucken an, der ihn führen sollte. Es begleiteten ihn noch drei Pilger von der dritten Gruppe, der Ritter Heinrich von Schomberg, Herr Petrus Welsch und ich, Frater Felix. Wir verließen den Hof, und der gemietete Mameluck ging mit einem Stock in der Hand voraus als Führer, Beschützer und Wegbereiter. Denn überall in den Gassen ist dort eine solche Volksmenge, so dicht ist das Gewühl, so viele Händler und Käufer stehen da, daß es zu sehen starr macht vor Staunen. Keiner kann da normal gehen, sondern ständig muß man mit Anstrengung sich durch die Entgegenkommenden hindurchzwängen. So ging der Mameluck vor uns her, teilte das dichtgedrängte Volk und bahnte uns einen Weg.

Wir kamen auf einen Markt, auf dem viele Menschen zum Kauf angeboten werden, Kinder und Jugendliche beiderlei Geschlechts, Schwarze und Weiße, Frauen und Männer. Als wir da mit unserem Mamelucken standen, meinten viele, wir seien seine Sklaven und er sei der Händler, weshalb sie herbeikamen, um uns zu beschauen. Schließlich kam einer auf einem Pferd, ein ansehnlicher Mann, und fragte den Mamelucken nach dem Kaufpreis für uns vier.

»Ich«, sagte er, »möchte diese vier kaufen und biete einen angemessenen Preis. Sage, wieviel dir richtig erscheint.«

Der Mameluck antwortete ihm: »Auf diesem Markt kann mir keiner genug für diese Sklaven bezahlen. Sie sind ohne Fehler, frisch und gesund, ich will sie nach Alexandria schicken, von dort werden sie in überseeische Länder gebracht, wo sie einen hohen Preis bringen.«

Der Sarazene war aber mit dieser Antwort nicht zufrieden, er holte aus seiner Satteltasche zehn Dukaten hervor und wollte soviel unverzüglich und unbesehen für jeden von uns zahlen, um uns zu bekommen. Unterdessen war ein großer Auflauf um uns herum entstanden, weil, wenn jemand einen Menschen kauft, viele herbeikommen, um zu sehen, wieviel und wofür bei dem Handel bezahlt wurde. Höchst erheitert standen wir so als verkäufliche Ware da, und als der Sarazene sah, wie wir vergnügt dem Mamelucken zulachten, begriff er, daß wir nicht zu haben waren, und entfernte sich. Wir aber verfügten uns an den Platz, wo es Äthiopier zu kaufen gab, denn der Herr Graf wünschte sich einen jungen zu erstehen. Doch wollte ihm niemand einen solchen veräußern, weil er ein Christ war. Sie verkaufen nämlich keine Menschen an Christen, während sie selber Christen kaufen. Dann gingen wir weiter, und anderswo erwarb der Graf einen langschwänzigen Affen, kostbare Seidenstoffe, sarazenische Kleider und mehr dergleichen. Und damit gingen wir in unsere Unterkunft zurück.

Am 14. Oktober bestieg Dankwart in der Frühe ein Pferd, und als er zum Hof hinausritt, gebot er uns, das Haus nicht zu verlassen. Bald darauf kam er zurück und hatte zwei berittene Mamelucken bei sich und Sarazenen mit soviel Eseln, wie wir Pilger waren. Wir bestiegen sie und ritten durch eine lange volkreiche Straße, dann durch ein großes, sehr altes eisernes Tor in einen anderen Bezirk. Dort herrschte ein solches Gewühl, daß wir auf unseren Eseln nicht mehr vom Fleck kamen. Darum setzten sich unsere Mamelucken an die Spitze und mühten sich, mit erhobenen Stöcken, mit Schreien und Drohungen, die widerstrebende Menge zu teilen und uns einen Weg frei zu machen.

Auf unserem Weiterweg kam uns ein Sarazene mit Stock und Schwert entgegen, der durch die Menge sechs halbnackte aneinandergekettete Männer führte, jeder mit einer eisernen Fessel um sein Handgelenk. Als diese Gefangenen uns erblickten, riefen sie uns auf italienisch um Almosen an, sie seien Christen und aufgrund eines Vergehens in Haft. Nun aber haben die Heiden so viel Mitleid mit ihren Gefangenen, daß sie sie dreimal in der Woche aus dem Gefängnis gefesselt durch volkreiche Straßen zum Betteln führen oder auch in die Höfe großer Herren. Was ihnen gegeben wird, wird ihnen belassen, und sie können sich mit dem Geld freikaufen. Laut rufen sie ihr Urteil aus, jammern über ihre Armut und bekennen sich entweder zu ihrer Schuld oder zu ihrer Unschuld. Begegnen ihnen Christen, so bitten sie um Almosen um Christi, der seligen Jungfrau Maria oder einzelner Apostel und Heiliger willen, deren Namen sie nennen. Treffen sie auf Juden, bitten sie im Namen Gottes, von Abraham und Mose, bei Sarazenen aber im Namen des Mahomet. Und so bedrängen sie jedermann mit ihrem Betteln. Sie dürfen aber auch behalten, was sie, wenn sie so durch die Straßen geführt werden, mit ihrer ungefesselten Hand vom Stand eines Kaufmanns wegschnappen können. Wenn es der Kaufmann wiederhaben will, muß er es um Geld zurückkaufen. Genauso geht es, wenn einer etwas in einem Rohr- oder Weidenkorb trägt, Obst, Brot, Fleisch, Fisch und dergleichen. Kann ein Gefangener etwas davon erwischen, nimmt er es an sich. Doch läßt man sie nicht Leuten nachlaufen oder sie attackieren, aber was ihnen unvermittelt zufällt, reißen sie an sich. Und da die Leute das wissen, sind sie wachsam ihnen gegenüber. Und oft sahen wir solche aneinandergefesselten Paare in der Stadt herumgehen. Denn die Orientalen sind von Natur gutherzig, sie vergießen äußerst ungern Menschenblut und töten nicht leichthin selbst die übelsten Verbrecher, wenn von ihnen nicht gerade eine gefährliche

Bedrohung des Staates ausgeht. Wenn einer nun getötet werden soll und jemand kommt, der den Delinquenten kaufen will, so erhält er ihn für Geld als lebenslänglichen Sklaven.

Und weiter zogen wir am Nilufer hin und kamen zu einem Markt, wo zahllose Menschen bei schwerbeladenen, eng nebeneinander liegenden Schiffen mit Handeltreiben beschäftigt waren. Auch sahen wir hier in großer Zahl Kamele, die am Flußufer mit wassergefüllten Lederschläuchen beladen wurden. Man führt sie durch die Stadt, und mit dem Wasser werden die Straßen besprengt, um den durch die umherlaufenden Menschen und Tiere aufgewirbelten Staub niederzuhalten.

Nun verließen wir die Stadt zur afrikanischen Wüste hin, zu den bewundernswerten Pyramiden und den Grabinschriften der alten ägyptischen Könige. Obwohl die Pyramiden heute weit weg sind von Kairo, gab es einst eine große Stadt, innerhalb der sie lagen, das beweisen die ringsum verstreuten Ruinen. An diesem Ort befand sich die Begräbnisstätte der Könige Ägyptens. Über ihren Gräbern errichtete man viereckige Bauwerke aus Quadern, die Ausdehnung ihrer Grundfläche verringert sich nach oben kontinuierlich, so daß sie in einer Spitze enden wie die Dächer von Türmen. Zwei Pyramiden ragen weit über die anderen hinaus an staunenswerter Breite und Höhe, sie sind wie Berge. Wenn man sie von weitem erblickt, hält man sie für Türme. Auf ihnen fanden wir verschiedene uns unbekannte Schriftzeichen, an einer Seite aber entdeckten wir in lateinischer Sprache und Schrift eingeritzte Verse. Den Sinn dieser Verse konnte ich nicht verstehen, wenn ich von einem geschulten Dichter etwas darüber erfahren könnte, möchte ich gern wissen, was sie bedeuten. Soviel aber schloß ich aus ihnen, daß nämlich die landläufige Meinung falsch ist, diese Pyramiden seien die Kornspeicher Josephs, die er laut *Genesis* 41 zur Sammlung des Getreides für die sieben mageren Jahre erbaute.

Doch selbst wenn diese Verse zum Inhalt hätten, hier sei Korn gesammelt worden und die Pyramiden seien Vorratshäuser für das Land gewesen, so müßte ich dies als eine Vorspiegelung ansehen. Denn in ihnen wäre gar kein Platz dafür, weil sie innen keinen Hohlraum aufweisen, vielmehr ist jede ein aus riesigen Quadern gänzlich und bis ins Innerste zusammengefügter intakter Block, außer daß in dem Mauerwerk ein kleines Türchen gelassen wurde, durch das man ins Innere gelangen kann. Aber der Raum dort ist nur so groß, daß sich ein Mann stehend gerade noch in ihm aufhalten kann, auf keinen Fall gibt es genügend Platz, um Kornernten aufzubewahren. Warum aber die Pilger in ihren Büchlein die Pyramiden die Kornkammern Josephs zu nennen pflegen, das hat, wie ich glaube, den Grund, daß sie die Pyramiden nur von weitem gesehen haben und nicht zu ihnen geführt wurden, denn sie liegen oberhalb Kairos und auf der anderen Nilseite. So meinen sie beim Anblick dieser Riesenbauwerke, jene müßten einen Innenraum haben, was eben nicht der Fall ist. Wir aber wurden durch die spezielle Freundschaft mit den ungarischen Mamelucken über den Nil zu den Pyramiden gebracht. Hätte ich sie nicht aus der Nähe gesehen, hätte auch ich leicht glauben können, sie seien Kornspeicher gewesen. So aber bewies mir der unmittelbare Anblick, daß sie heidnische Grabmäler waren.

Bei den Pyramiden sahen wir auch ein gewaltiges steinernes Götzenbild mit dem Gesicht einer Frau, von dem wir nicht zweifelten, daß es die Isis sei.

Wir zogen weiter, eine lange Straße entlang, bis zu einem ungewöhnlichen Haus, das wir betraten, um etwas Erstaunliches an menschlichem Erfindungsgeist kennenzulernen. Denn in ihm geschieht etwas, bei dem die Kunst der Natur zuvorkommt, es werden nämlich Küken durch menschliche Kunstfertigkeit zum Ausschlüpfen aus den Eiern gebracht, ohne daß Hennen zu brüten brauchen, und zwar auf folgende Weise: Das Haus ist nieder, aber geräumig, und in ihm stehen viele niedere Backöfen, auf die Eier in Spreu gelegt werden, soviel man bringt, um aus ihnen Küken zu erhalten. Die Frauen bringen sie zu diesem Zweck in das Haus, so wie sie den Teig zum Brotbacken in die Bäckerei tragen. Sind die Eier in die dazu hergerichtete Spreu auf die Herde gelegt, facht man in diesen ein angemessen temperiertes Feuer an, durch das die Keime in den Eiern heranreifen. Und zu ihrer Zeit, das heißt, am zwölften Tag, schlüpfen die Küken aus, womit die Kunst das Geschäft der Natur auf wunderbare Weise übernimmt. Alsbald übergibt der Hühnermacher die Küken denen, welche die Eier gebracht hatten, und erhält für seine Arbeit den ihm zustehenden Lohn.

Am anderen Tag stiegen wir auf unsere Esel und zogen unter Dankwarts Führung in die Burg des Sultans ein, wo wir eine vortreffliche Ordnung und eine riesige Anzahl von Dienern erblickten, auch eine gewaltige Menge von Pferden sowie ausgedehnte Stallungen und große Wohnunterkünfte. Es wäre lästig, von all dem zu schreiben, und vielleicht auch würde man es kaum glauben. Zuerst zeigte man uns den alten Palast, der heute verlassen ist, zur Zeit des Mahomet war er von Griechen bewohnt, ein Bau mit mächtigen Mauern, wie man an den Ruinen sieht. Dann kamen wir in den anderen Burgbereich, in dem der Sultan residiert. Man muß zwölf Eisentore passieren, bevor man zu ihm gelangt. Wir wurden hindurchgeführt und sahen den Sultan in schneeweißem Ornat auf seinem Thron sitzen, von zahlreichen dienstbaren Mamelucken in beherrschter Haltung ehrfurchtsvoll umgeben. Auch mehrere sehr alte, würdevolle und ernste Männer standen bei ihm. Nach kurzer Zeit erschien Dankwart, der später hereingekommen war, und führte uns hinaus und weiter auf den weiträumigen Platz unter dem Burgberg, wo Kamele, Esel und Pferde verkauft werden. Sie standen gerade in großer Zahl da, und viele von den Mamelucken hatten sich eingefunden, um die angebotenen Pferde zu besichtigen. Schließlich gelangten wir auf die gleiche beschwerliche Weise wie gestern wieder zurück in unsere Unterkunft zum Mittagessen, später begaben wir uns in die Bade- oder Schwitzstube und wuschen uns.

Am 16. Oktober, dem Tag des Bekenners Gallus, gab es kurz nach Mitternacht eine Mondfinsternis. Wir hätten sie nicht gesehen, da wir im Schlaf lagen, hätten uns nicht die Sarazenen, die auf den Türmen schrien und heulten, dazu aufgeweckt. Denn beim Beginn einer Finsternis schreien sie von fast allen Türmen in den höchsten Tönen und heulen entsetzlich, ihrem Aberglauben hingegeben und die anderen dazu anstachelnd. Sie sind zwar immer abergläubisch, ganz besonders aber, wenn die Sonne oder der Mond sich verfinstern. Denn in ihrer Torheit meinen sie, daß die Gestirne beseelt seien, daß sie Leiden zu erdulden hätten und Veränderungen durch fremde Mächte ausgesetzt seien. Besonders aber verehren sie den Mond und bringen sein Bild auf allen Moscheen an, nicht den Vollmond, der rund in seinem Licht leuchtet, sondern den zweispitzigen, zum größten Teil verdunkelten. Ich glaube, sie haben das vom Kult der Diana übernommen, die ja auch Mondgöttin gewesen sein soll und deren Tempel innen wie auf den Dächern das Zeichen des Mondes trugen wie die Moscheen. Oder sie nahmen es, weil die Christen auf ihren Kirchen einen Hahn mit erhobenem Hals und Schwanz haben, der etwa die Form eines Halbmondes besitzt, und sie machten einfach aus dem Hahn einen Mond, und dies ist wohl der eigentliche Grund.

Die Kirchen oder Moscheen sind allermeist kostbar mit glänzendem farbigem Marmor innen und außen verziert, und an jede sind hohe, runde und bei Nacht beleuchtete Türme angebaut. Manche von ihnen weisen oben vier Räume auf, um jeden führt außen ein Umlauf rings um den Turm, auf dem die Priester herumgehen, um anstelle der Glocken zu rufen. An diesen Umgängen ragen Stangen heraus, an denen Lampen hängen, die oben mit einem spitzen Deckel verschlossen sind, damit der Wind die Lichter nicht auslöscht. Bei Sonnenuntergang werden sie angezündet. An einem Turm hängen mehr, am anderen weniger solcher Lampen, einmal 40, einmal 60, dann 20, je nachdem, wie die einzelne Moschee ausgestattet ist.

Aber es brennen bei Nacht in dieser Stadt so viele Lampen an den Türmen und in den Moscheen, daß sie in fast allen Gassen zur Beleuchtung ausreichen und die Dunkelheit vertreiben, nachts scheint vor der Menge der Lichter die Stadt selbst zu brennen. Ich bin einmal auf den Söller des Hauses gestiegen und war geradezu erschrocken über dieses maßlose Lampenbrennen. Mit Recht sagen erfahrene christliche Männer, die dies sahen, daß kein König in der Christenheit, wer es auch sei, in einem Jahr das Öl aus seinen Einkünften bezahlen könnte, das in dieser Stadt in den Lampen verbraucht wird.

Die Mamelucken

In dieser Stadt Kairo gibt es eine Unzahl von Menschen aus allen Völkern unter dem Himmel, die ersten aber, die Stadtherren, heißen Mamelucken. Die sind Kriegsleute, die mit Waffengewalt das Land sich untertänig gemacht haben. Jetzt aber setzen sie sich aus abgefallenen Christen zusammen, die, o weh, so viele geworden sind, daß sie nun das ganze ägyptische und syrische Herrschaftsgebiet den Händen der Sarazenen entrissen haben. Es gibt weiterhin keinen Mamelucken, der nicht ein abtrünniger Christ wäre, die Sarazenen aber lassen sie weder Kriegsdienste leisten noch Waffen tragen, wie kampfeslustig sie auch sein mögen. So kam es dahin, daß sie mit der wachsenden Zahl verleugnender und abgefallener Christen keinen Sultan oder König in Ägypten einsetzen, der nicht ebenfalls ein solcher ist. Das geschieht noch nicht sehr lange, es ist auch für sie keine Vorschrift, es folgt aber aus der übergroßen Zahl Abtrünniger und ist eine schwere Strafe für die Sarazenen und eine große und verdrießliche Schmach für die Christen wie ein harter Schlag für unseren Glauben.

Sie setzten aber fest, daß einer nur Sultan werden sollte, wenn er früher Christ gewesen und nach seinem Abfall vom Glauben zweimal verkauft worden war, damit kein geringer Mann sich scheue, zu ihnen zu kommen. Aber damit dem König und ihnen selbst diese erniedrigende Bedingung nicht schimpflich erschiene, schmückten sie sie geschichtlich aus.

Sie sagten nämlich, der Sultan und König von Ägypten sei der Nachfolger von Joseph, den der Pharao zum Herrn über das Land eingesetzt hatte, nachdem er von seinen Brüdern getrennt und zweimal verkauft worden war, das erste Mal den Ismailiten, das zweite Mal dem Hauptmann der Leibwache des Pharaos, Potiphar, wie es in *Genesis* 37 und 39 steht. Deshalb sagen sie, niemand dürfe Sultan sein, der sich nicht von seinem christlichen Glauben entfernt habe und zweimal verkauft worden sei. Ich glaube allerdings, daß sie den zweiten Verkauf hinzufügten, um die Sarazenen zu beruhigen, weil diese mit dem einen nicht zufrieden gewesen wären.

Weiter richteten es diese Abgefallenen ein, daß alle wichtigen staatlichen Ämter nur an Mamelucken vergeben werden dürfen, so daß die Präfekten, Advokaten und Vorsteher wie die militärischen Anführer und die Leiter der Volksvertretungen im ganzen Land des Sultans allesamt Mamelucken sind. Diese dominierende Rolle wie die Möglichkeit und Aussicht, zu höheren Stellen zu gelangen, verleiten viele Christen zum Abfall, aber auch Vorteile wie die alltägliche Besoldung, das geruhsame Leben, die fleischlichen Genüsse und die Vielweiberei lassen viele sich vom Glauben abwenden. Denn sowie einer den Glauben verlassen hat, wird ihm Fürsorge und Besoldung zuteil, und er kann über andere herrschen.

Darum nimmt man an, es gebe in Kairo 30 000 Mamelucken im Dienst des Sultans, der selber ihrer aller Erbe ist, denn weder darf der Sohn eines Mamelucken das Erbe an seinem väterlichen Besitz antreten, noch gilt er als Mamelucke, wenn er nicht zuerst Christ war und dann abgeschworen hat. Darum gestatten die Mamelucken mit voller Absicht, daß ihre Nachkömmlinge christlich getauft werden, und lassen sie, wenn sie heranwachsen, im Christenglauben unterweisen. Kommen sie dann in die Jahre, wo sie abzuwägen verstehen, lassen sie sich durch das Vorgenannte dazu verführen, öffentlich dem Glauben abzuschwören und damit Nachfolger des Vaters und Mameluck zu werden. Daher wünschen die Jünglinge bewußt mit größer Begier den Zeitpunkt für ihren Abfall raschestens herbei, um reiten und Waffen tragen zu dürfen. Und aus diesem Grund wächst täglich die Zahl der Mamelucken.

Die Mamelucken sind äußerst gewandt im Umgang mit Waffen, denn dreimal in der Woche halten sie auf einem großen Gelände unterhalb der Sultansburg ihre vielfältigen kriegerischen Übungen ab, sie feiern hier gewissermaßen im Alltag Turnierfeste. Die einen fechten mit Schwertern, die anderen rennen zu Fuß oder reiten auf Pferden hin und her, diese schießen mit dem Bogen Pfeile ab, jene schleudern Steine aufeinander. Sie heben Gewichte, führen spielerisch Angriffe, indem sie in Haufen wie auf Feinde gegeneinander zulaufen, und bei diesen Spielen tragen sie weder Panzer, Harnisch noch Helm, wohl aber Schilde, mit denen sie die gegen sie geführten Schläge parieren. Ihre Schilde sind sehr stark, länglich und mit dem Hoheitszeichen des Sultans versehen, einem goldenen Kelch in blauem Feld mit einer Schrift, etwa: *Legala piste ha lala*, was bedeutet: »Es gibt keinen anderen Sieger als allein Gott.«

Über den Kelch erzählt man, einst habe sich ein gefangener christlicher König vom Sultan freigekauft, indem er diesem versprach, er wolle ihm so lange seinen Gott als Pfand überlassen, bis er seine Schuld bezahlen könne, und er gab ihm das Sakrament der Eucharistie in einem Kelch. Der Sultan aber ließ, den Christen zum Schimpf, den Kelch auf die Schilde malen, mit denen er sie zu besiegen trachtete. Und von dieser Zeit bis heute verwenden alle Sultane dieses Zeichen, kein anderes erscheint je auf einem Schild, alle erglänzen mit diesem. Nicht so ist es bei den christlichen Kriegern, deren Schilde zeigen Bilder von Frauen, Löwen, Bären, Hunden, Eseln und anderen Tieren, nichts Göttliches leuchtet da, weder in Bild noch Schrift.

Nicht alle Mamelucken im Hofdienst bilden eine Einheit, sie sind vielmehr in drei Abteilungen aufgeteilt unter drei Herren, von deren Befehlen das ganze Staatswesen abhängt. Der erste und der eigentliche Herr ist der Sultan, zu seinem Dienst stehen 16 000 Mamelucken bereit, die auf dem genannten ausgedehnten Gelände ihren eigenen Exerzierplatz haben. Der zweite ist der Herr Diodar, der 3 000 Mamelucken in seinem Gefolge hat, auch diese besitzen einen eigenen Platz, um sich auf ihm zu bewähren. Der dritte ist Miraldus mit 2 000 Mamelucken, ebenfalls mit einem eigenen Platz für die Spiele. Diese aber sind höchst gefährlich, es gibt keinen Übungstag, an dem nicht mehrere bei ihren leidenschaftlichen Angriffen stürzen, ihre Sorge um ein Menschenleben ist geringer, als wenn ein Huhn geschlachtet werden würde. Sogleich, wenn ein Mameluck umkommt, tritt ein anderer Apostat an seine Stelle. Die übrigen, aber geringeren Herren erscheinen mit ihren Mamelucken täglich bei den Schaustellungen der genannten drei dem Sultan dienenden, der ihnen allen ihre Besoldungen zuweist.

An einem der nächsten Tage bekamen wir Besuch von einigen Christen, die uns berichteten, daß die Schiffe in Alexandria bereits beladen würden und so rasch wie möglich die Heimfahrt antreten sollten. Als wir dies hörten, suchten wir sofort den Dankwart auf und baten ihn, uns schnellstens nach Alexandria zu bringen, bevor die venezianischen Schiffe von dort abgefahren wären. Denn wenn wir sie versäumten, müßten wir in Alexandria überwintern, was uns höchst ärgerlich wäre und schädlich für Leib, Seele und Habe.

Darauf antwortete Dankwart: »Ich führe euch, wohin ihr wollt, doch möchte ich euch nicht raten, nach Alexandria ohne einen vom Sultan ausgestellten Zeugnis- und Schutzbrief zu gehen. Denn wenn ihr ohne einen solchen Paß dorthin kommt, werdet ihr am Stadttor gleich bis auf die Haut ausgezogen, alle eure Kleider werden gefilzt, damit ihr nichts mitbringt, wofür ihr keinen Zoll entrichtet habt. Wenn ihr aber einen Paß besitzt, so lassen sie euch ungeschoren durch.«

Diesen Rat aber gab uns jener Betrüger, um uns Geld abzunehmen, und nicht etwa aus Sorge um unser Wohlergehen, denn das Schreiben nützte uns gar nichts, wie wir merken sollten.

Die Nacht auf den 19. Oktober, den einundzwanzigsten Sonntag nach Trinitatis, brachte ich fast ganz ohne Schlaf bei einer Kerze zu, um aufzuschreiben, was für das Evagatorium wichtig war, denn unser Aufbruch stand nun bevor. Als die Sonne aufgegangen war, trafen wir uns zur Messe im Zimmer der Herren von der zweiten Gruppe. Es erschienen auch drei Göttinnen, die Venus, die Pallas und die Juno, will sagen, die beiden Frauen Dankwarts mit ihrer Magd, wieder in stolzer Aufmachung, wie ich sie schon oben beschrieben habe. Wir ertrugen sie nur widerwillig beim Amt, weil sie weder aus Andacht dabei waren noch etwas zu unserer Andacht beitrugen. Ich hatte große Bedenken auch wegen einiger Sarazenen, die unseren Gottesdienst verlachten, weil wir ihn vor Frauen abhielten, was sie als Entweihung ansehen. Denn in ihren Gotteshäusern sind die Frauen niemals in der Nähe der Männer, sie stehen vielmehr für sich in einem besonderen Bereich, wo sie von den Männern nicht gesehen werden können. Dort beten und klagen sie, allen eitlen weltlichen Schmuck haben sie zu Hause gelassen.

Als die Messe zu Ende war, tauchte umgehend Dankwart auf, sprach mit verstellter Freundlichkeit mit uns über unsere Abreise, um dann das Geld zu verlangen, das wir ihm für seine Dienste schuldig seien: sechs Dukaten pro Person, vier für den Brief des Sultans an die Alexandriner und 34 für das zur Fahrt auf dem Nil nach Unterägypten zu erwerbende Schiff. Er empfahl uns auch seine Frauen und seine Familie, denn alle seien uns ja bereitwillig zu Diensten gewesen. Das tat er, damit wir ihnen ein Abschiedsgeschenk machen sollten. Weiter wollte er noch sechs Dukaten für die Esel und ihre Treiber haben, die uns zum Nil bringen sollten. Wir sammelten das Geld von den Pilgern ein, wobei wir schätzten, was für jeden angemessen schien, und zahlten mehr noch, als gefordert und gerecht war, um ihn zufriedenzustellen.

Wie er sein Geld erhalten hatte, hieß er uns zum Aufbruch bereit zu sein. Wir machten also rasch unsere Sachen, die auf die Esel gepackt werden sollten, fertig. Mittag war schon vorbei, und wir standen immer noch und harrten darauf, hinausgeführt zu werden. Aber Dankwart schlenderte unbekümmert durch Haus und Hof und zeigte in Miene und Gebärden eine gereizte Stimmung gegen uns an, wobei er so tat, als ob er unser ungeduldiges Warten gar nicht sehe.

Als aber schließlich die Sonne sich neigte und die Zeit verrann, riefen wir den Hausverwalter, einen Mamelucken, und fragten ihn nach dem Grund für die Verzögerung und die Verärgerung seines Herrn. Er antwortete mit kurzen Worten: »Wenn ihr den Herrn freundlich stimmen wollt und in Frieden ausziehen, so öffnet eure Beutel, schüttet das Geld heraus und gebt über das Geforderte hinaus für die Unterkunft, für die Frauen zum Abschied, Belohnungen und Trinkgelder für die Hausdiener, und das rasch und fröhlich!«

Also rückten wir zwar mit heiterer Miene, aber schweren und finsteren Herzens viele Dukaten heraus. Nachdem das geschehen war, fing dieser arglistige Mensch an, uns vergnügt anzusehen und seine Leute zusammenzurufen, um uns behilflich zu sein. Schließlich stieg Dankwart aufs Pferd und führte uns mit seinen Dienern durch die Stadt hinaus. Noch nie aber hatten wir solche Mühe, durch die Volksmenge hindurchzukommen wie diesmal, sie belästigten uns aufs übelste mit Stößen und Püffen, mit Anschreien und Auslachen.

Unter großer Anstrengung und Angst kamen wir nach Balach, wo der Nil vorüberfloß, im Hafen lagen viele Schiffe. Als die Mauren, die uns fahren sollten, uns erblickten, kamen sie vom Schiff herunter und trugen unser ganzes Gepäck hinein, es war ein geräumiges und schönes Schiff und nur für uns gemietet. Danach kam Dankwart zu uns und brachte einen Mamelucken namens Halliu mit, den wir zuvor schon oft gesehen hatten, diesen setzte er als seinen Vertreter bis Alexandria über uns ein. Der war ein bleicher und verschlagener Mensch, meinen Prinzipien gänzlich entgegen, schon gleich, als ich ihn sah, spürte ich Mißtrauen und Widerwillen gegen ihn, wie er auch gegen mich, was der Gang der Dinge dann oftmals bewies.

Abreise auf dem Nil

Nachdem er nun seinen Vertreter ernannt hatte, nahm Dankwart Abschied von uns und kehrte mit seinen Leuten nach Hause zurück. Es war, noch bevor wir den Hafen verließen, dunkle Nacht geworden. So saßen wir an Bord, vergnügt darüber, daß wir mit heiler Haut diesem Hautabzieher entkommen waren, wenn auch freilich mit leichter gewordenen Geldbeuteln.

In der Nacht zum 20. Oktober legte das Schiff ab, und wir verließen den Nilhafen von Kairo, hatten aber Gegenwind, so daß unsere vier maurischen Matrosen die Ruder benutzen mußten. Viele mit Gewürzen beladene Schiffe folgten uns, andere fuhren voraus und mühten sich mit derselben Beschwerlichkeit wie wir gegen den Wind. So war unsere Reise langsam und langweilig, die vom Meer heraufkommenden und gegen die Strömung angehenden Schiffe machten dagegen gute Fahrt, sie eilten dahin, gleichermaßen von Segeln wie von Pferden bewegt. Denn so, wie auf dem Rhein die Schiffe von Köln an mit Pferden gezogen werden, geschieht es auch hier auf dem Nil vom Meer bei Alexandria bis nach Kairo hinauf.

Auf beiden Flußseiten lag liebliches und fruchtbares Land mit vielen kleinen Dörfern. Alle Häuser darin sehen wie nach oben gewölbte Backöfen aus Nilschlamm aus, der zäh ist und gut geeignet zum Hausbau für die Bauern. Zuerst dachte ich, alle diese Häuser seien Moscheen, weil sie mit so schönen Wölbungen versehen waren. Um die Dörfer herum befanden sich die anmutigsten Gärten, Felder, Gemüse- und Obstpflanzungen.

Langsam fuhren wir diesen ganzen Tag über dahin, man ließ uns nicht aussteigen, so aßen wir, was wir in Kairo gekauft hatten, und tranken vom Wasser des heiligen Flusses, das aber trüb und lauwarm war. Der Wein in den Schläuchen war uns ausgegangen, daher hielten wir uns eben mit den Sarazenen an das Wasser. Wir tranken es aber ohne Furcht vor einer

Infektion aus dem Fluß, weil wir ja wußten, daß er aus dem gesündesten Paradies hervorfloß. Wir verbrachten einen verdrießlichen Tag, weil es so langsam vorwärtsging und wir schläfrige Schiffsleute hatten. Fast den ganzen Tag schliefen sie, um die Nacht über wach zu sein, wie es zu ihrem Fastenmonat gehört. Denn als die Sonne untergegangen war und wir uns zur Ruhe legen wollten, standen die Sarazenen auf und fingen an zu singen, zu heulen, zu essen und gönnten uns keine Ruhe. Darum erhoben ich und ein paar andere uns von unserem Lager und wachten mit ihnen, wobei wir Wasser und Land beobachteten. Dabei sahen wir Krokodile, ungeheure Tiere, wie sie sich vom Ufer ins Wasser stürzten und sich darin wälzten, und wir hörten sie unter Wasser stöhnen und rülpsen.

Am 23. Oktober begann ein glückhafter Tag aufzustrahlen. Der Wind, der gegen uns gestanden hatte, drehte sich, der Nordwind wurde vom Südwind in die Flucht geschlagen, der uns, als wir die Segel ihm darboten, sogleich aus dem Schlamm, in dem wir festgesessen hatten, mit kräftigem Schwung ins eigentliche Nilbett zurückbrachte, auf dem wir nun in rascher Fahrt und mit vergnügten Gesichtern zum Meer hin glitten. Beim Sonnenaufgang sahen wir es zum ersten Mal, bei seinem Anblick weinten manche Pilger vor Freude, weil sie nun jene weite Fläche vor sich hatten, über welche die Heimreise ins Geburtsland führt. Denn wie süß die Erinnerung daran ist für den, der in die Fremde verschlagen ist, das weiß niemand, der es nicht selbst erfahren hat.

So freudig gestimmt, näherten wir uns dem Ende des Nils und gelangten in die Kanopische oder Heracliotische Mündung, durch die der Fluß in das große Meer hinausströmt. Um aber nicht zusammen mit ihm ins Meer zu gleiten, wurde das Schiff oberhalb mit Seilen und Ankern festgemacht. Nach uns kamen noch andere Schiffe, die Gewürze geladen hatten, und legten neben uns an. Der Hafen an der Mündung war so voller Schiffe, daß keines sich nach der Seite hin bewegen konnte, und am Ufer stand eine große Menge von Heiden mit Kamelen, Eseln und Pferden, die von den Schiffsleuten die wohlriechenden Waren in Empfang nahmen. Dabei war das Geschrei und Getümmel so groß, daß wir wieder Angst bekamen. Sie liefen nämlich am Ufer zu unserem Liegeplatz heran und starrten uns mit dummem Staunen an, wir waren für sie etwas Fremdartiges, denn es ist ungewöhnlich, daß Christen zu dieser Mündung geführt werden.

Nun wurde eine Brücke ausgelegt, und wir brachten unsere Sachen an das Ufer von Nil und Meer zu einem abgelegenen Platz auf einer Wiese, setzten uns zusammen, schnitten Brot und Käse ab und tranken Nilwasser, weder gestern noch vorgestern hatten wir etwas Warmes gegessen. So saßen wir geduldig und besorgt im Gras und warteten jeden Augenblick, daß etwas Unangenehmes uns passieren würde. Es war klar, daß wir von diesem Ort nicht ungeschoren wegkommen würden. Denn die heidnischen Händler betrachteten uns mit finsteren Mienen und machten verächtliche Gebärden, es war nicht zu übersehen, daß sie etwas Übles im Schilde führten. Als wir uns ein wenig gestärkt hatten, drängten wir den Halliu, nun die Kamele für uns und unser Gepäck zu besorgen. Der Weg nach Alexandria war immerhin nicht weniger als drei stattliche deutsche Meilen, mir schienen es vor Überdruß an dieser Reise eher fünf zu sein. Halliu verfügte sich also in das Getümmel, aber als er bemerkte, wie die Kaufleute sich um die Kamele stritten, gab er die Hoffnung auf, auch für uns solche zu bekommen. Die Streiterei war so heftig, weil jeder der Kaufleute der erste sein wollte, der ein Kamel erhielt und seine Waren aufladen konnte.

Halliu kam also zurück und sagte uns, wir könnten wegen der großen Menge der Waren und der Rücksichtslosigkeit der Kaufleute an diesem Tag keine Tiere mehr bekommen. Wir waren darüber verstimmt, doch faßten sich die Erfahreneren unter uns sogleich ein Herz und traten, ihre Furcht überwindend, selbst auf die Kameltreiber zu und sprachen mit ihnen über unseren Zug nach Alexandria. Und da fanden sie viele, die bereit waren, uns hinzubringen, ja, sie waren sogar williger, uns zu befördern als die Warensäcke, weil wir an Gewicht leichter, vom Preis her aber gewiß schwerer wogen.

Aber mehrere Kaufleute, die nun leer ausgingen, kamen herangelaufen, und es erhob sich ein neuerliches Gezänk mit den Treibern. Wir hatten unter ihnen einen armen mit fünf Kamelen ausgesucht und diese beladen, nachdem wir mit ihm einig geworden waren. Als wir uns gerade auf den Weg machen wollten, rannten die Sarazenen heran und rissen in wilder Wut unsere Sachen wieder herab, beschimpften den Treiber und zwangen ihn, nachdem sie die Kamele dorthin geführt hatten, wo ihre Waren auf einem Haufen lagen, diese aufzuladen. Die anderen Treiber, die gekommen waren, um mit uns abzuschließen, aber jagten sie mit Schlägen weg und wollten sie auch nötigen, ihre Säcke aufzupacken. Daraus aber entstand ein so wütender Streit, daß sie sich gegenseitig mit Messern und Dolchen zu verletzen trachteten. Und währenddessen saßen wir still und furchtsam und rührten keine Hand, um nicht ihre Wut auf uns zu lenken.

Inzwischen waren viele schwer verletzt worden, und die armen ländlichen Kameltreiber saßen jammernd da und klagten, unschuldig geschlagen worden zu sein, die Kaufleute aber sagten, sie hätten ihre Hiebe und Stiche wohl verdient, weil sie bereit waren, Christenhunden und fränkischen Spitzbuben vor den Sarazenen zu dienen, und drohten ihnen mit mehr, wenn sie damit fortführen. Wir saßen also verdrossen da und glaubten nicht mehr daran, von Kanopus wegzukommen, solange noch ein einziger Warensack am Ufer läge. So hockten wir zwei oder drei Stunden herum, bis ein Maure auf uns zutrat, ein keck wirkender Mann aus Mauretanien oberhalb Ägyptens, und uns fragte, ob wir etwa mit ihm ziehen wollten. Als er unsere Zustimmung hörte, wurden die Kamele herangeführt, und wiederum beluden wir fünf von ihnen, er kümmerte sich nicht um das Geschrei der Kaufleute, wehrte sich gegen sie und schützte unter Anwendung von Gewalt unsere Sachen. Als dann schließlich die Kamele beladen waren, mieteten wir

Esel, um auf ihnen mit unseren kleinen Körbchen und Beuteln jenen zu folgen.

Eilig durchzogen wir die Salzebene, um rasch in Alexandria zu sein und endlich etwas zum Essen und Trinken zu bekommen. Es ging über eine Anhöhe und durch einen eingeschnittenen Weg hinab, und in der Dämmerung sahen wir dort riesengroße uralte Mauerreste, die sich weithin erstreckten. Wir erfuhren, daß hier einst das alte Alexandria stand. Vor uns aber erblickten wir nun die ruhmreiche Stadt, die zu ihrem größeren Teil vom Meer umschlossen, zum anderen von lieblichen Gärten und Obstpflanzungen gesäumt ist. Da stehen Palmbäume so hoch und dicht, als wäre es ein Fichtenwald.

Unfreundlicher Empfang in Alexandria

Als wir schon nahe der Stadt waren, zogen uns die Treiber aufgeregt von den Kamelen und Eseln herab, denn es sei eine Beleidigung dieser edlen Stadt, wenn ein Christ auf einem Kamel, Pferd oder Esel in sie einzöge. Wir gingen also zu Fuß hinter den Tieren her auf das nächstgelegene Stadttor zu. Doch als die Torwächter uns sahen, kamen sie uns mit Stöcken und Knüppeln entgegen, zogen das Tor hinter ihrem Rücken zu und riefen, dieses stünde offen nur für Einwohner, bekannte Sarazenen und für Diener des Mahomet, keinesfalls aber für Hunde und miese Christen (*Christicolis*). Sie wiesen die Treiber an, uns außen am Festungsgraben entlang zu einem anderen Tor zu führen, an dem die Fremden kontrolliert und geprüft würden, ob sie würdig seien, in die Stadt eingelassen zu werden oder nicht.

Ein paar Sarazenenjungen, die vor dem ersten Tor knabenhafte Spiele getrieben hatten, hörten bei unserem Anblick damit auf und liefen uns nun mit Hohngeschrei nach und warfen Steine nach uns. Dazuhin beschimpften uns auf der

Stadtmauer laufende Leute von oben herab und bewarfen uns ebenfalls. Nie sind wir mit so übler Gastlichkeit empfangen worden wie in Alexandria. Der Weg zog sich lang hin, wir waren sehr müde und so erschöpft, daß wir kaum noch gehen konnten, zermürbt vom Hunger und den vielfältigen Plagen.

Endlich kamen wir zu einem großen, hohen Torbau, von Türmen und Wehrgängen geschützt, mit eisernen Verriegelungen und einem vervierfachten Durchlaß zwischen Eingang und Ausgang. Sowohl das äußere wie das innere Tor bestand aus Eisen, eine bewegliche Brücke, die hochgezogen werden konnte, legte sich zwischen ihnen über einen Graben. Vor dem äußeren Tor stand ein Steuereinnehmer mit seinem Stock, der aber ohne besondere Strenge nur für unsere Tiere einen geringen Zoll erhob, für uns selber nichts, das überließ er anderen. Nachdem wir bezahlt hatten, zogen wir durch das Tor und über die Brücke, nun mit einer gewissen Heiterkeit, weil wir meinten, nach der Zufriedenstellung des ersten auch den Händen der übrigen Zöllner entgangen zu sein. Denn da bereits die Sonne unterging, dachten wir, jene seien nicht mehr da und wir könnten deshalb unbeachtet in die Stadt gelangen.

Während der ganzen Reise hatten wir schon Schreckensdinge über die Einnehmer an den Toren von Alexandria gehört. Als wir auf der Brücke über den Graben gekommen waren, standen vor dem Eisentor einige bewaffnete Sarazenen, aber sie sprachen weder im guten noch im bösen mit uns, hinderten uns auch nicht daran, einzutreten. Doch innen hießen sie uns dann stehenzubleiben, und als unsere ganze Schar versammelt war, schlossen sie das Tor und gaben den Befehl weiterzugehen. Hinter dem Tor verlief ein gebogener Gang zwischen sehr hohen Mauern und Türmen bis zu dem innersten Eisentor, durch das es in die Stadt hineingeht. Davor aber standen viele Bewaffnete und wiesen uns, als wir hindurchgehen wollten, mit ihren Stöcken und Spießen zurück.

Nachdem sie beide Tore hinter sich geschlossen hatten,

befahlen sie, die Tiere abzuladen, und als die Gepäckstücke niedergelegt waren, öffneten sie das nach außen führende Tor wieder, ließen die Kamel- und Eseltreiber samt ihren Tieren und alle anderen außer den Pilgern und dem Stellvertreter des Dragomans, Halliu, hinaus. Uns aber schlossen sie mit unseren Sachen zwischen den beiden Eisentoren ein, wobei sie kundgaben, wir würden am folgenden Morgen nach der Musterung unseres Gepäcks und nach Zahlung der Gebühren eingelassen werden. So waren wir also hinter eisernen Toren, Riegeln und Ketten und sehr hohen Mauern gefangen.

Wie wir so in unserem Gefängnis saßen und unsere Sachen ein wenig geordnet hatten, da trat uns die Erschöpfung wieder ins Bewußtsein, der Hunger fiel uns an, aber die ausgepackten Fladenbrote konnten wir weder schlucken noch mit den Zähnen beißen, weil kein Trinkwasser vorhanden war. In unserer Not traten wir vor das innere Tor, das zur Stadt führt, und schlugen heftig mit Steinen dagegen. Zuerst kam dieser falsche Hund Halliu gelaufen, der bei uns war, und schalt uns hart wegen des Lärms, den wir machten. Wir kümmerten uns aber nicht um ihn, sondern setzten unsere Hoffnung auf die Menschlichkeit jener Alexandriner, die uns nicht an dieser Entkräftung zugrunde gehen lassen wollten, in der wir uns befanden. Auf unser Klopfen hin kamen einige herbei, die in der Nähe des Tores wohnten und wollten wissen, was der Grund dafür sei. Als wir es ihnen erklärt hatten, reichten wir ihnen einige Münzen durch die Öffnung zwischen den Türflügeln und dem Boden beziehungsweise der Schwelle darunter. Dieser Abstand war so groß, daß wir auch Krüge und Flaschen hinausgeben konnten. Sie nahmen das Geld und die Gefäße, dann brachten uns diese Heiden Brote, aber warme, frisch vom Herd, Krüge mit Wasser und ein Körbchen voller Datteln. Wir setzten uns nieder, und ein jeder nahm mit Maßen von den Gaben.

Gestärkt waren wir nun, zwar keineswegs gesättigt, aber dankbar für das Mitleid jener Andersgläubigen und noch mehr für unseren Ruheplatz. Denn wir waren an einem ganz sicheren und sauberen Ort eingeschlossen, zwar konnten wir nicht ein- noch ausgehen, aber es konnte auch niemand zu uns gelangen. Rechts neben dem Tor gab es eine kleine Tür, die offengeblieben war. Durch sie konnte man in den Raum zwischen der hohen inneren Stadtmauer und der äußeren, die aus dem Graben aufsteigt, gelangen. Und in diesem Umgang konnten wir eine lange Strecke zwischen den Mauern gehen und durch Schießscharten auf den Graben sehen, und es war möglich, auf den Wehrgang der äußeren Mauer und auf einige Türme zu steigen, was ich auch tat. Ich glaube aber, daß man diesen Ort mit Absicht für uns offenhielt, damit wir nicht mit unserer Notdurft den allgemeinen Durchgang zwischen den Toren beschmutzten. Da es nun schon Nacht geworden war, legten wir uns zur Ruhe und schliefen tief.

Am 24. Oktober holten wir, als der Tag graute, unsere Sachen zusammen und richteten die Säcke und Körbe so her, daß die Zöllner nicht schon beim Öffnen der Behältnisse Wertvolles entdecken konnten. Als nun Halliu sah, wie wir derart beschäftigt waren, riet er uns, wir sollten lieber die Körbe und Säcke offenlassen und das Verschnürte aufbinden, weil die Zöllner alles, was fest verknotet ist, mit ihren Messern öffnen und aufschlitzen. Als wir ihm sagten, wir hätten einen Freibrief vom Sultan, da lachte der Nichtswürdige und versicherte, auch wenn der Sultan persönlich dabei wäre, würden wir ohne Durchsuchung nicht in diese Stadt kommen. Er gab uns sogar den Rat, wir sollten diesen Brief lieber verbergen.

Die Sonne war schon lange aufgegangen, und vor dem äußeren Tor herrschte Lärm und Geschrei von denen, die mit ihren Kamelen hereinkommen wollten. Endlich erschienen die Torwächter mit den Herren Zöllnern, schoben alle unsere Sachen beiseite und ließen die vor dem Tor stehenden Kamele herein und sich niederlegen, dann wurden die Laststücke durchsucht. Es waren über 90 Kamele, und es verging eine Menge Zeit. Endlich kam der alexandrinische Dragoman zu uns, er hieß Schambeck und war ein eindrucksvoller dunkelhäutiger Mann, kraftvoll, hochgewachsen und ein gebieterischer Mameluck, der bestens italienisch sprach. Er begrüßte uns sehr freundlich und nahm jeden von uns nach ihrer Sitte zu einem Kuß an sich. Wir zeigten ihm den Brief des Sultans, und seine Meinung war, wir sollten ihn auf jeden Fall den Herren beim Zoll vorweisen.

Als nun alle Kamele durch waren, setzten sich die Herren ins innere Tor unter den Torturm, und Schambeck wählte einige von den älteren Pilgern aus, trat mit ihnen zu jenen hinein und überreichte ihnen den Brief des Sultans. Sie nahmen ihn ehrfurchtsvoll entgegen, küßten ihn wiederholt und lasen ihn. Als sie ihn gelesen hatten, kamen einige von ihnen zu uns heraus und hoben zuerst die Säcke und Körbe auf, um ihr Gewicht festzustellen. Dann sahen sie nach, aber nicht sehr genau, sondern gerade noch ausreichend, öffneten auch nicht alles, was zugeschnürt war, und machten alles ziemlich rasch ab. Nach dem Sichten unserer Sachen standen sie unter dem Tor, riefen einen um den anderen heran, suchten in seinen Kleidern und Beuteln und legten das Gold- und Silbergeld eines jeden einzelnen zusammen, hießen aber keinen sich ganz auszuziehen.

Als aber ich drankam und sie in mir einen Priester vor sich sahen, wollten sie nichts von mir und machten auch den Beutel, den ich sichtbar am Gürtel trug, nicht auf, sondern entließen mich wie einen Armen, der ich ja in der Tat auch war, ohne Durchsuchung. Gleichermaßen verhielten sie sich bei den Minoritenbrüdern, und so zog das Unwetter friedlich vorbei, ich hatte fast den Eindruck, daß ihnen das Kontrollieren genauso widerwärtig war wie uns. Jedem gaben sie dann sein Münzgeld zurück, nachdem sie den festgesetzten Zoll davon genommen hatten. Wären wir Kaufleute gewesen, wären wir nicht so gut davongekommen. Diese nämlich ziehen sie bis auf die Haut aus, und, wenn es auch gemein und schändlich ist, davon zu reden, sie suchen in ihren Hinterteilen, im Mund und in den Ohren nach Gold oder Edelsteinen.

Wir waren also von dieser Last befreit, und Schambeck

ging in die Stadt, brachte Kamele und Esel für uns und unsere Sachen herbei. Wir sammelten das Gepäck, beluden die Tiere und zogen in die große Stadt ein. Aber als wir ringsum derart elende Ruinen sahen, waren wir starr vor Staunen, daß ein so armseliges Gemeinwesen mit solchen festen und schön gebauten Mauern umgeben war. Durch eine lange Straße kamen wir zur Residenz des Stadtpräfekten, eines sehr mächtigen Mamelucken, und unter Führung des Dragomans zur Audienz bei ihm. Denn es ist Brauch, daß alle Ausländer zuerst dem Präfekten vorgestellt werden. Dieser trat heraus, ein ehrfurchteinflößender und würdevoller Alter, und begrüßte uns alle. Nachdem er jeden einzelnen angesehen hatte, gestattete er uns, an unseren Aufenthaltsort zu gehen, wie ja solche Männer auf wunderbare Weise mit einem Blick einen Menschen erkennen, wodurch sie auch hervorragende Richter sind.

Von hier ging es wieder durch eine lange Straße zum Anwesen des Königs von Sizilien, in dem die katalanischen Kaufleute ihre Waren und Wohnungen haben. Denn deren Handelsniederlassung ist zugleich die Herberge der christlichen Pilger, wenn die Venezianer oder Genuesen sie nicht aus besonderer Gunst in der ihrigen aufnehmen. Als wir mit unseren Sachen in den Hof eingezogen waren, trat uns der Hausherr, der katalanische Konsul, entgegen und nahm uns freundlich auf, auch die Dienerschaft erschien, um uns beim Entladen der Tiere zu helfen. Wir waren über die Maßen froh darüber, daß wir in das Haus eines Christen gekommen waren, was wir ja lange Zeit hatten entbehren müssen, und wir schlossen daraus, daß wir uns nun am Eingang zu unserem eigenen Land befanden.

Wir entließen schließlich den Halliu, den Vertreter des Dragomans von Kairo, und waren gezwungen, diesem höchst untreuen und bösartigen Menschen nicht wenige Geldstücke zu geben, der uns doch zu gar nichts nutz war, sondern nur Verräter unserer Gelder und ein ganz treuloser Beschützer. Nun gingen Schambeck und Halliu vom Haus weg, und wir stiegen in ein schönes Speisezimmer hinauf, wo wir einen gedeckten Tisch vorfanden und dazu die Hausher-rin, eine treue Christin mit ihrer ganzen Familie. Wir setzten uns zu Tisch, genossen das stattliche Mahl, tranken Wein aus goldenen und silbernen Bechern und erholten uns vortreff-lich.

Am 25. Oktober verfügten wir uns, nachdem mit einem Glöcklein geläutet worden war, in die Hauskapelle und fei-erten und hörten die Messe. Gleich danach vernahmen wir ein Krachen von Geschützen, schmetternde Trompeten, dröhnende Pauken und das Schreien frohlockender Men-schen, ein Zeichen, daß ein großer Herr zu Schiff auf dem Meer ankam. Wir, die wir nicht weggehen durften, stiegen auf den Altan und schauten zum Schiffshafen. Es war ein hochmögender Sarazene aus Libyen angekommen, dem der Präfekt zum ehrenvollen Empfang Boote mit Bewaffneten entgegengeschickt hatte, einmal, weil jener ein Pilger zum Grab des Mahomet war, dann aber, weil er willkommene Beute, die er auf dem Meer gemacht hatte, mitbrachte. Er hatte mit seinen Leuten ein Schiff mit 13 Christen gekapert und brachte nun diese zum Verkauf nach Alexandria. Als sie dann aus den Schiffen an Land gegangen waren, banden sie die armen Christen mit Stricken aneinander und ließen die unglücklichen Gefangenen vor dem ganzen Haufen herge-hen. Der fröhliche Einzug in die Stadt war für uns ein bekla-genswerter Anblick und Grund zu Furcht und Trauer.

Die Handelshöfe und der Sklavenmarkt

Am 29. Oktober nach dem Frühmahl beschlossen wir, alle Niederlassungen der Kaufleute, die Häuser der Klein- wie der Großhändler zu besuchen und ihren Geschäften dort zuzuschauen. Wir wandten und als erstes der Besichtigung der Waren und der Einrichtungen unseres katalanischen Handelshauses zu, doch gab es da, von wenigem abgesehen, zu jener Zeit weder Waren noch Kaufleute. Das Handelshaus besteht aus einem großen Hof mit vielen Wohnräumen ringsum, ähnlich einem Kloster. Es war aber deshalb gerade niemand da, weil die Katalanen Seeräuber sind und das Meer unsicher machen, nun hatten sie einige Schiffe ausgeraubt und damit Mächtige gereizt, die sie fürchteten. Darum wagten sie sich derzeit nicht aufs Meer, und so blieb das Haus leer.

Wir verließen es und gingen zum Handelshaus der Genuesen, einem weiträumigen, sehr schönen Anwesen mit großem Hof; an der Seite liegt ein Garten mit seltenen Pflanzen. Hier trafen wir viele Kaufleute an und sahen riesige Mengen von Gütern angehäuft, auch liefen viele uns unbekannte Tiere herum. Danach traten wir in die erste Niederlassung der Venezianer ein, die wir so angefüllt und vollgestopft mit Säcken und Körben fanden, daß es kaum Platz gab, um hindurchzukommen, obwohl der Hof groß war und viele Wohnräume hatte. Hier ergingen sich acht Strauße und zwei Gazellen, gleichsam Fohlen jener Hirsche, von denen wir viele in der Wüste gesehen hatten, und ansehnliche Venezianer saßen mit achtunggebietenden Sarazenen bei ihren Geschäften im Hause zusammen.

Dann gingen wir zum zweiten Hof der Venezianer, der größer ist als der erste, wo es eine überwältigende Menge der verschiedenen Waren gab, sowohl aus unseren Ländern hergebrachte wie solche, die man abtransportieren wollte. Außerdem sahen wir hier allerlei wunderliche Tiere, kleine Löwenjunge, Leoparden, Affen verschiedener Art, Strauße und sehr wertvolle Papageien, weiße, rote und einige rote mit schwarzen Flecken, dazu viele von den normalen grünen.

Zwischen den anderen aber sahen wir ein Tier, daß bei uns zum Haus gehört, von den Sarazenen aber verabscheut wird. Es spazierte nämlich auf dem Hof ein dickes Schwein herum, worüber wir uns sehr wunderten, weil die Sarazenen gegen Schweine Todfeindschaft empfinden und sie ihnen, wie den Juden, ein Greuel sind. Auf keinen Fall ertragen sie Schweine in ihrer Nähe, und wir haben auch auf der ganzen Reise nie ein solches gesehen bis auf dieses. Man sagte uns aber, daß die Venezianer um teures Geld vom Sultan die Unversehrtheit dieses Schweines erkauft hatten, sonst hätten die Sarazenen es nicht am Leben gelassen, seinetwegen sogar das Haus zerstört. So läuft es nun herum als Zeichen einer gewissen Großtuerei der venezianischen Herren, denn wären sie nicht hochmütig aufgetreten, um den Sarazenen Respekt einzuflößen, hätten sie dies nicht tun können.

Man muß aber erwähnen, daß dieses Tier ziemlich grob war. Denn sogleich, wenn es, ich weiß nicht, durch welchen Instinkt oder Sinn, die Gegenwart eines Sarazenen auf dem Hof wahrnahm, auch wenn es gerade dalag und sich im Schlamm wälzte, rannte es mit lautem Grunzen herbei und suchte seinen Feind. Und wenn der nicht die Flucht ergriff oder von einem Christen beschützt wurde, nahm es Rache an ihm, indem es entweder an seinen Kleidern zerrte oder ihn ins Bein biß. Kein Hund könnte einen fremden Mann so schnell bemerken wie dieses Schwein einen Sarazenen, während es sich doch um keinen Christen kümmerte, mochte er noch so fremd sein. Ich selber bin viele Male dort eingetreten, aber es nahm von meiner Anwesenheit keinerlei Notiz.

Nach diesem Handelshof begaben wir uns zu dem der Konstantinopolitaner, in dem wir allerlei Güter und ehrwürdige, ernste und gemessene Türken sahen. Und dann betraten wir den Hof der Tataren, wo wir Waren fanden, die in der Tat höchst kostbar waren und doch um billiges Geld verkauft wurden. Dies waren mit Vernunft begabte Geschöpfe Gottes, erschaffen nach seinem Bilde, über 60 Menschen beiderlei Geschlechts, die zu niedrigstem Preis zum Verkauf standen. Um sie herum standen viele Heiden und handelten mit Menschen, die Christus mit seinem kostbarsten Tod sich erkauft hatte. Längere Zeit hielten wir uns in diesem unseligen Hof auf und erblickten die jammervollen, ja, abstoßenden Betastungen von Menschen.

Wenn die Händler vorhaben, einen Menschen zu kaufen, sei es einen Mann oder eine Frau, kommen sie herein und prüfen das Angebot. Doch bei dieser Prüfung geht man höchst scharfsinnig und erfahren vor, es gibt keinen Arzt oder Naturkundigen, der es mit ihnen im Erkennen menschlicher Anlagen oder Beschaffenheiten aufnehmen könnte. Unmittelbar, wenn sie jemandem ins Gesicht sehen, erkennen sie seinen Wert, sein Verhalten und sein Los. Und wenn es ein Knabe ist, weiß der, der ihn betrachtet, wozu er sich eignet. Ebenso beflissen sind sie im Erfassen von Naturell und Eigenschaften bei Pferden, so daß es scheint, sie täten es aus dem gesamten Verständnis der Naturwissenschaft heraus, mit einem einzigen Blick erkennen sie alle Fehler und Vorzüge und unmittelbar Nutzen, Alter und Wert. Doch die spekulativen Naturwissenschaften fehlen bei ihnen gänzlich, sie stellen nicht die Frage nach der Seele, weder nach ihren Kräften, Leiden und Eigentümlichkeiten noch nach ihrem Einströmen in den Körper oder ihrer Einheit mit ihm.

Wenn also einer, der einen Menschen kaufen will, einen entdeckt, der ihm gefällt, streckt er seine Hand in die Menge und zieht heraus, was er an Weiblichem oder Männlichem gewählt hat, und prüft nun das Kaufobjekt auf verschiedene Weise. Er sagt etwas zu ihm und gibt acht, ob es eine vernünftige Antwort gibt. Er schaut ihm in die Augen, ob es gute und geradeaus blickende hat, erprobt, ob es gut hört und fühlt, und zieht ihm schließlich die Kleider aus, um alle Gliedmaßen zu betrachten. Dann stellt er fest, wie schamhaft, ängstlich, fröhlich oder mürrisch es ist, wie gesund und unversehrt. Dabei werden, man schämt sich, es zu sagen, die Schamteile von Männern und Frauen vor aller Augen befühlt und deutlich vorgezeigt. Ebenso werden die Nackten mit Peitschenhieben dazu getrieben, Schritte zu machen, zu laufen, hin und her zu gehen und zu springen, damit sich deutlich zeigt, ob eines krank oder gesund, männlich oder weiblich, jungfräulich oder verdorben ist. Diejenigen aber, die sie als schamhaft erkennen, treiben sie noch beharrlicher mit Rutenhieben und Faustschlägen an, damit sie unter Zwang das tun, wessen sie sich aus freien Stücken im Angesicht aller schämen.

Nach der Prüfung treten dann Käufer und Verkäufer zusammen, und wenn der letztere für den Menschen 15 Dukaten verlangt, so bietet der Käufer nur fünf, da er bei ihm einen Fehler geltend macht, sei es ein rein körperlicher, sei es ein geistiger. Und darüber feilschen sie lange, wie es bei uns beim Pferdekauf geschieht. Wenn dann der Käufer schließlich den Handel abgeschlossen hat und seinen Menschen mit sich nehmen will, dann erhebt sich alsbald lautes Schreien und Weinen in dem Haufen von denen, die noch zum Kauf stehen, weil etwa ein verkaufter Knabe unter ihnen seine Mutter oder seine Brüder hat.

Da wird ein Sohn angesichts der klagenden Mutter verkauft, da eine Mutter vor dem verstört zuschauenden Sohn, da wird vor dem vor Scham vergehenden Ehemann die Gattin als Hure verhöhnt und einem anderen Mann übergeben, da wird ein Kleinkind vom Busen der Mutter gerissen und von der im Innersten Erschütterten getrennt. Dies ist aber so beim ersten Verkauf von solchen, die bei der Plünderung christlicher Länder dort in Städten oder Dörfern zur Beute gemacht worden waren. Denn oft sind die, welche nach Alexandria auf die Märkte gebracht werden, vorher schon mehrmals verkauft worden, und jene freuen sich manchmal geradezu auf ihren Verkauf. Wenn Interessenten hereinkommen, lachen sie und gebärden sich freundlich und zuvorkommend, um bei diesen besser zu gefallen, vor allem, wenn sie früher Schweres hatten erdulden müssen.

Unerhört aber ist bei allen Sarazenen, Türken und den übrigen Ungläubigen die Gier, eigene gekaufte Menschen zu besitzen, und es ist ein allen gemeinsamer Glauben, daß ein jeder, der in der Lage sei, einen Knecht oder eine Magd zu eigen zu haben, keine Armut mehr sehen werde. Es gibt kaum ein Hauswesen in Ägypten, Syrien oder der Türkei, in dem nicht ein gekaufter Mensch sich befindet. Daher sinkt, so sehr auch ihre Anzahl und Menge gesteigert wird, doch niemals ihr Kaufpreis, vielmehr steigt er sogar noch. Die Betriebsamkeit dieser Kaufleute wird angestachelt, wenn sie sehen, daß der Preis für ihre Waren durch deren Menge nicht vermindert, vielmehr noch erhöht wird. Darum greifen die Türken als Nachbarn der Christen oft deren Länder an, und zwar nicht aus Haß gegen das Kreuz, den Glauben oder wegen Gold und Silber, sondern um Menschen zu rauben und in die Sklaverei zu führen. Und wenn sie unvermutet in die Dörfer eindringen, fangen sie nicht nur Erwachsene, sondern nehmen auch Säuglinge, die sie von ihren fliehenden Eltern verlassen finden und die sie in Säcke stecken und mit Sorgfalt aufziehen.

Aber so groß wie bei den Herren die Sucht, Menschen zu besitzen, ist bei den Sklaven die Sehnsucht, deren Händen zu entkommen, nichts anderes verhandeln sie untereinander, an nichts denken, von nichts reden sie, als wie und wohin sie fliehen und entrinnen könnten. Da aber ihre Herren das genau wissen und bedenken, beschränken sie ihnen von Anfang an die Nahrungsmittel, damit sie nicht aus überflüssigen sich einen Proviantvorrat für die Flucht anlegen können. Es fliehen freilich viele, aber es nützt ihnen nichts, sie entkommen nicht. Und wenn sie dann zurückgebracht werden, ist ihr Elend doppelt so groß. Geschieht dies aber nach einer zweiten Flucht, gibt es keine Gnade mehr, ohne jedes Mitleid werden sie ausgepeitscht, gefoltert und zerschlagen. Fahren sie aber dennoch damit fort, werden sie entweder verkauft oder durch mannigfache Zwangsmaßregeln vom weiteren Fliehen abgehalten. So lassen die einen sie durch Verweigerung von Essen, Trinken und Kleidung sterben, andere hängen ihnen Eisengewichte an die Füßen, schnüren ihnen den Hals mit Ketten, machen sie lahm, indem sie ihnen die Glieder versengen, oder entstellen sie durch Abschneiden von Ohren und Nase, andere schließlich töten die Zurückgebrachten grausam mit dem Schwert.

Viele Flüchtlinge aber geraten in unbewohnte Gegenden und kommen, durch Berge und Einöde irrend, an Hunger und Durst um, oder, was das äußerste Unglück ist, die durch den harten Sklavendienst Niedergedrückten, durch Elend und Not zur Flucht Getriebenen legen selbst Hand an sich, nehmen sich mit einem Strick das Leben, stürzen sich in die

Tiefe oder gehen ins Wasser. Das aber sind Alltäglichkeiten in Gegenden, wo ein Mensch einen anderen wie ein Tier als Besitz hat.

So habe ich das folgende einmal mit eigenen Augen in unserer Unterkunft in Alexandria mit angesehen. Der Gastgeber oder Konsul hatte eine Äthiopierin zu den anderen Sklaven, die er besaß, hinzugekauft. Eines Tages wurde diese von der Herrin wegen irgendeines Fehlers gerügt, sie ertrug aber die Zurechtweisung nicht und wehrte sich gegen die tadelnde Herrin, die darauf befahl, man solle jene mit der Peitsche schlagen. Die Äthiopierin führte sich dabei aber so trotzig auf, daß der sie züchtigende Sklave einen Stock nahm, mit aller Kraft wie auf einen Esel auf sie einschlug und die auf dem Boden Liegende mit Füßen trat. Nichtsdestoweniger aber wehrte sie sich weiterhin verbissen und brachte, indem sie zurückschlug, spuckte und die Zunge herausstreckte, den Folterknecht fast zur Erschöpfung. Als sie schließlich mit Mühe bezwungen und mit Stricken gefesselt war, wütete sie gräßlich gegen sich selbst, brüllte wie eine Kuh, zerfleischte sich mit ihren Zähnen, stieß mit dem Kopf auf den Boden und an die Wand, ließ sich immer wieder von der Bank, an welche sie gefesselt war, kopfüber herabfallen und suchte so mit allen Mitteln, sich das Leben zu nehmen.

Dann wandte sie sich gegen die Herrin, beschimpfte sie mit den übelsten Worten und bedachte auch den Konsul mit schändlichen Beleidigungen. So sehr aber war sie in ihrer Wut von Sinnen, daß sie Gott lästerte, den Mahomet pries und schrie, sie werde nun zu dessen Riten übertreten, was sie auch getan hätte, wäre sie nicht an Armen und Beinen gebunden gewesen. Zuletzt lag sie wie tot viele Stunden da, bis ihr Leiden nachließ. In solch elenden Zustand gerät ein verkaufter Mensch, daß ihm das Leben zuwider wird und er mit allen Mitteln den Tod sucht. Wir empfanden darum in diesem Hof der Tataren tiefstes Mitleid mit diesen zum Verkauf stehenden Elenden.

Abfahrtsvorbereitungen und
ein trauriger Todesfall

Am 30. Oktober hörten wir in der Frühe Lärm vom Meer her, woran wir merkten, daß Schiffe angekommen waren. Wir hofften, es seien die von den Venezianern erwarteten, vor deren Ankunft sie, wie sie sagten, nicht abfahren und wir keine Abmachungen mit ihnen treffen könnten. Gleich nach der Messe gingen wir ans Meer und fanden, wie erhofft, dort die ersehnten Schiffe vor, die aus Afrika angelangt waren. Wieder im Hause, führten wir beim Frühmahl ein Gespräch mit dem Konsul darüber, wie wir uns bei der Vertragsschließung mit den Schiffspatronen verhalten und ob wir alle zusammen auf einem oder die drei Gruppen auf drei Schiffe verteilt fahren sollten. Der Konsul erwiderte, daß wir keinesfalls alle zusammen auf einer Galeere unterkämen, wegen der vielen Laststücke auf einer jeden, es werde schon schwierig sein, auf dreien Platz zu finden. Er riet uns, es solle doch jeder für sich nach einem Schiffsplatz schauen und den bestmöglichen Vertrag aushandeln, weil wir auf sehr harte Patrone stoßen würden.

Nach dem Essen gingen wir zur Niederlassung der Venezianer und verhandelten mit den Schiffspatronen über unsere Mitfahrt und über die Fahrtkosten, und wir fanden sie unverschämter und maßloser in ihren Forderungen als Sarazenen und Araber. Aber ungeachtet der unmäßigen Forderung trafen die Herren der ersten Gruppe eine Übereinkunft mit dem Herrn Sebastiano Contarini, dem Patron des Flaggschiffs der Flotte, auf dem ein Konsul aus Alexandria mit seinem Sohn, der Flottenkapitän sowie viele vornehme venezianische Bürger übers Meer fahren wollten. Der Vertrag war unverschämt, was die Höhe des Fahrpreises anbelangte, sie schlossen ihn aber dennoch ab wegen des Grafen Johannes von Solms, der, schwerkrank, unaufhörlich verlangte, auf ein Schiff gebracht zu werden, wo er glaubte, seine Gesundheit wiederzuerlangen.

Als der Vertrag geschlossen war, wollte Herr Bernhard von Breitenbach, der Domdekan von Mainz, das gemietete Schiff besuchen, um den Platz für den kranken Grafen auszuwählen, und ich bat darum, ihn begleiten zu dürfen. So fuhren wir beide also zu dem Schiff und bestimmten den Platz, wo er bleiben konnte, und richteten ihn her. Diese Galeere aber gefiel mir sehr, mir schien, ich hätte noch nie eine schönere gesehen. Sie war neu, geräumig, aufs beste ausgestattet und eingerichtet, ihre Mannschaft freundlich, und der Flottenkapitän, der hinzukam, war ein gescheiter und gewinnender Mann. Da begann ich zu seufzen vor Verlangen, auf diesem Schiff bei den Herren der ersten Gruppe zu bleiben.

Ich legte dem Herrn Bernhard meinen Wunsch dar und beklagte, daß mir dafür das Geld fehle. Der verehrungswürdige Mann aber beruhigte mich gütig über beides, und als wir das Schiff verlassen hatten, führte er mich raschen Schrittes in den Hof der Venezianer und zu dem Herrn Sebastiano, dem Patron der Galeere, und schloß, sich für mich, obwohl ich arm war, verbürgend, den Vertrag, so daß auch ich mit dem genannten Schiff übers Meer fahren konnte. Überdies zog er zwölf Dukaten heraus und überreichte sie mir zur Unterstützung meiner Ausgaben mit der Bitte, für ihn und die Seinen zu Gott zu beten, auf dem Schiff den kranken Herrn Grafen zu trösten und ihm geistlichen Beistand zu leisten, die erste Gruppe hatte nämlich keinen Priester. Diese großartige Gnade gewährte mir, sorgenvoll und notleidend wie ich war, mildtätig aus seiner Güte und Hochherzigkeit dieser verehrungswürdige Mann.

Zur selben Stunde machte ich mich mit Herrn Johannes, dem Archidiakon aus Transsilvanien, auf, damit auch er sich um die Reise kümmern konnte, und nachdem wir mit Sebastiano Contarini gesprochen hatten, nahm dieser auch ihn, wie mich, auf sein Schiff. Was mir eine ganz große Freude war, denn von Venedig bis hierher waren wir beide immer unzertrennlich gewesen. Er wäre auch nicht in die Gruppe der Pilger zum Katharinenkloster gekommen, hätte ich ihn nicht eingeführt und ihm geholfen. In der Folge besorgten sich auch die übrigen Pilger ihre Plätze, und wir wurden so auf vier Schiffe verteilt.

Am 31. Oktober, dem letzten Tag des Monats und der Vigil vor Allerheiligen, begannen wir, nachdem die Messen gelesen waren, uns zur Einschiffung fertigzumachen, und kauften ein, was, wie wir wußten, wir auf dem Meer notwendig brauchen würden. Ich aber erwarb Palmzweige, über 60, für den Palmsonntag. Dieser Kauf aber war nicht ohne Gefahr: Ich ging über den Markt und sah viele, die aus Palmblättern und Stengeln Körbe flochten, fand aber keinen einzigen Zweig und machte darum einem sarazenischen Korbmacher Zeichen, ob er vielleicht zu Hause Palmzweige hätte. Er aber verstand mich, erhob sich von dem Brett, auf dem er arbeitete und Geschäfte machte, und führte mich über eine lange Straße mit sich. Da fing ich an, bedenklich zu werden, ich bekam Angst, er wolle mich entführen, und zeigte ihm an, daß ich umkehren würde, und wandte mich von ihn ab. Als aber der Mann dies bemerkte, wurde er aufgeregt und bestürzt und sprach zu mir in ernstem Ton auf sarazenisch, was ich nicht verstand. Er blickte zum Himmel auf, als schwöre er bei Gott, daß ich sicher sei, nahm meinen Arm, zog und hielt mich fest, damit ich ihm nicht entkommen könnte.

Durch viele Gassen kamen wir schließlich zu seinem Haus, es war schön und geräumig, besaß glänzende Marmorböden und mit marmornen Tafeln verkleidete Wände. Ich war erstaunt, daß ein Korbmacher einen solchen Palast hatte. Er führte mich in den oberen Stock hinauf in einen großen Raum, der voller Palmzweige war, und ließ mir die Wahl. Ich suchte aus, was ich wollte, und bezahlte ihn. Es standen aber seine Frauen in der Türe eines anderen Zimmers hinter einem Vorhang und schauten heimlich heraus. Ich band die Zweige zusammen, nahm sie auf die Schulter und stieg hinab. Der Sarazene wollte mich ehrerbietig begleiten, ich lehnte aber ab, weil ich meinte, den Weg zu kennen. Ich ging lang weiter, betrat einmal diese Gasse, kam aus einer anderen heraus und verirrte mich derart, daß ich überhaupt nicht mehr wußte, in welche Richtung ich mich wenden sollte. Auch gab es in diesem Stadtteil wenig Menschen.

Endlich kam mir ein junger Sarazene entgegen, zu dem ich nichts anderes sagen konnte als: »O Sarazene, zum katalanischen Hof!« Der Junge begriff aber sofort, daß ich mich verirrt hatte und den Handelshof der Katalanen suchte. Er ergriff den vorderen Teil meines Skapuliers und führte mich mit Geschrei, Gesang und großem Gelächter dorthin. Ich hatte auf diesem Weg viel Spott auszustehen, doch keine Belästigung und Verletzung, ich war unbesorgt und froh und dankbar dafür, daß ich zurückgebracht wurde. So trug ich die Palmzweige in unser Zimmer und ließ mir einen Korb für sie anfertigen. Ihretwegen hatte ich soviel Aufregung und Mühe, oder vielleicht noch mehr, wie ein Kaufmann mit den wertvollsten Waren haben kann, die er übers Meer in sein Land zu bringen vorhat.

Der November brachte uns einen traurigen ersten Tag, wegen eines Unglücksfalls, von dem nun zu berichten ist. Am Tag vor Allerheiligen befiel gegen Abend den Herrn Johannes, Grafen von Solms, ein schweres Unwohlsein, der Arzt der Herren auf der Flotte wurde herbeigerufen, und nachdem er ihn gesehen hatte, sprach er, daß jener dem Tod nahe sei. Als wir dies hörten, waren wir sehr besorgt darum, ihn mit dem eucharistischen Viatikum zu versehen und schickten nach allen Kapellen der Katholiken. Aber wehe, nirgends fanden wir dort ein solches aufbewahrt und ebensowenig Öl für die letzte Ölung. Vielleicht hätten wir es in den Kirchen der Schismatiker bekommen können, aber im Bereich der Sakramente wollten wir mit ihnen nichts gemein haben, weil diese Orientalen uns als Ketzer verdächtig waren.

Der Beichtvater des Grafen, Pater Paulus vom Minoritenorden, versprach aber dem Kranken, nachdem er ihm die Beichte abgenommen und ihm die Absolution mit vollständigem Ablaß erteilt hatte, auf dessen Bitten für den nächsten Morgen die Kommunion bei der Messe. Um Mitternacht aber kam des Grafen letzte Stunde nach schwerem Todeskampf, und er starb bei vollem Bewußtsein und in wahrer Gottergebenheit in den Armen seines Beichtvaters, umgeben von Pilgern und Betenden.

Als wir sein Hinscheiden gesehen hatten, betrauerten wir mit Klagen und Weinen den Herrn und unseren Bruder und hüllten sogleich seinen Leib in leinene Tücher und trugen ihn auf einer Bahre mit den gewohnten Psalmen in die Kapelle des katalanischen Hofes und zelebrierten die Messe. Nach Sonnenaufgang fragten wir den Konsul, den Hausherrn, nach dem Begräbnisort und nach der Art und Weise der Bestattungsfeier. Der beschied uns, daß wir mit unserem Toten nichts machen könnten ohne Erlaubnis, Zustimmung und Weisung des Stadtpräfekten und Admirals. Wir sandten also den Konsul zu diesem, und als jener den Fall angehört und Geld empfangen hatte, erteilte er die Genehmigung zur Bestattung.

Sie schickten uns vier Sarazenen als Leichenträger und einige Bewaffnete, die uns vor zudringlichen Heiden schützen sollten. Es sammelte sich aber eine große Menge katholischer und schismatischer Christen, die wir aus Achtung vor dem Toten, und um die Exequien feiern zu können, ertragen mußten. Und der verehrungswürdige Herr Bernhard, jetzt Dekan in Mainz, kaufte für jeden Pilger eine Kerze und weitere große Kerzen aus weißem Wachs, um sie rings um die Bahre aufzustellen. Als alles bereit war, traten die adligen Pilger herzu, um die Bahre zur Begräbnisstätte zu tragen. Doch die vom Präfekten geschickten Sarazenen kamen gelaufen und behaupteten, dies sei ihre Aufgabe und ihr Recht, und nahmen den Pilgern die Trage mit dem Leichnam weg. Als wir uns deshalb gekränkt zeigten, weil wir ihn am liebsten selbst getragen hätten und wir nur höchst ungern unseren Toten diesen Heiden übergaben, sagte uns der Konsul, falls wir dies selbst tun wollten, kämen wir niemals in Frieden zum Begräbnisplatz. Denn junge Leute würden herbeieilen, den Trägern die Bahre entreißen oder uns mit Steinen bewerfen. Als wir dies hörten, überließen wir jenen den Leichnam, den Leichenzug aber ordneten wir so an, daß wir katholischen Kleriker mit brennenden Kerzen vor der Bahre herzogen, die schismatischen Geistlichen mit den Laien dahinter, während die uns beschützenden Sarazenen zu beiden Seiten gingen. So zogen wir vom Hof weg auf eine lange Straße, schweigend und traurig im Gebet.

Viele schreiende und uns verlachende Sarazenen strömten zusammen, staunten aber auch über unser ruhiges Schweigen, denn sie selbst tragen ihr Toten mit entsetzlichem Wehgeschrei zum Grab, wie ich es oft erlebt habe. Wie ich nun, den anderen vorangehend, das Buch vor mir hielt, aus dem ich die Totenvigilien las, trat ein Sarazene zu mir her, wie wenn er die Schrift darin betrachten wollte. Ich ließ ihn sorglos, und ohne mich zu unterbrechen, hineinsehen. Er aber hatte seinen Mund voll Speichel, den er mit Vorbedacht angesammelt hatte, wandte sich heftig nach mir um und spie ihn mir ins Gesicht, so daß mir Augen, Mund und das ganze Gesicht von dem ekelhaften Auswurf besudelt war, der mir durch den Bart auf die Kutte herablief. Auf diese Schmach konnte ich nichts anderes tun und tat auch nichts, als daß ich die Beschmutzung abwischte und weiterging.

Dann kamen wir zu der Michaelskirche der Jakobiten, in der wir den Leichnam niederlegten und bei ringsum aufgestellten brennenden Kerzen die Messe für den Toten nach dem Brauch unseres Ordens sangen, da jene beiden von unseren Brüdern, der Kaplan der Katalanen und der der Genueser, das Ganze gehörig vornahmen. Ich gestehe, daß ich während dieses Amtes und bei diesen Exequien von Furcht, Mißbehagen, ja, von Zorn erfüllt war und schwere Bedenken trug, ob für unseren geliebten Verstorbenen in jeder Hinsicht, so, wie es sich geziemt hätte, gesorgt war. O wenn doch heute sein Leib in der Gruft seiner Väter läge oder wenn man ihn den heiligen Meereswellen hätte übergeben können, auch das wäre mir viel lieber gewesen, als daß er nun beigesetzt wurde in einer mir höchst verdächtigen Kirche und in einem abscheulichen Schacht, und zwar nicht wegen seiner Schuld, sondern auf Grund des pflichtwidrigen

Dienstes in dieser Kirche! Doch wahrhaftig, wir hatte keine Gelegenheit noch Möglichkeit, etwas anderes für unseren Toten zu tun. So öffneten wir, als die Messe zu Ende war, die mit einem großen Stein verschlossene Höhlung, ließen den vertrauten Toten hinab und legten, ohne Erde über ihn gestreut zu haben, die Platte wieder darüber.

Nach dem Begräbnis bezahlten wir jener Kirche die zustehenden Gebühren, und Herr Bernhard, der hochwürdigste Dekan, verteilte an alle freigebig Geld und gab an diesem Tag für das Begräbnis nicht wenige Dukaten aus. Gemeinsam kehrten wir in unseren Hof und später auf unsere Schiffe zurück und nahmen einige wertvolle Gegenstände, für die wir keinen Zoll zahlen wollten, in den Kleidern versteckt mit uns. Manche gingen, nachdem sie den Wirt bezahlt hatten, aufs Schiff, um danach nicht mehr in die Stadt zurückzukehren.

Am 2. November, an Allerseelen, holte der Dragoman Schambeck Treiber mit Eseln und Maultieren herbei, um alles auf die Schiffe zu schaffen. Schambeck führte ein langes Gespräch an den Toren mit den Zolleinnehmern, und sie warfen darauf die Sachen nicht von den Tieren herab, sondern prüften nur die Körbe und Säcke sorgfältig. Der Dragoman Schambeck aber entließ uns und erklärte sein sicheres Geleit für nunmehr abgeschlossen, ermahnte uns aber, die Stadt nicht mehr zu betreten, da uns dort leicht noch etwas Gefährliches zustoßen könnte. Als er gegangen war, mieteten wir sogleich ein Boot, um unseren Hausrat darauf zu verstauen und zu den Schiffen zu bringen. Wir kamen zur Flotte und auf das Schiff des Kapitäns, des Herrn Sebastiano, wo wir unsere Sachen auf dem Vorderdeck ablegten.

Einschiffung und Abreise

Der Herr Dekan aus Mainz war mit seinen Genossen und Sachen unten in die Kammer des Kaliphas[21] gezogen, die mitten zwischen Vorschiff und Schiffsraum liegt und die er von dem verstorbenen Grafen und dessen Gesellschaft übernommen hatte, und dort blieb er nun. Herr Johannes, der Archidiakon aus Transsilvanien, und ich hatten noch für keine Unterkunft und Betten vorgesorgt, und so blieben wir für diese Nacht an dem Platz für die Armen und baten den Befehlshaber des Vorschiffs und die Matrosen, die dort ihre Betten hatten, sie möchten uns bis zum Morgen bei ihnen dulden. Sie nahmen uns freundlich auf und erwiderten aus freien Stücken unsere Gutwilligkeit. Unsere Gepäckstücke legten wir an die Spitze des Vorschiffs und setzten uns darauf, die Ruderer aßen gerade und versorgten uns mit Brot, Wein und Fleisch. So saßen wir die ganze Nacht unter freiem Himmel, es gab keinen Platz, auf dem wir mit ausgestreckten Beinen hätten ruhen können, denn das Vorderdeck war wie die ganze Galeere angefüllt mit Menschen. Aber wenn wir auch eng aneinandergedrängt saßen, so glaubten wir uns doch wie im Paradies unter Engeln, weil nun keiner von den Heiden mehr bei uns war, unter denen wir so lange vielerlei Beunruhigendes zu ertragen gehabt hatten.

Am 3. November gingen Herr Johannes und ich durch den Schiffsraum zum Heck und baten den Patron um Unterkunft und Nachtlager. Der rief den Schiffsschreiber und die zwei Aufseher im Schiffsraum und besprach sich mit ihnen über den Platz, den man uns anweisen könne. Man zündete ein Licht an, und wir stiegen mit ihnen hinab und besichtigten jeden Winkel. Am Ende aber wurde uns an der Wand zum Kellermeister hin ein geräumiger Ort zugeteilt, wo leicht sechs Menschen Platz gefunden hätten. Allerdings war es finster hier, und er konnte nur durch ein mitgebrachtes Licht erhellt werden, außerdem war er so nieder, daß wir uns nur kniend in ihm aufhalten konnten. Zunächst waren wir unzufrieden damit, bis wir aus unserer Erfahrung heraus eingesehen hatten, daß es auf der ganzen Galeere keinen besseren Platz gab, und zwar aus mehreren Gründen: Er war geräumig, was für den Seereisenden über die Maßen angenehm ist, dann warm, was uns, da es nun Winter wurde, sehr von Nutzen war. Oft, wenn ich oben ausgefroren bis zum Zähneklappern wieder herunterkam, fühlte ich mich alsbald erwärmt und wohl wie der Vogel im Hanf. Und der Platz war ruhig, weil niemand in der Nähe hauste. Schließlich lag er noch in der Nähe des Kellermeisters, und wir konnten auch mitten in der Nacht uns das, was wir brauchten, geben lassen und dazu noch alles, was auf dem Schiff passierte, erfahren.

Während wir mit Einrichten beschäftigt waren, begrüßte uns der Kellermeister, den wir noch nicht kannten, aufs freundlichste, indem er durch Ritzen in der Wand herübersah, und versicherte uns seiner Dienste. Worauf er, um uns besser, und ohne daß es bekannt würde, auch außer der Zeit Speise, Trank und Kerzen zum Anzünden reichen zu können, ein Brett durch Herausziehen von zwei Nägeln so weit lockerte, daß, wenn wir es zu uns herüberzogen, eine Öffnung entstand, durch welche die Gefälligkeiten hin- und hergereicht werden konnten. Hinüber aber konnten wir nicht gehen, wie auch der Kellermeister nicht zu uns kommen konnte, außer er hätte das ganze Brett beseitigt.

Als es Abend wurde, kamen aus der Stadt noch viele an Bord, die mit uns fahren wollten. Unter diesen waren zwei, über die das ganze Schiff in Aufregung geriet: Die einen sahen recht gern, daß sie zustiegen, die anderen zeigten sich angewidert, einige wünschten, sie möchten ihren Platz in deren Nähe erhalten, andere aber schworen, sie wollten, wenn jene nahe bei ihren Betten untergebracht würden, das Schiff verlassen und auf ein anderes umsteigen. Ich will offen und ohne Zurückhaltung sagen, was für Leute diese so übel angesehenen Gäste waren. Es war ein Kuppler, seines Zeichens Goldschmied und Edelsteinschneider, der mit einer höchst attraktiven Hure zu uns einstieg. Diese hatte er von

Venedig nach Alexandria gebracht und dort prostituiert, und nun wollte er, nachdem sie ihren Sündenlohn erworben hatte, mit ihr zurückkehren.

Die beiden hatten mit vielen Bitten die Schiffsherren herumbekommen. Sie ließen sie unter folgenden Bedingungen mitfahren: Die Frau mußte immer in ihrem Bett bleiben und durfte nie hinaufsteigen, sie durfte sich weder laut noch schwatzhaft noch zudringlich benehmen und keinen an sich heranlassen, durfte sich selbst dem Kuppler nicht hingeben, mußte vielmehr auf dem Schiff in voller Keuschheit leben. Käme aber etwas anderes ans Licht, so sollten beide ohne Gnade an der nächsten Küste ausgesetzt werden, ob an bewohntem oder unbewohntem Land, sei es unter Christen oder Türken. Und aufgrund dieser Abmachung waren diese Personen nun hier. Es gab aber noch ein langes Streiten und Beraten, wie sie untergebracht werden sollten, entweder zusammen oder getrennt.

Man gab ihnen schließlich Plätze im Schiffsraum, hinter dem Mast auf der Seite des Vorschiffs, während die unsrigen beim Heck lagen. Aber wenn auch die zwei Leute einem zu mißbilligenden Beruf nachgingen, so muß ich doch um der Wahrheit willen sagen, daß sie sich so ruhig, nachgiebig, friedlich und diszipliniert betrugen, daß sie bald nicht mehr als verdächtig und verächtlich erschienen, sondern allgemein geradezu als ehrbare und gute Menschen angesehen wurden und durch ihre sittsame Anständigkeit sogar Zuneigung erweckten. Der Goldschmied war ein noch junger Mann, sauber, hübsch, vernünftig und allen gegenüber respektvoll, niemand verschmähte es, mit ihm wegen seiner Bildung Umgang zu pflegen. Die Frau aber, jünger noch als er, war fein, damenhaft und völlig zurückhaltend wie eine schweigsame und ruhige Jungfrau. Viele lange Stunden verbrachte sie auf ihrem Lager, denn während der ganzen Fahrt stieg sie niemals aufs Deck hinauf, auch nicht zu den natürlichen Verrichtungen, sondern ein dazu beauftragter Matrose diente der Armen dabei mit Hinaus- und Hereinbringen. Auch auf den Inseln und in den Häfen rührte sie sich nicht, während doch alle miteinander ausstiegen, sondern blieb da wie eine eingeschlossene Nonne. Und so war sie für niemand, weder drinnen noch draußen, eine Belastung oder ein Ärgernis.

Nach dem Essen standen wir an Deck und schauten nach Alexandria hinüber. Da kam ein kleines Schiff voller Sarazenen in der Dunkelheit, denn die Dämmerung war herabgesunken, von der Stadt her zu uns herangefahren und wurde in tiefem Schweigen angebunden. Es waren ein paar junge Sarazenen an Bord, die sich mit einigen von unserem Schiff zusammengefunden hatten, mit denen sie regelmäßig Wein tranken. Die stiegen darauf mit Flaschen und Krügen, Bechern und Gläsern zu jenen hinab, und sie saßen sich zutrinkend so lange beisammen, bis die Sarazenen betrunken waren und wie die Narren sangen. Ein paar waren auch aufs Schiff heraufgekommen und fanden mit ihren schwindligen Köpfen nur mehr mit Mühe in ihr Boot hinab. Derart voll ruderten sie in der Nacht ans Ufer zurück. Ich stand da und wartete darauf, daß einer ins Wasser fiel, und ich glaube kaum, daß sie ungetauft angekommen sind.

Am 5. November begannen die Flottenoberen und die Schiffskapitäne, noch bevor es Tag wurde, die Matrosen an ihre Arbeiten zu rufen. Man löste die Verschnürungen, die herabfallenden Segel wurden vom Wind geschwellt, und allmählich setzten wir uns innerhalb des Hafens vom Ankerplatz weg in Bewegung. Doch achtete man sorgsam darauf, daß das Schiff nicht ungehörig den Hafen verließ, sondern mit der geforderten Ehrerbietung langsam den Turm des Julius Phareglan[22] passierte. Denn kein Schiff, weder ein ein- noch ein auslaufendes, wagt es, an diesem Turm vorbeizufahren, ohne ein Segel als Huldigung vor der königlichen Majestät zu senken.

Als wir außerhalb des Hafens waren, erfaßte uns der Wind jählings und führte uns ein gutes Stück durch das Ägyptische Meer in den Syrischen Golf, der außerhalb unseres beabsichtigten Kurses lag, denn wir wollten den Hafen von Paphus auf Zypern erreichen. Wären wir freilich dem Wind direkt gefolgt, so wären wir alsbald in einen palästinensischen

Hafen gekommen. Doch die Schiffslenker taten, was sie konnten, um von Syrien weg aus der Nordrichtung nach Westen hin zu kommen. So behielten wir eine mittlere Linie bei, weil wir dem nach Osten drängenden Wind nicht gänzlich folgten und durch die nach Westen strebende Geschicklichkeit der Ruderer seine Kraft aufhoben. Und so verbrachten wir diesen Tag und auch die Nacht in gleichmäßiger, wenn auch wegen der beschriebenen zweifachen Anstrengung nicht sehr schneller Fahrt.

Am 7. November erblickten wir, als es Tag wurde, Zypern, und waren sehr vergnügt, weil wir seit vielen Monaten bis dahin kein christliches Land mehr gesehen hatten. Wir fuhren auf die Insel zu und, sie umrundend, kamen wir nach Paphus, dem ältesten zyprischen Hafen, wo wir ankerten und die Schiffe festmachten. Wir kauften ein, was nötig war, besuchten auch die dortigen christlichen Kirchen und kehrten dann mit den Booten aufs Schiff zurück.

Am 10. November ließ endlich der ungünstige Wind nach, aber daraus entwickelte sich eine ärgerliche Meeresstille, in der wir, den Beistand des Himmels vermissend, auf der Stelle festlagen. Als es aber Abend geworden und die Lichter angezündet waren, da fingen die Trompeter an zu blasen und die Galeoten und die anderen Matrosen sangen, sprangen und tanzten zu Ehren des heiligen Martin, dessen Feiertag bevorstand. Ein Fest, das in den meisten Weltgegenden mit vielerlei Leichtsinn verbunden ist. Meiner Meinung nach geht dieser Brauch auf die Alten zurück, die an ihren Götterfesten szenische Spiele aufführten, denn in der Martinslegende findet sich nichts von Ausgelassenheit, sondern großer Ernst. Und niemand weiß darin etwas vom Wein, in dem doch die Menschen gerade während seiner Vigil schwelgen, in der Nacht, in der wahrscheinlich die Alten ihr Bacchusfest feierten. Denn Bacchus, Jupiters zweiter Sohn, soll als erster in Griechenland Reben gepflanzt und den Thebanern den bis dahin unbekannten Weingenuß gebracht haben.

Am 15. November kamen wir in der Frühe zum Hafen von Rhodos, und als man festgestellt hatte, wer wir waren, erhielten wir die Genehmigung einzulaufen.

Kaum daß die Stadt nach der Befreiung von den Türken wieder aufgebaut war, ereilte die Rhodier nach Gottes verborgenem Ratschluß ein zweiter Schlag. Unvermutet begann die ganze Insel zu schwanken und wurde mit solcher Gewalt geschüttelt, daß die von den Türken übriggelassenen Türme einstürzten und die Mauern, die sie wegen ihrer Stärke nicht hatten beschädigen können, aufgerissen wurden und viele Häuser zusammenfielen. Dies sah ich auf dieser meiner zweiten Reise und hörte von den Rittern, daß Angst, Furcht, Zittern und Kleinmut bei diesem Erdbeben für sie alle stärker gewesen waren und größerer Schaden eingetreten war als beim Ansturm der Türken.

Am 19. November, dem Fest der heiligen Elisabeth, erkrankte in der Nacht der Herr Konsul aus Alexandria auf unserem Schiff schwer, weshalb die Fahrt durch Herablassen der Segel unterbrochen wurde. Es war aber auf einem anderen Schiff ein erfahrener Arzt, nach dem wir ein Boot ausschickten. Er kam und erklärte, der Mann befinde sich in größter Gefahr und eine rasche Fahrt sei für ihn sehr schädlich, nicht aber eine langsame. Nutzlos lag die ganze Flotte fest vor Kreta zwischen Kandia und Standia, und die anderen sechs Schiffe befanden sich in so großer Nähe, daß wir uns zurufen konnten. Um Mittag erhob sich starker Wind, unbrauchbar für unsere Fahrt, wir bekamen eine heftig bewegte See und wurden nach Norden auf die Kykladeninseln zu getrieben. Mit Geschick und größter Kraftanstrengung verhinderten unsere Schiffsleute, daß wir ins Meer von Rhodos zurückgeworfen wurden.

Wir hatten einen stürmischen, dunklen und sehr unruhigen Tag, dazu mit Regen, der bei der Seefahrt immer beschwerlich ist. Wind und Regen ließen nicht zu, daß Feuer gemacht wurde, und so blieben wir diesen Tag ohne Speise, die ja ohnedies in unseren sich umdrehenden Mägen nicht hätte bleiben können.

Am 20. November begann sich das Meer zu beruhigen, bei Tagesanbruch ließ der Sturm nach, doch wehte der Wind immer noch so stark, daß er uns vom beabsichtigten Kurs weit nach Norden abtrieb und zu den Kykladeninseln brachte. Da wir nun aus dem Wind, der uns nach Phrygien treiben wollte, nicht abdrehen konnten, fuhren wir durch einen engen Kanal zwischen Inseln zu einer namens Nyon oder Nium und dort in einen sicheren und guten Hafen, wo wir das Schiff verankerten und festbanden. Auch die anderen Schiffe kamen und legten hier an unserer Seite an.

Am 21. November, dem Tag der Präsentatio Mariä, hörte man, noch bevor es Tag wurde, auf dem Schiff die laute Stimme eines heftig und jämmerlich Weinenden. Es war das Schluchzen des Sohnes des Konsuls, der in dieser Nacht, der Bestimmung allen Fleisches folgend, seinen letzten Tag beschlossen hatte. Nicht nur sein Sohn beklagte ihn, sondern alle taten es, die den Mann gekannt hatten. Als es Tag geworden war, ließ der Sohn den Leichnam seines Vaters an Land bringen und in der am Ufer stehenden Kapelle aufbahren, wo er sich mit lautem Wehklagen über ihn warf, und es trauerten mit ihm alle Schiffspatrone und Herren.

Nach der Messe riß man den Sohn von dem Leichnam los und brachte ihn aufs Schiff zurück, den Körper des Toten aber legten die Ärzte und Barbiere mit dem Rücken auf einen Tisch. Mit einem scharfen Messer schnitten sie ihm den Bauch vom Rippenbogen bis zu den Genitalien auf, nahmen die Eingeweide heraus und legten sie in eine Ecke der Kapelle, damit sie begraben würden. Den Leib aber wuschen sie mit Meerwasser und wischten innen und außen alles Blut ab. Obwohl der Mann äußerlich abgemagert schien, waren doch die Gedärme und Innenorgane dick und wohlgenährt, das ganze Innere war von Fett bedeckt, als wäre es vom schönsten Wachs überzogen. Nachdem der Leichnam ausgeweidet und gewaschen war, bestrichen sie ihn mit konservierenden Salben, füllten die leere Bauchhöhle mit reichlich Salz und trockenem Stroh und nähten mit einer Nadel den Schnitt wieder zusammen. Auf die Augen legten sie Seidenstoff, und auch die Ohren verstopften sie mit Seide. Dann machten sie aus Brettern einen Sarg und übergossen ihn innen und außen mit siedendem Pech. Danach legten sie den eingehüllten Leichnam hinein, verschlossen den Sarg mit Nägeln so fest wie möglich und gossen Pech in die Ritzen, damit durch keinerlei Öffnung Geruch ausströmen konnte.

Als dies alles getan war, begruben sie die Eingeweide in der Kapelle, den Sarg aber mit dem Toten brachte man auf unser Schiff. Dort verbarg man ihn tief unten im Raum in der Nähe des Kielwassers im Sand, ebnete diesen und brachte die Gewürzsäcke, und was sich sonst noch vorher dort befunden hatte, an den alten Platz zurück, so daß niemand wissen konnte, wo die Leiche lag außer denen, die sie verborgen hatten.

Diesen Mann hatten wir noch vor wenigen Tagen in Kairo und in Alexandria in vollem Glanz gesehen, aber alle sterben wir ja und sind wie Wasser, das in der Erde verrinnt. Und niemand, der Vernunft besitzt, kann auf seine Jugend vertrauen, auf seine Kraft und Stärke, auf die Gesundheit seines Lebens, auf das irdische Glück, weil keinem der Tod erspart bleibt, und gleichermaßen sterben müssen Alte und Junge, Reiche und Arme.

Bei allem, was mit dem Verstorbenen geschah, war ich dabei und legte, wo es nötig war, mit Hand an. Bei diesen Verrichtungen wurde uns offenbar, welche lügnerische Erfindung es darstellt, wenn man sagt, ein entseelter Leichnam dürfe nicht über das Meer mitgeführt werden. Unter diesem Vorwand werden aber Pilger, auch hochgestellte, Adlige, Barone und Ritter, die während der Fahrt aus dem Leben scheiden, sogleich den Wellen übergeben und nicht noch ans nächstgelegene Land gebracht, um dort ein Begräbnis zu erhalten. Denn sie behaupten, mit einem toten Pilger an Bord gäbe es keine glückliche Fahrt, und haben es darum eilig, ihn ins Meer zu werfen. Die Leiber ihrer eigenen Herren jedoch bringen sie zu den Grabstätten ihrer Väter, denn die unsrigen seien unheilbringender als deren Leichen.

An diesem Tag bestatteten wir von der Flotte vier Tote, zwei, die auf einem anderen Schiff an Schwäche gestorben waren, einen, der auf dem Kastell von einem anderen Galeoten erschlagen worden war, als er mit seinem gezückten und blutigen Schwert auf uns losging und die Herausgabe von Verstecktem verlangte, und als vierten den Konsul von unserem Schiff. Und dessen Begräbnis war nicht nur uns, sondern allen von der ganzen Flotte höchst verdrießlich, aber niemand wagte ein Wort zu sagen oder eine finstere Miene zu zeigen. Am Abend kehrten wir alle aufs Schiff zurück, und die Steuerleute machten die Flotte zur Ausfahrt bereit, als könnten sie sicher sein, in der Nacht günstigen Wind zu bekommen.

Am 28. November kamen wir nach unruhiger Nacht bei freundlicher werdendem Wind langsam in die Meerenge von Malea und damit an die Küste von Achaia oder des Peloponnes oder von Morea, alle drei Namen stehen für die gleiche Landschaft. Achaia besitzt ein Vorgebirge namens Malea, das 50 Meilen ins Meer hineinragt, wo die Wellen so wildbewegt sind, daß sie den Seefahrern nachzujagen scheinen. Am Fuße von Malea liegt die Stadt Malfasia. Bei dieser wächst der vortreffliche Wein, von dem man sagt, daß er der richtige Malvasier sei. Einst wurde er von hier in die westlichen Länder ausgeführt. Damals sei der kretische Wein noch ganz unbekannt gewesen. Nachdem man jedoch darauf gekommen sei, daß der kretische noch besser als der maleatische schmecke, habe man ihn gekauft und ihm den Namen Malvasier gegeben. Es kommt keiner aus Malfasia mehr nach dem Westen, weil die Stadt jetzt den Türken gehört, die keinen Wein anbauen.

In der Stadt Malfasia sollen ganz üble und gegen Fremde feindselige Leute leben, weshalb die Kapitäne sich hüten, in den dortigen Hafen einzulaufen. Lieber lassen sie sich von Malea weite Strecken über das Meer auf die Kykladen zurücktreiben, als bei diesen bösartigen Menschen Zuflucht zu suchen. Auf deren Bosheit weist schon ihr Name *Malfati* hin, das heißt *mali fati, malifacti* oder *malefacientes* (»Unheilsmänner«, »Verderbte« oder »Übeltäter«.)

Über die Schwierigkeiten der Seefahrt bei Malea wird den Leser folgende Erfahrung noch besser belehren: Am Mittag kam starker Wind auf und trieb uns rasch auf Malea zu. Obwohl wir aber schnell darauf zufuhren, hatten doch unsere Steuerleute wenig Hoffnung, das Vorgebirge zu bezwingen und zu entkommen. Nichtsdestoweniger versuchten wir die Vorbeifahrt zu bewältigen, denn wenn dies gelungen wäre, dann wären wir am nächsten Morgen im Hafen von Metone gewesen, den wir zu erreichen strebten. Aber schließlich begann, als die Sonne sich zum Untergang neigte, der Wind schwächer zu werden, und als ihr letzter Schein verschwunden war, da hatte auch er völlig aufgehört zu wehen. So lagen wir im Lakonischen Golf in verdrießlichster Weise still und wurden bis in die Dunkelheit hinein nur nutzlos von einer Seite auf die andere, bald hierhin, bald dorthin getragen, hatten eine wahrlich traurige Nacht und wünschten nur, daß es wieder Tag würde.

Am 29. November, der Vigil des heiligen Andreas, erhob sich mitten in der Nacht stürmischer Wind und fiel uns und die ganze Flotte feindselig und wild an, trieb uns aus dem Lakonischen Golf wieder ins Ägäische Meer, und dabei wurden unsere Schiffe voneinander getrennt.

Am Abend des Tages dann näherten wir uns dem Horn, aber als wir beinahe seine Spitze erreicht hatten, siehe, da stürzte aus dem Schlund gewaltig sausend ein Wind auf uns herab, erfaßte das Schiff und warf es weit in den Lakonischen Golf zurück, aus dem wir mit so großer Anstrengung herangekommen waren. Darum wundere ich mich nun nicht mehr über die Schriften der Alten, in denen steht, der Schlund von Malea sei ein Tor zur Unterwelt. Aber auch andere Winde pfiffen um uns her und ließen die Wellen gegen uns anlaufen, als hätte der heilige Michael seinen großen Flügel ausgespannt, um Wind und Meer gegen uns toben zu lassen. Als wir deswegen nun wieder zurückwichen, kamen uns jedoch andere Schiff entgegen, die rasch auf Malea zufuhren, eines hinter dem anderen. Und dies erschien als etwas so Verblüffendes und Wunderbares, kaum glaubhaft für einen, der es nicht erlebt hat. Denn jene Schiffe fuhren unter vollem Wind, die Zurückgetriebenen fuhren aber gleichfalls mit gefüllten Segeln, und so liefen beide aneinander vorbei. Wie es uns ergangen war, so widerfuhr es dann nämlich am Horn von Malea allen anderen Schiffen: Sowie eine Galeere mit ihrem Bug über das Horn hinauszukommen trachtete, da erfaßte sie ein Wind, der den bisherigen aus den Segeln vertrieb, füllte sie in Gegenrichtung und schob das umgedrehte Schiff zurück.

So befanden sich schließlich alle Schiffe wieder im Lakonischen Golf, und wir verbrachten eine aufregende Nacht, wie man verstehen wird. Dennoch hatten unsere Seeleute die Hoffnung, daß der heilige Andreas, dessen Fest bevorstand und wegen dem sie, um guten Wind zu erhalten, einen Fastentag eingelegt hatten, sich noch als hilfreich erweisen werde, zumal ja dieser Apostel auch Patron des Meeres sei. Auch waren wir nicht mehr weit von Patras entfernt, der Stadt seines Martyriums, und viele Gebete gingen an ihn als den besonderen Schutzherrn dieser Gegend.

Am 30. November, dem Festtag des heiligen Andreas und dem ersten Sonntag im Advent, nach einer schrecklichen Nacht, sahen jedoch unsere Schiffslenker, als es zu tagen begann, daß uns in den Lüften keinerlei Milderung beschieden war, und verzweifelten an einem Sieg über Malea. Doch konnten sie in diesem Golf nicht länger bleiben, da das Land ringsum keine oder nur zu kleine Häfen besaß. So überließen sie mit gewendeten Segeln die Flotte den Winden, die sie in unguter Geschwindigkeit durch klippenreiches Meer zu den Kykladen zurückbrachten.

Wir kamen an vielen Inseln vorbei, die hafenlos waren, und man ließ dem Schiff seinen Lauf zu einer der ganz im Norden gelegenen, von der man wußte, daß dort ein passender und sicherer Hafen war. Wir legten aber in fünf Stunden eine so weite Strecke zurück, daß einer, der keine Erfahrung

mit dem Meer hat, eine solche Schnelligkeit nicht glauben
würde. Und wenn wir dem Wind weiter gefolgt wären, hätte
er uns bis nach Lemnos geführt, der ägäischen Insel in Richtung auf Thrakien zu.

Nach langer Fahrt zwischen Inseln kamen wir in einen
kurzen Kanal, durch den wir, vorsichtig steuernd, einen
guten Hafen erreichten, tief, ruhig und sicher, rings von
hohen Bergwänden umschlossen. Er war so groß, daß er
wohl 1 000 stattliche Schiffe aufnehmen konnte. Ich habe
nirgends auf dem Meer einen so bemerkenswerten Hafen
gesehen, der nicht durch Menschenwerk, sondern durch die
Weisheit des segensreichen Schöpfers, von Anfang an als
Zuflucht und Rettung gedacht, entstanden war.

Die Insel aber, wo dieser Hafen sich befindet, heißt Milo.
Als wir durch den Kanal hineinfuhren, sahen wir vier große
Galeeren vor uns liegen, bei deren Anblick wir zuerst stutz-
ten, da zu befürchten war, daß sie Türken, Katalanen, Sizilia-
nern oder sonstigen Feinden gehörten. Aber wie wir näher
kamen, sahen wir die Wappen mit dem Löwen und jubelten
vor Freude, als wir daran venezianische Galeeren von
St. Markus erkannten. Sie waren von Syrien aus den Häfen
von Barutium (Beirut) und Tripolis mit Waren aus Damaskus gekommen und hatten sich schon mehrere Tage vorher
im Kampf mit Malea abgemüht und sich dann, gleich uns
abgeschlagen, in diesen Hafen zurückgezogen. Als ihre
Besatzungen uns kommen sahen und uns erkannten, reihten
alle sich an Deck auf, bliesen mit Trompeten, schrien und
erschütterten alles mit dem Donner ihrer Geschütze und
hießen uns damit willkommen. So heftig aber fiel das Krachen, Lärmen und Schreien aus, daß es schrecklich war mit-
anzuhören, und so oft schossen sie ihre Geschütze ab, daß
die Luft voll von Qualm war, bei dem wir von einer Galeere
aus kaum mehr die nächste sehen konnten.

Als die Schiffe festlagen, kamen auf das unsrige in Booten
die Kapitäne, Konsuln, Patrone und einzelne Edelleute und
Schiffsoffiziere und begrüßten den Befehlshaber unserer
Flotte und den Sohn des Konsuls, dem sie zum Tod seines

Vaters kondolierten. Gedrängt saßen sie zusammen und besprachen sich über die Lage, und da alle zusammen auf dem Weg nach Venedig waren, entschieden sie sich, in diesem Hafen zu bleiben, bis sich der Wind ändern würde. Nicht wenige aber glaubten und fürchteten, wir müßten hier den Winter über bis in den März hinein ausharren, wie es früher schon oft der Fall gewesen war. Wir stellten uns also darauf ein, vielleicht längere Zeit an diesem Ort verbringen zu müssen.

Am 7. Dezember, dem zweiten Adventssonntag, gab es bei verstärktem Gegenwind keine Hoffnung auf Abfahrt. Ein Ritter aber aus unserer Reisegesellschaft, der sich auf einem anderen Schiff befand, hatte sich überlegt, wie man diesen Tag erfreulich gestalten könnte und wünschte eine Seemesse, die man auch »trockene Messe« nennt, von uns zu hören. Denn auf seinem Schiff gab es keinen Priester, er wußte aber, daß täglich abwechselnd von mir und dem Herrn Johannes bei unseren Betten Messe gelesen wurde und daß nicht wenige dazu herbeikamen, besonders an Feiertagen. In seiner feinen Lebensart wollte er uns als Präsent eine schöne, kostbare, vergoldete Silberschale von seinem Schiffspatron, gefüllt mit gezuckertem frischem Konfekt, zum Dessert bringen. Als er aber, die Schale in der Hand, auf der Leiter vom Schiff ins Boot hinabstieg, geschah es, daß er mit seinem Fuß ausglitt und ihm unversehens die Schale aus den Händen ins tiefe Wasser fiel und versank. Er stieg ins Schiff zurück und setzte eine Belohnung aus für den, der ins Wasser springen und die Schale wiederbringen würde.

Aber es fand sich niemand dazu bereit. Sie erwiderten ihm, der Meeresgrund sei hier voller Risse und Höhlen und außerdem sehr tief. Dazu sei das Wasser bei dem finsteren Himmel trüb, die Wellen wären unruhig und hoch, und höchstwahrscheinlich habe die Schale lange schon den Meeresgrund erreicht, auch wenn solche leichten, flachen und gewölbten Gegenstände nur langsam hinabsänken und oft längere Zeit auf den Wellen trieben. Und weiterhin behaupteten sie, Edelmetalle wie Gold und Silber, die ins Meer fielen, würden sogleich weggeraubt, und versicherten, in der Tiefe des Meeres schwämmen Wesen herum, die auf solchen Raub aus seien. Die Alten meinten, es gebe dort Nymphen, die Nereiden hießen und da unten mancherlei anstellten, und unter ihnen sei eine besondere Meerräuberin mit Namen Doxa. So blieb der Ritter eben traurig auf seinem Schiff und zahlte dem Patron sechs Dukaten für die ihm überlassene und nun verlorene Schale.

Nach dem Essen heiterte sich das Wetter ein klein wenig auf, und wir begannen Hoffnung zu schöpfen, daß die allerseligste Jungfrau Maria, der wahre Stern des Meeres, uns nun zu Hilfe kommen werde. Daher stiegen fast alle von der Flotte ins Boot und fuhren zum Ufer, wo wir in der Kapelle zu der Mutter der Erbarmung um eine glückliche Fahrt flehten. Ich freute mich, wie ich den festen Glaubensernst aller sah: Einige warfen sich in der Kapelle zum Gebet nieder, andere knieten draußen, manche zogen beständig um sie herum, und wieder andere beteten am Ufer, dem Meer zugewandt. Schließlich vereinigten sich alle in und um die Kapelle zum Gesang der Antiphon *Salve Regina*. Danach kamen mir die beiden Verse einer Mariensequenz für unser Hauptanliegen in den Sinn. Ich sang sie laut, die anderen im Geiste:

Salve splendor firmamenti,
Tu caliginosae menti
Desuper irradia;

Placa mare, maris stella,
Ne involvat nos procella
Et tempestas obvia.

Und wie wir nun mit solcher Hingabe bei der Verehrung der Jungfrau Maria waren, siehe da, alsbald kam Hilfe, der Wind änderte sich und wehte jetzt für uns günstig, und auf der ganzen Flotte begann ermunterndes Rufen zur Arbeit. Und als wir wieder die Schiffe bestiegen, war man schon lebhaft und laut mit der Vorbereitung zur Abfahrt beschäftigt. Die Anker wurden gelichtet, die Boote geborgen, und als dann die Halteseile gelöst und die Segel in den Wind gesetzt waren, fuhren wir in sanfter Fahrt zum Hafen hinaus. So von der Jungfrau Maria begünstigt, fuhren wir ins Ägäische Meer hinaus und legten mit förderndem Wind eine große Strecke zurück, die ganze Nacht durch unter fröhlichen Kommandorufen und im Mondschein bis aufs hohe Meer.

Am 8. Dezember hatten wir guten und kräftigen Wind, der uns in den Lakonischen Golf führte, wo wir im Süden das Kap Malea erblickten. Gegen Abend wurde unser erwünschter Wind noch besser, und sein sanftes Wehen von Osten brachte uns zum Kap, und ganz ungehindert umfuhren wir, kräftig das Wasser durchfurchend, Malea.

Am 9. Dezember segelten wir eilig und in fröhlicher Stimmung durch das Meer. Um die achte Stunde vor Mittag sahen wir die Stadt Metone und fuhren mit Freuden in den Hafen ein.

Am 10. Dezember aß ich bei meinen Brüdern im Kloster und traf da auch den Bruder Johannes aus Neapel, mit dem ich in Jerusalem zusammen war. Er unterrichtete als Schulrektor in Metone die Knaben der Griechen in Latein, denn er beherrschte die griechische, lateinische und die italienische Sprache; mir war er aufs freundschaftlichste verbunden. Nach dem Essen führte er mich aus der Stadt hinaus, und von der Anhöhe darüber zeigte er mir in der Ferne den Berg Stimphalon, der berühmt sei, weil der gewaltige Herkules hier in der Gegend viele seiner großartigen Taten vollbracht habe, die von den Dichtern mannigfach preisend ausgeschmückt wurden.

Am 12. Dezember war in der Nacht ein so schrecklicher Sturm aufgekommen, daß niemand es gewagt hätte, in See zu stechen. Um Mitternacht war ich in meinem Gasthof nach meiner Gewohnheit aufgestanden, um die Matutin zu verrichten. Nachdem ich die Gebete zur Heiligen Jungfrau in der Dunkelheit gesprochen hatte, ging ich in die Küche, um ein Licht anzuzünden. Da sah ich, wie Scheite unter der Asche brannten. Man hatte zwar Scheite und Kohlen mit Asche bedeckt, doch stand unter dieser Decke noch alles in Glut. Ich schrieb dies dem heftigen Wind zu und wollte die herausschlagenden Flammen mit weiterer Asche ersticken, konnte sie aber nicht auslöschen. Als ich nun meine Kerze angezündet hatte, um die Matutin zu lesen, zwang mich ein natürliches Bedürfnis, in den unteren Stock hinabzusteigen. Mit meinem Licht ging ich durchs Haus in den Hof hinaus, wo der Lokus war, trat ein und setzte mich. Wie ich da so saß, sah ich durch die Tür, aus der ich gekommen war, ins Haus hinein und erblickte dort einen Lichtschein. Ich dachte an nichts anderes, als daß ein anderer aufgestanden sei und mit seinem Licht wartete, bis ich mit meinem Geschäft fertig wäre und er selbst dazu herauskommen könne.

Ich erleichterte mich darum so rasch wie möglich und ging ins Haus zurück, sah dort aber niemand. Und als ich mich umschaute, woher die Helligkeit wohl käme, da hatten die Dielen am Herd bereits zu brennen begonnen. Voll Schreck lief ich zur Kammer unseres Wirts, in der er mit einigen von unseren Rittern schlief, weckte und bat ihn, er solle schnell aufstehen und zu mir herauskommen, auch ohne Kleider, da ich ihm etwas Wichtiges mitzuteilen hätte. Ich wollte von dem Brand nichts kundtun, um nicht einen Tumult auszulösen, denn mir schien, wir könnten ihn ohne allgemeine Aufregung löschen.

Als er herausgetreten war, sagte ich zu ihm: »Herr, das Haus fängt an zu brennen, wo gibt es Wasser?« Und als wir es herbeigeholt hatten, brachten wir das Feuer ganz ohne Geschrei und Tumult zum Erlöschen und rückten den Herd weg. Durch dessen dicken Boden hindurch waren die Balken unter der Feuerstelle in Brand geraten, und das stellte die Ursache dafür dar, daß die Scheite in der Asche weiterflackerten, da sie von unten Luft bekamen.

Als wir nun alles gelöscht hatten, sagte der Herr des Hauses zu mir: »O Felix, wie glücklich sind deine Matutinen und Vigilien! Durch sie sind mein Haus und die ganze Stadt vom

Feuer verschont geblieben und wir alle von Kopflosigkeit und Lebensgefahr!«

Ich aber antwortete ihm: »Es geschah durch Gottes Hilfe.«

Als am 16. Dezember gegen Abend das Trompetensignal zum Besteigen der Schiffe erschallte, versäumte ich, ich weiß nicht mehr, durch was für ein Geschäft in Anspruch genommen, leichtsinnig die Abfahrt der Flotte, ich nahm mir ein Boot und folgte den Schiffen zum Vorgebirge Sapientia, stieg in das meinige und legte mich in mein Bett. Diese Nacht blieben wir am Fuß der Sapientia, wenn auch unruhig im Wind.

Am 17. Dezember, nach unserem Kalender am Tag der Sapientia, blies zwar der Wind günstig in unserer Richtung, aber derart heftig, daß die Schiffsherrn Angst bekamen, mit der Flotte weiterzufahren, und beschlossen, bis er nachließe, hierzubleiben. Nach dem Mittagessen stiegen wir ins Boot hinab, und fast alle aus unserer Galeere fuhren zum Fuß des Vorgebirges, die jungen Leute machten Spiele miteinander, die Älteren saßen da und schauten zu oder gingen spazieren. Denn am Ufer befand sich eine schöne grasbewachsene Fläche, hinauf aber führte ein steiler Weg durch die Felsen. Da verließen wir Pilger das spielende Volk, und schauten von dort oben weithin übers Meer und in die Provinz Achaia.

Nachdem wir uns etwa eine Stunde dort aufgehalten hatten, begannen wir mit dem Abstieg. Als wir nach einer Weile an eine buschige Stelle des rauhen Weges kamen, entfernte ich mich von den Genossen und stieg auf die Bergspitze zurück, um dort allein zu sein. Der Grund dafür aber war folgender: Während wir hinunterstiegen, war mir in den Sinn gekommen, die Vesper zu beten, weil die Stunde dafür da war, und als ich im Kalendarium nachgeschaut und gesehen hatte, daß heute der Tag der Sapientia war, sagte ich zu mir: Diese Vesper, die Laudes der Ewigen Weisheit, geziemt sich nur, oben auf ihrem Berg zu beten. Und so stieg ich wieder hinauf und sang die ganze Vesper für mich ohne einen Begleiter, und dazu die Antiphon *O Sapientia.* Mit so starker Stimme, wie ich nur konnte, habe ich dir meinen Jubel gesungen. Der Berg ist so hoch, daß niemand mich singen hören konnte, und die, welche am Ufer ihre Spiele machten, konnten mich nicht sehen, wohl aber die auf den Schiffen, die etwas entfernt vom Ufer an den Klippen festgemacht lagen.

Ich blieb noch fröhlich einige Zeit auf dem Gipfel und entdeckte durch alte Ruinen einen Ort, an dem einmal ein ansehnliches Gebäude gestanden hatte, jetzt gibt es dort nur noch ein an einem hohen Pfahl befestigtes Zeichen als Hinweis für die Seefahrer und auf einen unten liegenden Hafen. Einen einleuchtenden Grund, warum dieses Vorgebirge Sapientia heißt, konnte ich nicht herausfinden, es sei denn, daß der Sage nach hier Jupiter sein Haupt durchstieß und aus seinem Gehirn die bewaffnete und höchst geistreiche Jungfrau hervorbrachte, die er Minerva, das bedeutet Weisheit (*sapientia*), nannte. Oder vielleicht stand hier auf dem Vorgebirge einst ein der Minerva, der Göttin der Weisheit, geweihter Tempel.

Ich saß über eine Stunde allein auf dem steilen Felsen und beschrieb die Gegend, wobei ich mich fast verspätete, denn bevor ich unten auf dem ebenen Feld angekommen war, sank die Sonne, und nur ein einziges Boot lag am Ufer, mit dem ich und ein paar andere gerade noch zurückfahren konnten.

Fabri sieht die Alpen und verpaßt sein Schiff

Am 20. Dezember fuhr die Flotte bei Sonnenaufgang auf Korkyra (Korfu) zu. Als wir in den Hafen eingelaufen waren, gab es einen feierlichen Empfang mit Schlagen der Glocken auf beiden Kastellen, dem Schall der Trompeten, dem Singen und Rufen der Ruderer, dem Krachen der Bombarden, kurz mit all dem Zeremoniell, das bei einem großen Flottenempfang üblich ist, zumal außer der unsrigen noch eine andere Flotte mit sichelbewehrten zweirudrigen Kriegsschiffen in Korkyra lag, die das Meer zu bewachen hatte.

Denn gerade hatte Herkules, der Herzog von Ferrara, den der Rat von Venedig in seine Herrschaft eingesetzt hatte, gegen diesen einen großen Krieg entfesselt auf dem Meer, dem Po, im Land und dazu in fast ganz Italien, und er hatte auch den Papst Sixtus gegen die Veneter aufgestachelt. Und dieser ging voll Zorn mit dem geistlichen Schwert, mit Bann und Bullen gegen sie vor. Sein Bannfluch beunruhigte uns aufs äußerste wegen der Unsicherheit, ob wir unter ihm noch Gottesdienste halten konnten. Wir beratschlagten uns darüber mit einem hochstehenden Abt, der kürzlich aus Venedig eingetroffen war. Von diesem hörten wir, daß von den Mönchen in der Stadt keine, weder Kartäuser, Bettelmönche noch die übrigen, dem Interdikt Folge leisteten, alles andere sei unwahr. Und so beschlossen wir, wenn auch mit Bangen, uns ihnen anzuschließen.

Als die Schiffe festgemacht waren, wurden wir in die Stadt Korkyra gefahren, wir fanden sie voll von Bewaffneten und konnten weder ein Haus noch etwas zum Essen bekommen, denn es herrschte hier großer Mangel an allem, teils wegen des Krieges, teils aber auch wegen der Mißernten, die es in diesem Jahr in ganz Europa gegeben hatte. Während wir von unserer Heimat fern waren, gab es Hungersnot in Schwaben und im Elsaß.

Am 22. Dezember täuschte in der Frühe wieder große Betriebsamkeit auf allen Schiffen den Aufbruch vor, aber dann kehrten die Herren Patrone in ihren Booten in die Stadt zurück. Einer der Gründe bestand darin, daß Waren aus und eingeladen werden mußten, so kamen auf unser Schiff über 300 rauhe ungarische Decken, die wir Slawen nennen, weil die Slawen sich Tag und Nacht in sie einhüllen und sie ihnen auch als Betten dienen oder weil sie in Slawonien und Ungarn hergestellt werden. Diese Decken wurden in unserem Aufenthalts- und Schlafraum gestapelt, und wir konnten sie noch auf unsere Betten legen, was dem Herrn Johannes und mir sehr nützlich war, da wir bisher unsere dünnen

Korfu

Matratzen nur auf leeren Gewürzsäcken liegen hatten, jetzt aber auf weichem Lager den Schutz vor Härte und Kälte genossen, wofür wir auch gern bezahlt hätten.

Als der Abend dieses Tages gekommen war, schickte der Kommandant der Kriegsflotte einen Boten zu der unsrigen mit dem dringenden Ersuchen an deren Befehlshaber, nun

den Hafen zu verlassen, da die Lebensmittel für so viele Menschen nicht ausreichten und seine Soldaten, solange wir hier seien, nur mangelhaft verpflegt werden könnten.

24. Dezember, der Tag vor Christi Geburt. Die Winde, die gestern so mächtig auf Wasserfläche und Schiffe gestoßen waren, hatten sich nun auf Befehl des Äolus alle gewisserma-

ßen in ihre Höhle zur Ruhe zurückgezogen, und das bisher geblähte Segel hing träge und schlaff am Mast. Dieser Anblick stimmte mich sogleich bedenklich, denn die mit Gottes Erlaubnis auf Geheiß der luftigen Mächte eingetretene Windstille mußte bewirken, daß wir an diesem Tag keinen katholischen Hafen mehr anlaufen würden, um das so hohe Fest feiern zu können. Die Schiffsleute strengten sich an, wenigstens irgendeinen Hafen zu erreichen, doch ihre Mühen waren ohne die geringste Unterstützung durch den Wind vergeblich und hatten keinerlei Erfolg.

Am 25. Dezember, dem hohen Festtag der Geburt unseres Herrn Jesus, machten um Mitternacht der Archidiakon Johannes aus Transsilvanien und ich an seiner Seite, nachdem wir uns Kerzen vom Kellermeister erbeten hatten, aus einer Kiste, die neben unserer Lagerstatt stand, einen Altar. Ich hatte in Alexandria einen schönen türkischen Teppich gekauft, den wir darauf legten, und darüber breiteten wir von mir in Jerusalem erworbene seidene Tücher, zündeten die Kerzen an und stellten die Bilder auf, die wir bei uns hatten, und dann begannen wir gemeinsam das Amt der Matutin zu singen. Da wachten viele auf und kamen zu uns heran, um die Messe zu hören. Wir lasen alles genau so, wie es in der Kirche üblich ist, die Matutin und die Messe der Heiligen Nacht.

Und so taten wir auch am Morgen und während des Tages, konnten aber nicht mehr in Ruhe feiern wie bei der Mitternachtsmesse. Denn schon als diese beendet war, kam der Cometa[23], der der Vorgesetzte aller Seeleute ist, ein besonders ruheloser, schmähsüchtiger, lästerlicher Mensch ohne Glauben und Gewissen, in den Schiffsraum herab, rief alle Ruderknechte und ihre Gehilfen zusammen und trieb sie an die schwersten Arbeiten, warf die ganze bestehende Ordnung auf dem Schiff um, indem er die schweren und mächtigen Säcke mit Waren aufheben, wegschaffen und von der einen Seite auf die andere schleppen ließ, was unter großem Geschrei, mit Schimpfen und Fluchen geschah. Auch mit Waren gefüllte Fässer und Kisten ließ er umsetzen, Stangen mit Sägen und Beilen verkürzen, und alles, was seit Alexandria geordnet über- und untereinander stand, befahl er während der Heiligen Nacht und am Weihnachtstag umzuräumen, mit der Behauptung, daß andernfalls die Schnelligkeit des Schiffslaufs leide. Nie auf der ganzen Seereise sah ich schwereres Arbeiten, und hörte ich schlimmere Beleidigungen und Flüche, noch erlebte ich eine solche störende Unruhe wie an diesem Weihnachtstag.

Am 26. Dezember, dem Tag des ersten Märtyrers Stephanus, machte man vor Tagesanbruch die Schiffe fertig zur Weiterfahrt, weil nun ein günstiger Wind zu wehen begann, von dem wir uns die Segel füllen ließen. Und nun zogen wir rasch unseres Wegs, umfuhren das Vorgebirge Acroceraunum, das in die engste Stelle des Adriatischen Golfs vorstößt, und gelangten in den Jonischen Meerbusen.

An diesem Tag fuhren wir an der Insel Tremula vorbei, im Golf von Riseniscus, und da sehen wir auf beiden Seiten christliche Länder, rechts Dalmatien, links aber Kampanien, Apulien und den Berg des heiligen Michael, den Gorganus (Gargano), der ins Adriatische Meer vorragt, und zu seinen Füßen die Stadt Sipontus.

Am 2. Januar zog große Stille ein auf dem Meer, und darum fuhren, nachdem die Anker gelichtet waren, die Schiffe mit den Rudern und großer Anstrengung aus dem Hafen aufs offene Wasser hinaus. Dann kam mäßiger Wind auf, der uns von den Sebennitischen Felsen wegführte, doch dann drehte er in Gegenrichtung und hätte uns auf Apulien zutreiben können, wenn wir nicht mit gerefften Segeln die Schiffsschnäbel auf die Dalmatinischen Berge gewendet hätten. Da sahen wir fern auf einem Hügel ein Seezeichen, das uns einen sicheren Hafen anzeigte, auf das wir zustrebten, und als wir zu den Bergen herangekommen waren, gelangten wir durch eine enge Stelle in einen angenehmen Hafen, der Larmolum heißt, und machten hier die Schiffe fest. Kaum je habe ich einen einsamen Ort gesehen, der so erfreulich schien wie dieser. Das Meer war tief und ringsum von den höchsten Felswänden umschlossen wie ein Bassin, mit Ausnahme des engen Ausgangs, durch den das Wasser strömen und die Schiffe fahren konnten. So wohl gestaltet war im Innern das Rund dieses Zufluchtsortes, als hätte menschliche Kunst hier ein Wasserbecken angelegt. Aber noch viel besser hat der, welcher der Natur ihre Ordnung gegeben hat, diesen Hafen geschaffen. Mit mächtigen Felsen hat er den Ort umgeben und doch so, daß in natürlichen Stufen ein Aufstieg bis zu den höchsten Höhen möglich war. Und wunderbar war der Anblick dieser gewaltigen Steine, die wie von Hand zum Steigen gebildet waren.

Verlockt durch diesen wunderbaren Ort, bat ich meinen Genossen Herrn Johannes, mit mir zu dem Vorgebirge hinaufzusteigen, auf dessen höchster Stelle das Seezeichen stand. Als jener dies angesichts der großen Höhe für schwierig erachtete, sagte ich fröhlich zu ihm: »Auch wenn es hoch hinauf geht, so sieh doch, wie trefflich der Anstieg in Stufen angelegt ist! Und wozu hätte der Herr ihn so eingerichtet, wenn nicht auch jemand hinaufsteigen sollte? Er hat ihn freilich nicht für faule und törichte Menschen gemacht, sondern für solche, die staunen und über sich hinauswachsen können. Und wer weiß, ob es nicht da oben etwas Köstliches und Wunderbares gibt, an dem gläubige Menschen ihre Freude haben?«

Zweimal und mit solchen Worten angefeuert, stieg der verehrte Mann mit mir in ein Boot, und nachdem wir hinübergefahren waren, kletterten wir wie die Ziegen bis auf die höchste Höhe. Der Anstieg rief Schaudern hervor, war aber doch sicher, auch ein schwindelgeplagter Mann hätte nicht rückwärts abstürzen können. Dennoch war die jähe Tiefe für die Steiger zum Grausen. Als wir dann auf der Höhe angekommen waren, entdeckten wir einen großen Steinhügel und darüber das mächtige Holzkreuz, das den Hafen anzeigt.

Nachdem wir vor dem Kreuz unser Gebet gesprochen hatten, stiegen wir auf die Steine und begannen, uns in der weiten Welt ringsum umzuschauen. Nach Osten hin hatten wir Illyrien, nach Süden Sizilien und Apulien, nach Norden

Pannonien und Ungarn. Und da zeigte mir Johannes die dieses Land begrenzenden Berge, und wie man von unserem Platz aus durch Sebenicum auf dem normalen Weg nach Transsilvanien kommen würde. Doch weil jetzt die Türken das Land dazwischen besetzt halten, steht den Christen nicht mehr die kurze Verbindung nach Ungarn offen, sondern man ist gezwungen, auf langen Umwegen erst dorthin zu kommen. Als wir uns aber nach Westen wandten, richtete ich meine spähenden Augen in die Ferne und erblickte, was mich von Herzen erfreute: Es zeigten sich die grauen Scheitel von Bergen, die sich schwach wie eine ferne Erscheinung offenbarten, und als ich sie sah, erkannte ich genau, daß dies unsere Alpen waren, die Penninischen, Rätischen und Julischen, die aus dem Meer aufsteigen und Italien von Schwaben trennen. O wie freute ich mich in meiner Seele darauf, mein Schwaben wiederzusehen!

Zu meinem Genossen aber sprach ich: »Seht, mein Herr Johannes, dort erblicke ich nun die Schwelle zu meinem Vaterland, denn diese Berge, die da vor uns aus dem Meer steigen, sehen meine Brüder im Ulmer Kloster durch die Fenster des Dormitoriums und können sie bei schönem Wetter täglich betrachten. Dies ist der Schatz, den wir beide auf diesem Berg gefunden haben: den Anblick der Grenzlinien unserer Länder!«

Als wir fast eine Stunde auf dem Vorgebirge gestanden waren, stiegen wir auf der anderen Seite, wo es mit dem Land verbunden ist, durch Felsen und Buschwerk ab und kamen in ein Dorf, das voll war von Matrosen aus den Schiffen, die schon den ganzen Wein, alles Brot, alle Hühner, Eier und Früchte gekauft hatten, so daß wir nicht einmal eine Brotkrume finden konnten. So traten wir in die Kapelle, die sich in dem Dorf befand, und kehrten, als der Tag sich neigte, auf das Schiff zurück.

Am 5. Januar, der Vigil vor Epiphanias, standen die Schiffsoffiziere im Hafen von Jadra zusammen und warteten darauf, daß Wind aufkäme, doch jeder Hauch war eingeschlafen. Ich stellte mich zu ihnen, denn wenn die Flotte nicht bald auslaufen würde, wollte ich in die Stadt zurückkehren, um zu zelebrieren. Ich konnte aber nichts Genaues erfahren und stieg deshalb in ein Boot und ließ mich in die Stadt hinüberrudern, um bei den Predigern die Messe zu lesen. Als ich sie beendet hatte, ging ich wieder zum Meer hinab, aber – o weh – die Flotte hatte abgelegt und war schon mit geschwellten Segeln zum Hafen hinausgefahren. Mein Schiff aber war das vorderste und fuhr bereits weit draußen auf dem Meer dahin. Als ich das sah, erschrak ich furchtbar, öffnete meinen Geldbeutel, warf ein Goldstück in ein Boot und sprang nach, wobei ich durch Zeichen zu verstehen gab, ich gehörte zu dieser Flotte und zu dem Schiff des Kapitäns aus Alexandria. Denn mit Worten konnte ich mich mit dem Bootsmann, der ein Slawe war, nicht verständigen.

Er fuhr mich mit höchster Eile der Flotte nach, und wir erreichten auch ein Schiff, das noch nicht seine Segel gesetzt hatte. Das meinige jedoch entfernte sich immer weiter, und es war unmöglich, es noch mit einem Boot zu erreichen. Ich hieß deshalb den Bootsmann, mich an dieses nächste Schiff heranzufahren, obwohl ich nicht wußte, wem es gehörte und wer sich auf ihm befand. Ich kletterte aus dem Boot über die Schiffsleiter hinauf und ging oben zum Bug, wo der Platz der Armen ist, die keine eigene Lagerstatt haben, und berichtete den Matrosen dort mein Unglück, und daß ich nicht aus Leichtfertigkeit, sondern wegen des Messelesens mich verspätet hätte, und bat sie, mich hier zu dulden bis zum nächsten Hafen. Dann wandte ich mich an den Schiffspatron und an den Schreiber und flehte auch sie an, sich meiner in meiner Not zu erbarmen, und fand alle voller Wohlwollen, obwohl weder ich sie noch sie mich kannten.

Als dann auch hier die Segel gesetzt wurden, fuhren wir, das Meer furchend, eilig den vorausfahrenden Schiffen nach. Wie die Zeit des Mittagessens herangekommen war, saß ich allein und überlegte bei mir, was ich machen sollte, und währenddessen erblickte ich mit einemmal einen Ritter aus der zweiter Pilgergruppe, den Herrn Kaspar von Bulach, wie er eben aus der Kammer unter dem Vorschiff heraufstieg, um Essen aus der Küche zu holen. Große Freude erfaßte mich, und ich rief ihn auf deutsch und mit seinem Namen, und als er mich erblickte, war er platt vor Staunen, stieg selig hinab in die Unterkunft zu den anderen Rittern und Baronen, Ferdinand von Wernau und Maximus von Rappenstein, und berichtete ihnen, ich sei hier auf dem Schiff. Sogleich kamen sie alle herauf, und als sie den Grund erfuhren, nahmen sie mich mit in ihr Logis und wiesen mir ein Bett zum Schlafen zu.

Und dann unterhielten wir uns den ganzen Tag über vielerlei, denn diese Herren aus der zweiten Gruppe waren sehr an ernsthaftem Gespräch interessiert, und sie sagten mir auch, sie hätten schon immer gewünscht, daß ich einige Tage mit ihnen auf dem Schiff zusammensein könnte. Als dann die Sonne sich zum Untergang neigte, wurde der Wind stürmisch und brachte uns eine sorgenvolle Nacht, wie ich gleich erzählen werde.

Der Sturm, der das Meer aufwühlte, nahm immer mehr zu, so daß man gezwungen war, die Sturmsegel zu setzen, die gewöhnlichen nämlich wären zerrissen worden. Das Wasser schlug beständig ins Schiff herein und floß auch zu uns herab, außerdem wurden die abgenommenen Segel und Taue in unsere Kammer gebracht, die dadurch äußerst eng wurde. So saßen wir zusammengedrängt und noch dazu durchnäßt die ganze Nacht. Obwohl wir gut eingeschlossen waren, fand doch das Wasser durch unvermutete Stellen in Mengen zu uns Einlaß. Aber ich war Gott dem Herrn dankbar, daß ich diese Herren getroffen hatte, sonst wäre ich nicht in ihren Schlafraum aufgenommen worden und hätte die ganze Nacht unter Wassergüssen verbracht, die an Deck über mich hereingestürzt wären, wie über die anderen, die oben sein mußten. Dennoch hatte dieser Sturm auch sein Gutes, denn wir kamen so in unglaublich rascher Fahrt voran, in dieser Nacht noch bis Istrien, und bei Sonnenaufgang erblickten wir Pola, die älteste istrische Stadt.

Wir passierten Pola und fuhren unter gutem Wind dahin.

In der Ferne sahen wir die Stadt Rubina auftauchen, ein Anblick, der uns in Freude und Jubel versetzte. Denn dies war der erste Hafen gewesen, den wir nach dem Ablegen von Venedig erreicht hatten. Mittags änderte sich der Wind und die Flotte richtete ihren Kurs auf den Hafen. Ich war damit sehr zufrieden, da ich jetzt wieder auf mein Schiff und in mein eigenes Bett kommen konnte. Niemand wußte ja dort, daß ich bei der Flotte war, sondern man glaubte, daß ich in Jadra geblieben, mir irgendein Unglück passiert oder ich umgekommen sei. Ich weiß nicht, wie es zuging, daß das Schiff, auf dem ich mich befand, obwohl es als letztes den Hafen verlassen hatte, in dem Sturm alle anderen überholte und nun als erstes in Rubina anlegte. Bevor noch die anderen Schiffe einliefen, ließ ich mich mit meinen Rittern im Boot an Land bringen, und wir gingen in die Stadt zur Vesper, die in der Kirche St. Euphemia gefeiert wurde. Wie wir nun im Chor standen, kamen der Schiffspatron und mit ihm meine Ritter- und Pilgergenossen herein, und als sie mich sahen, starrten sie mich an wie ein Wundertier und konnten nicht begreifen, wie ich hierhergekommen war. Aber dann gratulierten sie mir zu dem Glück, das ich gehabt hatte.

Am 7. Januar fuhr die Flotte noch vor Sonnenaufgang im Mondschein aus dem Hafen, und gemächlich glitten wir unter schwachem Wind in die Venezianische See hinein. In flotterer Fahrt kamen wir nach Parentium, fuhren in den Hafen ein und gingen vor Anker. Es ist aber der Brauch, daß, wann immer hierher Schiffe kommen, die Insassen nicht sogleich in die Stadt sich begeben, sondern zuerst zu einer gegenüberliegenden Insel fahren und in der dortigen Nikolauskirche Gott und diesem Heiligen danken. Wir fuhren alle zu dem Inselchen und feierlich sangen wir die Messe zum heiligen Nikolaus. Danach nahmen wir die Insel in Augenschein. Sie ist klein und hügelig, mit vielen Öl- und Obstbäumen bestanden und rings umgeben vom tiefen Meer. Auf ihrem höchsten Punkt steht ein uralter Turm, und an die Nikolauskirche ist ein kleines Kloster angebaut. Als wir unser Gelübde eingelöst hatten, gingen wir zum Meer hinunter und fuhren auf Parentium zu, wobei uns Delphine in großer Zahl begegneten.

Am 8. Januar bliesen die Schiffsleute im Morgengrauen zur Fortsetzung der Reise mit Trompeten durch die Stadt. Nach dem Ablegen fuhren wir mit schwachem Wind aus dem Hafen hinaus, was die Schiffsherren sehr vergnügt machte. So segelte unsere Flotte mit günstigem Wind durch Venetiola.

Nach der Abendmahlzeit, und als es Zeit gewesen wäre, zur Ruhe zu gehen, herrschte überall auf den Schiffen vor Freude das ruheloseste Treiben, und wir verbrachten die ganze Nacht ohne Schlaf, weil die einen sangen, die anderen tanzten, wieder andere aßen und tranken oder Gegenstände herumtrugen und voneinander sonderten, Säcke, Kisten, Fässer, Truhen. Alles war in Bewegung, die Lichter wurden in dieser Nacht nicht gelöscht, und immer fuhren wir unter diesem freundlichen Wind.

Schließlich begannen in der Höhe weißgrau die Gipfel unserer Bege zu erscheinen, das Meer schien mir sanft und ohne Hindernisse und Schwierigkeiten, die Wellen gingen weicher als gewöhnlich, und ich war voller Hoffnung und Ungeduld, endlich das Ufer zu erreichen, auf dem die künftige Ruhe winkte nach all den bestandenen Mühen und durchgemachten Gefahren. Und dann begann es zu tagen, und wie die Sonne im Osten aufstieg, da erglänzte im Westen die edle Stadt Venedig in rotem Licht. Als wir sie so sahen, welches Freudengeschrei, welche Fröhlichkeit gab es bei uns allen, das könnte ich kaum beschreiben. Wie sie sie erblickten, da nahmen die Matrosen ihre zerrissenen Lappen, Hüllen und alten Kleider, die sie auf dem Meer getragen hatten, und warfen sie mit Geschrei und Gesang ins Wasser, und alles, was alt und nutzlos geworden war, wurde solcherart feierlich den Wellen übergeben. Darauf schmückten die Diener der Schiffspatrone die Flotte königlich mit hochgezogenen Wimpeln, Tüchern und allem Schiffszierat. Und so im Schmuck von Fahnen und Segeln fuhren wir, durch den Dunst schwebend, auf Venedig zu. Es war wunderschön, die geschmückte Flotte in ihrem Jubel dahinfliegen zu sehen.

Doch schon bevor wir Venedig erblickt hatten, waren wir von den Turmwächtern auf St. Markus erspäht worden, die zu den Glockenseilen rannten und alle Glocken zu läuten begannen. Darauf geschah dasselbe auf allen Türmen und Glockenstühlen in ganz Venedig; das ist der Brauch, wenn eine Flotte einläuft. Wie man bemerkte, was diese Glockenschläge zu bedeuten hatten, war alles, was Freunde oder Waren auf den Schiffen hatte, begierig, Neues zu hören, und diejenigen, die Geld verdienen wollten, indem sie Ankommende mit sich nahmen, wie die, die im Staatsdienst Zölle einzunehmen hatten, eilten zum Wasser und kamen uns rasch auf Schiffen und Booten entgegen. Noch bevor wir den Hafen erreicht hatten, fuhren unzählige Boote aus der Stadt geschäftig um uns herum.

Von Venedig und Padua

Als wir nun vor dem Hafen Lio angekommen waren, fuhren wir nicht hinein, sondern die Schiffe warfen ihre Anker aus und warteten, bis ihre Zeit gekommen war. Wir Pilger jedoch, die wir nichts als unsere Pilgerhabe an Bord hatten, verabschiedeten uns, nachdem wir die Schiffskosten bezahlt und diejenigen, die uns zu Diensten gewesen waren, entlohnt hatten, von allen auf dem Schiff, von Hohen und Niederen, luden unser Gepäck in eine Barke und stiegen selbst hinab. Damit gaben wir unseren Schiffsplatz und alle mit ihm verbundenen Ansprüche an den Kapitän, den Herrn Sebastiano Contarini, zurück. Obwohl wir froh waren, aus dem beschwerlichen Gefängnis befreit zu sein, so war doch beim Abschied von dem Schiff der Freude auch Trauer beigemischt wegen der freundschaftlichen Beziehungen, die sich zu Matrosen und anderen gebildet hatten.

Wir fuhren auf den Hafen zu, doch gleich kamen einige Visitatoren zu uns heran und fragten, ob wir Waren bei uns hätten. Nachdem sie alle unsere Sachen durchsucht und nichts gefunden hatten, ließen sie uns weiterfahren. Als wir danach zwischen zwei Kastellen hindurch zur Einfahrt kamen, hielten uns wiederum Kontrolleure und Zöllner an, die alles durchstöberten, uns aber freigaben, ohne daß wir einen Pfennig zahlen mußten, denn wir flößten ihnen Vertrauen ein, daß wir nichts Verzollbares mit uns führten. Als wir nach San Andrea, der kleinen Insel der Kartäuser, kamen, dachten wir, es sei näher, wenn wir um das Arsenal herum fahren würden, und verließen den Kanal, auf dem normalerweise Schiffe ein- und auslaufen. Wir gelangten wohl durch andere Lagunen in die Stadt, aber unter Schwierigkeiten. Denn da Frost herrschte, waren die Lagunen zugefroren, die wir benutzen mußten, und es war nötig, mit den Rudern das Eis zu zerschlagen, um den Booten den Weg frei zu machen, und so kamen wir nur langsam wieder in befahrene Kanäle und zu unserem Gasthof »Zum heiligen Georg«.

Alle, die uns in diesem Hause kannten, kamen uns entgegen und begrüßten uns mit vielen Glückwünschen. Und nachdem wir unsere Sachen in das Zimmer hinaufgebracht hatten, wies uns der Wirt einen eigenen, besonderen Platz an. Wir erfuhren von einer großen Veränderung, die in der Zeit unserer Abwesenheit vor sich gegangen war: Der Wirt starb damals am Beginn unserer Reise, und seine Frau Margareta war als Witwe zurückgeblieben. Nun hatte sie in der Zwischenzeit den Hausdiener, Nikolaus Frig, geheiratet, der so von einem Knecht zum Herrn geworden war. Mir gefiel das wohl, denn er war ein spaßiger und guter Mann.

Gleich nachdem das Gepäck untergebracht war und noch bevor ich etwas zu mir genommen hatte, eilte ich vom Gasthof zum *Fonticus Teutonicorum*, um Neuigkeiten von meinem Vaterland, der Stadt Ulm und von meinem Kloster zu hören. Als ich in den Fonticus eintrat, sah ich Ulmer im Kreis herumstehen, die zur selben Stunde aus unserer Gegend nach Venedig gekommen waren. Von ihnen erhielt ich Briefe und vernahm erfreuliche Nachrichten von Schwaben, von Ulm, von meinem verehrungswürdigten Vater, dem Magister und

Prior Ludwig Fuchs, und von allen meinen geliebten Brüdern und Freunden. Alle Ulmer Kaufleute, von denen gerade viele in Venedig waren, kamen und brachten ihre Glückwünsche.

Einer von ihnen aber namens Ytel Rentz, ein junger und gebildeter Mann, Geschäftsführer der großen Handelsfirma, die man Rottengetter nennt, führte mich in sein Zimmer. Er wollte nicht, daß ich im Gasthof wohnte, und gab mir den Schlüssel zu dem Raum, in dem er seine Waren lagerte. Dorthin sollte ich meine Habe bringen und dort schlafen; essen aber sollte ich im gemeinsamen Speisesaal der Herren Kaufleute, solange ich hier sei. So machte ich's, ich kehrte ins Gasthaus zurück, holte alle meine Sachen und schaffte sie in den genannten Raum. Und ich lebte unter den Kaufleuten, einmal von diesem, dann von jenem eingeladen, und bei ihnen gewann ich meine auf dem Meer geschwächten Kräfte, meine Munterkeit und mein gewohntes Aussehen wieder. Denn meine Bekannten sagten, sie hätten mich beim ersten Anblick, als ich den Fonticus betrat, kaum wiedererkannt, so mager, bleich und kränklich hätte ich ausgesehen. So verging dieser Tag.

Eines Tages besuchte ich die Pilger in ihren Herbergen und entdeckte, daß einige Venedig schon verlassen hatten und die anderen sich zur Abreise rüsteten. Sie hätten es gern gehabt, wenn ich mit ihnen gegangen wäre, doch ich hatte mich bereits mit Ulmer Kaufleuten zusammengetan, mit denen ich heimkehren wollte. So sagten wir uns Lebewohl und trennten uns nicht ohne Tränen voneinander, vor allem verabschiedete sich Herr Johannes Lazinus, der Ungar und transsilvanische Archidiakon, von dem öfter die Rede war, mit der größten Rührung von mir und ich mich mit nicht geringerer Trauer und Wehmut von ihm. Und so verbrachte ich diesen Tag noch mit den Pilgergenossen, die anderntags früh aufbrechen wollten.

Am 10., dem Tag St. Pauli, des ersten Eremiten, lud mich ein großer Herr in seinen Gasthof, Herr Bernhard von Breitenbach, der Domdekan von Mainz, und wir tauschten uns über unsere Reiseaufzeichnungen und ihre Übereinstimmung aus. Er hätte es gern gesehen, wenn ich gleich mit ihm nach Mainz gegangen wäre, aber das war unmöglich, weil mir der Gehorsam gegen den Orden wieder das Ulmer Predigtamt auferlegte. So ging auch dieser Tag vorüber.

Am 11., dem Sonntag in der Epiphanias-Oktav, vernahm ich, als ich die Messe gelesen hatte, daß einige Deutsche nach Padua fahren wollten. Schnell kehrte ich zum Fonticus zurück, und da die Kaufleute, mit denen ich heimreisen wollte, noch nicht fertig waren, schloß ich mich den Paduafahrern an, um dort die Reliquien, die Kirchen, Klöster und die Stadt zu sehen. Wir fuhren spät von Venedig hinaus ans äußerste Ende der Bucht des Adriatischen Meeres, nicht in einer Galeere und nicht in einem gewöhnlichen Boot, sondern in einer Barchoza, einem der Fahrzeuge, die stets zwischen Venedig und Padua hin- und herfahren.

Als wir ans Ufer gekommen waren, stiegen wir alle aus auf den Strand, von dem nicht weit entfernt die Brenta fließt, der Fluß, der von Padua herkommt und in den sie nun unser Schiff mit einer bemerkenswerten Erfindung brachten. Über dem Flußufer steht ein hoher Holzbau, in dem sich große Räder befinden und von dem eine Rampe, die mit Balken und Brettern belegt ist, zum Meer hinabführt, auf dieser steht ein mächtiger Wagen, der die Größe eines Schiffes besitzt. Kommen nun Schiffe von Venedig her, so läßt man ihn an Seilen durch Drehen der Räder im Bauwerk ins Meer hinunter. Und ohne große Mühe wird auf dem Wagen das schwere Schiff hinaufgezogen, das so vom Meer in die Brenta gelangt. Dabei arbeitet nur ein Mann, der in einem Rad läuft und es so bewegt. Ist das Schiff dann vom Wagen in die Brenta geglitten, so stehen schon Pferde bereit, mit denen die Barchozen gegen die Strömung nach Padua hinaufgezogen werden, gerade so, wie die Kölner ihre Kähne mit Pferden auf dem Rhein nach Mainz schleppen.

Wir fuhren bei Nacht die Brenta hinauf und schliefen im Sitzen bis in die Frühe. Am 12. kamen wir frühmorgens nach Padua, gingen in das Gasthaus eines Deutschen und legten unser Reisegepäck ab.

Die patavinische Siedlung, die Ptolemäus Oppibergium nennt und die jetzt Padua, deutsch Badua heißt, ist eine uralte Stadt, die von dem Trojaner Antenor 1 200 Jahre vor Christi Geburt gegründet wurde. Als Antenor 24 Jahre über die Trojaner geherrscht hatte, vertrieben ihn die Söhne Hektors vom Thron. Er kam darauf mit 2 000 Trojanern über das Meer in diese Gegend und gründete die bedeutende Stadt Padua, in der er starb und begraben wurde. Heute noch gibt es dort sein mächtiges Grabmal, das wir gesehen haben. Padua war unter allen Städten der venezianischen Region die hervorragendste, sie war angefüllt mit allen Gütern, und da sie einst auch die volkreichste darstellte, war sie auch deshalb den anderen ungleich: 120 000 Soldaten wurden in Padua einstmals gemustert, wie Strabo berichtet. Zu römischen Zeiten wurden hier 500 Männer aus dem Ritterstand taxiert, die selbst in schwierigsten Zeiten ihr Gemeinwesen aufs reichlichste mit Geld und Waffen stützten. Wenn Padua auch eine uralte Gründung ist, so stellt sie doch heute mit den öffentlichen und privaten Bauten eine neue Stadt dar.

Der Hunnenkönig Attila ließ die von ihm mit Feuer und Schwert zerstörte Stadt verödet zurück, und als sie die Ravennaten wiederaufgebaut hatten, verbrannten sie 100 Jahre später die Langobarden vollständig. Aber zur Zeit Karls des Großen begann sie wunderbarerweise erneut zu wachsen, und ein deutscher Tyrann namens Ezzelin stellte die ihrer Bürger und Besitztümer beraubte Stadt im Jahr 1234 wieder her. Nach dessen Tod in die Hände der Carrarer gefallen, erstarkte sie erstaunlich und wurde mit einer dreifachen Mauer befestigt und durch den Fluß verschönt. Der deutsche Kaiser Heinrich V. hat im Jahr 1108 ihre heute stehende Kathedralkirche erbaut.

Padua hat viele hochberühmte Männer hervorgebracht, unter ihnen Titus Livius und Petrus von Abano, gleich gelehrt als Mathematiker wie als Physiker. Von letzterem pflegen die Paduenser Studenten folgendes zu erzählen:

Als er einmal unter Wechselfieber litt, wünschte er Wasser aus dem Brunnen eines reichen Adligen zu trinken, weil allein dieses für ihn unschädlich sei, und schickte häufig seinen Diener mit einem Krug, um davon zu holen. Schließlich ärgerte sich jener Herr, daß der Diener so oft kam, und verbot ihm, sich Wasser zu nehmen. Als anderntags der Diener wegen dieser Behinderung zuerst mürrisch war, ging er schließlich doch, vom Doktor gezwungen, wieder in den Hof des Adligen und bat, nur für dieses Fieber, um Wasser. Aber kaum hatte er das geltend gemacht, da schwor der Brunnenbesitzer, er werde auch weiterhin kein Wasser hergeben. Am folgenden Tag schickte Petrus wieder den Diener, aber da wurde er gar nicht erst eingelassen und kehrte mit leerem Krug heim zu seinem Herrn. Der aber sandte ihn zurück und ließ dem Adligen folgende Worte ausrichten: »Paß auf, wenn du meinem Diener kein Wasser gibst, so werde ich machen, daß dein Brunnen ein öffentlicher wird, und morgen wird alles Volk aus ihm trinken.«

Der Brunnenbesitzer lachte darüber und gab nichts her. Aber, o Wunder, der andere Morgen kam, und der Brunnen stand außerhalb des Hofes auf der offenen Gasse vor dem Tor des Geizigen, und alles Volk kam und trank. Damit war erwiesen, daß dieser Mathematiker der Freund einer mächtigen Nymphe war, die die Gabe hatte, Quellen und Flüsse zu versetzen.

Noch etwas gleichermaßen Wunderbares erzählen sich die Studenten von ihm. Nicht weit von Padua liegt das Dorf Abano, wo Petrus geboren wurde und ererbten Besitz hatte. Es sprudelt dort kochendheißes Wasser aus der Erde in solcher Menge, daß es Mühlräder treiben kann. In der Mitte zwischen Abano und Padua aber ist der Boden sumpfig. Als nun Petrus sich eines Tages auf seinem Besitz in Abano aufhielt, schickte er seinen Diener nach Padua, um ein Buch zu holen, dessen Bezeichnung er ihm angab, ihm aber dabei streng verbot, es aufzuschlagen und darin zu lesen. Der Diener ging also in die Stadt und ins Haus, holte das Buch und machte sich auf den Rückweg. Unterwegs aber begann er darüber nachzudenken und sich zu wundern, was wohl in dem Buch geschrieben stehe und warum ihm wohl sein Herr so strikt untersagt hatte, darin zu lesen. Er setzte sich nieder, schlug das Buch auf und las eine Stelle. Doch siehe da, kaum daß er gelesen hatte, erschienen viele wilde Drachen, bedrohten ihn schrecklich und fragten, wozu er sie gerufen habe. Er aber antwortete geistesgegenwärtig: »Damit ihr diesen feuchten und schmutzigen Weg mit Steinen pflastert und glatt macht.« Da ließen sie von ihm ab, und aus dem schlechten Weg wurde eine gute Straße, wie er es befohlen hatte und wie sie es bis heute ist. Hätte der Diener aber nicht sogleich eine passende Antwort gegeben, wäre er mit Leib und Seele verloren gewesen.

Petrus verstand so viel von der ärztlichen Kunst, daß er zwar nicht Tote auferwecken konnte, aber alle unheilbar scheinenden Krankheiten heilte, weshalb er überall als Berater zugezogen wurde. In Padua gibt es berühmte medizinische Kollegien, an denen zahlreiche künftige Doktoren studieren. Die Universität ist sehr alt und jede ihrer Fakultäten weit bekannt.

Das Kloster der Franziskaner zeichnet sich durch seine prächtigen Bauten aus. Es besitzt eine gewaltige Kirche mit vielen hohen Türmen, ganz in der Art der Grabeskirche in Jerusalem, mit runden Bauteilen, die Dächer des Kirchenschiffs und der Türme mit Blei gedeckt, und innen sind die Wände ganz mit farbigem und glänzendem Marmor überzogen. Das Chorgestühl ist aus verschiedenen Hölzern gefertigt und wirkt wie gemalt mit lebhaften Figuren, aber über allem steht die Kapelle mit dem Grab des Antonius, des Heiligen der Franziskaner, die im feierlichsten Dekor schimmert. In der Stadt befindet sich auch die Kirche und das hochverehrungswürdige Kloster des Benediktinerordens Santa Justina, und wie das Gotteshaus angefüllt ist mit Heiligenreliquien, so das Kloster selbst mit gebildeten und frommen Mönchen. Diese tiefgläubigen Männer legten, vom Elend und Verfall ihres Ordens im Innersten bewegt, hier in Santa Justina mit Zustimmung des Papstes den Grund für die Reform der Klosterzucht, wie sie in dieser Kongregation aufsproß und nach ihr genannt ist.

Darüber hinaus aber zeichnen sich die reformierten Mönche auch im tätigen Leben als leuchtende Vorbilder der Tugend vor allen anderen aus. Wo gibt es einen so umfangreichen Dienst in der Almosenpflege? Wo eine solche liebevolle Gastfreundlichkeit? Welcher Bischof, ich bitte euch, ist ihnen da voraus oder gar welcher Fürst? Wahrhaftig keiner.

Zu ihren Klöstern strömen die Armen in Mengen herbei, um derart Honig aus schönsten Blüten zu saugen, so daß diese Häuser nicht Wohnsitze von Mönchen und Oberen, sondern Zufluchtsstätten für Arme, Kranke und Fremdlinge zu sein scheinen. Vor allem nehmen sie mit größter Liebe und echter Freude Mönche auf, deren Weg sie zu ihnen führt, besonders wenn sie gebildet und untadelig sind, so daß selten einmal keine geistlichen Gäste bei ihnen weilen. Bei den reformierten Dominikanern und Franziskanern kehren diese so ohne Hemmung und fröhlich ein, als kämen sie in ihre eigenen Konvente, und dies geschieht so häufig, daß in einigen Klöstern die Nächstenliebe der Oberen diesen Brüdern eine eigene Herberge zum Verweilen eingerichtet hat, in der sie so prächtig betreut werden, als wären sie von Gott gesandte Engel.

Diese liebreiche Aufnahme von Klosterbrüdern wie die Gebefreudigkeit gegenüber Bedürftigen und Bettlern nehmen dann auch Ritter und Edelleute in Anspruch, wenn sie mit ihrer Begleitung vorbeikommen und eintreten. Jeder Ritter, Diener oder Waffenträger bezieht für kürzer oder länger eine Unterkunft, um bei den Klosterherren zu übernachten, dazu mit seinem Pferd verpflegt zu werden und so sein Geld zu sparen. Diese berittenen Gäste aber sind eine solche Belastung für das Kloster, daß die Hälfte seines ganzen Besitzes kaum ausreichen mag für das, was sie verzehren. Dazu ist die Undankbarkeit und Grobheit der Reisigen und Dienstleute dieser Adligen derart angewachsen, daß sie es geradezu als ihr Recht betrachten, Verpflegung nach ihrem Begehren zu bekommen, und daß sie, wenn ihnen auch nur eine Kleinigkeit abgeschlagen wird, drohen, sie würden sich mit

Feuer und Schwert rächen und seien künftig als Feinde anzusehen.

Doch lassen sich die Mönche durch diese Beschwernisse
keineswegs daran hindern, die Armen zu unterstützen und
aufzunehmen, denn sie wissen, daß nur solche Gäste ein Ver-
dienst sind vor Gott.

Am 13. Januar, acht Tage nach Epiphanias, fuhren wir zu
Schiff die Brenta hinab zum Meer und erreichten zu reichlich später Stunde Venedig, da wir auf See durch Gegenwind
behindert wurden. Durch den Canale Grande kamen wir
zum Rialto, dann gingen wir über die Brücke zur Herberge
der Deutschen, wo wir die Herren beim Essen antrafen.
Nachdem wir uns mit ihnen gestärkt hatten, gingen wir an
unseren Schlafplätzen zur Ruhe.

Am 14. fuhr ich in einem Schiff mit Kaufleuten nach der
Stadt Murano, und während sie mit den Glasbläsern handelten, besuchte ich unseren Konvent zu St. Peter dem Märtyrer und traf dort einige mir bekannte Brüder, mit denen ich
in die Pfarrkirche ging, wo uns viele Leiber von heiligen
unschuldigen Kindern gezeigt wurden. Danach verfügte ich
mich wieder zu den Kaufleuten, und wir fuhren nach Venedig zurück mit den Gläsern, die sie erworben hatten. Denn
nirgends auf der Welt findet man heute so wertvolle Gläser,
wie sie dort täglich gefertigt werden, noch so fleißige Künstler, die aus dem zerbrechlichen Stoff derart erlesene Gefäße
formen, daß sie beinahe die goldenen, silbernen oder edel-
steinbesetzten übertreffen. Wären sie so unzerbrechlich wie
die metallenen, würde ihr Preis den alles Goldes übersteigen.

Als Kaiser Friedrich III. im vergangenen Jahr in Venedig
war und Doge und Rat ihm ein wunderbar schönes Gefäß
aus Glas überreichten, um ihn mit dessen Anblick zu
erfreuen, da ließ er es, nachdem er eine ziemliche Weile lang
seine Schönheit bewundert und das Schaffen der Künstler
gelobt hatte, als wäre es ein unglückliches Versehen, absichtlich aus seinen Händen auf den Boden fallen, wo es in viele
Scherben zerbrach. Scheinbar erschrocken rief der Kaiser:
»Ach, was ist passiert?« Und als jemand die wertlosen Scher-

ben aufhob, sagte er: »Siehe da, wieviel besser sind doch goldene und silberne Gefäße, bei denen auch noch die Bruchstücke wertvoll sind!«

Durch diese Worte belehrt, verehrten die Venezianer dem Kaiser einen goldenen Becher, aber als er diesen entgegennahm, warf er ihn keineswegs auf den Boden.

So waren wir jenen ganzen Tag damit beschäftigt, die Gläser vorsichtig zu verpacken, damit sie nicht durch Stoß und Erschütterung zerbrechen konnten.

Am 16. verluden die Ulmer Kaufleute im Fonticus ihre Güter, zu denen sie meine Schätze packten, einen Korb mit den Palmzweigen, die ich in Alexandria gekauft, und einen anderen mit Steinen, die ich an den heiligen Stätten aufgelesen hatte, sowie mein in Jerusalem erworbenes Bett, auf dem ich in der Wüste und auf dem Meer geschlafen hatte, und alles übrige, das ich zu Pferd nicht mitnehmen konnte.

Venedig ist reizvoller und köstlicher als alle Städte, die ich gesehen habe, sowohl innerhalb wie außerhalb der Christenheit, nie habe ich etwas Wunderbareres erblickt und etwas Staunenswerteres kennengelernt, und nirgends war ich länger zu Gast. Doch dieser Tag wurde mir länger als andere, weil wir erst am Morgen zum Schlafen kamen. Denn mag die Stadt Venedig auch schön und wunderbar sein und reich an allem, was es auf der Welt gibt, so werden doch dem, der dort nicht geboren und aufgewachsen ist, die Stunden lang, und es macht vielen keine Freude, längere Zeit dort zu sein. Denn der Fremde lebt immer in einer gewissen Angst und Sorge, so stark, daß ich manche sah, die weder schlafen noch sich ausruhen konnten. Die einen fürchten, daß die auf nachgiebigem Grund gebaute Stadt versinken, daß sie von einbrechenden Fluten verschlungen würde oder daß die Fundamente der hohen Häuser nachgäben, andere, daß plötzlich ein Tumult entstünde und sie in einem Volksaufstand gegen die Fremden umgebracht würden.

Aber es gibt auch manche Narren, die sich fürchten, wenn sie sich in Sicherheit befinden, und die furchtlos sind an unsicheren Orten. Ich habe einen solchen gekannt. Mein Stiefvater hatte einen Hausknecht eingestellt, der vom Dorf kam und nie in einer Stadt gewesen war. Als der einen Tag und eine Nacht in unserem Haus verbracht hatte, bat er darum, in sein Dorf zurückkehren zu dürfen, er könne unter keinen Umständen länger bleiben. Als mein Stiefvater nach dem Grund fragte, antwortete er: »Wenn ich daran denke, daß rings um die Stadt eine Mauer ist und nachts noch die Tore geschlossen sind, dann befällt mich eine solche Angst, daß sich mir die Haare auf dem Kopf sträuben.« Entlassen kehrte er auf sein Dorf zurück, wo es weder Mauern noch Tore gab, und dort konnte er ruhig schlafen.

So ist es auch mit denen, die in Venedig Angst haben. Dennoch gibt es in Wahrheit nichtsdestotrotz Grund dazu, denn auch ich selber war mehr als einmal von Furcht erfüllt. Da hört man freilich kein Blatt vom Baume fallen, wohl aber ein solches Rauschen und Tosen des Meeres von draußen, vor allem des Nachts, wenn alles still ist, daß der Mensch mit Recht Angst bekommt. Oft erhob ich mich mitten in der Nacht und stieg zum Gebet auf den Altan hinauf, wenn ich aus Erregung über das Geräusch des Meeres nirgends mehr bleiben konnte. Auch stürzen dort täglich Mauern und Häuser ein, und recht oft werden Menschen dabei verschüttet, doch das passiert auch auf festem Boden. Wenn schon auf festem Grund Häuser einfallen, ist es da ein Wunder bei den venezianischen, die im Schlick stehen? Und wer sollte da nicht Angst haben, wenn man mehrfach Kirchtürme geneigt und vom Einsturz bedroht und viele hohe Wände baufällig sieht, so daß man ihren Fall jeden Augenblick erwartet? Wer durch die Kanäle Venedigs fährt, erblickt, wenn er nur die Augen aufmacht, viele dermaßen schiefe Häuser, als wollten sie sofort einstürzen. Und was noch darüber geht, mir schien, daß selbst jener höchste, stärkste und festeste Turm, der von St. Markus, schon ein wenig sich zur Seite neigte, was mich dennoch nicht hinderte, oft auf ihm zu sein.

Grausig für den Erdgeborenen ist die tägliche Unberechenbarkeit, der die Meeresregionen durch die ständige Veränderlichkeit des Meeres ausgesetzt sind, wo plötzlich

Städte, Dörfer und blühende Landschaften überschwemmt werden und sogar Berge versinken. Dies mag uns fremd sein, ist in den Meergegenden dagegen etwas Alltägliches und ereignet sich auch in Venedig oft. So schwoll im letzten Jahr am Stephanstag das Meer plötzlich an, und heftige, von draußen her wehende Stürme trieben die Fluten so schrecklich durch die Kanäle, daß alle Kähne und Gondeln darin und auch außerhalb sanken. Und wer zwischen Venedig und Murano unterwegs war, war verloren, so, wie die Boote zwischen San Nicolo und Santa Helena untergingen. Das Meer drang in die Stadt und ergoß sich noch durch die engsten Kanäle, aber es brauste ebenso in den Lagunen, als ob es die Häuser umstürzen und verschlingen wollte. Und solches geschieht häufig. Darum machen sich die Fremden schleunigst zur Rückkehr in ihre Heimat auf. Deshalb erwartete auch ich mit großer Sehnsucht den Tag meiner Abreise und drängte die Kaufleute, rasch fertig zu werden.

Am 17. Januar kam Johannes Müller, der Kaufmann aus Ulm, vor Tagesanbruch in das Zimmer, in dem ich schlief, und weckte mich zum Aufbruch. Denn ich hatte mich mit ihm und zwei Kaufleuten aus Augsburg für die Rückreise verabredet. Nachdem wir im Fonticus gegessen hatten, verabschiedeten wir uns von den Kaufherren und unseren befreundeten Bekannten, stiegen vom Haus in das vorbestellte Boot und ließen, indem wir durch den Kanal hinausfuhren, im Namen des Herrn die Stadt Venedig im Rücken. Wir fuhren geradewegs über Carentum und erreichten an der Küste von Marghera das Ende des Meeres. Ich stieg aus dem Schiff, wandte mich um, pries Gott und sagte dem Meer Lebewohl mit großer Fröhlichkeit, weil ich mit Gottes Hilfe, der den Fluten befiehlt, unversehrt, lebend und gesund allen Fährnissen entkommen war. Ich wünschte mir sogar, das Meer möge bis an die Stadtmauern von Ulm reichen, weil ich nun so sehr an die Seefahrt gewöhnt war, daß ich das Reisen zu Lande geradezu verabscheute, und es mir mehr davor grauste, ein Pferd zu besteigen als ein Schiff. Für die Wohltaten, die ich persönlich auf Gottes Ratschluß hin vom Meer erfahren habe, möchte ich gern einige Betrachtungen über seine allgemeine Wohltätigkeit anstellen, bevor ich mich nun von ihm entfernen muß. Ich meine nämlich, daß ich nicht wenig, sondern eher viel Gutes während meiner Reise vom Meer empfangen habe.

Lob des Meeres

Es gibt drei Meere, die offensichtlich miteinander zusammen-hängen, nämlich den Ozean, das Schwarze und das Mittel-ländische. Andere Meere, wie das Indische mit seinen Arabi-schen und Persischen Golfen, das Rote und das Hyrkanische oder Kaspische, sind zwar vom Ozean gespeist, aber durch unsichtbare Schlünde, von denen man nicht weiß, wo sie aus- und in welches Meer sie einströmen.

Der Ozean umfließt den ganzen Erdkreis, er ist das größte der Meere. Das Mittelmeer entströmt dem Ozean, wendet sich von Westen nach Süden, breitet sich dann nach Norden hin aus und, wie es mitten zwischen den Ländern zum Ori-ent hin sich erstreckt, grenzt es Europa, Asien und Afrika voneinander ab. Im Norden heißt es Hellespont, dort, wo es, in starken Krümmungen an Griechenland und Illyrien ent-lang, auf eine sieben Stadien lange Engstelle eingeschnürt ist. Nach der offenen Fläche der Propontis verengt es sich wei-ter nach Norden hin bald wieder im Thrazischen Bosporus auf eine Breite von nur 500 Schritten. Dann kommt das Schwarze Meer, an dessen rückwärtigem Ufer der weit aus-gedehnte Mäotische Sumpf liegt, in dem sich das Meer mit dem zuströmenden Tanais (Don), der in den Riphäischen Bergen entspringt, und anderen Flüssen vereinigt. Dies vor-angestellt, wollen wir dem nachgehen, was am Mittelmeer preiswert ist. Begrenzt durch die Küsten von Afrika, Asien wie von Europa, besonders ausgezeichnet durch seine 1 000 Inseln, war es schon der Glaube der frühesten Men-

schen, daß es dank der Tat des Herkules durch die Vorgebirge von Abila und Calpe (Atlas und Gibraltar), von
Pomponius die Säulen des Herkules genannt, aus dem Ozean
zu unseren Ländern hereinströmt.

Daß Gott in seiner Güte damit auf unser Wohl bedacht
war, das hatte für die Sterblichen mächtigen Nutzen zur Folge.
So erblickt man nun die vom göttlich erleuchteten menschlichen Erfindungsgeist ersonnenen und kunstvoll erbauten
Schiffe, bald mit dem Ruder die Wellen furchend, bald mit
dem ausgespannten Segel vom Blasen der Winde getrieben,
mit denen jede noch so schwere Last befördert wird! Wie
kann man die Kühnheit derer ermessen, die sich als erste den
unbekannten Fluten und den noch nie erkundeten Winden
anvertraut haben? Wahrlich, dies ist zum Erschrecken. Doch
dieser Menschen Glaube und wagemutiges Glück waren,
wenn nicht immer, doch allermeist, so stark, daß sie in langen Reisen, ich sage nicht nur im Lauf, sondern in raschem
Fluge das Meer befahrend, Gold und Metalle, Purpurstoffe
und Wohlgerüche, Edelsteine und Elfenbein den westlichen
Menschen brachten, dazu fremdartige Vögel, Balsam, Höl-
zer, die in unseren Wäldern unbekannt sind, Harze und all
die Säfte und Wurzeln, die nicht in jedem Boden gedeihen,
aus denen man für den gesunden wie den kranken Leib zahllose Medikamente und Genußmittel gewinnt.

Doch was gewiß nicht das geringste Gut ist für das Men-
schengeschlecht und sein Gemeinwesen, das folgt aus den
Seereisen über dieses Meer: nämlich daß der Kimber und der
Kelte im anderen Erdenwinkel zuweilen erfahren, wer die
Araber, die Ägypter, die Palästinenser und die Syrer sind,
was das Rote Meer, die Wüste, das Heilige Land, Sodom und
Judäa ist und wie die Sabäischen Wälder dünsten, und
ebenso, daß die Bewohner von Hyrkanien und der Tanais die
Atlantischen Hesperiden kennenlernen und von ihren gol-
denen Äpfeln kosten, wie daß der kühle Hyperboreer und
Sarmate die glühenden Bereiche Äthiopiens, des Nil und
Libyens bereist. So wird der Spanier und der Maure besucht
und kann dasselbe tun bei den Persern, Indern und am Kau-

kasus, und die von Ultima Thule mögen sich aufmachen zu den Küsten von Taprobane (Ceylon). Und wenn sie nun wechselseitig ihre Güter austauschen, da bestaunen sie nicht nur die Sitten, Gesetze und Gebräuche der anderen, vielmehr geschieht es, daß, während einer sein Gegenüber betrachtet wie aus einer fremden Welt, von der er nicht glaubt, sie sei vom selben Ozean umflossen, sich ihr Verhalten angleicht, sie ihren Waren Vertrauen schenken, daraus Freundschaften schließen und, indem jeder den anderen über das seinige belehrt, beide Unbekanntes und Fremdes lernen. Und so kommt es, daß die, die in ihrer räumlichen Ferne Fremdlinge waren, durch die Schiffahrt zu einträchtig Verbundenen wurden.

Wer fürwahr hätte jemals geglaubt, der Bruder Felix Fabri würde ein Genosse von Ungläubigen und ein Hausfreund von Ungetauften, der auch nicht umhin konnte, einem Türken Beifall zu spenden, vertraut mit einem Sarazenen zu Tisch zu sitzen, befreundet mit einem Tataren, gehorsam gegen Araber und Ägypter zu sein, dem Mahomet Reverenz zu erweisen und vor dem Barbaren Furcht zu zeigen? Dies alles kommt von dem verbindenden Meer.

Es gibt noch vieles, das, wenn es auch nicht so bewunderns- wert ins Auge fällt, durch seinen dauernden Nutzen vielleicht noch schätzenswerter ist. So schenkt das Meer den Fischern in ihren Booten unendliche Schätze, wodurch die Tische der Reichen herrlich mit großen und wohlschmeckenden Fischen angefüllt sind, die Armen aber von den kleineren sich ernäh- ren. Außerdem werden, wenn das Meer ruhig ist, von den fruchtbaren Inseln Vieh, Zugtiere und Getreide, und was alles zum Lebensunterhalt gehört, auf die Märkte gebracht. Das Meer schenkt Starken und Schwachen Bäder und kräftigt mit seinem Salz die Kranken. Es befeuchtet ringsum die angren- zenden Länder und füllt mit seiner Strömung die unterirdi- schen Gänge, aus denen unsere Flüsse und Quellen kommen, die, wenn nicht dieser Spender wäre, in den Tälern zum größ- ten Verderben der Menschen kraftlos würden.

Heimreise über die Alpen

Nachdem wir dem Meer unseren Segen gespendet hatten, begannen wir mit den gemieteten Pferden die Landreise und kamen in einem Zug von Marghera nach Mestre und von da in die Stadt Tarvisium (Treviso). Dort beschafften mir die Kaufleute im Hospiz sogleich ein Pferd, auf dem ich am folgenden Tag mit ihnen nach Deutschland aufbrechen sollte.

Am 18. Januar, dem ersten Sonntag nach den Oktaven von Epiphanias, bestiegen wir, nachdem wir die Messe gehört und gefrühstückt hatten, die Pferde und ritten den vor uns liegenden Alpen entgegen. Sechs Meilen (6 000 Schritt) ist das Land zwischen dem Meer und dem Gebirge ganz eben und sehr fruchtbar, voll von Weinreben, Bäumen und Viehweiden. Wir kamen auf unserem Ritt an den Fluß Plabes (Piave), den wir nirgends überqueren konnten, da er Hochwasser führte und sein Flußbett nicht nur ausfüllte, sondern über die Ufer trat. So riefen wir mit vielem Schreien nach einem Fährmann, denn gegenüber am anderen Ufer lag eine Pferdefähre. Nach einer Stunde kam langsam ein Bauer daher und setzte uns auf dem Fährschiff mit unseren Pferden über. Dieser Fluß Plabes kommt in reißendem Lauf aus den Alpen und trennt die Mark Tarvisium von Friaul.

Seinerzeit kam ich während meiner langen Reise auf diesem Fluß das Gebirge herab auf einem Floß, das höchst gefährlich dicht an den Felswänden hinfuhr. Aber nun zogen wir dem Gebirge entgegen und kamen bei Sonnenuntergang am Fuß der Alpen in die Stadt Cunianum, im Volksmund Hunglim (Conegliano), und übernachteten dort. Cunianum ist klein, aber befestigt an einem Berghang gelegen; ringsum stehen Ölbäume dicht wie ein Wald, und auf der höchsten Stelle befindet sich eine Burg. Eine Vorstadt ist größer als die Stadt selbst, und dort gibt es die Herberge.

Die Alpen sind Berge oder auch ein einziger Berg, der aus vielen und hochragenden Gipfeln besteht, sie beginnen im Westen in südlicher Richtung und erstrecken sich weithin durch die Welt. Sie führen verschiedene Namen und wunderbarerweise ziehen sie sich bis nach Indien hin. Unsere Alpen sind nichts als eine Art von Arm am Verlauf dieser Berge, die sich derart um die Welt herumziehen und das Mittelmeer, das Schwarze, das Kaspische oder Hyrkanische und das Indische Meer umschließen, daß man sie die Fessel der Welt nennt. Da spricht man von den Riphäischen, Hyperboreischen und Karpathischen Bergen, vom Taurus, Kaukasus und vom Kaspischen Gebirge. Stell dir den langen Zug vom Westen mit seinen vielen ausgestreckten Armen durch die verschiedenen Weltgegenden bis nach dem äußersten Osten vor, von dem das Arabische Gebirge mit dem Sinai, der Libanon und unser eigenes ausgehen, die doch alle zusammenhängen, wenn sie nicht von Flüssen zerschnitten werden, doch steigen sie sogleich am anderen Ufer wieder auf. Anhängsel sind die Armenischen und Ceraunischen Berge, wenn diese auch durch Täler, Seen und Flüsse abgeteilt sind.

Wer einfach so von den Gebirgen hört, dem muß sich die Frage aufdrängen: Woher kommen sie? Gab es sie von Anfang an? Dazu halte ich die folgende ungelehrte Antwort fest. Am Anfang befand sich der Erdball mitten im Wasser und war von ihm rings umgeben, laut Wilhelmus[24], aber durch Gottes Güte geschah es, daß es durch die Feuer der Gestirne verdampfte und von der nun hervortretenden Erdoberfläche verschwand, so daß Wohnraum für Menschen und Tiere entstand. So kam es, daß das Wasser ganz von der Erde abgetrennt wurde und es als einziges Meer den Ozean gab, und mitten in ihm erhob sich das Erdenrund.

Herkules aber zerbrach und zerteilte die fortlaufende und zusammenhängende Felswand, ließ den Ozean zwischen den so getrennten Felsen Calpe und Abila mächtig einströmen und gab dem Gewässer seinen Bereich zwischen den Ländern und schuf so das Mittelmeer, das es bis dahin nicht gegeben hatte. Und als das Meer in das Festland hineinströmte, teilte es dieses in die drei Hauptgebiete, Asien, Afrika und Europa, und ließ die Flüsse, Quellen und Seen

entstehen. Und es kamen Regenfälle, Winde und Über-
schwemmungen, und wo die Erde weich und locker war,
wurde sie wegbewegt; das Harte und Feste aber blieb
zurück. Durch all dies, vor allem durch Fluten, Winde und
Erdbeben, das Hervorbrechen des Wassers aus der Erde und
das Nagen des Meeres und der Flüsse, entstanden die Berge
sowie die Täler und Ebenen um sie herum. So schrecklich
auch diese von Eis und Schnee starrenden Berge sind, wenn
sie in der Sonne schimmern oder ihre Gipfel in den Wolken
verschwinden, so lieblich, fruchtbar und reich an allen
Gaben der Erde sind die Täler zwischen ihnen, wie Para-
diese.

Am 19. Januar nahmen wir bereits vor Tagesanbruch
unsere Mahlzeit ein, um, da die Tage kurz waren, bis zum
Abend ohne Pause weiterreisen zu können. Wir verließen
darauf Cunianum und gelangten durch ein dunkles, enges,
von hohen Bergen umschlossenes Tal in die Alpen hinein.
Indem wir dem ansteigenden Tal auf vereister Straße folgten,
kamen wir in eine Stadt, die Seravallis heißt. Man nennt sie
so, weil sie das Tal abschließt und es nicht möglich ist, rechts
oder links weiterzukommen, sondern nur durch das Tor der
mit Befestigungen und Mauern geschützten Stadt, die so der
Riegel (*sera*) des Tales ist.

Durch die Stadt zogen wir das Tal hinauf, das fruchtbar ist.
Wäre es aber unbewohnbar, so wäre es noch schrecklicher als
andere Hochtäler. An diesem Tag kamen wir an einigen sehr
tiefen Seen auf der Talsohle vorüber, von denen einer Toten-
see genannt wird, weil alles, was man in ihn hineinwirft, bald
untergeht und, wie die Leute dort sagen, man auf keine Weise
einen Grund finden kann, ähnlich wie beim Toten Meer in
Palästina und beim Acheron in Kreta, von dem die Dichter
erzählten, daß auf seinem Grund der Schlund sei, durch den
das Wasser in die Unterwelt hinabfließe als Fluß Acheron.
Das Wasser dieses Sees war schwarz. An seinen Ufern gingen
wir auf einer sehr schlechten, durch Eis, Schnee und Steine
deformierten Straße, denn von hoch oben war am Tag vorher aus den Bergen eine Lawine abgestürzt, die große Felsen

und Bäume samt deren Wurzeln mit sich gerissen hatte. Und da der Weg noch nicht frei gemacht war, mußten wir mit ungeheurer Mühe hinübersteigen, wobei uns zugute kam, daß in der Nacht durch starken Frost alles zusammengefroren war.

Wir erreichten schließlich die Höhe des Anstiegs. Ganz oben befand sich eine venezianische Wachstation, bei der von den Reisenden Zollgebühren erhoben werden. Es gab da eine kleine Brücke, die sich von einem Felsen zum anderen spannte, und unter ihr befand sich eine ungeheuer tiefe Schlucht, in die schon hinabzuschauen schrecklich war. Als wir hinübergeritten waren, kamen wir an eine Stelle, wo ein gewaltiger Fels aus der Wand heraustrat und die Staatsstraße versperrte; ihn hatte man früher, sicherlich mit größter Mühe, durchbrochen, und durch diesen Gang ziehen nun die Reiter und die Lastfuhren mit allen venezianischen Waren. Den Maßen dieses Durchlasses entsprechend, werden im Fonticus in Venedig die Warenballen und Säcke auf die Wagen geladen, und man läßt keinen passieren, der die Wände des Tunnels streifen würde. Doch gestattet man auch nicht, daß dieser mit eisernem Werkzeug verbreitert wird. Dies geschieht aus Überlegung, denn wenn die Kaufleute nach ihrem Gutdünken laden könnten, gingen viele Güter verloren.

Nachdem wir den Durchgang hinter uns hatten, gelangten wir zu einer abschüssigen Stelle, wo die Straße ganz mit sehr hartem und glattem Eis bedeckt war, und fanden dort vierspännige, beladene Wagen, die standen und erst hinabfahren konnten, als die Fuhrleute den Pferden eiserne Stollen angelegt hatten. Auch wir baten darum, die Hufe unserer Pferde scharfkantig zu machen, und führten sie an der Hand mit größter Vorsicht hinab, damit nicht Pferd und Mann zugleich stürzten.

Als es Abend wurde, ritten wir am Berghang auf einer Anhöhe dahin, und tief unter uns strömte rasch der Fluß Plabes (Piave), der sich mit mächtigem Tosen durch die engen Felsen zwängte.

Als das Tal sich verengte, erreichten wir eine Brücke, die sich von einer Bergseite zur anderen spannte, und tief unten befand sich die rauschende Plabes, deren Anblick einem Angst einflößte. Hinter der Brücke kamen wir in ein Dorf, das Pons plabis, Plaßprugg, hieß, und sehnten uns sehr nach einer Herberge für die Nacht. In diesem Gasthof aber sollte es uns schlecht ergehen, wir konnten weder Speise noch Trank noch Betten zum Schlafen noch das gewöhnliche Futter für die Pferde bekommen, denn der Wirt hatte am Tag zuvor alles, was im Hause beweglich war, im Spiel verloren und es seiner Frau und den Kindern weggenommen. Die Frau saß weinend voller Jammer da, verzweifelte vor Kummer und Verwirrung, und die ganze Familie verharrte im Schmerz, sie vermochten selbst in der Gegenwart von Gästen sich nicht anders zu geben.

Am 20. Januar, dem Fest der Heiligen Fabian und Sebastian, erhoben wir uns vor Tag von den Bänken, auf denen wir geschlafen hatten, und warteten, bis es hell wurde. Sodann bestiegen wir nüchtern rasch unsere hungrigen Pferde, ritten auf und ab am Berg entlang über der Plabes und kamen an einen Ort, der »Gasthäuschen« hieß, wo ein gutes Wirtshaus war. Wir kehrten ein und stärkten uns und unsere Pferde. Nach der Mahlzeit machten wir uns eilig auf und erreichten ein nach dem heiligen Martin benanntes Dorf. Man glaubt, daß dort, wie in der Martinslegende erzählt wird, der treffliche Mann unter die Räuber fiel. Der eine schwang schon seine Axt und wollte ihn töten, der andere aber hielt den Schlag auf. Dennoch wurde er gebunden und gefangen, doch er bekehrte den, der ihn führte, zum Glauben. Wir verließen diesen Ort auf der rechten Seite des Plabesflusses, stiegen über eine steile Höhe und gelangten dann in das Cadubrium (Cadore).

Viele Hindernisse hatten wir auf dem Weg durch diese Gegend zu bestehen. Denn die allgemein benützte Staatsstraße war voll von Wagen, Karren und mit Lasten beladenen Pferden, die Wein aus Italien und Friaul nach Deutschland brachten. Ihnen kamen andere Wagen entgegen, und es gab keinen Ausweg wegen des tiefen Schnees. Wenn man gezwungen war, auszuweichen, und das Pferd seinen Huf neben die Fahrspur setzte, versank es bis zum Bauch. Solche gefährlichen Behinderungen hatten wir in Mengen an jenem Tag. Besonders fürchtete ich die entgegenkommenden Wagen, wie ich auch auf dem Meer immer Angst hatte vor den Stürmen, die uns entgegenbliesen.

Als sich die Sonne zum Untergang neigte, kamen wir auf das Pratinum, eine sehr breit sich zwischen den Bergen erstreckende Hochalm, mit vielen Wiesen und Viehweiden; in der Mitte befindet sich ein stattliches Dorf, das man volkstümlich Haiden nennt, das heißt, *Ad prata,* »bei den Wiesen«. Dort kehrten wir ein und blieben über Nacht. Als ich vor dem Essen die nahe gelegene Kirche zum Vespergebet aufsuchte, fand ich auf dem Friedhof in einem Schrein drei unversehrte Körper von Verstorbenen, deren Anblick ziemlich schrecklich war, denn sie stehen da mit allen ihren Gliedmaßen, aus denen aber das Fleisch verschwunden ist. Ihre Haut ist ganz glatt, fest und unversehrt, und ihre Nasen, Ohren und Geschlechtsteile sind hart geworden wie aus Holz. Einer dieser Leiber scheint einem Jüngling gehört zu haben, doch jetzt hat er das Gesicht eines lachenden Mannes. So wohlbehalten wurden sie in der Erde gefunden. Ich war mehrmals dort und konnte diese Leichname nicht genug bestaunen. Die Leintücher, mit denen sie begraben wurden, sind zerrissen und hängen noch in Fetzen an ihnen.

Von diesen Leichen wird im Volk viel geredet. Die einen sagen, es seien Heiden, die mit Essenzen behandelt und so konserviert worden seien, und meinen, daß von ihnen der Ort seinen Namen »Zum Haiden« habe. Andere sagen, es seien Christen, die begraben wurden, während sie exkommuniziert waren. Und sie würden nicht zu Staub zerfallen, solange sie nicht ihre Absolution erhalten hätten. Wieder andere führen noch weitere Ursachen an. Dazu muß man anmerken, daß die Erhaltung eines unversehrten Leichnams entweder durch die Natur oder aber künstlich, von Gott selbst oder wenigstens mit seiner Erlaubnis bewirkt wird.

Am 21., dem Tag der heiligen Jungfrau Agnes, stärkten wir vor Tag uns und unsere Pferde. Danach ging es durch einen Weinberg auf sehr schlechtem Weg hinauf, da in der Nacht Neuschnee gefallen war, der die Vertiefungen locker ausfüllte. Und bald hier, bald da fielen wir samt unseren Tieren und konnten nur Schritt vor Schritt reiten. So gelangten wir zu der Burg Putasten (Podestagno), wie sie auf italienisch genannt wird, auf deutsch heißt sie Bütelstein. Sie liegt hoch auf einem Felsen. Die Täler darunter sind völlig ungangbar, so daß derjenige, der weiterwill, gezwungen ist, zur Feste aufzusteigen. Und die Landstraße wird hier jählings so steil, daß die Lastfuhren nur mit der größten Anstrengung hinaufgezogen werden können. Als wir oben waren, gingen uns die Wachen aus der Burg entgegen und fragten, wer wir seien, woher wir kämen und wohin wir wollten. Als wir ihnen Auskunft gegeben hatten, ließen sie uns weiterziehen. Diese Festung ist der äußerste Grenzposten der venezianischen Herrschaft, in Kriegszeiten wird hier strengste Wache gehalten, niemand kann ohne Kontrolle passieren. Putasten kommt im Italienischen von *putaco*. Denn eine Grundherrin soll einstmals an der Stelle der Burg einen Garten angelegt haben, den sie selber pflanzte und pflegte (*putabat*). Die Italiener aber nennen Gärten *putastes*.

Hier endet die venezianische Herrschaft und mit ihr das Italienische, und es beginnt die Herrschaft der Grafen von Sorio und auch die deutsche Sprache, die allein mir angeboren ist und die ich vollkommen beherrsche, die nach meinem Urteil auch die edelste, klarste, menschlichste ist, wenn sie auch freilich Syrern, Ägyptern, Arabern, Griechen, Slawen, Italienern, Lateinern und Franzosen barbarisch und unmenschlich erscheint, weil sie sich von allen Sprachen am kürzesten faßt und mit wenigen Silben und Wörtern vielerlei ausdrückt. Wir können deren Sprachen leicht erlernen und eine jede klar und deutlich sprechen, aber kein erwachsener Franzose, Italiener, Slawe, Grieche vermag die unsrige perfekt zu lernen. Und wenn er, unter größter Mühe, sich etwas von ihr aneignet, so gelingt es doch nur ganz unvollkommen, und immer klingt es kindlich.

Mit Freuden kehrten wir nun dieser Burg den Rücken. Wie wir aber ein wenig entfernt waren und die Wächter nach ihrer Gewohnheit von der Mauer herab uns nachriefen: »Marco, Marco!«, um uns noch einmal anzuzeigen, daß dort das Reich von St. Markus sei, da drehte sich ein junger Kaufmann um und rief zurück: *»Calabria, Calabria!«* Danach trieb er sein Pferd zur Flucht und rief uns zu, dasselbe zu tun, damit sie nicht einen von uns mit ihren Donnerbüchsen niederschössen, denn zu dieser Zeit befanden sich der Herzog von Kalabrien und die anderen italienischen Befehlshaber im Krieg mit Venedig. Wir flohen also und waren höchst ungehalten über den Jüngling, der uns ganz ohne Not in Gefahr gebracht hatte. Denn sie hätten uns, wenn sie gewollt hätten, leicht mit ihren Geschützen erreichen oder uns mit ihren Waffen verfolgen und bedrängen können.

Wir stiegen nun weiterhin durch entgegenströmendes Wasser aufwärts und kamen auf nassem, steinigem und widerwärtigem Weg zu einer einsam gelegenen Herberge, die *Ad lapidem cavum*, »Zum hohlen Stein«, hieß, ließen die Pferde davor und traten in das Haus, um uns aufzuwärmen, denn es war kalt. Da fanden wir eine ganze Familie mit Knaben, die unsere Sprachen konnten, aber nicht Italienisch, wie wenn sie schon 40 Meilen von dort entfernt wären. Mit großen Vergnügen unterhielt ich mich mit den Knaben, denn ich hörte gern zu, wie sie Deutsch redeten.

Dieses Haus liegt ganz für sich, und weder vor noch hinter ihm gibt es drei deutsche Meilen weit eine menschliche Wohnung, denn dieses Tal ist öd und unfruchtbar, und man weiß, daß in ihm, bevor dieses Hospiz gebaut wurde, viele bei Nacht erfroren oder verdurstet sind. Darum wurde es als Zuflucht für die Reisenden errichtet. »Zum hohlen Stein« nennt man es, weil es neben einem Felsberg liegt, an dem unten eine hohle Wand drohend überhängt. In dieser Höhlung hält der Gastwirt seine Schafe ohne ein weiteres Bauwerk wohlgeborgen vor Schnee und Regen. Dieses Hospiz liegt in der höchsten Bergregion und die dort aus dem Boden quellenden Wasser teilen sich in verschiedene Weltgegenden.

Hier entspringt die Drau, wendet sich nach Osten und nimmt ihren Lauf durch weite Länder.

Wir reisten nun vom Hohlen Stein weiter auf widerwärtiger und schlechter Straße durch das Tal, bis wir an die Stelle kamen, wo es mit Wall und Graben von Berg zu Berg abgeriegelt ist. Nämlich vor sechs Jahren, als die Venezianer ein Bündnis mit den Türken schlossen, waren ganz Italien und besonders die angrenzenden Gebirgsgegenden von solchem Entsetzen gepackt, daß viele ihre Wohnsitze verließen und nach Schwaben flohen. Das war kein Wunder, denn die Türken hatten große Teile von Friaul zur Wüste gemacht, und nichts hinderte sie, auch ins Gebirge einzudringen. In dieser angstvollen Lage schlossen sich die Bewohner zusammen und errichteten diese Befestigung, um einen unvermuteten Einmarsch der Türken so lange aufzuhalten, bis sich die Christen gesammelt hätten.

Nachdem wir diese Sperre hinter uns gelassen hatten, gelangten wir in einen ganz üblen Abschnitt, in dem die Pferde bis zum Bauch einsanken. Und wenn einer abstieg, steckte er bald bis zum Hintern im Schnee. Denn der Schnee war nur an der Oberfläche ein wenig festgefroren, so daß die Pferde entweder mit einem Bein einbrachen oder nur mit den beiden vorderen oder den hinteren. Das war für sie eine solche Anstrengung, daß wir nicht mehr hofften, sie anders als lahmend oder sonstwie unbrauchbar durchzubringen.

Endlich erreichten wir ein Dörflein namens Niederdorf, wo unsere Pferde nach der ungeheuren Anstrengung verschnaufen konnten und wir gleichermaßen. Als wir in das Gasthaus eintraten, fanden wir da einige Kaufleute, welche die Straße noch vor sich hatten, die wir gerade gekommen waren, aber abwarteten, bis Leute anrückten, die durch den gefrorenen Schnee Bahn brechen würden, was sie sich selber nicht getrauten. Von diesen Kaufleuten, die von Ulm hergezogen waren, hörten wir, daß die Ulmer Ratsherren eben die beiden Klöster, das der Franziskaner in der Stadt und das der Schwestern in Söflingen, mit großen Anstrengungen reformiert hätten.

Nachdem wir uns ein wenig erholt hatten, bestiegen wir wieder die Pferde und brachen zur Weiterreise auf, wie zuvor auf beschwerlicher und gefährlicher Straße, aber hoffnungsvoll, weil wir das Ende dieses verfluchten Tales sahen. Wir erwarteten, daß uns danach eine hindernisfreie und gebahnte Wegstrecke beschieden sei. Nach vielen Mühen kamen wir am Talende in das Gebiet der Grafen von Görz und in einen großen Ort namens Tobel (Toblach), wo wir etwas verschnauften, um dann durch ein anderes Tal weiterzuziehen. Zwar fanden wir die Straße gebahnt, doch hatten wir einen eiskalten, heftigen Gegenwind, der uns mit aufgewirbeltem Schnee entgegenstürmte und die Straße wieder zudeckte.

Als die Sonne schon unterging, gelangten wir in die Stadt Bruneck, wo wir in einem guten Gasthof wohl aufgenommen übernachteten. Bruneck ist anmutig und schön, geschützt durch eine sehr starke Burganlage oben auf dem Berg.

Am 22. Januar, dem Tag des Märtyrers Vincentius, stiegen wir nach der Frühmesse und dem Frühstück zu Pferd und zogen weiter über Berge, Hügel, Täler und Gewässer. Nun hatten wir eine ganz gute Reise mit recht wenig Schnee, das Land erschien uns hier viel milder als noch gestern und vorgestern. Am Abhang eines Berges sahen wir sehr tiefe Bergwerksschächte, aus denen, wie wir hörten, viel Silber gefördert wird. Weiter abwärts fließt auf der Talsohle eine lange Strecke ein großer Fluß in tiefen Felsschluchten. Beengt schießt er in ihnen mit wildem Tosen sehr schnell dahin.

Am Abend dieses Tages strebten wir, nachdem wir die Straßen, die nach Trient und Bozen führen, hinter uns gelassen hatten, durch ein sehr liebliches Weingelände Sterzing zu. An beiden Berghängen stehen große Burgen und Schlösser, es gibt viele Dörfer und reiche Viehweiden. Schließlich kamen wir in die genannte Stadt und übernachteten dort.

Am 23. Januar standen wir früh auf und stärkten uns und die Pferde. Die Augsburger Kaufleute nahmen einen anderen Weg ins Gebirge, ich aber und Johannes Müller stiegen den direkten Weg auf der Staatsstraße stufenweise zur Brennerhöhe hinauf und zwar mühsam, weil uns durch die Schneeschmelze viel Wasser mit Macht entgegenfloß, auch auf dieser neuen Straße, die der Herzog von Österreich im vergangenen Jahr hatte bauen lassen. Auf der alten wären wir überhaupt nicht hinaufgekommen, denn auf ihr schoß ein reißender Gießbach, heftig rauschend beim Anprall auf die Felsen und Steine. An diesem Tag ritten wir auf vielen neuen Straßen, die der Herzog Sigismund kunstvoll und mit Mühe unter großen Kosten angelegt hatte, und zwar im ganzen, ihm gehörenden Berggebiet, zum bleibenden Gedächtnis seines edlen Sinnes. Oben auf dem Berg liegt das Dorf St. Valentin. Bei ihm befindet sich wieder eine Wasserscheide, denn ein Teil der Gewässer läuft über die Abhänge und Stufen, die wir von Sterzing heraufgekommen waren, hinab nach Süden in die Etsch und durch sie zu unserem Mittelländischen Meer hin. Der andere Teil fließt nach Osten durch gewundene Täler in den Inn, der sich dann, mit unserer Donau vereinigt, ins Schwarze Meer ergießt.

Später erreichten wir dann die herzogliche Wachstation, die »Im Lug« heißt, wo schwerer Zoll für alle Waren, die von Venedig nach Schwaben gehen, entrichtet werden muß. Dort gibt es eine große Waage mit mächtigen Ketten, auf der die schwersten Wagen mit allen ihren Lasten gewogen werden. Nach dem weiten und beschwerlichen Ritt durch die Berge begann nun ein langer Abstieg, bis wir bei untergehender Sonne Matra (Matrei) erreichten. Hier übernachteten wir im Gasthaus.

Am 24. Januar reisten wir von Matra weiter aufwärts auf schräger Straße, die lästig war wegen der Windungen der tiefen Täler, in die Berggegend, die Schönberg heißt. Mittags aber ging es von da abwärts auf das weite Inntal zu, das überaus lieblich, erfreulich und fruchtbar ist und in dem wir, von der Höhe herabschauend, zwei Städte liegen sahen, nämlich Pontina (Innsbruck) und Halla (Hall) sowie stadtähnliche große Dörfer und, mitten durch das Rebland fließend, den schiffbaren Inn. Nun ritten wir vom Gebirge her durch die Ebene in die Stadt Innsbruck hinein. Wir fanden sie voll von

Adligen und Bewaffneten. Denn Fürsten, Grafen und Barone waren um den Erzherzog, der eben seine Gemahlin, eine Tochter des Herzogs von Sachsen, empfing, und zu dieser Hochzeit strömte der Adel aus ganz Deutschland herbei. Dadurch war die ganze Stadt so belegt, daß wir nirgends einen Platz finden konnten, um ein wenig zu verschnaufen.

Innsbruck ist baulich nicht groß, aber vornehm und weithin berühmt als Sitz der Herzöge von Österreich. Von diesen hängt das Wohl von ganz Deutschland ab, besonders in gegenwärtiger Zeit, in der der höchste Monarch aus diesem glanzvollen Hause kommt. Den Kaiserthron hat Friedrich III. inne, und sein Sohn Maximilian trägt die Krone des Römischen Reiches.

Von Innsbruck nach Ulm

Als wir Innsbruck verließen, gerieten wir auf der Brücke in ein großes Getümmel, weil gleichzeitig der Bayernherzog Christoph mit seinem Kriegsvolk von München her eintraf, so daß ein gefährliches Gedränge von Pferden entstand. Mitten in dem Trubel sahen wir einen Bürger aus Ulm, der uns erzählte, eine kurze Strecke vor uns seien drei Reiter, die nach Ulm wollten. Darauf ritten wir rasch diesen nach und trafen sie im Dorf Zierlin (Zirl), es waren gute alte Bekannte und hochwillkommene Reisegefährten. Der erste war der ehrenwerte Magister Paulus Zoller, ein Mann von großen Kenntnissen, Stadtpfarrer in Reutlingen, den ich schon viele Jahre kannte, der zweite der Ulmer Bürger und Ratsherr Konrad Kraft, der mir verwandtschaftlich und freundschaftlich verbunden ist, und der dritte der Diener der beiden, Johannes Schichenberger, ein Beisasse aus Ulm. Diese drei und wir beiden stellten eine gute Gesellschaft dar, und zusammen ritten wir an diesem Tag vom Tal ins Gebirge bis in das Dorf Schneckenhausen, in dem wir übernachteten.

Als es schon dunkel geworden war, kam noch ein Gast aus dem Elsaß, der Freiherr und Ritter Wilhelm von Rappenstein, ein Bruder des Rittes Maximus von Rappenstein, der auf der Pilgerfahrt mein Gefährte in der zweiten Reisegesellschaft gewesen war. Mit Freuden hörte er mich von seinem Bruder berichten, der noch in Venedig weilte, und in dieser Nacht fanden wir vor Erzählen kaum Schlaf, aber auch wegen des Lärms, denn es gab viel fremdes Volk im Haus und daher wenig Ruhe.

Am 25. Januar, dem Tag von St. Pauli Bekehrung, zugleich dem zweiten Sonntag nach der Dreikönigsoktav, bestiegen wir in aller Frühe die Pferde und ritten eilig über Berghügel, durch Wälder und rauhes Gelände, und dann steil hinab in ein anderes großes Tal, wo das Dorf Nassereit liegt, in dem wir die Messe hörten und etwas aßen. Hier treffen die zwei Straßen, die beide nach Italien führen, zusammen. Die rechte steigt an durch ein Tal, das Os tenebrosum (»finsterer Schlund«), volkstümlich Finstermünz, heißt, durch das man zum Beginn des Aufstiegs auf den St.-Nikolaus-Berg kommt. Sein Ausgang wie sein Eingang ist dunkel und düster. Danach kommt man auf den Campus Malserinus (»die Malserheide«), das ausgedehnt, unfruchtbar und kalt ist. Hier entspringen die Etsch und der Inn, die sogleich nach verschiedenen Richtungen und Meeren streben. Denn die Etsch eilt in raschem Lauf vom Gebirge herab, fließt nahe beim Schloß Tirol und bei der Stadt Meran vorbei und dann, besänftigt, in ruhigem Lauf auf Trient zu, durch das herrliche und fruchtbare Weinland, in dem die Stadt Bozen, der große Ort Tramindum (Tramin) und viele andere Burgen und Städte liegen. Die Straße zur linken Hand aber führt übers Gebirge nach Innsbruck.

Wir ritten also mühsam den Fernpaß hinauf und dann von der Paßhöhe auf der anderen Seite auf langem Weg zwischen den Bergen abwärts und kamen durch Lermoos und andere Orte nach Reutte, wo wir übernachteten. Bei Reutte fließt der den Schwaben wie Bayern wohlbekannte Fluß Licus oder Leca, volkstümlich Lech, der über das berühmte schwäbische Augusta Vindelicum (Augsburg) zur Donau strebt und bei der Stadt Rain in diese mündet. Der Abstieg nach Reutte ist steil, unmittelbar an ihm liegt vor dem Schloß die neue Bergwache, stark mit Mauern und verrammelten Toren befestigt, und darüber steht die uneinnehmbare Burg Ehrenstein (Ehrenberg).

Am 26. Januar ritten wir nach dem Frühstück über eine Brücke und dann durch eine waldige Gegend, die im Sommer mit den hohen Bergen zu beiden Seiten und dem durch Wäldchen und Wiesen fließenden Lech recht anmutig sein muß. Durch Vils und Nesselwang kamen wir in die Wälder bei Kempten, wo das Gebirge zu Ende ist, und durch den Wald in die Stadt selbst. Hier verbrachten wir die Nacht. Die Iller fließt hindurch, die in den Rätischen Alpen entspringt und bekanntlich bei Ulm von der Donau aufgenommen wird.

Kempten ist eine neue, volkreiche und große Stadt, auf ihrer höchsten Stelle steht ein bedeutendes Benediktinerkloster, das St. Hildegard, die Schwester Karls des Großen, gegründet hat; es gibt dort auch eine Orgel, die mit hölzernen Pfeifen klingt, was ich sonst noch nirgends gesehen habe.

Am 27. Januar aßen wir in Kempten und ritten zuerst über die Illerbrücke und dann in waldigem und windungsreichem Gelände ohne Pause bis Memmingen. Dort übernachteten wir im Haus des städtischen Protonotars, des Schwagers meines Gefährten Johannes Müller. Die Stadt war voller Volk, weil gerade ein Fest stattfand mit Lanzenstechen, Reigentänzen, Scheibenschießen und Gelagen, wozu die Vornehmen aus der Umgebung zusammenströmten wie zu Olympischen Spielen. Auch mehrere Bürger und Patrizier aus Ulm waren dazu angereist, und viele von ihnen kamen zu mir und beglückwünschten mich, daß ich heil zurückgekehrt war. Auch viele Männer und Frauen aus der Stadt suchten mich auf und begrüßten mich freudig, denn ich war in der ganzen Stadt bekannt, weil ich schon oft hier gepredigt hatte. Ich selber wollte mich aber nicht zeigen, damit nicht jemand denken konnte, ich wolle den Spektakeln zuschauen, aber auch, um mich nicht selbst den Leuten zum Wundertier und Schaustück zu machen. Ich trug nämlich einen langen Bart, ungewöhnlich für lateinische Mönche, Brüder und Geistliche.

Am 28. Januar, dem Tag der Translatio des heiligen Thomas von Aquin, hörte ich, als wir schon zum Aufbruch bereit waren, daß der edelgeborene Herr Ritter Johannes Truchseß, der mir, wie ich oft erfahren habe, ganz besonders zugetan ist, angekommen sei. Ich fragte darauf meine Gefährten, ob sie heute noch mit mir in Memmingen bleiben oder ohne mich heimreiten wollten, denn ich könne keinesfalls abreisen, ohne den Herrn Truchseß von Waldburg gesehen und begrüßt zu haben, den Ritter, den wiederzusehen mich sehnlichst verlangte. Denn ich machte mir große Sorgen, daß er vielleicht, durch die Unbilden auf dem Meer geschwächt, krank geworden sei oder sich sogar ein bleibendes Leiden zugezogen habe, wie es ja vielen widerfährt. Denn er war ein sehr zarter Mann, gleichsam ein Holzwürmlein, wie es von David gesagt ist. Ich suchte ihn also auf, und wir begrüßten einander aufs freudigste, und ich war den größten Teil des Tages mit ihm zusammen.

Am 29. Januar, dem Tag der Zweiten Agnes, verließen ich und Johannes Müller, nachdem wir etwas zu uns genommen und die Pferde gesattelt hatten, Memmingen und bewegten uns eilig das Illertal hinab. Dieses ist breit und lang, mittendrin fließt die Iller, und zu beiden Seiten befinden sich Dörfer und Felder, Wiesen und ertragreiche Äcker. Oben auf den Höhen standen einst viele Burgen und Schlösser, die heute leere Ruinen sind, nur einige haben heil überdauert. Wir kamen in das Gebiet der Grafen von Kirchberg, die früher den größeren Teil des Tals, der Berge und Wälder besaßen.

Als wir weiter durch die Illerauen nach Thyssen (Illertissen) kamen, brach ein so heftiger Regen los, daß wir fast bis auf die Haut durchnäßt wurden. Und nie auf meiner ganzen Reise geriet ich so außer mich wie hier, denn Nässe macht den Menschen von Natur aus trist, kleinmütig, vor Kälte zusammengekrümmt und völlig unordentlich, ganz zu schweigen von der Gereiztheit, die den Menschen befällt, und von der Sorge um die Dinge, die er bei sich hat und die das Wasser nicht vertragen wie Bücher und ähnliches. Da es weiter schüttete, traten wir in ein Wirtshaus, um zu warten, bis der Regen nachließ, wenn nicht, wären wir zum Schloß hinaufgestiegen, um dort die Nacht bis zum nächsten Morgen zu verbringen. So wäre meine Heimkehr durch dasselbe Haus gegangen wie einst meine Ausreise, und ich hatte auch dem Herrn Grafen von Kirchberg und der Herrin Kunigunde, seiner Mutter, versprochen, dabei den Umweg zu ihnen zu machen. Denn alle in diesem Haus und die ganze Familie standen in nahen Beziehungen zu unserem Ulmer Kloster.

Als aber der Regen ein wenig schwächer wurde, stiegen wir wieder auf und ritten auf die Donau und die Grenze des Ulmer Gebiets zu, bis wir die liebenswerte Stadt erblickten. Welche Erleichterung, Freude und Fröhlichkeit ich bei ihrem Anblick empfand, kann man sich vorstellen bei all den Mühsalen, die ich fern von ihr zu bestehen hatte. Sie erschien mir aber in ganz neuem Glanz, weil der Rat in der Zwischenzeit die Stadtbefestigung erneuert, die Mauer erhöht, mit neuen Schutzwehren und Verstärkungen versehen und einen Festungsring mit Pfählen, Schanzen und Wassergräben, neuen Brücken und Toren angelegt hatte, so daß für niemand mehr der Weg am Fluß entlang offenstand. Vor allem hatte man auf der Stadtseite die Flußfront mit großem Aufwand an Geld, Arbeit und auch guten Einfällen mächtig ausgebaut. Eine Anstrengung, die jedem Staunen und Bewunderung abnötigt. Man hat nämlich direkt im Flußbett eine mächtige, festgefügte und hohe Mauer von der Brücke aufwärts bis zum Ende der Stadt errichtet, mit Türmen und Bastionen mitten im reißenden Wasser, alles gegen einen bayerischen Angriff.

In freudiger Bewunderung ritten wir zur Donaubrücke und sahen, daß der Fluß Hochwasser führte und über seine Ufer getreten war. Als wir schon auf der Brücke waren, liefen einige, die mich erkannten, eilig zum Kloster, um die Belohnung, die man für eine gute Nachricht bekommt, zu erhalten. Denn sie wußten, daß meine Brüder sehnlich auf meine Heimkehr warteten und daß der, der sie als erster zuverlässig melden konnte, gewiß nicht ohne Geschenk bleiben würde.

Hinter der Brücke zogen wir in Ulm ein, bis zum Klostertor ritt mit mir der oft erwähnte Johannes Müller, dann beurlaubte er sich und wandte sich seinem eigenen Hause zu. Ich aber pochte mit heftigen Schlägen ans Tor, weil die Brüder bei der Vesper waren und laut sangen, und ich versuchte mit starkem Klopfen ihre Stimmen zu übertönen. Kaum aber hatte ich den ersten Schlag getan, da war auch schon der Klosterhund zur Stelle, und siehe da, er spürte, daß ich draußen stand und zeigte nicht, wie sonst, mit erbostem Bellen an, daß jemand da sei, sondern stieß ein ungewohntes Freudengeheul und -gewinsel aus. Er kratzte mit Pfoten und Zähnen am Türholz, als wolle er es aufbrechen, so voller Ungeduld war er, um zu mir hinauszukommen und den, welchen das beste Tier als seinen besten Freund kannte, zu begrüßen. Als dann das Tor aufging, sprang mir der Hund, noch bevor ich die Schwelle überschritten hatte, bis zur Brust und zeigte seine Freude mit ungewöhnlichen Sprüngen, mit Pfeiftönen und Schwanzwedeln. Dann raste er jaulend durchs Kloster, um so die Ankunft seines Freundes zu verkünden.

Nach meinem Eintritt wurde dem ehrwürdigen Magister Ludwig Fuchs, meinem Prior und einzigartigem Vater, gemeldet, ich sei da. Er verließ die Vesper, der er beigewohnt hatte, und eilte geschwind herbei, ohne auf seine Würde und sein hohes Alter zu achten, und rannte wie ein Jüngling, als wolle er ein ausgebrochenes Feuer löschen, fiel mir um den Hals mit freundschaftlichen Umarmungen und begrüßte mich mit so großer Freude, wie einst seine Betrübnis gewesen war, mit der er mich seinerzeit verabschiedet hatte. Inzwischen war die Vesper zu Ende gegangen, und der Subprior Michael Brenner kam mit allen, den Alten und den Jungen, und sie hießen mich fröhlich willkommen und führten mich in feierlichem Zug vom Garten in den Chor zum Hochaltar vor das allerheiligste eucharistische Sakrament.

Wir knieten alle nieder, und nach dem Gebet empfing ich vom Prälaten den Segen für die von der Reise heimkehrenden Brüder, wie es in unserem Orden gebräuchlich ist.

Nach dem Gebet wurde ich ins Gästezimmer geführt, und wir begannen in vertrauter Weise miteinander zu sprechen. Sie betrachteten mich dabei mit Freude und Staunen, als wäre ich ihnen vom Grabe wiedergeschenkt worden. Denn zweimal waren mir bereits Gerüchte vorausgeeilt, das eine natürlich, ich sei im Meer ertrunken, das andere aber, ich würde in Thrakien mit anderen Pilgern bei den Türken gefangengehalten. Diese Erzählungen hatten dadurch an Glaubwürdigkeit gewonnen, daß meine Herren, mit denen ich von hier aus auf die Reise gegangen war, nichts Schriftliches von mir überbracht hatten. Ich hatte freilich von Jerusalem aus einen Brief geschickt, aber derjenige, dem ich ihn mitgab, war mit anderem beschäftigt und unterließ es, ihn zu bestellen.

Als wir so fröhlich miteinander waren, brachte mir der Kleidermeister des Klosters neue Gewänder, und ich zog mein schmutziges und strapaziertes Habit aus und ein gewissermaßen hochzeitliches neues an. Damit nun legte ich auch alle Last und Sorgen der Pilgerschaft von mir ab. Durch volle sechs Tage durften die Brüder mit Dispens des gütigen Vaters Ludwig mit mir fröhlich und vergnügt sein. In diesen Tagen haben die Ulmer Obrigkeit, die Bürgermeister und die Ratsherren und die übrigen Freunde und Förderer mit ihren Geschenken mich geehrt und das Kloster erfreut. Aber auch die Benediktinerpatres von Elchingen, Wiblingen und Blaubeuren kamen, als sie von meiner Ankunft hörten, herbei, um mich zu beglückwünschen. Und als schließlich auch die edlen Ritter, meine Herren, Freiherr Johannes Werner von Zimmern, Freiherr Heinrich von Stoffeln, Truchseß Johannes von Waldburg und Ursus, vulgo Bär, von Rechberg auf Hohenrechberg vernommen hatten, ich sei heil nach Ulm zurückgekehrt, besuchten sie mich der Reihe nach mit ihren Dienern, um mich mit Freuden zu begrüßen. So wurde an all diesen Tagen gefeiert, als wären die Laurentialischen Feste des Romulus wiedergekehrt.

Als diese Erholungszeit zu Ende gegangen war, nahm ich mir meinen Bart ab, den ich bis dahin unversehrt bewahrt und durch elf Monate in seiner Länge und Breite gepflegt hatte. Und ich gestehe, daß ich es mit Widerstreben tat, denn mir schien, ich sei mit ihm kühner, reifer, gesünder, schöner und respektabler. Und wenn ich hätte frei verfügen können, hätte ich nie mehr auf ihn verzichten wollen, verschönt er doch als natürlicher Schmuck das Gesicht des Mannes und macht ihn stark und furchteinflößend. Aber, da ich römischer Frater und Priester bin, verzichte ich um der Ordnung willen gern.

Gleichermaßen nahm ich die roten Kreuze, die ich auf meinem Skapulier und Hut aufgenäht trug, ab, obwohl ich auch sie am liebsten behalten hätte, die ich immer sichtbar als ruhmvolles Zeichen unter den Feinden des Kreuzes, den Sarazenen, Türken, Grossonen, Mauren, Juden, Samaritanern und Tataren, getragen habe. Aber weil sie an einem Predigerhabit zu auffällig erscheinen, wollte ich sie nicht länger zeigen, beschloß aber, die Kreuze auf die Innenseite meiner Kleider zu versetzen.

Und als dies geschehen war, kehrte ich zur gewohnten Ausübung unserer Religion und zur Erfüllung der mir auferlegten Pflichten zurück.

Es dauerte aber meine Reise 215 Tage im Jahre 1480 und dann 289 Tage die zweite, die ich im Jahr 1483 begann und zu St. Agnes der Zweiten 1484 beendete. Und ich begann wieder im Kloster zu predigen zum Lob und Ruhm meines Herrn Jesus Christus und der seligsten Jungfrau Maria wie unseres Vaters, des seligen Dominikus, für das Heil meiner Seele und zur Erbauung meiner Nächsten.

Nachwort des Herausgebers

Felix Fabri war Dominikanermönch in der Reichsstadt Ulm, wo er auch 1502 im Kloster starb. Als Felix Schmid wurde er in Zürich geboren. Er entstammte einer angesehenen bürgerlichen Familie, die später in den Stadtadel aufstieg. Sein Geburtsjahr läßt sich nicht genau bestimmen, es dürfte 1441 oder 1442 sein. Sehr früh schon verlor er seinen Vater, der im sogenannten Alten Zürichkrieg gegen die Schwyzer 1443 den Tod fand. Zwei Jahre danach verließ Fabris Mutter mit ihrem kleinen Sohn Zürich, um sich in Diessenhofen bei Stein am Rhein wieder zu verheiraten.

Für sein Leben entscheidend wurde der Eintritt in das Dominikanerkloster in Basel. Sehr jung, elf- oder dreizehnjährig, wird er Novize, ohne daß wir etwas über die näheren Umstände wüßten. Sicher ist jedoch, daß Fabri im Klosterleben die ihm eigene und gemäße Lebensform gefunden hat. Nach dem Ende des Noviziats und dem Ablegen der Gelübde folgte ein Studium der Philosophie, das mit seiner Bestellung zum Cursor oder Lector der Heiligen Schrift endete. Um diese Zeit herum dürften auch seine Priesterweihe erfolgt sein sowie die zeitgemäße Latinisierung seines Familiennamens Schmid in »Fabri« – nicht »Faber«, wie aus mehreren Stellen in seinen Schriften und aus seiner Grabplatte zweifelsfrei hervorgeht. Häufig zeichnet er mit den Initialen *F. F. F.: Frater Felix Fabri.*

Sein lebhaftes, geselliges Wesen, seine geistige Wachheit und bemerkenswerte Sprachgewandtheit ließen ihn in der Ordensgemeinschaft früh eine nicht unbedeutende Rolle einnehmen, als Prediger, aber auch bei Provinz- und Generalkapiteln in deutschen Städten wie in Rom und Venedig.

1468 kam Fabri von Basel nach Ulm, in die Stadt, die er bald, wie er selbst in seinen Schriften immer wieder betont, ganz als seine Heimat betrachtet hat. Ihr und ihren Bürgern fühlte er sich uneingeschränkt zugehörig. Er hat ihre Geschichte erforscht und bis in seine Gegenwart beschrieben, er war mit vielen Bürgern, auch den führenden Familien, gut bekannt.

Ulm stand auf der Höhe seiner Macht und wirtschaftlichen Bedeutung. Im 15. Jahrhundert war die Stadt zu einem kulturellen, vor allem auch künstlerischen Zentrum der süddeutschen Spätgotik geworden, im Gefolge des um 1377 begonnenen und immer noch weitergeführten Münsterbaus. Es gab einen Kreis von Bürgern, Gelehrten und Künstlern, der beseelt war von einem neuen Bildungsideal, das wir als deutschen Frühhumanismus bezeichnen können. Mit ihm ging die Neuentdeckung der klassischen Antike einher. Dieser Zirkel beteiligte sich zudem an der nun besonders in Ulm aufblühenden literarischen Produktion nach der Erfindung des Buchdrucks. Zwischen 1470 und 1490 erschienen hier etwa 200 Druckwerke, viele mit hochrangigen Holzschnitten versehen. Eine Ausgabe der *Cosmographia* des Ptolemäus mit 32 Karten hat sicher auch Fabris Geographieverständnis geprägt.

Felix Fabri war ein Kenner nicht nur der antiken Bildungsgüter, sondern auch der Mythologie. Er schöpfte dabei teils aus den klassischen Erzählungen, teils aus zeitgenössischen lateinischen und damals noch wenigen deutschsprachigen wissenschaftlichen Quellen. Dennoch, einen Humanisten können wir ihn nicht nennen. Persönlich stand er der humanistischen Bewegung fern. Bei aller Aufgeschlossenheit Neuem gegenüber blieb er in seinen tiefsten Überzeugungen doch verwurzelt in der Frömmigkeit des Reform-Mönchtums. Und Latein, das ihm wie eine zweite Muttersprache war und in dem er fast alle seine Schriften abfaßte, war Umgangssprache in den Klöstern. Fabri sprach lateinisch mit seinen Mitbrüdern, deutsch in seinen Predigten, mit Ulmer Bürgern, auf der Reise mit den Pilgern und, soweit sie Laien waren, auch mit den vier Adligen, als deren Kaplan er reiste und von denen nur einer Latein verstand. In beiden Sprachen zeigte er große Treffsicherheit, und ihm stand ein außerordentlicher Wortreichtum zur Verfügung, den er mit sichtlichem Vergnügen einsetzte. Man spürt, die Sprache ist sein eigentliches Medium.

Mit Einschränkung, aber doch auch mit einem gewissen Recht könnte man dennoch die Jacob-Burckhardt-Formel für die Renaissance als »Entdeckung der Welt und des Menschen« auf Felix Fabri anwenden. Seine Lust am Reisen ist Lust am Entdecken, die ursprüngliche Pilgerfahrt führt weit hinaus über das Ziel Jerusalem und wird zu einer monatelangen Forschungsreise. Zwar sehnt er sich immer wieder nach der Heimat zurück, aber unersättlich ist seine Neugier, alles will er sehen und erfahren. Wenn alle anderen erschöpft sind, streift er noch umher und scheut dabei kaum eine Gefahr. Aber es ist mehr als bloße Neugier, was er sieht und erlebt, möchte er festhalten, um es zu verstehen, einzuordnen und, für ihn aber wesentlich, mitzuteilen. Das tägliche Niederschreiben des Geschehens ist ihm nie erlahmende Pflicht und verleiht dem daraus entstandenen Werk seine besondere Authentizität.

Ohne Frage stellen die beiden Reisen 1480 und 1483/84, die erste nach Jerusalem, die zweite dann über die Stadt Salomons hinaus zum Sinai und nach Ägypten, die Höhepunkte in Fabris Leben dar. In die folgende Zeit fällt dann seine intensive schriftstellerische Tätigkeit, die ihn vom Reisebericht auch zur Geschichtsschreibung führt.

Das *Evagatorium in Terrae Sanctae, Arabiae et Egypti Peregrinationem,* der exakte, nach Monaten und Tagen geordnete Reisebericht, ist nicht nur nach seinem Umfang – ca. 1500 Seiten in der erst 1843/49 veröffentlichten lateinischen Druckausgabe –, sondern vor allem in seiner fraglosen Originalität Fabris Hauptwerk. Sein Stil, die vom Großen bis zum scheinbar Unbedeutenden alles gleichermaßen aufnehmende Wirklichkeitsbetrachtung sowie der stets als Person gegenwärtige Erzähler mit seinen subjektiven Eindrücken und Wertungen, eine früheres Typendenken hinter sich lassende menschliche Unmittelbarkeit, dies sind alles Züge, die als für die Zeit neu angesprochen werden dürfen.

Fabri nennt sein Buch in bewußter Unterscheidung zur herkömmlichen Pilgerliteratur nicht *Itinerarium* o. ä., sondern *Evagatorium* von *evagari*, einem lateinischen Verb, das »umherschweifen«, »abschweifen« bedeutet, was bei ihm weniger räumlich als thematisch zu verstehen ist. Denn innerhalb des eigentlichen Reiseverlaufs kommt es ständig, von Beobachtungen und Erlebnissen ausgehend, zu »Abschweifungen« in manchmal weit abliegende religiöse, historische, geographische, mythologische Bereiche, die das Werk auch zu einem Dokument spätmittelalterlichen Bildungswissens machen, zumal er häufig seine Quellen von der Antike bis an seine Zeit heran exakt anführt.

Bestimmend für den Stil des Ganzen ist, daß Fabri sich bewußt und direkt an seine Mitbrüder und einen im Vorwort genannten Kreis bestimmter Personen wendet, für die er schreibt, denen er erzählt, die er belehren und unterhalten will, wobei sich sein ausgesprochenes Erzähltalent besonders bewährt.

Dieses *Evagatorium* zeigt in vielfacher Spiegelung einen Menschen auf der Schwelle vom Mittelalter zur Neuzeit: Ziel und Mittelpunkt der Pilgerreise sind die heiligen Stätten, an denen die Pilger, aus welcher Schicht sie auch kommen, alles nacherleben, sich dem jeweiligen Gedenken wie einer Gegenwart hingeben, sich einfühlen bis in die Einzelheiten. Auch Reliquien und Ablässe sind noch unbezweifelte Wirklichkeit. Auf der anderen Seite aber steht schon der neue Realismus, die subjektive Distanz, die exakte Beobachtung, das ganz persönliche Erleben.

Das Manuskript des *Evagatoriums,* zwei starke Bände in Fabris kleiner, regelmäßiger Handschrift, geschmückt mit schwungvollen Initialen in roter Tinte, blieb glücklich erhalten und befindet sich heute in der Ulmer Stadtbibliothek. 1843/49 gab Konrad Dieterich Haßler das lateinische Original in drei Bänden in der Bibliothek des Literarischen Vereins Stuttgart heraus. Fabri selbst verfaßte eine deutschsprachige Kurzfassung für seine adligen Reisegenossen.

Aufgrund des großen Gesamtumfangs des Werkes konzentriert sich die vorliegende, möglichst einfühlsam gekürzte Ausgabe des lateinischen Textes auf die eigentliche Reise. Die Übersetzung besorgten Herbert Wiegandt und Herbert Krauß. An der Auswahl aus dem großen Gesamtwerk war Helga Wiegandt maßgeblich beteiligt.

ANMERKUNGEN

1 Titel der deutschsprachigen Kurzfassung, die Fabri für seine adligen Reisegenossen verfaßte. Erster Druck, vermutlich Augsburg, 1556.

2 Rechts vom Torturm Fabris Dominikanerkloster.

3 Ital.: *fondaco;* von dem arabischen Wort *funduq* = Lagerhaus abgeleitet. Gemeint sind damit Handelsniederlassungen und Herbergen in Städten am Mittelmeer. Der *Fondaco dei Tedeschi* war vom 13. Jahrhundert bis zum Jahr 1805 die Handelszentrale der deutschen Kaufleute in Venedig. Heute befindet sich hier die Hauptpost.

4 Der *Galeota* ist ein Ruderknecht auf einer Galeere, auch einfache Matrosen werden zum Teil so bezeichnet.

5 Millo, ein Stadtteil von Jerusalem westlich des Tempelbereichs. Der Name bedeutet soviel wie »Auffüllung«, »Aufschüttung« o. ä.

6 Caterina Corner (Cornaro). Durch ihren Thronverzicht ging Zypern 1489 in venezianischen Besitz über.

7 Siehe Anm. 3.

8 Siehe Anm. 6.

9 »Wächter«, im Franziskaner- und Dominikanerorden Oberer in einem Konvent.

10 Eigentlich *Calinus*, eine Verballhornung des türkischen Wortes *kulaquz* = Weg- oder Reiseführer.

11 Arab.: Dolmetscher, Übersetzer im Nahen Osten. Fabri verballhornt diese Bezeichnung zu »Trutschelmann« oder »Trutzelmann«.

12 Kloster und Vorort von Ulm. Damals betrug die Entfernung zwischen beiden Ansiedlungen zwei Kilometer.

13 Fabri zitiert 2. *Kön.* 15 und *Jes.* 36, an beiden Stellen ist der Tuchwalkersacker (*ager fullonis*) vor den Mauern Jerusalems anläßlich der Feldzüge des Sanherib erwähnt.

14 Madin: eine kleine arabische Münze.

15 Vincenz von Beauvais (gest. 1264) verfaßte unter dem Titel *Speculum maius* eine Enzyklopädie des damaligen Wissens in vier Teilen (1253); sie stellt eine der von Fabri besonders häufig zitierten Quellen dar.

16 Abbildung nach einer eigenhändigen Zeichnung von Fabri.

17 Paulus Orosius (gest. nach 418) verfaßte auf Anregung des Augustinus einen von Adam bis in das Jahr 417 reichenden Abriß der Weltgeschichte *(Historiæ adversus paganos)*.

18 Die Straße von Gibraltar.

19 Dankwart oder Tanguardinus, Betreuer der Christen und Juden in Kairo.

20 Siehe Anm. 15.

21 Der Schiffsoffizier, der für die technische Seite zuständig ist.

22 Gemeint ist die Zitadelle des Kait Bey an der Stelle des im 14. Jahrhundert durch ein Erdbeben eingestürzten Pharos-Leuchtturms.

23 Erster Schiffsoffizier. Er überwacht alle Tätigkeiten und Arbeiten auf dem Schiff, auch die Landemanöver u. a.

24 Wilhelm von Auxerre (gest. 1237), scholastischer Theologe, faßte in einer *Summa aurea* den theologischen Wissensstoff seiner Zeit zusammen.

BILDNACHWEIS

Die durchweg zeitgenössischen Abbildungen wurden folgenden Quellen entnommen:

Breydenbach, Bernhard von: (*Peregrinatio in terram sanctam*, deutsch:) *Die Reise ins Heilige Land*. Ein Reisebericht aus dem Jahre 1483. Übertr. u. mit einem Nachwort von Elisabeth Geck. Wiesbaden 1961 (mit Holzschnitten des an der Reise beteiligten Erhard Rewich).

Geisberg, Max: *Die deutsche Buchillustration in der ersten Hälfte des XVI. Jahrhunderts*. München 1930–32.

Schedel, Hartmann: *Liber chronicarum*. Lateinische und deutsche Ausgabe. Nürnberg 1493 (Reprint 1975).

Schramm, Albert: *Der Bilderschmuck der Frühdrucke*. Bd. XV. Die Drucker in Mainz. Leipzig 1932.

Wallfahrt nach Mekka

Heinrich von Maltzan
Meine Wallfahrt nach Mekka
304 Seiten mit Illustrationen und Karten
ISBN 3 522 60280 3

Die Erkundung des islamisch-arabischen Kulturraumes war
der Lebenstraum Heinrich von Maltzans. Mitte des 19. Jahrhunderts bereiste er den Nahen Osten und Nordafrika,
wichtige Stationen waren dabei Abessinien, Ägypten und der
Jemen. In Algier lebte er sich während eines mehrjährigen
Aufenthalts in die arabische Sprache, die Sitten und die
religiösen Bräuche ein.

EDITION ERDMANN

Von Venedig nach China

Marco Polo
Von Venedig nach China
342 Seiten mit Illustrationen und Karten
ISBN 3 522 60410 5

Dieser bedeutendste Reisebericht des Mittelalters ist die
Summe eines unvergleichlich abenteuerreichen Lebens.
Marco Polo war 1271 nach China aufgebrochen, nach
dreieinhalbjähriger Reise quer durch Asien an den Hof des
Mongolenkaisers Kublai-Khan. Zwanzig Jahre lebte er dort
in dessen Gunst und unternahm ausgedehnte Reisen durch
das chinesische Reich.

EDITION ERDMANN